HISTOIRE
D'HENRI V

PAR

ALEX. DE SAINT-ALBIN

« Vous direz à Henri que tout
« ce qu'il dit est bien dit, et que
« tout ce qu'il fait est bien fait. »

Pie IX.
(5 février 1873.)

DEUXIÈME ÉDITION

PARIS
VICTOR PALMÉ, LIBRAIRE-ÉDITEUR
25, RUE DE GRENELLE-SAINT-GERMAIN, 25
MDCCCLXXIV

TOUS DROITS RÉSERVÉS

HISTOIRE
D'HENRI V

DU MÊME AUTEUR :

Le Sacré Cœur, salut de la France. Broch. in-18.

Histoire de Pie IX et de son pontificat. II⁰ édition, revue et considérablement augmentée, avec cette épigraphe : *Qui maledixerit Tibi, sit ille maledictus; et qui benedixerit Tibi, benedictionibus repleatur.* (GEN., XXVII, 29.) Portrait. 2 vol. gr. in-8°.   10 fr.

Le Pape, Roi de nos âmes. 1 vol. in-18 jésus.

Du Droit divin. Broch. in-8°.

Madame la Duchesse de Parme (1819-1864). II⁰ édition, 1 vol. in-18 jésus avec cette épigraphe : *Florete flores quasi lilium, et date odorem, et frondete in gratiam.* (ECCLI., XXXIX, 19.) Portrait et *fac-simile*.

Notice sur le R. P. de Ravignan. Brochure in-18 jésus.

Quelques pages d'histoire à propos des droits temporels du Pape. In-8°. (*Epuisé.*)

L'Europe chrétienne en Orient. In-8°.

De Berlin au Vatican. Broch. in-8°. (Mai 1870.)

De l'Idolâtrie de la chair. In-8°. (*Epuisé.*)

Les Francs-Maçons et les Sociétés secrètes. II⁰ édit. revue, considérablement augmentée, et suivie des Actes apostoliques de Clément XII, Benoît XIV, Pie VII, Léon XII et Pie IX. 1 vol. in-8°.   6 fr.

Les Libres Penseuses et la Ligue de l'enseignement. *Mémoire à NN. SS. les Évêques de France.* 1 vol. in-8°.

La Poésie des Livres saints. (*Ancien Testament.*) 1 vol. in-18 jésus.

La Chanson de Roland. Traduction du poëme de Théroulde. 1 vol. in-18 jésus.

HISTOIRE
D'HENRI V

PAR

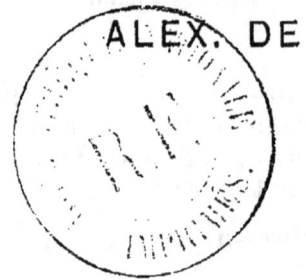

ALEX. DE SAINT-ALBIN

« Vous direz à Henri que tout
« ce qu'il dit est bien dit, et que
« tout ce qu'il fait est bien fait. »

Pie IX.
(5 février 1873.)

DEUXIÈME ÉDITION

PARIS
VICTOR PALMÉ, LIBRAIRE-ÉDITEUR
25, RUE DE GRENELLE-SAINT-GERMAIN, 25
MDCCCLXXIV

TOUS DROITS RÉSERVÉS

BREF

DE

N. S. P. LE PAPE

A L'AUTEUR

Illme Dne Dne Obsme,

Excepit SSmus Dominus Pius IX tuum volumen, cui titulus : — *Histoire d'Henri V* — ac litteras a te datas ex quibus filialem tuum animum in eo dono offerendo cognovit. Dubitare non potes, quin hoc tuum munus gratum et acceptum sanctissimo Patri extiterit, tum quod illustre nomen exhibet principis spectatissimi, quem eximia devotio erga Apostolicam Sedem et præclara animi ornamenta commendant, tum quod oblationi tuæ luculentum amoris tui erga Patriam, et obsequi erga communem fidelium Patrem conjunctum erat testimonium. Dum autem Pater Beatissimus persuasum habet jucundam omnino sibi tui voluminis lectionem futuram, interim meo ministerio paternæ suæ dilectionis sensus obsequio tuo rependit, cupitque auspicem esse cœlestis præsidii et supernorum munerum Apostolicam Benedictionem quam tibi et familiæ tuæ, ut postulasti, peramanter impertivit.

Dum hac tibi significare gaudeo, libenter hac opportunitate utor, ut sinceram meam existimationem tibi profitear, qua sum ex animo,

Tui, Illme Dne Dne Obsme.
Romæ, die 18 februari an. 1874.

ILLMO DNO DNO OBSMO,
DNO ALEXANDRO DE SAINT-ALBIN.

Devotus servus,
CAROLUS NOCELLA,
Illmi Dni ob epist. latinis.

Le Souverain Pontife Pie IX a reçu votre livre intitulé : *Histoire d'Henri V*, et, d'après votre lettre, Il a vu dans ce don l'expression même de votre filial attachement. Vous ne pouvez douter que Sa Sainteté n'ait accepté votre ouvrage avec plaisir, soit parce qu'il rappelle le nom glorieux du Prince ardemment désiré et aussi recommandable par son extraordinaire dévouement envers le Siége Apostolique que par ses éminentes qualités, soit parce qu'à votre présent était joint le témoignage éclatant de votre amour pour la Patrie et de vos sentiments respectueux envers le Père commun des Fidèles. Sa Sainteté est persuadée que la lecture de votre livre Lui procurera une bien vive satisfaction ; mais en attendant, Elle me charge de vous exprimer les sentiments de sa paternelle affection; Elle désire de plus que la Bénédiction Apostolique que vous avez demandée pour vous et pour les membres de votre famille soit un heureux présage de la protection céleste et des libéralités divines.

En vous transmettant ces choses, je profite avec plaisir de cette occasion de vous témoigner la profonde estime avec laquelle je suis, etc.

A
LA FRANCE.

O MA PATRIE,

Vous êtes entre toutes les nations de la terre la première-née de l'Église. C'est contre vous que devaient se tourner tous les efforts de l'antique Ennemi. Il a d'abord tenté de vous séduire et de vous mettre en révolte contre l'Église votre mère : mais vous êtes demeurée fidèle. Il a, deux siècles plus tard, tenté de vous séparer d'elle en même temps que d'autres nations, vos sœurs nées après vous à Jésus-Christ et à l'histoire : mais vous êtes encore demeurée fidèle. Il vous a, cent cinquante ans plus tard et avec plus de perfidie, soufflé la pensée de vous déclarer indépendante en protestant toujours de votre fidélité. Vous n'avez pas fermé votre oreille et votre cœur à cette suggestion abominable, et par là s'est accrue contre l'Église et contre vous la puissance de l'antique Ennemi.

Alors usant de cette force, il vous a proposé ouvertement de rompre avec l'Église et avec Dieu. Il vous a proposé en même temps de rompre avec la gloire de vos aïeux, avec leurs mœurs chrétiennes, avec votre constitution politique, avec votre royauté nationale. C'était vous proposer de rompre avec vous-même. Et pourtant vous avez encore cédé à ces suggestions. Pour avoir voulu n'être plus la France ancienne, vous êtes devenue la France de 1793, une nation sans Dieu et sans Roi, ensanglantée, déchirée, foulée aux pieds par les tyrans les plus abjects. Après avoir été pour la terre un objet d'admiration, vous lui avez été un objet d'horreur.

Il y a dans les maladies une extrémité si voisine de la mort, que la science humaine abandonne à la mort les malades arrivés là. Mais une grâce particulière de Dieu peut les ramener à la vie. Le monde vous a vue dans cette extrémité il y a quatre-vingts ans, et il a cru que c'était la lugubre fin de votre glorieuse histoire. Il raisonnait de vous comme d'une autre nation. Mais dans ce qui semblait déjà n'être plus que votre cadavre, Dieu reconnaissait encore la Fille aînée de son Église.

Cependant il n'a pas voulu vous sauver par sa grâce toute seule, et vous a réservé d'y apporter le concours de votre libre volonté. L'Esprit qui vous conduisait à votre perte vous a dit, et vous l'avez cru, que vous deviez chercher votre salut dans une constitution nouvelle et plus savante, substituée à votre vieille constitution faite par les siècles pour les siècles. Et voilà que vous ne savez déjà plus le nombre de vos constitutions nouvelles, et l'expérience vous apprend à ne plus assigner même la durée de la vie d'un homme à ces lois qui devraient avoir la durée de la vie d'un peuple. Ce n'est pas par là que vous pouvez aider Dieu à vous sauver, vous entretenez votre mal au lieu de le détruire. Mais la foi chrétienne n'était qu'endormie dans votre cœur, elle s'est réveillée plus puissante qu'elle ne fut jamais depuis six cents ans, elle vous a fait reprendre votre place, la première dans l'Église, elle a fait courir vos enfants avant tous les autres à la défense de Pie IX, elle les a jetés sur toutes les mers pour aller conquérir à toutes les extrémités de la terre des âmes à Jésus-Christ; elle a ressuscité chez vous des œuvres qui paraissaient mortes ; elle a enfanté des œuvres nouvelles. Et après Voltaire et la Révolution, vous êtes redevenue la grande nation chrétienne.

Dieu vous a préparé un grand Roi chrétien. C'est celui que votre ancienne constitution appelle à régner sur vous. Ainsi tout est maintenant facile dans l'œuvre de votre salut, et il n'y a de difficultés que dans les combinaisons qui vous en éloignent. Mais ces difficultés semblent toujours vous séduire. O ma Patrie, après avoir tout essayé depuis quatre-vingts ans, essayez donc de redevenir vous-même.

Vous étiez une Monarchie chrétienne. Et, sans votre Roi, vous n'êtes plus la France que le monde contemplait avec envie, vous n'êtes qu'une nation défigurée. Connaissez-le donc ce Roi qui seul peut vous rendre à vous-même, à vos traditions, à votre grandeur, à votre mission, à votre gloire. Connaissez-le, et acclamez son nom, assurée de retrouver sous son sceptre l'admiration de la terre et la complaisance du Ciel !

En la fête de Noël, 25 décembre 1873.

HISTOIRE
D'HENRI V

INTRODUCTION

Dieu a fait les nations inégales et diverses comme les hommes ; il leur a réparti des facultés différentes, parce qu'il leur a donné des vocations distinctes. A l'une l'imagination puissante et l'esprit d'aventure et de conquête, car elle est chargée d'agrandir le monde ; et ce privilége glorieux est si bien à elle, que si un étranger a deviné dans ses méditations l'existence d'un continent inconnu, ce n'est ni sa patrie ni quelque autre nation, c'est la seule Espagne qui lui armera des vaisseaux pour qu'il aille découvrir et conquérir ce nouveau monde à l'ancien monde. D'autres sont actives et patientes, elles sont hardies dans leurs entreprises, elles savent dépenser et elles savent conserver les richesses qu'elles ont acquises : elles sont chargées d'enseigner par leur exemple à tous les peuples le travail, l'industrie, l'économie. D'autres, qui paraissent condamnées à la faiblesse, à l'obscurité, à la médiocrité dans tous les genres, sont une leçon vivante à l'orgueil et à l'ambition des peuples qui apprennent en les voyant que les hommes trouvent la paix, la sécurité, le bonheur dans cette médiocrité même qu'ils sont tentés de dédaigner.

Mais le bonheur d'une nation, comme celui d'un homme, n'est, à bien parler, ni dans l'élévation, ni dans l'humilité, il est dans la fidélité à sa vocation ; et le bonheur est d'autant plus profond que la vocation est plus haute.

Voici un peuple, dont un géographe ignorant de l'histoire et attentif seulement à l'étendue des territoires, pourrait ne soupçonner jamais la grandeur : ce petit royaume de l'Occident a en face de lui, à l'extrémité orientale de l'Europe, un vaste empire dix fois, vingt fois plus étendu, et ce n'est pas encore assez dire ; il y a vingt ans, le petit royaume était allé attaquer chez lui le grand empire, et il l'a vaincu. Ce peuple qui ne tient sur la carte du monde qu'une si petite place, tient la première place dans l'histoire du monde moderne. Depuis près de quinze siècles on voit « le dévouement et l'humanité le conduire « sur les champs de bataille comme le soldat de « Dieu [1] ». Dieu l'a lui-même armé pour sa cause. Il l'a fait apôtre en même temps que soldat, et Celui qui s'appelle lui-même la Vérité a voulu que ce peu

---

[1] SHAKESPEARE. *Le roi Jean.*

ple fût le protecteur de la vérité [1] au milieu des hommes qui la contredisent et qui la repoussent, et qui prétendent l'empêcher de répandre sa lumière et d'établir son règne. Dieu a fait de ce peuple l'ouvrier de l'œuvre divine au milieu des nations étonnées et jalouses.

Il lui a donné pour l'accomplissement de cette tâche le triple génie de la guerre, des lettres et de la politique chrétienne; il a communiqué à ce peuple élu la Puissance, le Verbe et l'Esprit. Et ce peuple est vraiment le peuple de Dieu dans les temps nouveaux, non pas un peuple semblable au peuple égoïste qui ayant seul sur la terre le privilége de la connaissance du vrai Dieu le connaissait si mal, et prétendait posséder Dieu comme un avare son trésor, peu soucieux d'une possession véritable, mais se repaissant, avec une joie sombre et farouche, de la pensée qu'il ne partage point sa possession avec des étrangers. Ce peuple, au contraire, est tourmenté d'un besoin d'expansion qui ne se vit jamais, même à un moindre degré, chez aucun autre. L'amour du gain et de la richesse ne saurait lui faire abandonner le sol natal; il semble y tenir par le fond des entrailles et n'en pouvoir être détaché, même pour un peu de temps. Et cependant on le trouve toujours tout prêt pour les expéditions militaires les plus lointaines, pour les missions reli-

---

[1] « La vérité a besoin de la France. » Joseph de Maistre. *Du Pape.* Disc. prélim. — IIe édition, p. xlij.

gieuses dans les contrées les plus reculées et les plus
inhospitalières, et à lui seul il y envoie combattre et
mourir pour la foi chrétienne, des missionnaires plus
nombreux que ceux de toutes les autres nations.
Peuple conquérant entre tous et dont l'ardeur de
conquête n'est jamais assouvie; mais la conquête
qu'il poursuit sans relâche depuis quatorze cents ans
est la conquête du monde à la vérité. Il n'en rêve
point d'autres, il n'en veut point d'autres; content
de la place que Dieu lui a faite et si bien délimitée
sur la carte du monde, il ne veut rien de plus, comme
il ne veut rien de moins. Un usurpateur, d'origine
étrangère, a bien pu, abusant du nom et de la puissance de la France, se tailler, il y a soixante-dix
ans, un empire démesuré qui, absorbant une moitié
de l'Europe, était encore une menace à l'autre moitié. Mais, s'il a eu l'espace, cet empire napoléonien,
— il n'a jamais pu s'appeler justement l'empire
français, — il n'a pas eu la durée. La ratification du
peuple vainqueur ne manquait pas moins que celle
des vaincus à ces conquêtes si contraires au génie
de la France. Et quand le sort des batailles, qui lui
avait livré les rives de l'Elbe, de l'Ems, du Weser,
de la Lippe, de l'Arno, de l'Ombrone, du Taro, du
Tibre, les lui eut reprises, la France ne donna pas
un regret à ces injustes conquêtes. Ce peuple a une
ambition bien plus haute, que de vulgaires esprits
pourraient appeler bien plus folle, car elle n'a point
de bornes. Cependant l'inondation qui s'étend diminue ou se déplace, les eaux quittent les lieux

qu'elles avaient envahis d'abord, ou n'y ont plus la même profondeur : mais la flamme se propage sans se déplacer ni diminuer, et il n'y aurait point de terme aux progrès de l'incendie, s'il trouvait un aliment sans fin. La foi est une flamme qui trouve un aliment inépuisable dans les cœurs, car après les mauvaises passions qu'elle réduit en cendres, elle s'alimente encore, par un privilége admirable, de ce qu'elle ne consume point, mais qu'elle vivifie, au contraire, du germe des généreux sentiments qu'elle échauffe, qu'elle fait éclore, qu'elle fait grandir et fructifier. Le nouveau peuple de Dieu, tout brûlant de cette flamme descendue du ciel pour éclairer et pour embraser les hommes, pourrait, en la portant dans le monde entier, sentir qu'elle devient encore plus intense et plus ardente en lui quand il la communique aux autres. Mais l'apôtre s'oublie lui-même. Il n'a d'amour et de pensée que pour la vérité, de sollicitude que pour les malheureux privés de la lumière de la vérité. Qu'il soit dans l'Europe le soldat de Dieu pour la défense de l'Eglise et de la société chrétienne, qu'il porte par toute la terre la foi et la civilisation chrétienne, cela lui suffit.

A ce peuple élu pour cette mission sublime, Dieu a prodigué tout ce qui était nécessaire à son accomplissement. Il l'a établi dans une terre bénie, qui assise sur trois mers, tient en même temps au centre de l'Europe, si bien que Strabon, il y a plus de dix-huit cents ans, voyait dans cette disposition géographique une démonstration de la Providence.

Dieu a donné à ce peuple la constitution nécessaire au soldat de sa cause. Il lui a donné une Royauté puissante et douce, qui s'avoue elle-même *dans l'heureuse impuissance de violer les lois* [1] *du royaume,* une Royauté, de toutes les Royautés de la terre la plus semblable à la Royauté du ciel : car, sans abdiquer jamais, elle réserve la plus large part à la libre volonté des hommes qui lui sont soumis. Dieu a donné à ce peuple un clergé illustre par la sagesse et par le génie, et qu'elle ne peut exclure de ses conseils sans attenter elle-même à sa gloire et à son existence, la France ayant été faite par les Évêques comme la ruche par les abeilles, suivant une parole fameuse. Sans cet élément religieux [2], la France ne pouvant plus répondre à sa vocation ne serait plus la France. Sans une aristocratie militaire,

---

[1] Les lois fondamentales, « *les lois du royaume,* à la différence « des lois de circonstance ou non constitutionnelles appelées *lois* « *du Roi* ». *Développement des principes fondamentaux de la Monarchie Française,* 1795, in-8°, p. 30.

[2] « Un caractère particulier de cette monarchie, c'est qu'elle « possède un certain élément théocratique qui lui est particulier, « et qui lui a donné quatorze cents ans de durée : il n'y a rien « de si national que cet élément. Les Evêques, successeurs des « Druides sous ce rapport, n'ont fait que le perfectionner.

« Je ne crois pas qu'aucune autre monarchie européenne ait « employé, pour le bien de l'État, un plus grand nombre de Pon- « tifes dans le gouvernement civil. Je remonte par la pensée « depuis le pacifique Fleury jusqu'à ces saint Ouën, ces saint « Léger, et tant d'autres si distingués sous les rapport politique « dans la nuit de leur siècle : véritables Orphées de la France, « qui apprivoisèrent les tigres, et se firent suivre par les

ce peuple ne serait pas un soldat, il manquerait des qualités nécessaires à sa vocation, la France ne serait plus la France. Dieu lui a donné une aristocratie militaire et agricole : agricole, c'est la condition de son existence ; militaire, c'est la condition de son action, toute puissance morale, — celle des épouses et des mères, et particulièrement celle de l'Église, Épouse de Jésus-Christ et Mère de l'humanité, seule exceptée, — toute puissance morale n'étant ici-bas qu'impuissance si elle n'a la puissance matérielle à son service, et l'âme humaine ne pouvant agir que sur elle-même si elle ne commande au bras pour agir par lui au dehors.

Mais en même temps que cette collaboration à

« chênes. Je doute qu'on puisse montrer ailleurs une série
« pareille ».
J. DE MAISTRE, *Considérations sur la France*, chapitre VIII. — Pp. 123 et 124.
Mais Joseph de Maistre ajoute immédiatement, car les esprits vraiment modérés ne s'arrêtent point à regarder un seul côté des choses, et il n'y a que les violents et les excessifs qui aient pu méconnaître sa modération :
« Tandis que le sacerdoce était en France une des trois colonnes
« qui soutenaient le trône, et qu'il jouait, dans les comices de
« la nation, dans les tribunaux, dans le ministère, dans les am-
« bassades, un rôle si important, on n'apercevait pas ou l'on
« apercevait peu son influence dans l'administration civile ; et
« lors même qu'un prêtre était premier ministre, on n'avait point
« en France *un gouvernement de prêtres* ».
Joseph de Maistre signalait encore plus tard ce *caractère particulier* de la monarchie française :
« Il y a dans le gouvernement naturel et dans les idées nationales
« du peuple français, je ne sais quel élément théocratique et reli-

l'œuvre divine faisait de la France la nation bénie entre toutes les nations, elle la vouait plus qu'aucune autre entre toute la race humaine à la haine de l'Ennemi de Dieu et du genre humain. Arrêter la France dans sa mission, lui enlever les moyens de l'accomplir, c'était, du moins jusqu'à l'élection d'un autre peuple, arrêter dans son accomplissement l'œuvre divine elle-même. De là l'importance et la grandeur, grandeur satanique, de la révolution française. D'autres peuples ont eu leurs révolutions qui gardent dans l'histoire leur nom particulier : la révolution française s'appelle partout et s'appellera toujours la Révolution. Elle est la Révolution pour tous les peuples chrétiens parce qu'elle est « le terme extrême de l'hérésie [1] », parce qu'elle menace tous les peuples dans leurs mœurs chrétiennes, dans

« gieux qui se retrouve toujours. Le Français a besoin de la Reli-
« gion plus que tout autre homme ; s'il en manque, il n'est pas
« seulement affaibli, il est mutilé. Voyez son histoire ».
Du Pape. Discours préliminaire, § II. — IIe édition, tome Ier, pp. xxiij et xxiv.

Shakespeare, avant Joseph de Maistre, avait dit la même chose, à sa manière. Il avait mis ces paroles dans la bouche du Légat du Pape parlant au roi de France Philippe-Auguste :

« Soyez le héros de notre Eglise, ou que l'Eglise notre mère
« prononce sa malédiction, la malédiction d'une mère sur son Fils
« rebelle ! »
Le Roi Jean.

[1] Mgr l'Evêque de Poitiers. *Mandement au sujet des accusations portées contre le Souverain Pontife et contre le clergé français dans la brochure intitulée :* La France, Rome et l'Italie, *par* M. A. de La Guéronnière, 22 février 1861.

leur constitution toujours dépendante de la foi et des mœurs, dans leur civilisation chrétienne. Mais, pour détruire la civilisation chrétienne, la Révolution la vise au cœur, c'est-à-dire dans la France ; et c'est ainsi que la Révolution est particulièrement la révolution française.

Après quatre-vingts ans, la Révolution vient de nous faire perdre, par l'impéritie de ceux qu'elle inspire, deux provinces. Un avenir prochain prouvera peut-être que Dieu a permis cette disgrâce pour nous désabuser sur la valeur des hommes de la Révolution. Ce que la Révolution a tenté pour nous faire déchoir de notre rôle d'ouvrier de l'œuvre divine, ce n'est point de nous affaiblir par la perte d'une partie de notre territoire et de notre population. Elle a cru atteindre plus sûrement le même but en nous enlevant la Royauté, l'aristocratie et le clergé que Dieu nous avait donnés pour l'accomplissement de notre glorieuse tâche. Elle a décimé la noblesse et elle a presque entièrement effacé dans ce qui en restait cet esprit qui faisait de l'ancienne aristocratie française, suivant l'heureuse expression de Joseph de Maistre, « le prolongement de la souveraineté. » Elle a décimé le clergé français ; elle a voulu le détourner de sa voie en le jetant dans le gallicanisme et dans le jansénisme, — car la Révolution ne date pas de 1789 — et, de nos jours, dans ce catholicisme libéral que l'Eglise catholique ne reconnaît pas plus qu'elle ne reconnaît le jansénisme, le gallicanisme et le protestantisme ; elle a cru réduire à l'impuissance le clergé fidèle en le réduisant à la pauvreté, oubliant que l'Eglise naissante avait trouvé une partie de sa puissance dans la pauvreté des apôtres, et que le Maître du ciel et de la terre avait lui-même voulu naître et vivre pauvre parmi les hommes. La Révolution a résolu de tuer la Royauté, elle a tué le Roi, et, quand elle a vu que le Roi assassiné par elle vivait encore et, au lieu de s'appeler Louis XVI, s'appelait Louis XVIII ou Charles X, elle lui a proposé son alliance, plus redoutable que le fer homicide et plus infamante que l'échafaud; ne pouvant se faire un allié de l'héritier du trône, elle a pris un autre allié dans la Maison royale, lui a mis la couronne sur la tête et le sceptre dans la main, et l'a présenté au peuple comme la Royauté nouvelle, pour effacer de l'esprit et arracher du cœur du peuple la connaissance et l'amour de la Royauté française et chrétienne.

La cause de la Révolution l'emporte, et Dieu est vaincu, puisque la France n'a plus ni Royauté, ni aristocratie, puisque les lois révolutionnaires tiennent son clergé à l'écart de la politique, puisque l'ouvrier de l'œuvre divine semble avoir perdu et l'amour de sa tâche et la force de l'accomplir, puisque nous ne voyons, en regardant autour de nous, aucun peuple qui se lève et se prépare à reprendre cette tâche, qui n'est plus la nôtre, et qui pendant tant de siècles fit resplendir nos pères d'une gloire incomparable.

Mais Dieu ne peut pas être vaincu, et s'il n'a pas

élu un autre peuple pour lui transporter notre héritage, c'est que nous sommes toujours les héritiers de nos pères et que nous pourrons tout à l'heure marcher sur leurs traces. Les peuples qui nous menacent avec tant d'arrogance ne sont pas les élus de Dieu ; ils ne sont que les agents de la Révolution, ils seront foudroyés avec elle. Les autres peuples sont prosternés, presque couchés dans la poussière, le regard tourné vers nous, car ils attendent, pour ne pas achever de mourir, mais se relever de leur prosternement, que nous leur tendions la main. « La France, » dit le Roi, « la France, avec son
« énergie, sa loyauté, son désintéressement prompt
« à se passionner pour toutes les grandes idées, à
« se dévouer pour toutes les justes causes, avec son
« armée aussi admirable par la discipline que par
« la valeur, avec sa puissante unité, œuvre des siè-
« cles, marchera toujours à la tête des nations ; sa
« grandeur est nécessaire à la stabilité, au repos de
« l'Europe [1]. »

Nous sommes donc toujours le peuple de Dieu, car Dieu peut bien permettre que son œuvre soit interrompue un moment par la Révolution, mais non qu'elle soit tout à fait arrêtée. L'avenir est donc à nos enfants comme le passé fut à nos pères.

Pour préparer cet avenir, Dieu s'est en quelque sorte servi de la Révolution. La Révolution a travaillé contre elle-même. Satan, prenant la figure du

---

Lettre au vicomte de Saint-Priest : 9 décembre 1866.

serpent, prête au serpent sa malice et son intelligence ; mais, par un juste châtiment, cet Ennemi que l'Ecriture appelle la Bête, agit parfois comme un animal sans raison.

En persécutant le clergé, la Révolution lui a rendu son antique vigueur qu'avait affaiblie une longue prospérité. Les charges ecclésiastiques étaient devenues *bénéfices*, et le bénéfice faisait trop souvent oublier la charge. La Révolution, aveuglée par sa haine, a pris le bénéfice, et les cœurs apostoliques recherchent avec toute l'ardeur des premiers siècles la charge qui ne s'exerce plus que dans la pauvreté. Aveuglée par sa haine, la Révolution a repris contre la Vérité toutes les erreurs, toutes les hérésies, oubliant ou ignorant même qu'on mérite un nom encore plus infâme que celui d'hérétique quand on va jusqu'à rejeter celui de chrétien, qu'on est encore plus qu'un révolté quand on va jusqu'à se déclarer indépendant de l'Eglise et de son autorité, et qu'on lui refuse le nom doux et sacré de mère [1]. La Révolution a cru communiquer sa puissance infernale à l'erreur, elle a ainsi tout à fait ruiné l'erreur ; et elle a, prise dans son propre piége, attaché plus étroitement le peuple catholique et surtout le clergé à l'Unité et à la Vérité dont elle voulait détacher la nation française. Aveuglée par sa

---

[1] L'Eglise n'appelle pas hérétique celui qui n'est pas chrétien, au moins par le baptême : elle l'appelle infidèle. Mais le baptisé qui prétend se rendre indépendant de l'autorité de l'Eglise est un enfant dénaturé.

haine, la Révolution a, contre le ministère apostolique, ajouté aux entraves les plus habiles les ruses les mieux ourdies, elle a ainsi découragé les athlètes qui se sentent mieux faits pour combattre contre les lions que contre les serpents, elle a ainsi multiplié les missionnaires qui vont porter la lumière de l'Évangile dans les contrées les plus lointaines, elle a ainsi rendu elle-même la France à sa vocation dont elle voulait la détourner. Le clergé, composé d'hommes, toujours fragiles, a toujours besoin d'être réformé : il y a trois siècles, le Concile de Trente réformait par ses décrets le clergé catholique dans toute la chrétienté. La Révolution depuis quatre-vingts ans a, par ses crimes et par ses lois, qui pour la plupart ne méritent pas d'être distinguées de ses crimes, réformé surtout le clergé français, et nous lui devons d'avoir retrouvé le clergé que Dieu nous avait donné et que nous n'avions plus en 1789.

Aveuglée par sa haine de l'ordre, même de l'ordre matériel, la Révolution a fait les journées de février 1848 contre le gouvernement révolutionnaire qu'elle avait établi par les journées de juillet 1830. Le résultat le plus imprévu mais le mieux marqué de ce nouveau triomphe, ce fut la liberté rendue en France à l'Eglise d'accomplir la parole de Jésus-Christ : *Allez, enseignez les nations*... Liberté incomplète sans doute, mais qui suffit cependant à former des générations nouvelles et à les animer de l'esprit des anciens temps, des âges de foi, liberté qui suffit par conséquent à préparer des légions de nouveaux preux nécessaires au royaume très-chrétien. Aveuglée par sa haine, la Révolution a offert elle-même aux enfants de la noblesse, de la bourgeoisie et du peuple, confondus ensemble et ensemble élevés si haut par cette éducation chrétienne, les champs de bataille de Castelfidardo et de Mentana, et en 1870 et 1871 ce vaste champ de bataille qui s'étendait sur la moitié de la France, où ils se sont révélés des hommes, des héros, une aristocratie dans sa fleur. Aveuglée par sa haine, elle les provoque à de nouvelles luttes, à de nouveaux combats où ils sauveront la France de la barbarie, et mériteront pour eux-mêmes et pour leurs descendants la reconnaissance des générations futures.

Aveuglée par sa haine, la Révolution, pour tuer la Royauté, a fait du Roi un martyr, elle a fait de la Famille royale une famille de martyrs, c'est-à-dire qu'elle a fait, suivant le mot vérifié par toute l'histoire de l'Eglise, du sang de ces martyrs royaux une semence de Princes chrétiens. Combien elle a pu se croire puissante en regardant tomber sous ses coups Louis XVI, Marie-Antoinette, Madame Élisabeth, en regardant périr Louis XVII dans les tortures qu'elle lui faisait subir ! Quelle joie sauvage elle éprouva quand l'Orpheline du Temple, devenue Duchesse d'Angoulême et appelée à ce titre à être l'espérance de la Maison de France, dut bientôt reconnaître elle-même que, pour avoir vu mourir son père et sa mère d'une telle mort, elle ne les verrait jamais renaître dans ses enfants ! Et quelle sécurité pour la

Révolution, quand le poignard dirigé par elle contre le duc de Berry sembla tuer en lui la Maison de France et la France elle-même avec la Maison de ses Rois! Mais, l'œuvre de la Révolution ainsi accomplie par ce dernier forfait, Dieu apparut en quelque sorte pour rassurer le monde épouvanté, pour manifester qu'il n'abandonnait ni son peuple ni les Rois de son peuple. Se jouant des complots criminels de la Révolution, il choisit pour la révélation d'une espérance nouvelle l'heure même que l'Enfer avait choisie pour anéantir notre dernière espérance. Et le poëte put dire :

> Versez du sang! frappez encore!
> Plus vous retranchez ses rameaux,
> Plus le tronc sacré voit éclore
> Les rejetons toujours nouveaux!
> Est-ce un dieu qui trompe le crime?
>
> Toujours d'une auguste victime
> Le sang est fertile en vengeur!
> Toujours, échappé d'Athalie,
> Quelque enfant que le fer oublie
> Grandit à l'ombre du Seigneur!
>
> Il est né l'enfant du miracle!
> Héritier du sang d'un martyr,
> Il est né d'un tardif oracle,
> Il est né d'un dernier soupir [1] !

Et la voix de Louis XVIII fut bien celle de la

---

[1] LAMARTINE. *Premières méditations*. XV. Ode sur la Naissance du Duc de Bordeaux.

France quand il salua l'Enfant qui venait de naître du nom de Dieudonné. Donné à la France, mais donné en même temps à l'Europe qui a besoin de la France et qui n'attend rien de la France sans son Roi. Et ce fut l'Europe elle-même qui salua l'Enfant du miracle de cet autre nom, l'*Enfant de l'Europe*.

Ainsi Dieu, pour maintenir à la France sa mission, lui a rendu de jeunes héros qui nous sont un gage que la véritable supériorité ne disparaîtra pas d'au milieu de nous.

Il lui a rendu son clergé dont toute la chrétienté célèbre les vertus, l'intelligence et le génie. Et déjà la plupart de nos Évêques, préparant le peuple français à redevenir l'ouvrier de l'œuvre divine, ont, par des vœux particuliers, voué leurs diocèses au Sacré Cœur de Jésus et appelé le peuple lui-même aux sanctuaires consacrés par la piété des âges ou par les manifestations divines si nombreuses en notre temps. Et le peuple français, — j'entends le peuple catholique, la partie saine de la nation, celle d'où sortiront les générations futures, — le peuple français, hommes, femmes, enfants, se lève de toutes parts à l'appel des Évêques, il court aux pèlerinages et aux *pardons*, il va demander le salut de la patrie au Sacré Cœur de Jésus. Il croit ne répondre qu'à l'appel des Évêques : sans le savoir, il répond en même temps à l'appel du Roi-Martyr ; il va reprendre et répéter lui-même la prière qui fut presque la dernière prière de Louis XVI. Tant le cœur du Roi et le cœur du peuple, quand le peuple n'est point égaré, sont faits pour battre d'un même mouvement.

Mais Dieu a rendu au peuple, à la France, son Roi comme son aristocratie et son clergé, et il n'a pas seulement orné le Roi de toutes les vertus royales, de la justice, de la force, de la générosité, de la magnanimité, mais il l'a encore, en l'animant de la foi antique, formé pour le temps présent, pour ce retour de la France à sa mission qui est aujourd'hui le plus pressant besoin de l'Europe et du monde entier. Dieu a fait de toute la vie du Prince jusqu'à cette heure la préparation à cette tâche magnifique : il a voulu que l'Enfant Royal vécût en France ces dix premières années qui laissent au cœur de l'homme les impressions ineffaçables, pour que le Roi, le Père de la patrie aimât la patrie d'un amour plus tendre et plus profond ; il a voulu, — et la Révolution, aveuglée par sa haine, est encore venue contre elle-même en aide à l'œuvre divine, — il a voulu que l'Enfant Royal grandît à l'abri du souffle empesté de la Révolution, il l'a pris par la main, il l'a conduit sur la terre d'exil où le futur Roi reçut, avec l'éducation qui lui aurait été donnée en France, les leçons plus austères et plus fécondes du malheur ; il l'a instruit par le spectacle de toutes les entreprises, de tous les avortements, de tous les retours de fortune, et de toutes les catastrophes qui ont rempli l'histoire de l'Europe pendant ces quarante dernières années. En ce siècle qui ne croit plus à rien et qui ne respecte plus rien, il a fait à ce

Prince découronné par la Révolution une couronne encore plus belle que la couronne des lys, une couronne formée du respect de tous les partis et de tous les peuples qui croient à la sincérité des déclarations d'Henri V, à la loyauté de sa parole et au désintéressement absolu de son âme royale. En ces jours, où les hommes ont mis toute leur confiance dans la force brutale et dans l'habileté, il lui a donné, pour toute force et pour tout art, cette loyauté chevaleresque qui commande le respect et l'admiration de tous les peuples.

Il a fait de lui le chevalier qui doit combattre et terrasser la puissance infernale qui tourmente la France et le monde depuis quatre-vingts ans. Il l'avait prédestiné à ce combat en le plaçant, au jour de sa naissance, sous la protection de l'Ange patron de la France, qui est en même temps le chef de la milice céleste et le vainqueur de Satan. Il l'a, pour cette lutte surhumaine, armé d'une résolution bien rare en ces jours de défaillance, — de défaillance des Princes aussi bien que des particuliers, — de la résolution de ne jamais pactiser avec l'Ennemi qu'il doit étouffer. « Rien n'ébranlera mes résolu- « tions, » dit Henri V, « rien ne lassera ma patience, « et personne, sous aucun prétexte, n'obtiendra de « moi que je consente à devenir le Roi légitime de la « Révolution[1] ». Il est le Roi très-chrétien; et, pour charmer la longueur des jours de l'exil, il ne rêve

[1] Manifeste royal du 25 janvier 1872.

point d'ajouter d'autres royaumes au noble royaume des lys, il rêve une œuvre plus digne de lui et de la France, il rêve de rendre la Fille aînée de l'Église à sa mission. « Le jour du triomphe », dit-il, « est « encore un des secrets de Dieu; mais ayez confiance « dans la mission de la France. — L'Europe a besoin « d'elle, la Papauté a besoin d'elle et c'est pourquoi « la vieille nation chrétienne ne peut pas périr [1] ». L'Europe a besoin de la France, la Papauté a besoin de la France, et la France a besoin de son Roi. Il lui appartient, car Dieu l'a donné à sa nation bien-aimée; il lui appartient par cette élection divine; mais il lui appartient encore par son libre concours aux desseins de Dieu, par son amour de la France et sa volonté de se consacrer à elle. « Elle m'appellera », dit-il, « et je viendrai à elle tout entier, avec mon « dévouement, mon principe et mon drapeau [2] ».

Elle l'appellera, et il rétablira la paix et l'ordre dans le monde, car il en connaît et il ose en reconnaître tout haut la condition que repoussent absolument, parce qu'elle leur serait mortelle, la politique révolutionnaire et cette politique qui se prétend libérale et conservatrice, et qu'on voit toujours pactiser avec la Révolution contre la liberté. « La liberté « de l'Église », dit-il, « est la première condition de « la paix des esprits et de l'ordre dans le monde [3] ».

---

[1] Lettre à M. de La Rochette, 15 octobre 1872.
[2] Proclamation royale, datée de Chambord, 5 juillet 1871.
[3] Lettre à M***, député, 8 mai 1871.

Et le Prince qui fut salué à sa naissance des noms d'Enfant du miracle et d'Enfant de l'Europe aurait pu être salué encore, par une voix prophétique, du nom d'Enfant de la réconciliation et du salut.

En procurant au monde ce grand bienfait du rétablissement de la paix et de l'ordre, il rendra la France à elle-même et à sa mission dont la Révolution l'a si violemment détournée. Il effacera les maux causés par la Révolution, il détruira la grande destructrice de la foi, des mœurs et de la civilisation chrétienne. Un grand philosophe catholique semble avoir annoncé Henri V aux générations épouvantées par la Révolution quand il dit que la Révolution, qui a commencé par la déclaration des Droits de l'homme, finira par la déclaration des Droits de Dieu. Ces droits qui sont les nôtres, à nous enfants de Dieu, ces droits dont nous sommes dépouillés depuis quatre-vingts ans, nous seront rendus par le Prince qui, à l'heure où d'autres faisaient des transactions avec la Commune, signalait dans la négation des Droits de Dieu [1] la cause de tous nos maux.

La mission d'Henri V et celle de la France se confondent. Et cependant depuis quarante ans la France n'est jamais sortie des voies souvent sombres et souillées de boue et de sang, et toujours tortueu-

---

[1] « Une nation chrétienne ne peut impunément.... inscrire en
« tête de sa constitution la négation des Droits de Dieu, bannir
« toute pensée religieuse de ses codes et de son enseignement
« public. » Lettre à M***, député. 8 mai 1871.

ses de la Révolution, et Henri V n'est jamais sorti de la voie royale de la politique chrétienne. Appelés par Dieu à participer ensemble à l'œuvre divine, ne vont-ils pas se réunir? Mais Henri V se tient dans la voie où ils doivent marcher ensemble et, Prince chrétien, il ne la quittera point. C'est là que le Chef de la Maison de Bourbon attend ceux des Princes de sa Maison que la Révolution a su séduire et égarer et faire les ennemis de leur propre gloire et de leur vraie grandeur. C'est là que le Père de la patrie attend la patrie déjà désabusée de la Révolution, mais encore tremblante à la voix de la Révolution qui, forte de notre faiblesse, ose, après avoir attaqué et prétendu abolir tous les droits les plus sacrés, parler de ses droits et dire à la patrie : Tu t'es donnée à moi, tu es à moi, et tu ne peux plus être à toi-même ni à Dieu !

Cependant voici que, cédant à une inspiration généreuse, les Princes que la Révolution de 1830 tenait depuis quarante ans séparés d'Henri V, sont sont revenus à lui. Ils ont agi en Princes, ils ont donné à la nation l'exemple dont la nation avait besoin, l'exemple de la soumission au Roi. Ils sont rentrés dans la voie droite, dans la voie royale de l'honneur et du salut ; à la France maintenant de les suivre !

La France, éclairée enfin sur tous les mensonges qui l'ont si longtemps abusée, sait maintenant où est la vérité, où est le salut. Elle ne croit plus aux systèmes ni aux hommes qui l'ont trompée et trahie, elle ne croit plus qu'à Dieu et au Roi. Qu'elle croie encore à elle-même et à sa mission. Les révolutionnaires et leurs criminelles folies l'ont laissée sanglante et épuisée, elle ne peut renaître à la vie que pour reprendre dans le monde la défense de la cause de Dieu. Mais elle ne peut revenir à sa mission qu'en revenant à son Roi. Elle le désire, elle voudrait le vouloir, mais elle n'a pas encore pris une de ces résolutions héroïques qui sauvent les nations menacées de périr. Sans cette volonté, sans cette résolution, elle ne redeviendrait plus la noble France, elle ne serait plus même une nation, et les oiseaux de proie se partageraient son cadavre. Mais que la race des anciens Francs soit toujours la race des vaillants et des forts, et sous la conduite de son Roi, la France va retrouver ses destinées et sa gloire quatorze fois séculaire.

CHAPITRE PREMIER.

Pour détruire ici-bas la puissance de Dieu, la Révolution voudrait anéantir la France. — En 1814, Louis XVIII songe à marier le Duc de Berry avec une Princesse de Russie. — En 1815, il entame pour le mariage du Prince des négociations avec la cour de Naples. — Ivresse de la nation à la nouvelle du mariage du Duc de Berry. — Réponses du Prince aux félicitations des Chambres. — Il fait, malgré la résistance de la Chambre des Députés, réduire de moitié l'apanage qu'elle lui vote. — Lettres échangées entre le Duc de Berry et la Princesse sa fiancée. — Arrivée de la Princesse Caroline en France, accueil enthousiaste des populations. — Rencontre de la jeune Princesse avec la Famille royale dans la forêt de Fontainebleau. — Mariage à Notre-Dame. — Naissance des trois premiers enfants du Duc de Berry. — La Révolution jure la mort du Duc de Berry. — Lettres anonymes et avis secrets. — Le Prince frappé mortellement. — Dernières heures du Duc de Berry. — Au milieu de son agonie le Prince lègue à la France une parole d'espérance. — L'assassinat n'est pas le crime d'un homme isolé. — Attentats contre la Duchesse de Berry et contre l'enfant qu'elle porte. — Naissance d'Henri de France. — Témoins appelés pour constater l'authenticité de la naissance. — Commémoration de la naissance d'Henri IV. — Joie de la Famille royale. — Joie de Paris et de toute la France. — L'Enfant royal est montré à la foule par la Duchesse d'Angoulême. — Il est présenté au peuple par le Roi et par la Duchesse de Berry elle-même. — Henri de France reçoit le nom d'*Enfant de l'Europe*. — En naissant il conserve la vie à ceux qui ont voulu lui donner la mort. — Sentiments amers causés au Duc d'Orléans et à sa sœur par la naissance d'Henri de France. — Protestation attribuée au Duc d'Orléans. — Il la désavoue, mais il la laissera reproduire. — Signes de la bonté divine dans la naissance d'Henri de France. — Il est appelé l'*Enfant du miracle*. — Les deux poëtes et l'Enfant chanté par eux. — Don du Domaine de Chambord fait par la France à l'Enfant royal.

<small>Pour détruire ici-bas la puissance de Dieu, la Révolution voudrait anéantir la France.</small>

L'impie a dit dans son cœur : Il n'y a point de Dieu [1]. La Révolution, ne pouvant escalader le ciel pour y accomplir le vœu de son cœur, voudrait au moins interdire la terre à Dieu, y abolir son pouvoir et prononcer l'éternelle séparation du Créateur d'avec le genre humain. Elle y réussirait, croit-elle, si elle pouvait détruire le peuple que Dieu a choisi pour être ici-bas l'agent du « gouvernement temporel de sa Providence [2] ». Deux fois elle a frémi d'une joie satanique, elle a cru tuer la France : d'abord par l'échafaud et par la terreur; ensuite par une guerre sans justice et sans motif contre tous les peuples, une guerre sans trêve et sans fin d'où les vaincus pouvaient sortir vivants, mais non le vainqueur. La grande nation allait expirer, quand ses Rois lui furent rendus, et avec eux la paix, la vie et l'espérance.

Mais l'espérance était hésitante devant ces Princes que l'exil venait de nous rendre ou blanchis ou déjà

[1] Ps. XIII, 1.

[2] J. DE MAISTRE. *Soirées de Saint-Pétersbourg ou Entretiens sur le gouvernement temporel de la Providence.*

sortis de ces années de la jeunesse dont l'éclat nous fascine et nous désenchante de tout le reste. Dieu met la foi de son peuple aussi bien que celle de ses élus à cette épreuve : il veut que tout paraisse désespéré et que la foi espère toujours contre toute espérance. Il se réserve de récompenser cette foi héroïque.

Dès 1814, Louis XVIII avait songé au mariage de de son neveu, le Duc de Berry [1], et il avait entamé des négociations à Saint-Pétersbourg. Une alliance avec la Russie scellait plus étroitement la paix de la France avec l'Europe, mais les tendances toutes françaises de l'Empereur Alexandre Ier ne pouvaient faire que la France vît sans grande répugnance une Princesse schismatique devenir Princesse française, appelée à perpétuer la race de saint Louis. Une alliance avec un des Rois que la Maison de France a donnée à l'Europe scellait mieux la paix de la France avec elle-même. Louis XVIII s'inspirait donc des traditions des Rois très-chrétiens quand, au lendemain même de la seconde Restauration, il chargeait son ambassadeur à Naples, le compagnon de son exil, M. de Blacas, de demander pour le duc de Berry la main de la Princesse Marie-Caroline, fille aînée du Prince héréditaire des Deux-Siciles.

En 1814, Louis XVIII songe à marier le Duc de Berry avec une Princesse de Russie.

En 1815, il entame pour le mariage de ce Prince des négociations avec la Cour de Naples.

---

[1] Second fils du comte d'Artois (depuis Charles X), lui-même troisième fils de Louis, Dauphin de France, fils de Louis XV.

Ivresse de la nation à la nouvelle de ce mariage.

Générations dévoyées depuis si longtemps, nous ne pouvons plus comprendre l'ivresse de nos pères à la nouvelle du mariage du Duc de Berry avec la Princesse Caroline. Les prospérités comme les malheurs de la Famille royale étaient les prospérités et les malheurs de la grande famille française. L'union qui allait s'accomplir assurait l'avenir de la France en assurant celui de ses Rois. La grâce et la bonté des Bourbons sait si bien rendre sensible à tous les cœurs cette vérité que Dieu attacha de liens pareils les Rois et les peuples, les pères et les enfants ! On retrouvait l'aimable abandon de la vieille Royauté chrétienne et française dans les réponses du Duc de Berry aux adresses de félicitation des deux Chambres. « Mes enfants », disait le Prince, « naîtront « avec les sentiments d'amour pour la France qui « sont naturels à ma Famille ». Quand le ministère, par l'organe du duc de Richelieu, vint demander à la Chambre des députés un apanage d'un million pour le Duc de Berry, il dut ajouter que cette somme serait réduite de moitié pendant cinq ans, le Prince ayant exprimé ce désir en raison de la calamité des temps[1] et le désir du Prince étant devenu, par l'approbation de Louis XVIII, la volonté royale. La Chambre unanime, ne tenant compte de la volonté

Réponse du Prince aux félicitations des Chambres.

Il fait réduire son apanage de moitié, malgré la Chambre des députés.

---

[1] « Buonaparte, » disait-on alors, « a pris à la France son dernier « homme et son dernier écu ». Et à ce fléau de la politique impitoyable de l'usurpateur vint s'ajouter le fléau de la disette. Voilà quelles plaies les Bourbons eurent à panser quand ils furent rendus à la France.

royale, vota tout d'une voix l'apanage d'un million et rejeta l'article 2 qui le réduisait pendant cinq ans. Résistance inutile : le Duc de Berry fit pour cinq ans l'abandon de ces cinq cent mille francs aux départements qui avaient le plus souffert de la guerre. La Chambre, qui n'avait pas voulu céder à la volonté du Roi, se vit vaincue par la générosité du Prince.

Lettres échangées entre le Duc de Berry et la Princesse sa fiancée.

« La bonté », dit Bossuet, « est le caractère le plus naturel des Rois [1] ». Il était vraiment Roi par la bonté, ce Prince qui ne devait jamais être assis que sur les marches du trône. Il était vraiment Roi, et il était vraiment homme par tous les sentiments qui ennoblissent le cœur humain. Ah ! si la France avait pu lire les lettres qu'échangeaient à cette heure-là le Duc de Berry et la Princesse Caroline, quelle allégresse encore plus profonde eût-elle éprouvée de l'union de ces deux fiancés qui, dans ces épanchements intimes, dépouillaient leur royale grandeur et, sans y penser, se revêtaient d'une grandeur encore plus noble et plus touchante. Le 8 février 1816, le Duc de Berry écrivait à celle dont il venait de lui être permis de rechercher l'alliance :

« Madame ma Sœur et Cousine,

« Il y avait bien longtemps que je désirais obte-
« nir l'aveu du Roi votre grand-père et du Prince
« votre père, pour former une demande à laquelle

---

[1] BOSSUET. *Politique tirée de l'Écriture.* Livre III, Art. III.

« j'attache le bonheur de ma vie ; mais devant que
« j'aie obtenu leur agrément, c'est Votre Altesse
« Royale que je viens solliciter de daigner me con-
« fier le bonheur de sa vie, en s'unissant avec moi.
« J'ose me flatter que l'âge, l'expérience, et une lon-
« gue adversité, m'ont assez formé pour me rendre
« digne d'être son époux, son guide et son ami. En
« quittant des parents si dignes de son amour, elle
« trouvera ici une famille qui lui rappellera le
« temps des patriarches. Que vous dirais-je du Roi,
« de mon père, de mon frère, et surtout de cet
« ange, Madame, Duchesse d'Angoulême, que vous
« n'ayez entendu dire, sinon que leurs vertus, leur
« bonté sont fort au-dessus des éloges que l'on peut
« en faire? L'union la plus intime règne parmi nous
« et n'est jamais troublée : mes parents désirent
« tous avec impatience que Votre Altesse Royale
« comble mes vœux, et qu'Elle consente à augmen-
« ter le nombre des enfants de notre famille. »

La Révolution s'efforce sans relâche d'abaisser ceux
qui sont en haut par l'autorité, le génie ou la sainteté,
et ne voudrait pas, si elle le pouvait, élever jusqu'à
eux ceux qui sont en bas. L'égalité chrétienne, qui
n'est pas un cri de guerre révolutionnaire, mais un
principe de droit divin, donne aux derniers d'entre
le peuple le droit de regarder avec amour et fierté
cette Famille royale qui « rappelle le temps des
« patriarches » et à laquelle la famille du laboureur
et de l'artisan peut se rendre pareille par les vertus,
les affections et les joies domestiques.

AUTRE LETTRE.

Après le mariage par procuration, le Duc de Berry écrivait encore à la Princesse Caroline :

« D'aujourd'hui nous nous sommes donné notre
« foi. De ce jour nous sommes unis par les liens
« sacrés du mariage, liens que je chercherai tou-
« jours à vous rendre doux. Vous daignez me
« remercier de vous avoir choisie pour la compagne
« de ma vie ; que de remerciements ne dois-je pas
« à Votre Altesse Royale pour avoir si promptement
« accédé aux vœux de vos excellents parents ! Je
« sens combien il doit vous en coûter de les quitter,
« de venir presque seule dans un pays étranger,
« mais qui ne le sera bientôt plus pour vous......
. . . .
« Avec quelle impatience j'attends la nouvelle
« de votre arrivée en France ! Que je serai heureux,
« ma bien chère femme, lorsque je pourrai vous
« appeler de ce doux nom ! Tout ce que j'entends
« dire de vos qualités, de votre bonté, de votre
« esprit, de vos grâces, me charme et me fait brûler
« du désir de vous voir et de vous embrasser comme
« je vous aime.

« Charles-Ferdinand. »

La Princesse Caroline lui écrivait en même temps :

« C'est à l'autel que je viens, Monseigneur, de
« prendre l'engagement solennel d'être votre fidèle
« et tendre épouse. Ce titre si cher m'impose des
« devoirs que très-volontiers je commence à remplir

« dès ce moment, en venant vous donner l'assurance
« des sentiments que mon cœur vous a déjà voués
« pour la vie; elle ne sera remplie et occupée que
« de chercher les moyens de vous plaire, à me
« concilier votre amitié, mériter votre confiance.
« Oui ! vous aurez toute la mienne, toutes mes
« affections ; vous serez mon guide, mon ami ;
« vous m'apprendrez à plaire à votre auguste
« Famille; vous adoucirez (je n'en doute pas) le
« chagrin si vif que je vais éprouver de me séparer
« de la mienne. C'est sur vous enfin que je me
« repose entièrement du soin de ma conduite pour
« la diriger vers tout ce qui pourra procurer votre
« bonheur. J'en ferai mon étude habituelle; puissé-
« je y réussir et vous prouver combien je mets de
« prix à être votre compagne. »

Arrivée de la Princesse Caroline en France, accueil enthousiaste des populations.

Dans une autre lettre la Princesse Caroline lui disait encore: « Il me tarde bien de faire partie de « cette famille qui m'est déjà si chère. Vous m'ap- « prendrez à lui plaire, Monseigneur, vous me « direz bien franchement tout ce que je dois faire « pour cela ». Tous les cœurs couraient au-devant de la jeune Princesse si impatiente d'être Française; et le Duc de Berry pouvait lui écrire, après qu'elle avait quitté Naples, quand elle venait de mettre le pied sur la terre de France et qu'elle s'avançait vers Paris comme en une marche triomphale : « Vous « avez déjà gagné les cœurs de ceux qui n'ont fait « que vous entrevoir. Vous êtes déjà si aimée en

« France, on désire tant vous voir ! Quand je sors
« à présent l'on ne crie plus : *Vive le Duc de Berry !*
« mais ce qui me fait bien plus de plaisir : *Vive la*
« *Duchesse de Berry ! vive la Princesse Caroline !* »

Elle arriva le 14 juin à la forêt de Fontaine-bleau, où l'attendait la Famille royale. On avait préparé à la croix de Saint-Hérem une tente et un tapis dont la Princesse ne devait franchir que la moitié. Mais, dans son émotion elle ne songea plus à l'étiquette et fut se jeter aux pieds du Roi. Louis XVIII, la relevant avec bonté, lui présente son neveu : « Voici d'abord votre mari ». Et il ajouta : « Moi, « je suis votre père, voilà votre frère, voilà notre « ange ». Le surlendemain la Princesse faisait son entrée solennelle à Paris; et le 17, le mariage était célébré à Notre-Dame. Nos Rois, pour ajouter à la douceur et à la sainteté de leurs joies les plus pures, y associent toujours leur peuple : des jeunes filles pauvres étaient dotées, des prisonniers pour dettes étaient délivrés, des prisonniers politiques étaient graciés.

<small>Rencontre de la Princesse avec la Famille royale à Fontainebleau.</small>

<small>Mariage à Notre-Dame.</small>

Ainsi s'accomplit cette union si pleine de promesses pour la France et pour l'Europe. Cependant la Révolution est attentive à prévenir et à empêcher tout bien, elle est ingénieuse et audacieuse à détruire les espérances du patriotisme..... Mais en même temps Dieu veille et sa Providence ne se lasse jamais de rendre impuissantes la ruse et l'audace de la Révolution et de sauver un lys de l'orage.

Naissance des trois premiers enfants du Duc de Berry.

Le 13 juillet 1817, Madame la Duchesse de Berry accoucha d'une fille qui ne vécut que deux jours, et le 13 septembre 1818 d'un Prince qui ne vécut que deux heures. L'année suivante, le 21 septembre, elle mit au monde Louise-Marie-Thérèse, Mademoiselle, qui fut depuis Duchesse et Régente de Parme, et qui dans le gouvernement de ce petit État fit admirer et bénir la sagesse, la grandeur et la bonté des Rois de la Maison de Bourbon et fit comprendre à à la France ce qu'elle avait perdu en perdant cette race de saint Louis qui était si bien à elle.

Ce n'était pas une Princesse, mais un héritier du trône qu'on attendait. Et cependant la France a pour le sang de ses Rois un tel amour qu'elle accueillit avec joie la petite Mademoiselle. La naissance de Louise-Marie-Thérèse ajournait les espérances de la France, mais cette naissance même et la belle santé de la petite Princesse les fortifiaient.

La Révolution jure la mort du Duc de Berry.

Tout ce qui aurait touché et apaisé d'autres ennemis portait à son dernier excès la fureur de la Révolution contre la France et contre cette Maison de Bourbon odieuse à tous ceux qui nourrissent dans leur cœur la haine de la grande nation.

Lettres anonymes et avis secrets.

Le duc de Berry avait écrit à Marie-Caroline alors qu'elle arrivait dans sa nouvelle patrie : « Vous êtes un présage de bonheur pour la France et la terreur des factieux ». Il avait compris dès le premier moment qu'il était de tous les Princes de sa

Famille le plus exposé aux entreprises des assassins : mais cette claire vision du péril n'avait pas troublé un seul instant la sérénité du noble Fils de France ni sa gaieté qui rappelait celle d'Henri IV. Dans les derniers mois de sa vie, des lettres anonymes et remplies de menaces et des avis secrets n'avaient pu lui inspirer ni crainte ni prudence.

Le 13 février 1820, un révolutionnaire, successivement jacobin et bonapartiste [1], frappa d'un coup de poignard le Duc de Berry. Les deux époux avaient passé la soirée à l'Opéra, la Princesse craignant de se fatiguer voulut se retirer avant la fin du spectacle, et son mari la reconduisit à sa voiture. C'est alors que l'assassin sortant de l'ombre met la main sur l'épaule gauche du Prince et lui plonge son poignard au-dessus du sein droit : « Prenez donc garde à ce que vous faites ! » lui dit M. de Choiseul qui n'a pas encore l'idée d'un crime. Mais le Prince a déjà compris qu'il est frappé mortellement : « Je « suis assassiné... Cet homme m'a tué... Je tiens le « manche du poignard ». Marie-Caroline va se précipiter au secours de son mari, on veut la retenir : « Laissez-moi, » dit-elle, « je vous ordonne de me « laisser ». Le Prince qu'on emporte et qui demande un prêtre, répond à ce cri et à cet élan de la Princesse : « Venez, ma femme, que je meure dans vos

Le Prince frappé mortellement.

Dernières heures du Duc de Berry.

---

[1] Il avait passé deux mois à l'île d'Elbe et suivi Napoléon jusqu'à Rochefort.

« bras! » On écarte ses habits pour découvrir la blessure; la courageuse Princesse le voyant défaillir le prend dans ses bras, et ses vêtements sont couverts du sang de la victime. Quelle image dans la terrible réalité, dans cette robe, dans ces parures de fête et de plaisir et qui maintenant ensanglantées sont plus horribles à voir que des vêtements de fêtes funèbres!

On a pu dire de cette agonie qu'elle fut un règne. Quel règne long et prospère aurait illuminé de plus de gloire le nom de ce Bourbon qui, pendant les six ou sept heures que dura la lutte entre la vie et la mort, montra tant de force et de douceur? Il sut être en même temps tout à Dieu, tout à la France, tout aux siens, et même tout à l'homme dont la main venait d'arrêter le cours à peine commencé de ses prospérités. Il avait espéré un moment que cet homme n'était pas Français : les questions pressantes qu'il fit à ce sujet forcèrent ceux qui l'entouraient de lui enlever cette illusion. En apprenant que le crime dont il allait mourir n'était pas seulement un assassinat, mais un parricide : « Il est cruel », dit-il, « de « mourir de la main d'un Français ». Et il n'accusa plus son meurtrier que de démence, pour avoir le droit d'implorer sa grâce et d'essayer en quelque sorte de faire violence à la justice royale. La pensée de cette grâce tint une si grande place dans ses dernières heures, qu'on pourrait croire qu'elle les remplit toutes. Mais comme il faisait si généreusement et si obstinément pardon à celui qui venait de le tuer, il demandait de même pardon à Dieu des fautes qu'il avait commises et aux siens des torts dont il avait pu se rendre coupable à leur égard. Dès l'arrivée de l'Évêque de Chartres appelé en toute hâte, il avait fait un acte de contrition générale pour recevoir l'absolution ; un peu plus tard, les soins des médecins lui ayant rendu moins difficile l'usage de la parole, il se confessait et faisait ensuite à haute voix l'aveu de ses fautes ; il demandait le saint Viatique qu'en raison de ses vomissements fréquents on dut lui refuser ; il recevait enfin l'onction des mourants. En voyant le Duc d'Angoulême agenouillé auprès de lui : « Ah ! mon frère, » lui dit-il, « vous « êtes un ange sur la terre, croyez-vous que Dieu me « pardonne ? — Vous pardonner ?... Il fait de vous « un martyr ! » La fille de Louis XVI disait en même temps à celui qui allait mourir : « Courage, mon « frère ; mais si Dieu vous appelle à lui, dites à mon « père qu'il prie pour la France et pour nous ».

Le martyr ne sépara pas un instant pendant cette longue agonie ces deux pensées de sa Famille et de la France. S'étant fait apporter la petite Mademoiselle pour la voir et la bénir encore une fois, il souleva sa main défaillante et la posant sur la tête de l'enfant : « Je te bénis, ma fille, » lui dit-il. « Sois la con« solation de ta mère ! Chère et douce créature ! La « France vous protégera l'une et l'autre : car ce « n'est pas elle qui a demandé ma mort... Qu'ai-je « fait à cet homme ?... C'est un fou : il faut lui faire « grâce !... »

La préoccupation d'obtenir la grâce de son assassin ne le quitta pas un instant parmi les suprêmes douleurs de cette séparation d'avec tout ce qui lui était cher ici-bas. Au milieu des souffrances que lui causaient sa blessure et encore plus l'opération tentée par les médecins, il ne montra d'autre impatience que celle de ne pas voir venir le Roi pour lui demander « la grâce de l'homme ». (Il ne lui donna pas d'autre nom.) Il appelait son père, et son père lui pressant la main lui disait : « Je suis là, mon « ami ». Alors le mourant demandait si le Roi n'allait pas venir. Puis voyant au pied de son lit des domestiques éplorés : « Mon père, » disait-il à Monsieur, « je vous recommande ces braves gens et toute ma « maison ». Et quand le Roi fut venu, il lui demanda la grâce « de l'homme », et son dernier soupir fut une dernière prière pour son assassin.

Comment dire la tendresse, la douleur et l'héroïque courage de la Duchesse de Berry. « Elle est « sublime ! » s'écriait à ce moment-là même la fille du Roi et de la Reine martyrs, l'Orpheline du Temple, qui avait acquis du courage et de la grandeur une science si précoce et si profonde. Marie-Caroline assistait elle-même, au milieu de ses larmes et de ses sanglots, les chirurgiens dans leur travail, et demandait au blessé : « Mon ami, indiquez-moi où « vous souffrez. » Le Prince, qui n'avait pas répondu à la même question déjà faite par les chirurgiens, se ranimait à la voix de sa femme et lui prenait la main pour la poser sur sa poitrine. Comme Monsieur voulait lui épargner la vue de l'opération et lui demandait de se retirer dans une pièce voisine : « Mon père, » lui dit-elle, « ne me forcez pas à vous « désobéir; » et elle ajoute, se tournant vers les chirurgiens : « Messieurs, faites votre devoir ». Le blessé, qui n'avait pas douté un seul instant que le coup fût mortel, dit : « Laissez-moi, puisque je dois « mourir ». Mais d'un seul mot sa femme obtient de lui ce dernier sacrifice : « Mon ami, souffrez cela « pour l'amour de moi ».

Après l'opération, le Prince dit au chirurgien Dupuytren de l'avertir quand il sentirait le pouls remonter. Et, employant à consoler sa femme les derniers instants qui le séparaient de la mort, il lui disait : « Mon amie, ne vous laissez pas accabler par « la douleur, ménagez-vous pour l'enfant que vous « portez ».

Le Prince mourant lègue à la France une parole d'espérance.

Ainsi s'échappait de ces lèvres que la mort allait sceller, la parole d'espérance qui rendait à la nation très-chrétienne frappée d'un coup si inattendu, le droit de s'écrier : O mort où est ta victoire [1] ?

La victoire de la mort et de la Révolution n'est pas dans cette agonie dont la France ne se lassera jamais d'entendre répéter les détails touchants et sublimes. Elle n'est pas dans la durée même de cette agonie : à l'ouverture du corps, on reconnut que le poignard avait été jusqu'au cœur et que le

---

[1] *Cor.*, xv, 55.

Prince aurait dû tomber foudroyé sous le coup; mais il vécut encore pour laisser à la France cette parole qui lui dénonçait l'impuissance du crime. La victoire de la mort et de la Révolution n'est pas dans l'exécration qu'inspira partout l'horrible forfait : cette exécration ne fut ni de la stupeur ni de la terreur, la nation ne défaillit point comme devant les crimes qui l'avaient épouvantée vingt-sept ans auparavant, elle poussa tout entière un long cri de malédiction, elle laissa éclater sa douleur, et le deuil de la Famille royale fut le deuil de toute la France, un deuil vraiment populaire, à ce point qu'une pauvre femme, voulant faire dire une messe pour le repos de l'âme de la victime et manquant des quelques sous nécessaires, mettait sa robe en gage pour se les procurer.

La Révolution avait pu ôter la vie au Duc de Berry, mais elle n'avait pu lui ôter le pouvoir de léguer à la France, condamnée avec lui, un gage d'avenir. La Révolution, cette grande menteuse, qui ment toujours et à tous, s'était donc menti à elle-même dans les promesses qu'elle s'était faites de détruire la race de saint Louis. Déçue dans son crime, elle dit, comme elle avait déjà dit tant de fois auparavant et comme elle a dit encore tant de fois depuis, que son crime n'était pas son crime, mais celui d'un homme isolé. Le fanatique à qui elle avait mis le poignard à la main, se vanta lui-même de n'avoir point de complices et de n'avoir puisé son inspiration que dans la haine qui remplissait son cœur. Mais que peuvent ces protestations d'un scélérat contre le fait du bruit de l'assassinat du Duc de Berry répandu à Londres huit jours avant le 13 février ? Et la Révolution n'a-t-elle pas cherché plus tard à tirer gloire du forfait qu'elle avait d'abord répudié ? n'a-t-elle pas ajouté à l'assassinat du Prince un crime encore plus exécrable que l'assassinat, c'est-à-dire son apologie ? et n'a-t-elle pas récemment et pendant plus de deux ans, placé en un poste particulier de confiance le scribe, plus infâme que l'assassin, car il a pu exalter la vertu, le patriotisme et le dévouement de l'assassin ? *L'assassinat n'est pas le crime d'un homme isolé.*

Mais la victoire que la mort et la Révolution n'avaient pas trouvée dans l'attentat parricide du 13 février, elles la cherchèrent dans des attentats nouveaux. Elles en poursuivirent le cours à travers le concert de prières qui s'élevait de toutes les provinces de la France et de tous les rangs de la société pour la naissance d'un héritier du trône [1]. Une nuit, la Duchesse de Berry était réveillée en sursaut par l'explosion d'un pétard placé dans le voisinage de son appartement : les lâches auteurs de cette tentative avaient imaginé que la frayeur ferait perdre à la Princesse ses espérances de maternité ; ils ne savaient pas ce que Dieu peut mettre de *Attentats contre la Duchesse de Berry et l'Enfant qu'elle porte.*

---

[1] « De toutes les parties de la France, un concert de prières « s'élève pour la naissance du Duc de Bordeaux. » *Carnet de M. de Villèle, 22 juillet* 1820.

courage dans le cœur d'une femme, d'une mère, d'une Princesse du sang de saint Louis. D'autres crimes pareils furent pareillement déçus. Et le 29 septembre 1820, jour de la fête de l'Archange saint Michel, patron de la France, vint prouver à ce siècle incrédule à la puissance de Dieu et crédule à la puissance de l'homme, que le crime, en osant tout, ne peut pas tout.

Naissance d'Henri de France.

Vers deux heures et demie du matin, la Duchesse de Berry était prise des douleurs de l'enfantement. Aussitôt le docteur Deneux était admis auprès d'elle, en même temps arrivaient la duchesse de Reggio et la vicomtesse de Gontaut. A trois heures vingt minutes, l'auguste veuve avait un fils et la France un héritier de ses Rois. Au milieu de ses douleurs et de ses joies, la Princesse n'oublia pas qu'il fallait des témoins irrécusables à un événement qui déjouait tant d'odieuses entreprises et de criminelles espérances. Un garde de Monsieur s'étant présenté, la Princesse le récusa elle-même : « Vous « ne pouvez », dit-elle, « être témoin, vous êtes de « la maison, qu'on aille chercher des gardes natio- « naux ». On appela MM. Lainé, Paigné, Dauphinot, Triozon-Sadony, de la neuvième légion, et la Princesse leur dit : « Messieurs c'est un Prince, et vous « voyez que ce Prince est mon fils ». Quelques instants après, la courageuse mère redit les mêmes paroles au maréchal, duc d'Albuféra, qui venait d'entrer.

Témoins appelés pour constater l'authenticité de la naissance.

La Famille royale aussitôt avertie accourait saluer à sa naissance le Prince qu'elle avait tant demandé à Dieu. « Où est-il, où est-il? » s'écriait la fille de Louis XVI, à qui Dieu accordait cette joie sans mesure comme les douleurs de sa jeunesse qui furent les douleurs de toute sa vie. L'empressement de Monsieur et de son fils ne fut pas moindre. Le Roi arrivant à son tour, dit à l'heureuse mère : « Dieu « soit béni, vous avez un fils ». Puis en souvenir de ce qui s'était passé à la naissance d'Henri IV, il offrit à sa nièce un bouquet de diamants : « Voilà « qui est pour vous ». Et il ajouta, prenant l'Enfant: « Voici qui est à moi ». Recevant alors des mains de Monsieur une boîte d'ail qu'on avait fait venir de Pau, il en frotta les lèvres du nouveau-né ; il lui fit avaler ensuite quelques gouttes de vin de Jurançon. « Sire, » dit alors la Duchesse de Berry, « que je « regrette de ne pas savoir la chanson de Jeanne « d'Albret, *la chanson de Notre-Dame du bout du « pont* [1], pour que tout pût se passer comme à la « naissance du bon Henri! »

Joie de la Famille royale.

Commémoration de la naissance d'Henri IV.

Bientôt elle ordonna de laisser entrer tous les militaires présents. Et cinq cents soldats qui purent ce matin-là même voir le royal Enfant, ne suffirent pas encore à ce besoin du cœur maternel qui veut partager sa joie avec d'autres cœurs : les portes furent ouvertes à tous ceux qui se présentèrent.

Cependant la joie de la mère et de la Famille

Joie de Paris

---

[1] A Nousto-Dame d'ou cap d'oü poun.

et de toute la France. royale et de tous ceux qui furent admis dans la nuit du 29 septembre aux Tuileries, était déjà celle de tout Paris. Dès quatre heures du matin, les lumières qui paraissaient aux fenêtres du vieux palais et le mouvement extraordinaire qui, au milieu des ténèbres de la nuit, pouvait se voir du dehors, avaient fait deviner l'événement à toute la partie de la population qui habitait les rues et les quais voisins. A cinq heures, le premier coup de canon tiré des Invalides l'annonce à tout Paris; et le treizième coup annonce que l'enfant qui vient de naître est un Prince [1].

Mais il convient de laisser ici la parole à un homme qui, ayant vu de ses yeux cette émotion et cette ivresse de toute une grande cité, en avait conservé le souvenir dans sa mémoire et dans son cœur :

« Ceux qui n'ont pas été témoins de ces scènes
« ne sauraient se faire une idée du spectacle que
« présentait, dans la matinée du 29 septembre,
« entre six et huit heures, la portion de la rue de
« Rivoli qui longe le pavillon de Marsan. C'était
« dans les appartements du premier étage que le
« Duc de Bordeaux était né, et de nombreuses per-
« sonnes de tous les rangs, devançant l'heure
« accoutumée de leur lever, accouraient à la hâte,
« jeunes gens, jeunes femmes, vieillards, hommes

---

[1] Toute la population parisienne savait d'avance qu'il serait tiré douze coups pour la naissance d'une Princesse et vingt-quatre pour celle d'un Prince.

« dans la force de l'âge, avec l'espoir d'obtenir
« quelques détails, et, qui sait? peut-être d'aperce-
« voir le royal Enfant. Plus tard, il y eut des fêtes
« officielles qui ressemblèrent à toutes les fêtes de
« ce genre ; mais dans cette matinée privilégiée et
« bénie, c'était vraiment la fête des cœurs. Point
« d'acclamations, dans la crainte d'effrayer la jeune
« mère ou le royal Enfant ; point d'étalage de sen-
« timents, mais une effusion universelle, des détails
« demandés et donnés à voix basse, des larmes fur-
« tives, des mains serrées, des exclamations entre-
« coupées, des regards curieux et attendris interro-
« geant les croisées de l'appartement de Madame la
« Duchesse de Berry. Ce jour-là, les inconnus se
« parlèrent et les indifférents s'aimèrent. Il sem-
« blait que toute cette population n'avait qu'une
« âme, qu'un sentiment, qu'une idée [1]. »

Cette muette impatience, ces désirs à la fois ardents et discrets de la foule ne pouvaient manquer d'être compris et exaucés par la bonté de la Famille royale. La Duchesse d'Angoulême, telle encore qu'elle était accourue à la première nouvelle, s'approchait des fenêtres et montrait à tous l'Enfant, objet des vœux, et cause de l'espérance et de la joie d'un grand peuple. Après elle, c'était Louis XVIII qui, au sortir de la messe, paraissait au balcon des Tuileries ;

L'Enfant royal est montré à la foule par la Duchesse d'Angoulême.

---

[1] M. Alfred Nettement. *Histoire de la Restauration*, tome V, pp. 479 et 480.

Il est présenté au peuple par le Roi et par sa mère elle-même. présentant le Prince à la multitude qui remplissait le jardin, le Roi empruntait à l'Église les paroles dont elle salue la naissance du Sauveur et s'écriait d'une voix forte : « Votre joie centuple la mienne. Il nous « est né un Enfant à tous [1]. Cet enfant sera un jour « votre père, il vous aimera comme les miens vous « ont toujours aimés. » Quelques heures plus tard, la mère elle-même trouvant au milieu de sa faiblesse, une force inattendue dans son bonheur et dans son courage, ordonnait qu'on roulât son lit près de la fenêtre, et là elle se soulevait à demi pour présenter son enfant au peuple émerveillé.

L'Enfant reçut les noms d'Henri-Charles-Ferdinand-Marie-Dieudonné d'Artois. Le Roi avait décidé d'avance qu'il porterait, si c'était un Prince, le titre de Duc de Bordeaux. « C'est à Bordeaux », disait-il, « que mon heur a pris commencement ». C'était en effet cette ville qui avait la première arboré le drapeau blanc. Les dames de la halle de Bordeaux, fières du choix de ce titre pour le nouveau Prince, envoyèrent à Paris une députation chargée d'offrir à la Duchesse de Berry un berceau pour le nouveau-né.

Mais comme toute la France avait prié pour obtenir un Prince, toute la France poussa un long cri d'allégresse et de reconnaissance quand cet Enfant lui fut donné. La naissance des Princes est tou-

---

[1] « Parvulus natus est nobis et Filius datus est nobis. » Is., ix, 6. (Messe du jour de Noël.)

jours suivie de fêtes officielles: mais cette fois l'éclat des fêtes officielles pâlit devant les réjouissances particulières, et surtout devant les fêtes religieuses. La joie était universelle, et aussi les actions de grâces pour le Ciel qui venait d'accorder à la nation et à l'Europe ce gage d'espérance et de paix.

L'Europe, en effet, se réjouissait avec la France, et le Nonce apostolique venu à la tête du corps diplomatique féliciter Louis XVIII, lui disait en montrant l'Enfant qu'on avait apporté à cette solennité : « Cet « Enfant de souvenirs et de regrets est aussi l'En- « fant de l'Europe. Il est le présage et le garant de « la paix et du repos qui doivent suivre tant d'agita- « tions. »

Henri de France reçoit le nom d'Enfant de l'Europe.

Ainsi parlait le représentant du Vicaire de Jésus-Christ ; mais le chef d'une Église schismatique ne voulait pas qu'on pût lui supposer des pensées différentes, et l'Empereur de Russie écrivait au Roi de France : « La naissance du Duc de Bordeaux est un « événement que je regarde comme très-heureux « pour la paix, et qui porte de justes consolations « au sein de votre famille. Je prie Votre Majesté « de croire que je ratifie le titre d'Enfant de l'Eu- « rope dont on a salué Monsieur le Duc de Bor- « deaux. »

C'était l'Europe elle-même qui parlait ainsi par la bouche de l'Empereur Alexandre Ier; et ce nom d'Enfant de l'Europe qui n'avait jamais été donné à aucun Prince, elle le donnait au futur Roi de cette nation qu'en 1814 elle avait vaincue et qu'en 1815 elle avait écrasée. Tant la Royauté française est puissante et prompte à guérir les maux de la patrie, et tant la Maison de Bourbon avait, en cinq années, et malgré le fléau de la disette et les ruines laissées par la guerre, relevé haut la France dans le monde !

En naissant, il conserve la vie à ceux qui ont voulu lui donner la mort.

Le nom d'Enfant de France est donné à tous les Princes de notre nation : le nom d'Enfant de l'Europe donné à celui-ci, était l'annonce de sa grandeur future entre ceux de sa race et entre tous les Rois du monde. Cependant un autre signe marquait en même temps que ce grand Roi serait un grand Roi chrétien. C'est la touchante coutume de la Royauté chrétienne de fêter la naissance des Princes par des grâces de toutes sortes répandues sur les malheureux et sur les coupables : mais il était réservé à Henri-Dieudonné d'entrer dans la vie en faisant grâce à ses assassins. J'ai parlé de la tentative faite contre sa mère et surtout contre lui quelque temps avant sa naissance. La Duchesse de Berry, quand elle se vit le droit de tout demander au Roi à qui elle venait de donner un héritier de son trône, lui demanda la grâce des deux criminels. Et ce qui n'avait pu être accordé au martyr du 13 février et aux prières de son agonie, ne put être refusé à l'Enfant qui apportait à la France et au monde la paix, la joie et l'espérance. En naissant, il conserva la vie à ceux qui avaient voulu lui donner la mort.

Les plus exécrables criminels ne furent donc pas exclus de la joie universelle. Ceux-là seuls n'y eurent aucune part qui s'en exclurent eux-mêmes. Le duc d'Orléans et sa sœur Mademoiselle Adélaïde, arrivés aux Tuileries sans empressement, cinq heures après l'accouchement de Madame la Duchesse de Berry, ne purent y dissimuler les sentiments amers que leur causait la naissance de l'Enfant royal. En entrant ils essayèrent de mettre en doute la réalité de ce qui ruinait leurs espérances : « Enfin « il n'y avait pas de témoins », dit Mademoiselle Adélaïde. — « Je vous demande pardon », lui fut-il répondu par une personne indignée, « M. le maré- « chal Suchet y était, et témoignera de ce qu'il « a vu. » Le duc d'Orléans, s'étant approché de Mme de Gontaut qui tenait l'Enfant, laissa éclater le chagrin que lui causait une telle déception, et ses paroles furent tellement graves et offensantes, que Mme de Gontaut ne put s'empêcher de s'écrier : « Ah ! c'est horrible !... Venez donc, Monsieur le « maréchal, répondre à Monsieur le duc d'Orléans ». Et le duc d'Orléans, ainsi forcé d'aller au-devant de la vérité qui lui était importune et odieuse, dut dire au maréchal d'Albuféra : « Monsieur le maréchal, « je connais votre loyauté : vous avez été témoin de « l'accouchement de Madame la Duchesse de Berry, « est-elle réellement mère d'un garçon ? — Aussi « réellement que Votre Altesse Sérénissime est père « du duc de Chartres. » Quand on lui présenta la plume pour signer l'acte de naissance de l'Enfant

Sentiments amers causés au Duc d'Orléans et à sa sœur par cette naissance.

royal, le duc d'Orléans, ordinairement plus habile à dissimuler, ne réussit pas à faire bonne contenance, et il fut trop facile à tous de lire sur son visage le déplaisir et le trouble de son âme [1]. Quoique à cette heure aucun doute, s'il avait vraiment douté un seul instant, ne pût demeurer encore dans l'esprit de ce Prince dévoré d'envie et d'ambition, une protestation contre l'authencité de la naissance du Duc de Bordeaux parut peu après dans le *Morning Chronicle*. Le Duc d'Orléans en déclina, il est vrai, la responsabilité : mais le journal anglais n'avait évidemment publié cette protestation que pour servir les convoitises de la famille d'Orléans. Dans le même intérêt, des libellistes anonymes répétèrent ces doutes injurieux jusqu'au jour où après l'insurrection de 1830, le *Courrier français*, dans son numéro du 2 août reproduisit cette pièce sous le titre de : *Protestation du Duc d'Orléans*. Ce titre et le caractère politique du *Courrier* faisaient au Duc d'Orléans une obligation étroite de la désavouer s'il ne voulait au contraire l'avouer par son silence. N'étant

Protestation attribuée au Duc d'Orléans.

---

[1] M. Duvergier de Hauranne dit lui-même : « Il n'était point vrai que le Duc d'Orléans eût, comme M. de Lally l'écrivait, pleuré d'attendrissement sur le berceau du Duc de Bordeaux. Chacun, au contraire, avait remarqué son agitation et la contraction de son visage au moment où la plume lui avait été présentée pour signer l'acte de naissance...... Il était père, et il devait par plus d'un motif regretter un événement qui l'éloignait du trône lui et ses enfants. *Histoire du gouvernement parlementaire*, tome VI, page 50.

Assurément ce témoin-là n'est pas suspect.

ni assez audacieux pour la signer ni assez honnête pour reconnaître la fausseté de ces allégations, il jugea fort habile de se taire. Mais les premières lignes ¹ de cet odieux document se dressaient contre lui : l'engagement y était pris en son nom de « produire en temps et lieu les témoins qui peuvent « faire connaître l'origine de l'enfant (supposé) et « de sa mère, de produire toutes les pièces néces- « saires » pour prouver cette supposition ; or le temps était venu, puisque le Duc d'Orléans était tout-puissant, et cependant sans désavouer l'engagement pris en son nom ou pris par lui-même, il ne produi-sait ni pièces ni témoins, il ne prouvait rien et ne tentait de rien prouver. Il ne l'a jamais tenté depuis, comme il n'a jamais reconnu l'imposture de cette protestation. Ainsi la perfidie se retournait contre ses auteurs, elle établissait elle-même l'authenticité

Il la désavoue, mais il la laisse reproduire.

---

¹ Voici ces premières lignes :

« Protestation du Duc d'Orléans.

« S. A. R. déclare par les présentes qu'il proteste formellement « contre le procès-verbal daté du 29 septembre dernier, lequel « acte prétend établir que l'enfant nommé Charles-Ferdinand- « Dieudonné est fils légitime de S. A. R. Madame la Duchesse de « Berry.

« Le Duc d'Orléans produira en temps et lieu les témoins qui « peuvent faire connaître l'origine de l'enfant et de sa mère ; il « produira toutes les pièces nécessaires pour rendre manifeste « que la Duchesse de Berry n'a jamais été enceinte depuis la « mort infortunée de son époux, et il signalera les auteurs de « la machination dont cette très-faible Princesse a été l'instru- « ment. »

de ce qu'elle avait voulu rendre douteux. Mais la Révolution ne sait jamais renoncer à un mensonge, même devant la vérité devenue trop éclatante. Et quelques mois après que la *Protestation* avait été reproduite par le *Courrier français,* un député, M. de Briqueville, osa porter ce mensonge à la tribune. Cet excès d'impudence fit sortir de la réserve et du silence qu'il s'était imposés jusque-là, le premier témoin de la naissance du Duc de Bordeaux, je veux dire l'accoucheur de la Duchesse de Berry. Et le docteur Deneux jeta publiquement à M. de Briqueville et aux libellistes dont il s'était fait l'écho, mais surtout au Duc d'Orléans, devenu par la révolution de 1830, Roi des Français, un double défi qui ne fut jamais relevé [1].

Bien avant cette révolution, le Duc d'Orléans, Marie-Amélie et Mademoiselle Adélaïde sentant bien eux-mêmes qu'une calomnie si ridicule n'obtiendrait nulle part aucun crédit, nourrissaient d'autres espérances et les dissimulaient assez mal pour qu'un enfant, la petite Mademoiselle, pût les découvrir. La jeune Princesse répondait à une observation de sa gouvernante : « Certaines personnes semblent « prendre plaisir à dire qu'Henri ne deviendra jamais « Roi, qu'il est trop délicat [2]. » Ces personnes-là ne

---

[1] Voir aux *Pièces justificatives,* n° I.

[2] Voici tout le passage tiré du récit attribué à Mme la duchesse de Gontaut. La gouvernante des Enfants de France causant avec sa jeune élève, faisait allusion à la vivacité de son humeur : « Une femme qui se met souvent en colère ne conserve pas sa

pouvaient voir l'héritier du trône qu'à travers leurs convoitises.

Mais le rang si élevé de ceux que tourmentaient ces passions inavouables ne pouvait suffire à fixer sur eux en un tel moment l'attention générale, et leur déception et leur chagrin disparaissaient au milieu de l'allégresse universelle. La naissance du Duc de Bordeaux avait ouvert tous les cœurs à la confiance dans l'avenir. Avec quelle pieuse gratitude et quelle foi on remarquait que Dieu l'avait donné à la France le jour même de la Saint-Michel ! Pour perpétuer le souvenir de cette marque insigne de la bonté divine on frappait une médaille avec l'effigie de la Duchesse de Berry présentant le royal Enfant à la grande nation et, au revers, l'archange saint Michel. *Signes de la bonté divine dans la naissance d'Henri de France.*

A la vue de tant de signes qui accompagnaient cette naissance, un poëte appelait Henri-Dieudonné *Il est appelé l'Enfant du miracle.*

« bonté. — Ah ! cela n'est pas pour moi : mes cousines répètent
« sans cesse que je ne serai pas jolie. — Voilà un jugement un
« peu prompt ; car Votre Altesse est bien jeune. (Mademoiselle
« avait alors six ans.) Mais ce serait une raison de plus d'être
« aimable si vous ne deviez pas être jolie..... Cependant je vois
« avec plaisir que vous n'êtes pas bien tourmentée du mauvais
« compliment qu'on vous a fait. — Ah ! j'aurais trop à me tour-
« menter, ainsi que mon frère ; car quelques personnes semblent
« prendre plaisir à dire qu'Henri ne deviendra jamais Roi, qu'il
« est trop délicat, ou à nous reprocher d'être trop dépensiers, de
« jeter par les fenêtres l'argent qu'on nous donne pour nos plaisirs.
« Qu'importe, leur ai-je répondu, pourvu qu'il y ait des pauvres
« au-dessous pour le ramasser ».

l'Enfant du Miracle [1]. Et le monde entier lui confirmait ce nom. Un autre poëte évoquant le souvenir de la crèche de Bethléem, où Dieu avait placé le salut du genre humain, s'écriait :

Par un autre berceau sa main nous sauve encore [2].

Les deux poëtes et l'Enfant chanté par eux. Hélas ! ni l'un ni l'autre des deux poëtes n'est demeuré fidèle ni à la foi religieuse ni à la foi monarchique qu'ils chantaient alors ! Seul, cet enfant qui n'eût été obligé à rien, si une conscience humaine ne pouvait être liée que par elle-même, suivant la pensée des rationalistes, seul cet enfant a été fidèle en tout ce qui a dépendu de lui, aux sublimes espérances de la France et de l'Europe chrétienne. Tant il est vrai qu'une Maison et une tradition offrent aux peuples plus de garanties que les individualités même les plus brillantes ! Faut-il d'ailleurs reprocher aux poëtes d'insulter aujourd'hui à ce qu'ils chantaient hier ? Leur *harpe éolienne*, ils l'avouent eux-mêmes, *résonne aux souffles des zéphyrs* [3] ; elle résonne aussi bien aux souffles des vents d'orage, aux souffles des vents de révolution. La voix des poëtes saluant de chants magnifiques

---

[1] Voir aux *Pièces justificatives*, n° II.
[2] Voir aux *Pièces justificatives*, n° III.
[3] Telle, durant la nuit, la harpe éolienne,
Mêlant au bruit des eaux sa plainte aérienne,
Résonne d'elle-même au souffle des zéphyrs.
LAMARTINE. *Nouvelles Méditations.* V. Le Poëte mourant.

le rejeton des lys, ce n'était pas la voix des poëtes, c'était la voix de la France. Dans tout le cours de son histoire, elle n'avait pas vu naître un héritier de la couronne sans pousser des cris de joie. Mais elle accueillait celui-ci avec des accents plus profonds d'espérance et d'amour. La ville de Bordeaux lui envoyait un berceau, la France lui offrait un palais magnifique. Je dis la France, car jamais souscription ne fut aussi nationale que celle-là. Elle n'avait point été provoquée par des ministres peu royalistes eux-mêmes et qui redoutaient toute manifestation des sentiments royalistes de la France. Le ministre de l'Intérieur, un semi-révolutionnaire, le comte Siméon, regrettait de ne pouvoir proposer au Roi le refus de Chambord :

Don du domaine de Chambord fait par la France à l'Enfant royal.

« Il n'appartiendrait qu'à Votre Majesté de refu-
« ser, au nom de son auguste pupille, un château
« dont il n'a pas besoin. Assez de châteaux seront
« un jour à sa disposition, et ce sont les Chambres
« qui auront à composer, au nom de la nation, son
« apanage ». Il reculait cependant devant la conclusion naturelle de ce qu'il venait de dire : « Agréer
« des vœux que Votre Majesté recueille certainement
« dans son cœur et ne pas accepter l'hommage
« qui les accompagne, ne serait-ce pas affliger de
« bons et de fidèles sujets? Tant de délibérations se
« pressent les unes sur les autres, qu'il ne s'agit
« plus d'affaires particulières à examiner d'après
« les règles ordinaires de l'administration. C'est un
« vœu universel et national qui demande à être

« accueilli ». Mais en l'accueillant, il se gardait de l'encourager et de le favoriser : il effaçait du programme de la commission des souscripteurs tout ce qui était « relatif à la correspondance à établir avec « les préfets et les maires des villes ». La Famille royale elle-même n'était pas plus favorable à la souscription; elle craignait de voir « charger les « peuples d'une dépense nouvelle[1] ». Les révolutionnaires — ils s'appelaient en ce temps-là les *libéraux* — s'opposaient par tous les moyens à cette manifestation royaliste de la France. Et, malgré cette opposition des libéraux, du ministère et de la Famille royale elle-même, la manifestation ne put être étouffée; au contraire, elle fut éclatante. Cinq mois après la naissance de l'Enfant royal, la commission des souscripteurs pouvait par l'intermédiare de M. Adrien de Calonne, acheter le domaine de Chambord « pour être fait hommage dudit domaine « de Chambord au nom de la France, à S. A. R. « Mgr le Duc de Bordeaux », — ce sont les termes du procès-verbal de la vente. Treize années ne devaient pas s'écouler avant que ce titre de Duc de Bordeaux fût remplacé par celui de Comte de Chambord. La Providence, toujours invisible quand elle introduit les causes et toujours visible quand se produisent les effets, s'était associée elle-même à l'acte des premiers auteurs de cette manifestation. Mais

---

[1] Réponse du Comte d'Artois, devenu Charles X, à la commission.

son dessein dépassait bien leur pensée. La portée de cette souscription nationale ne pouvait être soupçonnée par aucune clairvoyance humaine en 1821. La Révolution allait encore bannir la race de saint Louis et s'efforcer de faire de l'Enfant royal un étranger : mais Chambord devait rappeler toujours pendant les longues années de l'exil, que cet Enfant royal était l'Enfant de la France donné par Dieu (Dieudonné) à la France, accepté et doté par elle comme ne l'avait jamais été, en aucun temps et chez aucun peuple, aucun fils de Roi.

CHAPITRE II.

Baptême d'Henri de France. — Quatre baptêmes d'héritiers du trône à Notre-Dame. — Signes particuliers du baptême d'Henri de France. — Éducation de l'Enfant royal. — Respect et sévérité dont il est l'objet. — Concours de Mademoiselle dans l'éducation de son frère. — Amour fraternel des deux enfants. — Défauts et qualités du petit Prince. — Le gros juron. — Ses rapports avec la garde à Bagatelle. — Sa curiosité des choses militaires. — La marmite dans le jardin de l'Elysée-Bourbon. — Le point d'honneur militaire. — Ses rêves de gloire militaire. — Le Duc Mathieu de Montmorency nommé gouverneur d'Henri de France, sa mort. — Il est remplacé par le marquis de Rivière. — Portrait d'Henri de France par Mme de Gontaut. — Remise de l'Enfant royal à son gouverneur. — Mort du duc de Rivière; il est remplacé par le baron de Damas. — Charles X toujours préoccupé de l'éducation de son petit-fils. — Les bons points. — Leur prix employé en aumônes. — Six vieillards et six enfants vêtus le jour de la Saint-Henri. — Une maison de Sœurs de charité fondée en Auvergne. — Henri de France travaille pour que les pauvres aient du bois. — Sa piété. — Son amour de la vérité. — La révolution de 1830. — Sa cause. — Abdication de Charles X et de Louis-Antoine de France. — Henri apprend qu'il est Roi. — Pourquoi l'insurrection triomphante ne pouvait s'arrêter devant le droit d'Henri V. — La Duchesse de Berry veut se jeter dans Paris pour y faire reconnaître le jeune Roi. — Elle en est empêchée par Charles X et Marie-Thérèse. — Faut-il le regretter? — Refus du Duc d'Orléans de faire proclamer Henri V. — Henri V ainsi gardé à sa mission. — Les Bourbons reprennent la route de l'exil.

Baptême d'Henri de France.

Louis XVIII, qui était rentré à Paris le Ier mai 1814, voulut fixer au Ier mai 1821 le baptême de l'héritier du trône. Ce jour-là, le Duc de Bordeaux fut baptisé à Notre-Dame avec une grande solennité. Notre-Dame a déjà vu quatre fois en ce siècle le baptême d'un héritier du trône : et l'un de ces enfants emmené à trois ans dans le pays de sa mère y est mort, et aucun des trois autres n'a pu encore recueillir l'héritage légitime ou illégitime qui lui avait été promis. Car la Révolution renverse avec la même fureur impitoyable ce qu'ont élevé les siècles et ce qu'elle a voulu établir elle-même de ses mains.

Quatre baptêmes d'héritiers du trône à Notre-Dame.

La Révolution voudrait tout confondre pour égarer notre respect et notre amour. Mais le baptême du Duc de Bordeaux devait être marqué de signes particuliers comme l'avait été sa naissance. L'héritier du trône de saint Louis devait trouver dans sa propre famille un saint et une sainte pour le tenir sur les fonts baptismaux. Le Duc et la Duchesse d'Angoulême furent parrain et marraine par représentation du Roi de France et de la Princesse héritière de Naples. L'eau du Jourdain, apportée par M. de Chateaubriand, fut versée sur la tête de l'Enfant par Mgr de Quélen, archevêque de Paris.

Signes particuliers du baptême d'Henri de France.

L'éducation de tous les hommes commence dès le berceau, mais surtout celle des Princes. Cela est particulièrement vrai d'Henri de France. Il se vit, tout petit enfant, l'objet à la fois d'un grand respect et d'une grande sévérité. On respectait en lui le

Education de l'Enfant royal.

Prince qui devait un jour porter le sceptre de saint Louis et dompter la Révolution; on faisait quelque violence à la faiblesse de l'âge pour préparer dès le commencement le frêle enfant à ce rude labeur et à cette haute mission. Ce respect ne lui était pas porté seulement par les personnes chargées de son éducation, mais par la Famille royale elle-même. La petite Mademoiselle, dès son plus jeune âge, refusait déjà de reconnaître que celui qui devait être plus tard le Roi pût avoir tort; et, dans l'exil, après la mort de Charles X et de celui qui ne fut jamais en France que le Duc d'Angoulême, Henri, quand il entrait dans le salon de Frohsdorf, voyait se lever devant lui sa Tante, la fille de Louis XVI, la sainte Princesse qu'admirait et vénérait le monde entier : lui-même la vénérait et la chérissait comme une mère, elle l'aimait et le respectait comme le Roi. Loin d'exclure la sévérité, ce respect de la dignité royale rappelait tous les jours et à toute heure à l'enfant et au jeune homme les immenses devoirs que la dignité royale apporte avec elle. La petite Mademoiselle, qui devant tous le déclarait irréprochable, savait très-bien lui adresser elle-même des reproches quand ils étaient seuls. Il était volontaire et violent, ne s'étant pas encore vaincu lui-même. Elle voyait avec chagrin ces défauts de son frère, elle en était tourmentée, elle interrogeait là-dessus sa gouvernante : « Henri ne doit-il pas être Roi? — « Oui, » répondait Mme de Gontaut, « après votre oncle « le Duc d'Angoulême, le Prince Henri doit régner.

« — Voilà pourquoi, » continua Mademoiselle, « il
« faut que je lui conseille sérieusement de changer,
« car il est très-enclin à la colère, et je lisais
« hier, dans un des contes de M. Bouilly, que la
« colère rend injuste et qu'elle trouble le jugement.
« Il me semble que le jugement est la première
« qualité d'un Roi. Il faut vraiment que je corrige
« Henri..... » Ainsi tout le monde, les yeux fixés
sur l'avenir, travaillait à la réforme de cet enfant
pour en faire un grand Roi chrétien, tout le monde
jusqu'à cette petite Princesse de six ans.

Amour fraternel des deux enfants.

La source de cette sévérité comme de ce respect
de Mademoiselle était dans l'amour fraternel des
deux enfants. Ils avaient le cœur aimant de leur
race, et l'éducation qui leur était donnée le dilatait
encore. Leur gouvernante cultivait comme une
fleur précieuse cette mutuelle affection du frère et
de la sœur, bien précieuse en effet, car elle fut une
de leurs plus douces consolations dans les longues
années de l'exil. « Monseigneur, — écrit Mme de
« Gontaut — chérit avec une tendresse extrême
« Mademoiselle. J'ai toujours évité entre leurs
« Altesses Royales les petites contestations de l'en-
« fance. Quelque peu importantes qu'elles paraissent
« d'abord, elles font naître l'habitude de discussions
« qui finissent insensiblement par aigrir le carac-
« tère [1]. » D'autres défauts, on l'a vu, pouvaient
alors être reprochés au caractère du petit Prince,

Défauts et qualités du petit Prince.

[1] Lettre au duc de Rivière.

mais non celui-là. Prompt à s'emporter contre ses maîtres, contre ses compagnons de jeu, — jamais contre sa sœur, — du moins il revenait vite, avouant généreusement ses torts.

On trouvait en lui dès le jeune âge l'énergie et la bonté de son père. Un jour que, dans une lutte avec sa gouvernante, la colère lui avait arraché un gros juron, il fut pressé de dire qui lui avait appris à parler ainsi. Les instances de sa gouvernante, puis celles de sa mère furent impuissantes à obtenir de lui le nom du coupable. On le conduisit d'abord au Roi son grand-oncle. Louis XVIII après l'avoir réprimandé lui demande à son tour : « De qui avez-vous « appris ce vilain mot ? » L'enfant demeure muet ; le Roi insiste, menace, mais ne peut vaincre cette résistance obstinée. Il dit alors au petit coupable : « Allez, monsieur, vous mettre aux arrêts derrière « mon fauteuil. » L'enfant y va et y demeure. Un quart d'heure se passe, et ce n'est pas l'enfant, c'est le Roi qui trouve le temps bien long. Il appelle Henri, le prend sur ses genoux et, plus charmé de sa fermeté qu'irrité de sa résistance, le renvoie absous. Quelques instants plus tard, l'enfant rencontre celui qu'il n'avait pas voulu nommer (c'était un valet de chambre) et le rassure : « N'aie pas peur, « je n'ai pas dit que c'était toi. » *Le gros juron.*

Il avait la franchise et la loyauté du Duc de Berry, et aussi son aimable simplicité. A Bagatelle, il cau- *Ses rapports avec la garde à Bagatelle.*

sait familièrement avec la garde, même avec les simples soldats. Il faisait son camarade du fils de l'un d'eux, un enfant de troupe; camaraderie qui valut d'abord à celui-ci, par la protection de Madame, son entrée au collége de Mantes et plus tard, quand l'enfant fut devenu grand et voulut s'établir, le souvenir et les bienfaits du Prince exilé.

A le voir au milieu de ces braves, on eût pu croire qu'il se préparait à vérifier la prédiction du poëte, à justifier la promesse d'un avenir conforme au passé de sa race, promesse que la Révolution ne fera pas toujours mentir.

> ... Son glaive aux champs de victoire
> Nous rappellera la mémoire
> Des destins promis à Clovis,
> Tant que le tronçon d'une épée,
> D'un rayon de gloire frappé,
> Resterait aux mains de ses fils [1] !

Sa curiosité des choses militaires.

Il questionnait les soldats sur tous les détails de la vie militaire. Il aimait à porter leur uniforme, voulant se faire lui-même soldat. Ses récréations étaient principalement consacrées aux jeux militaires, et il ne dédaignait pas les plus humbles détails du service. Il les accomplissait même dans le jardin

La marmite dans le jardin de l'Elysée-Bourbon.

de l'Élysée-Bourbon où il semblait pourtant moins libre qu'à Bagatelle. Là, jusqu'au cœur de l'hiver,

---

[1] LAMARTINE. *Premières Méditations.* XV. Ode sur la naissance du Duc de Bordeaux.

« il établissait son camp »; il allumait un grand feu et faisait bouillir la marmite. Et, quand venait la distribution de la soupe, il ne manquait pas de faire porter leur part de bouillon à sa mère et au Roi son grand-père, que réjouissait fort l'envoi du petit fantassin.

Ses jeux militaires l'amusaient sans doute; mais il les prenait tout à fait au sérieux. Il était, à cinq ans, très-chatouilleux sur le point d'honneur. Un jour que par mégarde, il avait légèrement blessé un vieux serviteur avec son sabre à lame de baleine argentée, sa gouvernante voulut aussitôt pour le punir qu'il lui remît l'instrument du délit : « Non, » répondit-il, « je ne rends pas mon sabre à une « femme ! » Et, sachant tout à la fois résister à une exigence qui lui semblait injurieuse et se soumettre à la punition qui lui était infligée, il courut aussitôt s'acquitter de son devoir entre les mains de l'officier de garde.

Le point d'honneur militaire.

Un peu plus tard, pendant l'expédition d'Alger, ses rêves de gloire militaire allaient jusqu'à troubler son sommeil. Son fidèle Lavillatte l'entendant s'agiter dans son lit lui demandait : « Vous ne dormez « donc pas, Monseigneur ? — Non — Et pourquoi ? « — Je voudrais aller en Afrique... Que je serais fier « d'en revenir avec une balafre sur la figure comme « celle du général Auguste de La Rochejacque- « lein ! »

Ses rêves de gloire militaire.

Quand il sortit de la première enfance, le caractère de son éducation dut devenir plus sévère. L'heure étant venue pour lui de passer des mains de Mme de Gontaut dans les mains d'un gouverneur, Charles X fit choix de l'homme le plus vertueux de son royaume, je veux dire le duc Mathieu de Montmorency. Ce choix scandalisa beaucoup, et en raison même de la piété de ce grand chrétien, le parti libéral. La Providence ménagea au Roi l'occasion d'affirmer encore plus fortement sa volonté de faire d'Henri de France un Prince chrétien. A peine le duc de Montmorency venait-il de recevoir cet immense honneur d'être choisi par le Roi pour une si haute mission, que le jour du vendredi saint 1826, étant allé faire ses dévotions à l'église de Saint-Thomas-d'Aquin, il s'y endormit dans la prière et dans la mort. Privé du serviteur sur lequel il avait compté pour cette tâche, Charles X jeta les yeux sur son vieux compagnon d'exil, le marquis de Rivière [1]. Il nomma en même temps pour précepteur Mgr Tharin, évêque de Strasbourg. Le parti libéral vit dans ces nouveaux choix, comme dans le précédent, un défi : l'impiété voit toujours un défi pour elle dans la piété du Roi.

La tâche qu'il leur confiait, si lourde au premier aspect, se trouvait bien allégée par l'heureux naturel de l'enfant et par l'éducation de ses premières

---

[1] Fait duc de Rivière à cette occasion.

PORTRAIT D'HENRI PAR SA GOUVERNANTE.

années. Quand Henri quitta Mme de Gontaut pour être remis au duc de Rivière, la gouvernante fit connaître à celui-ci l'enfant dont elle avait été chargée jusque-là et dont il était chargé désormais. « La « générosité et la droiture de Monseigneur, » lui dit-elle, « le portent à tout prendre au sérieux. Quand « il croit apercevoir qu'on fait de la peine à quel-« qu'un, il prend sa défense avec chaleur, il montre « même alors une rare énergie qui contraste avec « sa timidité naturelle. Les traits de son visage « indiquent les traits de son âme; il parle peu de « ce qu'il éprouve; il a beaucoup de sensibilité, et « aussi sur lui-même un pouvoir remarquable à « cet âge. Je l'ai vu souffrir sans se plaindre, je l'ai « vu souvent au milieu d'une vivacité, être arrêté « par un seul regard. Une parole d'amitié calme sa « colère, et j'ai été souvent obligée de le consoler « d'un tort avoué avec franchise. Le mot de justice « est un vrai charme pour lui; je n'ai jamais vu un « cœur plus loyal ».

Voilà l'Enfant que Dieu avait donné à la France et à l'Europe. Dieu ne pouvait pas faire plus : dans toute œuvre de salut, qu'il s'agisse d'une seule âme ou du monde entier, il exige le concours de l'homme. Mais la vue de tant d'heureux germes dans le cœur et dans l'esprit d'Henri de France enflammait le zèle de ceux que la sollicitude paternelle et royale de Charles X avait choisis pour son éducation. Ils ont fait de lui un grand Prince sur qui sont attachés à cette heure les regards du monde entier. La Révolution en a fait un Prince exilé, inutile, croit-elle, à la France et au monde. Mais si elle est toujours préoccupée de nous préparer un lendemain plein de deuil et d'horreur, elle oublie toujours que Dieu veille, qu'il est le seul maître du lendemain et qu'il ne lui faut qu'un instant pour dissiper les tempêtes les plus menaçantes.

<small>Remise de l'Enfant royal à son gouverneur.</small> Au jour marqué pour la remise de l'Enfant royal à son gouverneur, la Duchesse de Berry, après la messe, conduisit elle-même son fils dans l'appartement de Charles X. Le Roi dit au sujet et à l'ami dont il connaissait le dévouement : « Duc de Rivière,
« je vous donne la plus grande preuve de confiance
« et d'estime, en remettant à vos soins l'éducation
« de l'Enfant de la Providence, je suis sûr que vous
« apporterez à ces importantes fonctions un zèle et
« une prudence qui vous donneront des droits à
« toute ma gratitude et à celle de ma Famille. »

<small>Mort du duc de Rivière : il est remplacé par le baron de Damas.</small> Le duc de Rivière ne demeura pas longtemps gouverneur du jeune Prince. Il mourut en 1828 et fut remplacé par le baron de Damas. Le Roi, cédant aux nécessités que lui créait le régime parlementaire, pouvait bien, dans le gouvernement politique, « se prêter à un essai auquel il n'accordait qu'une « confiance médiocre » et qui « le froissait dans « les susceptibilités de sa conscience [1] » ; il pouvait

---

[1] M. G. DE CADOUDAL. L'Union du 15 juin 1873.

RÈGLEMENTS POUR L'ÉDUCATION DU PRINCE. 67

bien prendre successivement pour ministres des hommes d'opinions différentes : mais il ne voulait pour gouverneurs de l'héritier du trône que des chrétiens sans peur et sans reproche.

L'éducation de son petit-fils n'occupait pas dans les pensées de Charles X moins de place que le gouvernement de son royaume. Il était menacé à la fois par la violence et la fureur des révolutionnaires avoués et par la perfidie des autres : il ne se laissa pas distraire un seul instant de cette éducation qui était son grand devoir envers les générations futures. Il savait l'importance des moindres détails dans cette œuvre de la formation d'un homme et d'un Prince. Il avait pris la peine de régler lui-même le tarif des bons points. *Charles X toujours préoccupé de l'éducation de son petit-fils.*

Ses bons points.

Ces bons points, ce n'est pas pour lui qu'Henri les gagnait, mais pour les pauvres : l'argent obtenu par son travail était dépensé presque tout en aumônes. Il apprenait ainsi dès l'enfance — et il fut là-dessus à lui-même son meilleur précepteur, — que les Princes ne doivent pas travailler pour eux, pour leurs intérêts, pour leurs plaisirs, mais pour le bien des autres. Charles X fut, du commencement jusqu'à la fin, très-sévère dans tous les règlements qu'il fit pour l'éducation du Duc de Bordeaux, et l'enfant des Rois ne pouvait conquérir que par un sérieux travail la récompense qui lui était proposée. Il l'employait, par exemple, à vêtir six vieillards et *Leur prix employé en aumônes.*

Six vieillards et six enfants vêtus le jour de la Saint-Henri.

six enfants le jour de la Saint-Henri. (C'est ainsi qu'il se souhaitait la fête à lui-même.) Il comprenait déjà que la sollicitude du Prince n'a pas le droit d'être exclusive et qu'elle doit s'étendre à tous.

<small>Une maison de Sœurs de Charité fondée en Auvergne.</small>

Mais, si ardent qu'il fût au travail, ses ressources étaient bornées, et les bonnes œuvres qui se présentaient à lui semblaient parfois n'être pas à la portée d'un enfant, même d'un enfant royal. Un jour, en 1828, qu'on venait d'attacher à sa personne Lavillatte, un brave officier, il se fit raconter par lui le voyage que celui-ci venait de faire d'Auvergne à Paris. Dans le cours de son récit, Lavillatte parla d'une maison de Sœurs de Charité à établir dans son village natal, et, répondant aux questions du petit Prince, lui en exposa le but, les avantages pour les pauvres, pour les enfants, pour les malades. « Cette maison, si utile à votre pays, vous l'établirez ? — Non, Monseigneur : ma petite fortune n'y pourrait suffire. — Il faudrait donc bien de l'argent ? — Assurément, Monseigneur ; et je ne suis point riche ». Le petit Prince ne poussa pas plus loin ses questions et ne dit mot, les jours suivants ni longtemps après, de ce projet de maison de Sœurs dans un village d'Auvergne. Cependant on remarqua un changement dans ses habitudes. Il ne dépensait plus rien pour la satisfaction de ses caprices. Le baron de Damas en fut étonné, puis inquiet ; il craignit de reconnaître là les premiers symptômes d'une maladie bien nouvelle dans l'âme

d'un Prince de la Maison de Bourbon. Pour s'éclairer, il interrogea son pupille lui-même : « D'où
« vient, Monseigneur, que depuis assez longtemps
« déjà on ne vous voit plus rien acheter ? Auriez-
« vous pris le goût de thésauriser ? Cela ne conviendrait point à un Prince, surtout à un Prince de
« votre race. — Mais ne puis-je disposer à mon gré
« de l'argent qui m'est donné pour mes bons
« points ? — Vous le pouvez assurément : mais j'aurais manqué à mon devoir, si je ne vous avais
« donné cet avis ». A quelque temps de là, le baron
de Damas essaya encore d'apprendre du jeune
Prince ce qui l'avait rendu tout à coup si économe.
L'enfant ne s'expliqua pas plus que la première
fois. La Duchesse de Berry, avertie par le baron
de Damas, interrogea elle-même son fils, mais sans
plus de succès. Après les questions restées sans
réponses satisfaisantes, vinrent les réprimandes maternelles : elles firent couler les larmes de l'enfant,
mais n'eurent pas encore raison de son silence obstiné. Au bout de deux ans, il livra lui-même, quand
on ne le lui demandait plus, le secret de cette économie passionnée, qui avait effrayé son gouverneur
et sa mère. Un soir, à l'heure du coucher, causant
avec Lavillatte suivant son habitude, il lui dit d'un
ton joyeux : « Tu ne me parles plus de ta maison
« de Sœurs de Charité ? Tu as donc renoncé à ton
« projet ? — Pourquoi vous en parlerais-je, Mon-
« seigneur ? pourquoi même continuerais-je d'y
« penser ? Je suis empêché aujourd'hui comme

« autrefois de donner suite à cette idée. — N'y aurait-
« il donc pas moyen d'arranger cette affaire ? — Et
« comment, Monseigneur?» Le petit Prince, ouvrant
un meuble, en tire un sac où il a enfermé ses éco-
nomies, il le donne à Lavillatte : « Compte, lui dit-
« il, et vois si tu as assez pour ta fondation ». Je
n'oserais affirmer qu'il y eût assez : mais je sais que
Lavillatte put réaliser son rêve charitable, et personne n'en sera surpris en songeant aux hôtes
qu'enfermaient alors les Tuileries.

Le travail est une peine ; mais Dieu, miséricordieux jusque dans sa justice, a voulu attacher à
cette peine courageusement acceptée plus d'une
récompense. La principale récompense du travail
d'Henri était dans la douceur de soulager les malheureux. L'attrait du bien à faire était tout-puissant
sur lui. Un jour de l'hiver si rigoureux de 1829 à
1830, au moment de prendre sa leçon d'histoire, il
regardait par la fenêtre la neige qui tombait à gros
flocons dans le jardin. « Allons, » dit-il s'excitant
lui-même, « il faut bien travailler aujourd'hui pour
« que les pauvres de Lavillatte aient du bois ». La
paresse n'était jamais son défaut, mais il redoubla
de zèle et d'application ce jour-là. Le professeur [1] qui
me répétait trente-quatre ans plus tard ce cri parti
du cœur de son élève, l'entendait encore et avait les
yeux mouillés de larmes.

Henri de France travaille pour que les pauvres aient du bois.

---

[1] M. J.-A. Meindre, auteur d'une excellente *Histoire de Paris*, mort en 1866.

Une si grande charité ne se trouve pas dans le cœur des enfants ni dans celui des hommes sans une grande piété. La Religion nous dit d'aimer Dieu lui-même dans nos semblables ; une âme naturellement tendre n'a pas besoin sans doute de remonter si haut pour s'apitoyer sur les malheureux et les aimer, mais une âme naturellement tendre se tourne naturellement vers Dieu et lui voue son plus ardent amour. Il faut donc laisser à cette vertu d'apparat, qui s'appelle la philanthropie, la prétention menteuse et la triste gloire d'aimer les hommes seulement pour eux-mêmes. Si charitable qu'il fût, Henri était encore plus pieux que charitable. Tous à l'envi, dans la Famille royale et parmi ses maîtres, cultivaient en lui cette fleur de piété qui répand sur la terre un parfum du ciel. La Duchesse d'Angoulême surtout, son autre mère, suivait d'un œil attentif les premiers pas du petit Prince dans la voie où elle avait elle-même marché avec tant de courage et de constance au milieu des plus horribles tempêtes. Bien avant l'époque où je suis arrivé et dès qu'Henri avait pu se mettre à genoux et balbutier une prière, elle avait aimé repaître ses yeux de ce doux spectacle, et l'enfant associant toujours sa tante à l'acte qu'il allait accomplir, lui avait tendu sa petite main pour lui offrir de l'eau bénite.

Sa piété.

Que l'impiété ricane ! Elle ricane de tout ce qui est beau, grand et saint. Elle ricane de tout ce qui élève l'homme au-dessus de sa nature déchue. Elle ne serait plus l'impiété, si elle ne ricanait pas des

Son amour de la vérité.

sentiments religieux que la Famille royale et un petit nombre de serviteurs dévoués développaient alors dans l'âme de cet enfant pour faire de lui le Prince chevaleresque dont la parole loyale contraint à cette heure, dans toute l'Europe, le respect et la confiance des hommes mêmes qui refusent leur adhésion à son principe et à ses idées. L'Europe ne croit plus à rien, ni aux serments, ni aux alliances, ni aux pactes les plus solennels que font entre elles les Puissances, mais elle croit à la simple parole de ce Prince que la Révolution tient depuis si longtemps loin de son royaume. Cette imposante autorité d'un Prince qui n'a point de finances, point d'armée, point de diplomatie est une merveille inexplicable aux esprits qui ne veulent pas s'élever au-dessus des pensées vulgaires et reconnaître la cause de ce phénomène dans l'amour inflexible de la vérité que le Roi Charles X et tous ceux qui l'aidèrent dans sa tâche surent inspirer à l'Enfant royal dès ses plus jeunes ans. « Les défauts mêmes des personnes atta-
« chées à l'éducation, » dit Mme de Gontaut, « étaient
« surveillés, la moindre flatterie réprimée, la vérité
« scrupuleusement et sévèrement observée. Mon-
« seigneur et Mademoiselle me croient aveuglément,
« car ils savent que je ne les ai jamais trompés,
« même en plaisantant [1]. ».

La Révolution de 1830.

Voyant devant elle des Princes loyaux, charitables et pieux, voyant ce royal enfant qu'on élevait dans

---

[1] Rapport au duc de Rivière.

l'amour de la vérité, dans la charité pour les pauvres et dans la piété envers Dieu, la Révolution renversa encore une fois le trône des Bourbons. Elle a toujours voulu détruire l'union de l'âme humaine et de Dieu ; et la voici qui aujourd'hui, pour accomplir cette œuvre infernale, nie en même temps l'âme humaine et Dieu. Il y a pour elle un temps de révéler cyniquement sa pensée, de chasser Dieu de la Religion elle-même, d'inventer des religions sans Dieu, car elle outrage la raison en même temps qu'elle l'invoque ; mais il y a d'abord, quand les générations ne sont pas suffisamment préparées à la guerre ouverte contre Dieu, un temps de tenir encore sa pensée voilée. On n'osait parler en 1830 ni de proscrire Dieu de l'éducation, ni de le chasser de la famille et du berceau des nouveaux-nés et de la couche des mourants : on était sage, modéré, on se tenait loin de tout excès, on ne voulait que renfermer Dieu dans la Religion et ne plus lui permettre d'envahir la politique. A une politique qui ne devait relever que de la raison humaine ne pouvait convenir un Roi très-chrétien que le monde appelait et qui s'appelait lui-même le Fils aîné de l'Église. Les habiles avaient depuis longtemps essayé de persuader aux héritiers de saint Louis de rejeter de la politique l'élément religieux comme un élément corrupteur, mais ils n'y avaient pu réussir. *Sa cause.* Il n'y a pas autre chose au fond des révolutions de 1789, de 1793 et de 1830, que la démence des hommes se précipitant hors des voies de Dieu qu'ils ne veulent plus connaître et lui criant : Retire-toi de nous[1] ! Quand l'impiété livre un homme à lui-même, elle le livre aux bourreaux qu'il porte au dedans de lui, c'est-à-dire à ses passions ; quand elle livre un peuple à lui-même, elle le livre à ses bourreaux, c'est-à-dire aux bêtes féroces que toute multitude renferme dans son sein. L'homme isolé ou réuni en société est toujours faible et il a toujours besoin de la protection de Dieu son père. Les politiques qui prétendent qu'une nation doit être à elle-même sa protectrice, veulent que cette nation reste sans protection et sans défense. Alors les bêtes féroces se lèvent et s'élancent sur leur proie. C'est ce qu'avaient vu nos pères, c'est ce que nous avons vu nous-mêmes. Dieu peut bien, dans sa miséricorde, empêcher que ces nations ingrates périssent ; mais il est juste, et il n'empêche jamais qu'elles soient déchirées.

Abdication de Charles X et de Louis-Antoine de France. Charles X, le cœur brisé à la pensée des maux qui menaçaient la France, fit sans hésiter le sacrifice de ses droits, et le Dauphin fit un sacrifice pareil[2], pour empêcher l'insurrection de 1830 d'être la ruine de l'hérédité monarchique, sans laquelle il n'est plus rien de stable, rien d'assuré, pas même l'existence nationale.

[1] *Job.* XXI, 14.
[2] Voir aux *Pièces justificatives* n° IV, l'abdication de Charles X et de Louis-Antoine de France.

Le baron de Damas, chargé d'apprendre à Henri qu'il est Roi par l'abdication de son grand'père et la renonciation de son oncle, prend l'enfant sur ses genoux et, justement confiant dans la précocité de ce jeune esprit, lui parle des maux du présent et des menaces plus terribles de l'avenir. Il lui annonce la résolution prise par Charles X et par Louis-Antoine pour mettre fin à la guerre civile et lui dit : « Vous êtes Roi ! » A ce mot, l'enfant fond en larmes et embrasse son gouverneur. Le gouverneur lui rappelle alors les grands devoirs de la Royauté, lui dit qu'il doit travailler dès ce jour à devenir un bon Roi. L'enfant profondément ému l'écoute en silence. Pendant le reste du jour il médite sur ses obligations nouvelles et ne donne pas même une pensée à ses jeux accoutumés. Le soir, voyant son grand-père, il se jette dans ses bras et lui baise les mains en pleurant. Charles X lui parle à son tour des devoirs d'un Roi, même d'un Roi de dix ans, qui va dans un avenir si prochain sentir peser sur lui le fardeau de la Royauté. L'enfant l'écoute avec crainte et respect : il n'a pas encore dix ans, mais il comprend bien que le pouvoir suprême est la charge suprême.

Henri apprend qu'il est Roi.

Le double et magnanime sacrifice de Charles X et de Louis-Antoine ne fut pas accepté. Il ne pouvait pas l'être, car Henri V, quelques concessions que Charles X pût faire lui-même et qu'un autre pût faire au nom du jeune Prince, Henri V n'eût été proclamé

Pourquoi l'insurrection triomphante ne pouvait s'arrêter devant le droit d'Henri V.

Roi qu'en qualité de petit-fils de saint Louis, d'héritier des Rois très-chrétiens. La tradition voulait qu'il fût conduit à Reims pour y recevoir l'onction divine qui fait partie de la constitution « écrite ès « cœurs des Français ». Or, c'était contre le sacre et contre le droit divin que venait d'être faite cette insurrection qui triomphait par la double abdication de Charles X et du Duc d'Angoulême. La proclamation d'Henri V était la proclamation du droit de Dieu dans la politique, et la Révolution n'avait soulevé la populace que pour abolir le droit de Dieu.

La Duchesse de Berry veut se jeter dans Paris pour y faire reconnaître le jeune Roi.

A Saint-Cloud, où était alors la Famille royale, la Duchesse de Berry avait annoncé l'intention de se jeter dans Paris avec Henri V pour l'y faire reconnaître Roi. Charles X, redoutant pour son petit-fils les périls de cette entreprise, s'était énergiquement opposé au départ de sa belle-fille.

Elle en est empêchée par Charles X et par Marie-Thérèse.

Quand la Famille royale se fut retirée successivement à Trianon, puis à Rambouillet, la Duchesse de Berry voulut encore s'aller jeter au milieu de l'insurrection, mais cette fois y aller seule. Elle trouva toujours dans Charles X la même opposition inflexible, elle lutta comme peut lutter une mère, elle lutta contre les défenses du vieux Roi et contre les supplications de la Duchesse d'Angoulême. Elle contremanda enfin l'ordre de départ donné sept heures auparavant à une calèche attelée de six chevaux de poste, mais elle ne put le faire sans pleurer.

Faut-il, après quarante ans, regretter que cette mère héroïque n'ait pas été libre d'aller, à travers tant de périls, sauver les droits de son fils? Qu'eût-elle sauvé, alors même que le succès eût semblé répondre à ce grand courage ? Henri V eût été déclaré Roi, mais la Révolution qui venait d'écarter Charles X et Louis-Antoine eût prétendu régner sous le nom d'Henri V. Et le Prince qui a dit depuis : « Je ne serai jamais le Roi légitime de la « Révolution », serait son Roi depuis quarante-trois ans, ou plutôt son serviteur, incapable de la combattre, de la terrasser et de délivrer d'elle la France et l'Europe.

Faut-il le regretter?

Quand la nouvelle du refus du Duc d'Orléans de recevoir Henri V et de le faire proclamer Roi fut apportée à la Famille royale, la Dauphine, au lieu de s'affliger de ce refus, s'en réjouit et s'écria : « Nous « le garderons donc, ce cher enfant ! » Après tant de séparations déchirantes, elle remerciait Dieu dans son cœur de lui épargner une séparation nouvelle. Mais n'y avait-il pas encore dans ce cri un autre sentiment, sinon plus touchant, du moins plus sublime? La sainte Princesse ne prévoyait-elle pas que la Famille royale en « gardant ce cher enfant, » en ne le laissant pas aux mains de ce parent déloyal et perfide et de la Révolution, gardait l'Enfant de l'Europe à l'Europe et l'Enfant du miracle à sa mission providentielle.

Refus du Duc d'Orléans de faire proclamer Henri V.

Henri V ainsi gardé à sa mission.

La loi, — je rapporte ici un des augures fameux

en ces jours-là, — la loi devant être athée, les Bourbons ne devaient plus pour un long temps être ni législateurs ni Rois. La politique devant être une politique sans Dieu, il n'y avait plus dans les affaires humaines de place pour des Princes chrétiens. Les Bourbons devaient sortir de la politique avec Dieu et n'y rentrer qu'avec lui.

Les Bourbons reprennent la route de l'exil. Charles X et Louis-Antoine de France reprirent donc le chemin de l'exil pour y mourir, et Henri-Dieudonné le prit avec eux pour n'en revenir qu'au jour de la réconciliation de la politique et de Dieu.

CHAPITRE III.

Le chemin de l'exil. — Prévision de M. Odilon Barrot. — La France séparée de sa Royauté. — Impatience de la Révolution. — De Rambouillet à Cherbourg. — Louis-Philippe envoie un quatrième commissaire. — Choix du capitaine Dumont d'Urville. — Embarquement. — Précautions odieuses. — Le Duc de Bordeaux sauvé. — *Le Duc de Bordeaux, c'est votre Roi!* — La Famille royale réunie sur la terre d'exil. — La patrie dans l'exil, et l'exil dans la patrie. — Le château de Lullworth. — Les Weld. — Progrès de la Révolution en France. — La proposition Baude. — L'alliance du trône et de l'autel refaite par la Révolution. — Première communion d'Henri de France. — Amour de la France. — Vocation royale. — Modération du caractère de Charles X. — Modération de Marie-Thérèse. — Modération d'Henri et de Louise. — Le choléra en France. — Charité d'Henri et de Louise. — Le petit estropié. — Les Bourbons donnent plus qu'ils ne peuvent. — Envoi au curé de Saint-Cloud. — *Le chemin de la Reine*. — La vieille de la Canongate. — La devise d'Henri. — Tendresse d'Henri pour la France. — Ses souvenirs de France. — Souvenirs militaires. — Le chien de la garde. — Les deux canons français à Londres. — Où Henri apprend à aimer la France. — MM. de Cadoudal à Holy-Rood. — Mutuelle tendresse d'Henri et de Louise. — Enthousiasme de Mademoiselle pour son frère. — Education d'Henri. — Sa journée. — Son aptitude pour les langues. — Étude de l'histoire. — Les exercices du corps. — La balafre de Lavillatte. — *Bourbon, l'on vous regarde*. — Henri, chef écossais. — Voyage d'Henri en Ecosse. — L'assemblée des Highlanders. — Le bouquet symbolique. — Les trois tableaux. — La cabane du paralytique. — Portrait d'Henri.

— Direction donnée à l'esprit d'Henri. — Sombre tristesse des deux années à Holy-Rood. — Tentatives mystérieuses contre Henri. — Procédés du gouvernement anglais envers les Bourbons. — La famille royale quitte l'Ecosse. — Regrets du peuple d'Edimbourg.

Le chemin de l'exil.

Le chemin de l'exil douloureux à tous est plus douloureux aux plus nobles âmes et aux cœurs plus attachés à la patrie. D'autres sont tombés depuis Charles X et ont dû reprendre après lui le chemin qu'avaient suivi le vieux Roi et sa Famille. Ils y ont traîné la blessure de leur ambition déçue, Charles X et les siens y avaient porté la blessure plus profonde de leur amour pour la France au nom de laquelle tant de crimes se commettaient à cette heure-là contre eux et contre la France elle-même. Charles X et les siens ont trouvé sur les chemins de l'exil plus de douleurs, mais ils y ont trouvé aussi plus de consolations ; ils y ont marché avec plus d'amertume, mais aussi avec plus de dignité. Un autre exilé a pu dire en fuyant : « Comme Charles X ! comme Charles X ! » Mais Charles X n'avait point fui, il s'était retiré en Roi contraint de céder à la force des événements ; le respect et l'amour des populations lui avaient fait

Prévision de M. Odilon Barrot

cortége, et l'un des hommes que la Révolution avait chargés de l'escorter, M. Odilon Barrot, en qui la passion révolutionnaire n'avait pas étouffé tout amour de la patrie, n'avait pu se défendre de lui dire à l'heure des adieux et en lui montrant Henri V que la veille il refusait avec les autres de proclamer Roi : « Sire, gardez bien cet Enfant : la « France peut un jour avoir besoin de lui ! »

Ce n'était pas Charles X seulement qui était exilé avec les siens, c'était la Royauté elle-même. Et cependant on proclamait un autre Roi ! Le poëte florentin rencontre, dans son voyage au milieu des âmes que la mort a séparées de leurs corps livrés à la corruption, une âme venue parmi les autres après une séparation plus sinistre. Le corps qu'elle a quitté demeure seul sur la terre, animé par un autre esprit que Dieu ne lui avait point destiné pour guide, par un esprit ennemi. La France, séparée de sa Royauté depuis quarante-trois ans, a été bien souvent semblable à ce corps infortuné ; privée du génie que Dieu lui avait donné, elle a été jetée hors de sa voie par un esprit ennemi, par la Révolution. De là ses égarements, de là les catastrophes qui ont épouvanté le monde. *La France séparée de sa Royauté.*

La Révolution était impatiente de consommer cette séparation de la France et de sa Royauté. Il ne lui suffisait pas d'avoir fait proclamer par une Assemblée sans mandat le Duc d'Orléans Roi des Français, il fallait encore arracher au plus vite Charles X et les siens de ce royaume de France qui était l'œuvre des Rois leurs aïeux. La Révolution ne commet pas un crime sans y ajouter cette imposture : C'est le peuple qui a voulu et qui a fait, c'est le peuple qui a conspiré, qui a par violence ou par surprise renversé le Prince, qui l'a proscrit ou *Impatience de la Révolution.*

jeté dans une prison ou fait périr. Mais ce n'était pas, comme allait le remarquer bientôt un enfant, la petite Mademoiselle ¹, ce n'était pas le peuple qui voulait l'exil de ses Rois, c'était l'usurpation, c'est-à-dire la Révolution couronnée.

De Rambouillet à Cherbourg.

L'ordre avait été expédié au Havre de faire partir pour Cherbourg deux navires américains destinés au transport de la Famille royale en Angleterre; le général Hulot avait été envoyé à Cherbourg avec de pleins pouvoirs pour assurer le départ, trois commissaires avaient été chargés de conduire les exilés au port d'embarquement. Mais l'exil est un adieu, et la marche de l'exilé en a la lenteur. Charles X et la Famille royale semblaient ne pouvoir s'arracher de ce doux pays de France où des enfants leur offraient des branches de lys comme à Val-de-Vire, où ils voyaient accourir sur leur passage des serviteurs fidèles comme M. d'Estourmel, préfet de la Manche ². Louis-Philippe, inquiet et offusqué de ces manifestations, envoie un quatrième commissaire,

Louis-Philippe envoie un quatrième commissaire.

---

¹ Un soir à Holy-Rood, comme on disait à Mademoiselle qui parlait de retourner en France avec son frère: « Mais vous ne « pensez pas que vous êtes proscrite, qu'une loi vous exclut de « la France? » la jeune princesse répondit fièrement: « Ah! je « n'en ai pas peur, de cette loi, car ce n'est pas le peuple qui « l'a prononcée ; il n'a pas été consulté. »

² L'ordre du jour suivant que Charles X fit remettre en particulier à chaque garde du corps témoigne assez du dévouement et de l'amour que ces nobles soldats montrèrent jusqu'au bout à leur Roi malheureux :!

M. de La Pommeraye, député du Calvados, avec mission de presser la marche des exilés et de leur faire prendre la route la plus directe. Charles X reçoit le nouvel envoyé de son parent, mais refuse de changer son itinéraire et en dépit du Palais-Royal et de ses agents, il faut bien faire route par Condé-sur-Noireau. Le vieux Roi refuse également de hâter sa marche et d'abréger les heures qu'il peut encore passer en France : mais M. de La Pommeraye se concerte avec le général Hulot, et celui-ci ne craint pas de se mettre à la tête de bandes menaçantes et armées. Cet étrange soldat a bien deviné par quel côté la crainte pourrait pénétrer dans le cœur de ce Prince chevaleresque. A Carentan Charles X répondait aux protestations de dévouement de deux officiers en leur montrant Henri de France : « Gardez ces bons sentiments pour cet En-« fant qui seul peut vous sauver tous. » Il craignit pour la vie de son petit-fils en voyant les bandes

« Le Roi voudrait pouvoir donner à chacun de ses gardes du
« corps et à chacun de MM. les officiers et soldats qui l'ont
« accompagné jusqu'à son vaisseau, une preuve de l'attachement
« de son souverain ; mais les circonstances qui affligent le Roi
« ne lui laissent pas la possibilité d'écouter la voix de son cœur.
« Privée des moyens de reconnaître une fidélité si touchante
« Sa Majesté s'est fait remettre les contrôles de ses gardes du
« corps, de même que l'état de MM. les officiers généraux et
« autres, ainsi que des sous-officiers et soldats qui l'ont suivie.
« Leurs noms conservés par M. le Duc de Bordeaux, demeure-
« ront inscrits dans les archives de la Famille royale, pour attes-
« ter à jamais et les malheurs du Roi et les consolations qu'il a
« trouvées dans un dévouement si désintéressé. »

sinistres dont le général Hulot n'avait pas craint de se faire le commandant. Et l'on fut bientôt à Cherbourg, où à l'entrée de la ville les officiers du 64me baissaient leurs épées devant cette grande infortune.

<small>Choix du capitaine Dumont d'Urville</small> Louis-Philippe avait choisi le capitaine Dumont d'Urville pour conduire la Famille royale en Angleterre. Mission de geôlier, comme on va le voir, et qui eût pu devenir plus odieuse encore. Mission plus honteuse pour le capitaine Dumont d'Urville que pour tout autre marin, car, à la suite de son voyage pour rechercher les vestiges de La Pérouse, il avait été récemment l'objet de la faveur royale. Cet officier, dont la carrière jusque-là si brillante devait avoir une fin terrible et sans gloire, n'éprouva point de scrupule à se faire l'instrument de la Révolution contre le Roi que la fortune venait de trahir. Au moment de quitter Charles X, M. Odilon Barrot obtenait du Roi une attestation des égards dont la Famille royale avait été l'objet de la part du commissaire [1] : depuis le départ de Cherbourg jus-

---

[1] M. de Kérigant raconte, dans l'*Indépendance bretonne* (août 1873), qu'en 1870 il se lia avec M. Odilon Barrot pendant les travaux de la commission de décentralisation nommée à la fin de l'Empire. Un soir qu'il dînait chez M. Odilon Barrot, à Bougival, cet homme politique lui raconta les détails suivants sur le voyage de la Famille royale de Rambouillet à Cherbourg, après l'insurrection de juillet :

« En attendant à Rambouillet, pour remplir le mandat que j'avais accepté et qui a été depuis une cause de chagrin pour moi

qu'à l'arrivée sur la côte britannique, le capitaine Dumont d'Urville ne sembla soucieux que de s'assurer un témoignage contraire. Après avoir fait entrer le Roi, les Princes et leur suite dans une salle du *Great-Britain* petite et incommode et où un simple rideau qu'agitait le vent servait de cloison, le capitaine Dumont d'Urville, pendant toute la traversée, affecta par son attitude et ses gestes d'insulter au malheur, parlant au Roi comme il n'aurait pas parlé à un autre vieillard, brusquement, la casquette sur la tête et la pipe à la bouche. L'ingratitude a besoin de s'étourdir par de telles insultes.

Le capitaine Dumont d'Urville avait besoin de s'étourdir. L'histoire n'a pas encore pu dissiper le mystère des instructions qu'il avait reçues. Mais ce qu'elle a recueilli permettrait de tout supposer et

<small>Embarquement.</small>

<small>j'avais la plus mauvaise opinion du Roi. Je me le représentais comme un homme plein de préjugés, de faiblesses, embarrassé, sans intelligence du présent ni même du passé. J'arrivai avec ces idées à Rambouillet où je ne tardai pas à être admis près du Roi. Je ne fus pas plutôt en présence de ce Prince, qu'à ma grande surprise toutes mes idées furent bouleversées. Je me trouvai en présence d'un beau vieillard, plein de dignité, de fermeté, et dont la raison me jeta dans le plus grand étonnement. De telle sorte qu'en quittant le château, je ne pouvais revenir de ce que j'avais vu. Voilà donc, me disais-je, ce Roi que j'ai si mal apprécié et que je vais accompagner jusqu'au seuil de l'exil.

« J'admirais cette dignité, ces grandes manières, cette sérénité que le malheur ne peut troubler. Certes, il fut avéré pour moi, et le reste du voyage me le prouva, qu'on ne pouvait tomber avec plus de grandeur et des sentiments plus élevés. Pour ma confession, je le dis ici comme je le constate dans mes mémoires dont je vous lirai ce fragment en rentrant, ce grand caractère ne se</small>

de tout soupçonner si l'histoire pouvait s'arrêter à des soupçons, si elle ne devait pas en chercher les preuves pour changer les soupçons en certitude ou les abandonner quand les preuves lui manquent.

Précautions odieuses.

Le Palais-Royal avait voulu tout prévoir et tout prévenir. Un brick, commandé par le capitaine Thibault, suivait le *Great-Britain*, qu'il était chargé de couler bas, si Charles X, voulant ressaisir son pouvoir, avait ordonné de regagner la côte de France. Mais les prévisions allaient plus loin, car ce n'était pas encore assez du débarquement de la Famille royale pour rendre à l'âme de l'usurpateur sa tranquillité perdue. Charles X, Louis-Antoine et leurs partisans pouvaient tenter de faire proclamer Henri V, et la liberté de cet enfant pouvait être, même au fond de l'exil, une menace pour le nou-

---

démentit pas pendant un instant, dans un parcours on ne peut plus pénible et qui ne fut pas toujours sans dangers.

« En effet, en arrivant à Argentan, nous fûmes bientôt attaqués par une foule nombreuse et exaspérée d'énergumènes, qui entourèrent les voitures de la Famille royale en poussant d'affreuses vociférations et des menaces qui m'inquiétèrent vivement et me poussèrent au milieu de la foule pour m'efforcer de la calmer et de la rappeler aux sentiments de respect et de pitié que m'inspiraient de si hautes infortunes, si noblement supportées.

« Pendant que je haranguais cette foule furieuse, il survint un fait que je veux vous raconter, car il est à l'avantage de cette pauvre masse si facile à aveugler, mais aussi si prompte à revenir :

« Les femmes qui entouraient la voiture où se trouvait la Duchesse d'Angoulême avec les enfants de France, ayant aperçu Monseigneur le comte de Chambord, qui montrait sa charmante tête blonde à la portière de la voiture, s'écrièrent : « Ah! le bel « enfant! »

veau trône mal assis sur les barricades. Le septième jour après le départ de Cherbourg, — car on avait battu la mer en tous sens pour laisser aux ordres du Palais-Royal le temps d'arriver, — le septième jour, comme on touche à la côte britannique, le capitaine Dumont d'Urville signifie au Roi que lui Charles X, Louis-Antoine et le Duc de Bordeaux vont être séparés des Princesses, que celles-ci vont débarquer tandis que les trois Princes seront retenus sur le *Great-Britain*. Dès qu'il a entendu cet arrêt, Charles X a fait dans son cœur tous les sacrifices et, connaissant le courage de son fils, il ne l'a pas consulté pour l'associer à son dévouement. Il dit au baron de Damas et à Mme de Gontaut : « Je sais le « sort qui nous attend, et mon fils le sait aussi ; « nous y sommes résignés, mais il faut à tout prix « sauver le Duc de Bordeaux. Secondez-moi, le Ciel

Le Duc de Bordeaux sauvé.

« Et, tout à coup, passant de la fureur à l'attendrissement, elles lui dirent

« — Voulez-vous nous donner la main? »

« Aussitôt, le petit Prince tendit sa main que toutes ces mères voulaient baiser. Madame la Duchesse d'Angoulême voyant cela, ouvrit la portière et l'enfant passa de bras en bras.

« Lorsqu'enfin je compris que l'apaisement était revenu dans ces âmes troublées, je le rapportai à sa tante en lui disant :

« — *Madame, gardez pieusement cet enfant, car la France sera peut-être bien heureuse de le retrouver un jour.* »

« Ainsi vous voyez, mon cher ami, que nous ne sommes peut-être pas aussi éloignés l'un de l'autre que vous le supposiez. J'ai vu déjà bien des hommes tomber du pouvoir, je n'en ai vu aucun supporter leur malheur comme le Roi Charles X, que j'ai eu tout le reste de ma vie le regret d'avoir si mal jugé.

« nous aidera ! » Déjà la Dauphine, qui n'a entendu que l'ordre du départ, s'est précipitée sur une échelle pour gagner le rivage. Le capitaine Dumont d'Urville veut que les autres Princesses la suivent, et, comme elles ne paraissent pas s'y disposer, il parle en maître et le leur ordonne. Alors Mme de Gontaut lui dit : « Pensez-vous que je puisse obéir à un pareil ordre
« pour moi-même et surtout pour la Princesse dont
« je suis chargée ? C'est bien assez que vous ayez
« laissé descendre ainsi Madame la Dauphine. N'y
« a-t-il donc pas dans votre vaisseau, comme dans
« tous les autres, des siéges destinés à cet usage
« pour les femmes et les enfants? Vous pouvez
« disposer de nous comme il vous plaira, vous
« pouvez nous ôter la vie.... Mais nous ne descen-
« drons pas ainsi ! » Le capitaine ne discute pas, il croit qu'il aura plutôt fait d'aller chercher lui-même dans le magasin les sièges qu'on lui demande, car il est trop impatient pour s'en remettre à personne de ce soin. Dès qu'il a disparu, le baron de Damas, qui a deviné la pensée de Mme de Gontaut, s'empare du jeune Prince et l'emporte auprès de la Dauphine. Le capitaine, qui revient trop tard pour rien empêcher et qui se voit maintenant dans l'impuissance d'exécuter les instructions qu'il a reçues, tourne sa colère contre les Princes qui restent à son bord. Mais Charles X l'arrête aussitôt :
« A présent, Monsieur, » lui dit-il, « vous pouvez dis-
« poser de mon fils et de moi : nous sommes vos
« prisonniers. Nous savons le sort qui nous attend,

« et nous y sommes résignés. Le Duc de Bordeaux
« est sauvé.... C'est tout ce que nous voulions. »
Entre Charles X et ceux dont le capitaine Dumont
d'Urville est ici le confident et l'agent il ne s'agit en
effet que de la liberté (peut-être de l'existence) de
l'Enfant qui devrait être proclamé Roi, et dont Louis-
Philippe disait il y a quelques jours aux commissaires chargés d'accompagner la Famille royale :
« Le Duc de Bordeaux c'est votre Roi [1] ». L'Enfant
de la France et de l'Europe est sauvé : les Princesses
peuvent quitter le navire, le capitaine ne s'est jamais
opposé à leur départ; après quelques jours (pendant lesquels il a peut-être consulté le Palais-Royal),
il ne s'oppose plus au départ de Charles X et du
Dauphin dont la présence sur le *Great-Britain* n'est
plus maintenant pour lui et pour son nouveau maître
qu'une honte sans profit.

Le Duc de Bordeaux, c'est votre Roi !

Charles X et le Dauphin avaient pu craindre de
ne plus revoir le Duc de Bordeaux ni les Princesses,

La Famille royale réunie sur la terre d'exil.

---

[1] « Les commissaires choisis pour cette mission se rendirent au
Palais-Royal. Le Duc d'Orléans leur dit que c'était Charles X
lui-même qui réclamait une sauve-garde, et tout en leur donnant
ses instructions, il témoigna pour la branche aînée des sentiments
pleins de bienveillance. M. de Schonen lui ayant demandé ce qu'ils
auraient à faire si on leur remettait le Duc de Bordeaux. « Le Duc
de Bordeaux ! » s'écria vivement le Prince, « mais c'est votre
Roi ! » La Duchesse d'Orléans était présente. Profondément atten-
drie, elle s'avança vers son époux et se jeta dans ses bras en
disant : « Ah ! vous êtes le plus honnête homme du royaume. »
M. Louis Blanc. *Histoire de dix ans*, IIe édition. Tome Ier,
p. 385 et 386.

celles-ci avaient pu tout craindre de la colère et du besoin de vengeance des ennemis de la Royauté... Quand Charles X et le Dauphin furent descendus à terre, on ne songea qu'à remercier Dieu et à se réjouir de se voir tous réunis. On oublia un instant qu'on venait d'arriver sur la terre d'exil !

<small>La patrie dans l'exil, et l'exil dans la patrie.</small>

L'exil ! La Révolution peut en écrire le nom dans ses lois, en déclarer la perpétuité dans ses décrets, elle peut même interdire le sol de la patrie au Roi, au Père de la Patrie : mais son pouvoir s'arrête là, il ne s'étend pas aux choses du cœur et de l'âme; et Dieu seul peut ôter à une âme la douceur d'avoir une patrie, de l'aimer, et de se sentir en communication avec elle, même sans qu'il y ait aucune sentence écrite, comme il ôte la contemplation du ciel et de toutes les splendeurs de la nature à des hommes qui vivent encore sur la terre et sous la coupole du ciel. Notre génération a vu, il y a quarante ans, des scélérats qu'aucune loi n'avait proscrits et qui foulaient librement le sol de la patrie : ils y traînaient, dans un exil véritable, leur vieillesse déshonorée, ils y étaient étrangers à tous, en horreur à tous, marqués par leurs propres crimes d'un sceau indélébile et accablés sous la réprobation publique. La Révolution ne les avait point exilés: elle était pleine de complaisances pour eux, leur servilité pour elle ne s'étant point arrêtée même devant les plus exécrables forfaits. Mais la patrie contrainte de subir leur présence s'était changée en une terre inhospitalière qui ne les supportait qu'à regret. Cependant les Princes, que la Révolution exilait, retrouvaient, en arrivant au milieu d'une nation étrangère, irritée en ce moment-là par leur politique trop française et anciennement hostile par la différence de religion, le Dieu de la patrie, le Dieu de Clovis et de saint Louis.

En attendant que l'antique demeure des Stuarts, le château d'Holy-Rood (Sainte-Croix), depuis longtemps inhabité, fût préparé pour recevoir les Bourbons, le Cardinal Weld, d'une vieille famille catholique et jacobite, offrit à Charles X son château de Lullworth au-dessus de la porte duquel les Princes français purent lire : Nil sine Numine, *Rien n'arrive sans la permission de Dieu*. La Révolution qui venait de les détrôner ne pouvait détrôner Dieu, leur protecteur et leur refuge. C'était Dieu qui leur ouvrait cette demeure hospitalière de Lullworth encore toute pleine de souvenirs d'autres exilés français, c'est-à-dire toute pleine de souvenirs de la France. Les Weld avaient, après nos révolutions de 1789 et de 1792, accueilli comme des frères les Français errants et proscrits, ils avaient, à la même époque et dans un autre de leurs châteaux, donné asile à un collége tout entier que la persécution chassait de Belgique. Charles X présentant Henri et Louise au Cardinal, fit allusion à ce passé si glorieux et encore si proche : « Vous êtes, » dit-il, « une famille de Saints. Priez « pour mes petits-enfants ; j'ai mis en eux toutes « mes espérances. »

<small>Le château de Lullworth.</small>

<small>Les Weld.</small>

Il ne pouvait plus en effet espérer pour lui-même ni pour le Dauphin, en voyant la Révolution en délire tout attaquer, tout outrager, tout frapper, sans cependant se blesser elle-même dans son aveugle fureur. Pour parfaire son décret de proscription, elle avait, sur la proposition du député Baude, déclaré le Roi Charles X, « ses descendants et les alliés de « ses descendants », — déjà bannis du territoire français, — « incapables d'y acquérir, à titre onéreux « ou gratuit, aucun bien, comme d'y jouir d'aucune « retraite ni pension. » Elle leur avait prescrit de « vendre dans le délai de six mois, tous les biens « qu'ils possédaient en France. » Elle avait ainsi tenté de faire les descendants des Rois de France plus étrangers que les étrangers.

Tentative insensée autant que sacrilége! Elle avait supprimé la commémoration du 21 janvier, elle avait supprimé la commémoration du 13 février; elle ne pouvait supprimer la mémoire du peuple, elle ne pouvait imposer silence à l'histoire. Après avoir dénoncé pendant quinze ans comme un double attentat contre Dieu et contre la nation l'alliance du trône et de l'autel, elle refaisait cette alliance à sa manière : à propos de l'anniversaire du 13 février elle fermait l'église Saint-Germain l'Auxerrois et plaçait sur la porte principale un écriteau avec ces mots: Mairie du IVme arrondissement; elle arrachait la croix du faîte des autres églises; dans les tribunaux elle couvrait d'un voile ce signe glorieux de victoire et de liberté, redevenu infâme dans le royaume très-chrétien. Comment la croix aurait-elle été encore une protection quand elle ne pouvait plus se protéger elle-même? A la Conciergerie, dans le cachot d'où Marie-Antoinette était partie pour aller mourir sur l'échafaud, une croix dominait le testament de la Reine martyre gravé sur une pierre : le ministre de la Révolution, M. le comte de Montalivet, fit détruire la croix et la pierre, il ne pouvait faire détruire le testament conservé dans la mémoire et dans le cœur des Français !

Toutes ces nouvelles arrivaient à la Famille royale pendant les premiers mois de son séjour à Holy-Rood. Mais, les cœurs élevés en haut, elle espérait toujours, elle espérait pour la France et pour elle-même. On pouvait déclarer la perpétuité des lois de proscription portées contre elle, on ne pouvait pas rompre, même pour peu de temps, même en ces jours-là les rapports de mutuelle affection entre elle et la France. Dans le cours de l'année 1831, Charles X avait appelé de Paris l'abbé Busson et l'avait chargé de préparer Henri et Louise à leur première communion. Quelques instants après ce grand acte, le 2 février 1832, un Français présent à cette fête demandait au jeune Prince : « Que voulez-vous faire dire, Monseigneur, « à ceux qui en France ont prié pour vous ce ma- « tin ? — Je veux, » répond Henri tout plein du Dieu qu'il vient de recevoir, « je veux qu'ils sachent « ma reconnaissance. Je ne les ai point oubliés « devant Dieu : si mes prières sont exaucées, Dieu « bénira la France. »

Première communion d'Henri de France.

Amour de la France.

La France était toujours présente à son esprit et à son cœur. L'éducation qu'il avait reçue avait encore fortifié en lui cet amour si naturel aux Bourbons. A l'occasion de cette solennité, quand le frère et la sœur étaient allés demander à la Dauphine, qui remplaçait auprès d'eux leur mère absente, sa bénédiction, Marie-Thérèse leur avait dit : « Mes « enfants, Dieu n'a rien à vous refuser aujourd'hui; « priez-le pour la France ».

Le Roi Charles X, par une délicatesse bien touchante, n'avait pas voulu jusque-là que le jeune Prince apprît de quelle manière son père était mort. Il avait attendu cette époque de la première communion, où le cœur de l'enfant serait ouvert à la miséricorde et au pardon, pour lui révéler que la main d'un Français avait ôté la vie à son père. La clémence est une vertu chrétienne, mais elle est surtout la vertu de la royauté chrétienne, et Charles X, qu'il s'agît d'études ou de l'accomplissement des devoirs religieux communs à tous les chrétiens, était sans cesse préoccupé de préparer Henri au « métier de Roi », suivant la belle expression de Louis XIV.

Vocation royale.

C'était la préoccupation de tous. Le cardinal de Latil, au moment de poser l'hostie sur les lèvres de l'Enfant royal, lui dit: « Fils de saint Louis, puisse « la main de Dieu vous conduire! » Dans la société chrétienne, Dieu conduit par la main les Rois conducteurs des peuples. Ainsi le bonheur des peuples a son gage dans la piété des Rois et dans leur fidélité à l'inspiration divine. Comment Henri aurait-il oublié cette grande leçon de politique reçue au banquet sacré la première fois qu'il y fut admis ?

Le Roi son aïeul lui parlait comme le pontife. Charles X qui avait vu de si près les angoisses de Louis XVI aux prises avec la Révolution, qui avait traversé lui-même des épreuves où le cœur du Roi, père de ses sujets, avait été si cruellement déchiré, et qui pouvait prévoir encore, dans un avenir qui n'était plus fait pour lui, des jours non moins troublés et non moins orageux, dit à l'enfant que Dieu venait de visiter : « Tes destinées peuvent être bien « grandes, tes devoirs bien difficiles ; si jamais tu « sens le poids des tribulations et des peines insé- « parables de ta condition, la pensée du 2 février, « mon cher enfant, te donnera des forces. »

Modération du caractère de Charles X.

Ces forces que l'homme puise dans la piété chrétienne, Charles X, que la Révolution a tant accusé de faiblesse, les connaissait bien. Renversé du plus beau trône du monde, exilé, pauvre, il demeurait maître de lui-même et parlait sans colère et sans haine de ses ennemis. Un Français fidèle, qui venait le visiter à Holy-Rood put admirer cette mansuétude sublime : « Quand il lui arriva dans le « courant de notre conversation de se rappeler « quelques-uns de ceux qui lui avaient été les plus « hostiles, et de les nommer, c'était sans aigreur,

« sans la moindre récrimination, en témoignant
« l'espoir qu'un jour peut-être ils seront moins
« injustes envers lui, quand ils auront fait une plus
« grande expérience des choses et des hommes » [1].
Le jour annoncé par le vieux Roi est venu, mais trop
tard pour qu'il pût le voir.

Modération de Marie-Thérèse.

Tel était le cœur de Charles X, tel le cœur de chacun de ces Bourbons exilés. La fille de Louis XVI, qui semblait bien avoir le droit de parler de *l'ingratitude* des Français, ne parlait que de leur *inconstance*. La Révolution lui avait laissé sans doute des souvenirs pleins d'horreur, qui ne pouvaient jamais s'effacer de sa mémoire. Mais la clémence royale est sans mesure : elle épargne encore les criminels, quand elle ne peut pas leur pardonner. « Il y avait, » dit M. le comte de Sèze, « des noms qu'elle ne
« pouvait prononcer sans larmes ; puis, quand la
« conversation tombait sur des personnes et des
« actes qu'il était impossible de ne pas blâmer, elle
« se taisait et ne pleurait plus. »

Modération d'Henri et de Louise.

Formés à cette école de clémence, Henri et Louise refusaient même de s'amuser de ces caricatures lancées contre le parent déloyal dont l'ambition les avait jetés en exil. « Pourquoi envoyer tout cela
« ici ? » s'écriait Mademoiselle. « On croit nous flat-
« ter, nous distraire ? Henri ni moi ne les regardons

---

[1] M. Fallon. *Voyage à Holy-Rood*, 1832, p. 50, 51.

« pas souvent. Je l'avoue, d'ailleurs: si elles ont pu
« quelquefois me faire sourire, aujourd'hui, que je
« sais tant de familles dans le deuil et les larmes,
« je me demande comment à Paris on peut trouver
« le temps de se moquer des ridicules. »

En effet, les mêmes courriers qui apportaient ces caricatures, apportaient aussi les journaux de Paris, dont les colonnes n'étaient plus remplies que de longues listes de victimes. Le choléra venait de faire en France sa première apparition, demeurée jusqu'à présent la plus terrible. Qui eût pu voir la douleur des Bourbons parcourant avidement ces listes de morts, ne se serait pas cru à Holy-Rood, mais à Paris. Demeurant toujours aux Tuileries et chargés de la responsabilité de ce peuple, les Bourbons n'auraient pas éprouvé plus de sollicitude. Henri et Louise n'avaient eux-mêmes de pensée que pour les victimes du choléra. « Je voudrais », disait Mademoiselle à sa gouvernante, « envoyer à Paris l'ar-
« gent que ma mère m'a laissé. Il n'y a pas ici tant
« de malheureux; d'ailleurs, je n'y suis pas née,
« tandis que dans mon beau et cher pays de France
« on souffre ». Et Henri s'étant approché, les deux enfants entretinrent leur gouvernante d'un projet que leur avait inspiré cette grande calamité. En approuvant leur pensée, Mme de Gontaut leur dit : « Mais ne craignez-vous pas qu'on vous prête d'in-
« dignes motifs, qu'on vous refuse peut-être? —
« Oui, je vous comprends, » répond Henri : « on

Le choléra en France.

Charité d'Henri et de Louise.

7

« dira que notre compassion n'est que de la poli-
« tique, que nous faisons du bien pour nous faire
« des partisans. Mais je ne peux pas croire qu'on
« refuse. Un étranger même aurait le droit de venir
« au secours de si grandes infortunes. » — « Eh
« bien », reprend à son tour Mademoiselle, « qu'on
« nous méconnaisse, qu'on attribue notre offrande
« à un motif indigne de nous : que nous importe!
« Le bien que nous aurons fait, les larmes que
« nous aurons taries, ne le seront pas moins. Et
« quand nous n'aurions ravi à la douleur qu'un seul
« malheureux! Henri, laissons-nous soupçonner
« sans regrets. »

Le petit estropié. Ils n'avaient plus à présider les associations charitables comme à Paris, mais ils étaient associés pour exercer ensemble la charité. Ils tenaient conseil pour donner à leurs modiques ressources le meilleur emploi possible. Ayant rencontré un enfant qui n'avait plus qu'une jambe et qui, malgré la rigueur de l'hiver, n'était presque pas vêtu, les deux petits Princes conçurent la crainte, s'ils lui donnaient des habits, de voir sa mère les lui retirer pour exciter la compassion par la nudité du pauvre estropié. Mais cette crainte ne pouvait arrêter leur charité qu'un instant. Ils imaginèrent de faire avertir la mère de leur protégé, que, si on le retrouvait encore mal couvert, tout secours cesserait.

Ils mettaient en commun leurs bonnes idées, ils mettaient en commun leurs petites bourses. Un jour celle d'Henri se trouvant à peu près vide (il n'avait plus que deux shellings), sa sœur, beaucoup plus riche, car on venait de lui donner vingt-cinq louis pour sa fête, lui offrit de partager cette fortune. Ce partage accepté, non sans un peu d'hésitation, Henri fut porter à M. de Moligny dix louis pour les pauvres. « Dix louis ! » s'écria M. de Moligny, « et que ferez-vous demain s'il se présente quelque infortune à soulager? » Henri dut se rendre à la justesse de cette observation, mais ce ne fut pas sans regret qu'il réduisit son offrande à six louis.

La même observation avait été adressée à leur mère par Mme de Bouillé : « Vous donnez plus que « votre situation ne le permet ». Elle aurait pu être adressée à tous les Bourbons, et dans la prospérité aussi bien que dans l'adversité. Charles X, aux Tuileries, consacrait annuellement aux malheureux plus de huit millions et préparait ainsi sa pauvreté et celle des siens. Louis-Antoine, alors qu'il était Dauphin de France, se voyait obligé, un 31 décembre, de répondre à une demande de secours : « Revenez demain. « Je me suis fait une loi de rendre à la France, « chaque année, ce que je reçois d'elle. L'année « finit aujourd'hui, mon revenu a fini avec l'année, « et j'ai donné ce matin tout ce qui me restait. » Si puissants et si riches que fussent les Bourbons, on aurait pu leur dire à tous comme à la Duchesse de Berry : « Vous donnez plus que votre situation ne « le permet ». Mais tous auraient pu répondre comme

Les Bourbons donnent plus qu'ils ne peuvent.

elle : « C'est possible, mais je ne donne du moins jamais autant que je le voudrais ».

Envoi au curé de Saint-Cloud.

L'exil les fit pauvres, mais ne les corrigea point. Mademoiselle, qui n'était pas toujours en état de partager vingt-cinq louis avec son frère, se vit au contraire forcée, pour l'exécution d'un projet qu'elle méditait, de demander une avance de quinze louis à sa gouvernante. Mme de Gontaut se récria d'abord, puis en parla le soir à la réunion de la Famille royale. Charles X, Marie-Thérèse et Louis-Antoine se cotisèrent pour satisfaire la petite Princesse. Quand celle-ci fut en possession de la somme qu'elle avait demandée, Henri joignit ses épargnes aux quinze louis, et le tout fut adressé au curé de Saint-Cloud pour être distribué à d'anciens serviteurs, privés de leurs ressources par la Révolution de juillet.

Le Chemin de la Reine.

Les Bourbons étaient détrônés, ils étaient toujours Rois. Leur charité les maintenait en possession d'une couronne que la Révolution ne pouvait leur arracher. Les pauvres de la Canongate (quartier d'Edimbourg, où était la résidence de Louis-Antoine et de Marie-Thérèse à proximité d'Holy-Rood) avaient été comblés des bienfaits de la Princesse. Dans leur reconnaissance ils voulurent abréger le long circuit que Marie-Thérèse avait à faire chaque jour pour se rendre à Holy-Rood et ils lui creusèrent un sentier, qu'ils appelèrent eux-mêmes *le Chemin de la Reine*.

Aucune pompe, aucun insigne ne venait plus *La vieille de la Canongate.*
révéler la grandeur de ces Rois déchus, mais le
peuple les reconnaissait toujours à leur charité. Henri
avait à peine douze ans qu'on disait de lui : « Il sait
« déjà donner en Bourbon ». Et une vieille femme
de la Canongate répondait à un Français lui demandant si elle connaissait le Duc de Bordeaux : « Je
« ne connais pas de plus gentil petit garçon. Il est
« bon pour les pauvres gens, et ne garderait pas
« l'argent lorsque quelqu'un en a besoin. Et tant
« pis sera pour nous tous ici, lorsqu'il s'en ira chez
« lui en France [1]. »

Voici quarante-trois ans qu'Henri de Bourbon
est tenu éloigné du royaume de ses pères, et nul,
même parmi les esprits les plus humbles et les
moins préoccupés des choses politiques, ne peut
s'empêcher en le voyant de songer à la France. Il
manque au peuple à qui Dieu l'avait donné, et son
peuple lui manque. Ces liens du peuple au Prince,
et du Prince au peuple, les artisans de révolutions
ne les comprennent pas : mais cet enfant, encore si
jeune, en avait le sentiment profond. Apprenant
qu'une loi d'exil venait d'être portée contre lui :
« Je n'y puis croire », dit-il, « c'est impossible, mais
« ils ne savent donc pas que je les aime ! » Et cette *La devise d'Henri.*
loi maudite ne pouvait étouffer ni diminuer l'amour

[1] « I dinna ken a maer bonnie bairne. He be gueed to the paer
« folk, an wadna keepit siller when ony ane hae need ot. An sae
« much the warse for us à when he'l gang hame to France. » —
Cité par M. **Fallon.**

du petit Roi pour la France, il se faisait faire un cachet avec cette devise :

> Mon pays sera mes amours
> Toujours.

<small>Tendresse d'Henri pour la France.</small> Oui, toujours. L'enfant devenu homme aime toujours la France avec la tendresse, l'ardeur et le respect délicat d'un amant. Le bonheur de voir la France lui est encore refusé, mais avec quelle joie il accueille les Français. Il ne leur demande ni leur rang, ni leurs titres, ni leurs services passés, ni leur fidélité présente : leur qualité de Français est leur plus beau titre à ses yeux. Le témoignage de ceux qui allaient à Holy-Rood quand il n'avait pas douze ans est presque tout semblable au témoignage de ceux qui vont aujourd'hui à Frohsdorf.

« J'arrivai près de l'Enfant royal », raconte l'un d'eux [1], « dans cet instant il jouait avec ses armes ;
« il venait de placer un casque sur sa tête. On lui
« annonça des Français : mes deux fils m'accompa-
« gnaient. Il courut à nous et nous donna la main
« avec une grâce charmante. En le voyant je me
« rappelai tout à coup ce portrait d'Henri IV en-
« fant, exposé, il y a quelques années au Salon.
<small>Ses souvenirs de France.</small> « *Oh! vous arrivez de France*, nous dit-il, *et vous*
« *allez bientôt y retourner; qu'on est heureux d'ha-*
« *biter la France!* Tous ses souvenirs, toutes ses
« pensées sont à la France; dans ses études comme

---

[1] M. le Vᵗᵉ DE CONNY. *Les Bourbons*, p. 90 et suiv.

« dans ses jeux, le nom de France est toujours sur
« ses lèvres. Quand on cause avec lui, mille mots
« charmants viennent sans cesse révéler sa pensée.
« C'est toujours France, armes, gloire et combats!
« Mille souvenirs de France sont restés gravés dans
« sa mémoire, il aime à les conter, c'est un besoin
« pour lui de tous les instants du jour.

Souvenirs militaires.

« Les deux circonstances qu'Henri se plaît surtout
« à rappeler sont une visite à l'École de Saint-Cyr
« et à l'artillerie de Vincennes. Il savait les noms
« d'une foule d'élèves de Saint-Cyr. Mon fils avait
« eu l'honneur d'être élève de cette école, et le
« Prince resta des heures entières à se rappeler
« avec lui tous les souvenirs de ce beau bataillon
« de Saint-Cyr, que, quelques jours après, il avait
« retrouvé à Saint-Cloud marchant à la défense du
« trône; puis il nous rappela, dans tous ses détails,
« le tir d'artillerie de Vincennes, le nombre des heu-
« res qu'il avait passées au polygone.

« *Que j'étais heureux*, s'écriait-il, *j'entendais ce*
« *beau bruit du canon. C'était un lundi, je devais y*
« *revenir huit jours après; j'avais donné rendez-*
« *vous aux artilleurs de la garde royale, et certes je*
« *ne leur aurais pas manqué de parole; mais c'est*
« *dans cette semaine que la révolution est venue.*
« Puis il resta pensif et quelques minutes sans
« parler.

« Dans ses études de dessin on retrouve encore
« la pensée qui domine son âme tout entière : ce

« sont toujours des vues de France, des souvenirs
« du pays que son crayon aime à retracer, puis
« des têtes de guerriers, des chevaux, des armures,
« des camps et des batailles. *Je vous donnerai,* me
« dit-il, *un de mes dessins, c'est un grenadier de la*
« *Garde.* Il ouvrit alors un portefeuille qui en con-
« tenait plusieurs. *Voyez,* me dit-il, *ce grenadier*
« *avec ces fleurs de lys ! Ah ! qu'ils étaient beaux ces*
« *grenadiers, manœuvrant au Champ de Mars ! les*
« *avez-vous vus ?* Puis, avec une vivacité à nulle
« autre pareille, il me nommait tous les régiments
« de la Garde, les noms des chefs, les noms de
« tous les officiers, les noms de leurs provinces ;
« il avait retenu même ceux de plusieurs grenadiers,
« tous étaient présents à sa pensée, comme s'il les
« avait vus hier. Il expliquait la variété des uni-
« formes des divers corps de la Garde, l'ordre dans
« lequel les régiments prenaient leur service à
« Paris et à Saint-Cloud, les parades des Tuileries,
« les exercices, les revues du Champ de Mars, et
« restait des heures entières sans qu'on pût le
« distraire un seul instant de ces pensées. *Oh ! que*
« *je serais heureux,* me disait-il, *si un jour je re-*
« *voyais ces grenadiers ! Ils se souviendraient de moi,*
« *je l'espère ; pour moi, je les aimais trop pour les*
« *oublier jamais.*

<small>Le chien de la Garde.</small>

« Tout lui retrace sans cesse les souvenirs de la
« Garde royale. Un jour il en avait causé longtemps
« avec moi, quand, se levant avec vivacité, il

« m'entraîne au bout du salon, appelle son chien, le
« caresse et lui fait faire mille tours divers. *Savez-*
« *vous pourquoi j'aime tant ce chien ? Devinez-le.*
« *C'est parce que je l'avais en France et qu'il m'a été*
« *donné par un officier du 3me de la Garde : c'était le*
« *chien du régiment; à l'heure de la parade, dès*
« *qu'il entendait le tambour, il descendait et suivait*
« *la Garde ; voilà pourquoi je l'aime. Il restera*
« *toujours avec moi, c'est un chien de la Garde.*

« Les jours de bonheur pour Henri sont ceux où
« il rencontre des Français : dès qu'il entend une
« voix française, il court à elle avec la rapidité de
« l'éclair, nulle puissance ne pourrait alors l'arrê-
« ter. Un soir, il me disait : *Oh! que j'ai été heu-*
« *reux ce matin! J'allais au manège : en traversant,*
« *pour m'y rendre, la rue où vous habitez, j'ai ren-*
« *contré un régiment, et la musique a joué l'air :*
« Vive Henri Quatre! *Oh! que j'étais heureux d'en-*
« *tendre cet air! Je me suis cru en France!* Et ses yeux
« s'animaient à ce récit ; puis tout à coup devenant
« triste et pensif: *Que vous êtes heureux,* dit-il, *vous*
« *allez bientôt revoir la France!*

« L'amour de la France est le sentiment le plus Les deux canons
« vif d'Henri; il éclate, de mille manières diverses; français
« il l'unit dans sa pensée avec l'amour de la gloire, à Londres.
« et, quand on le voit, sur cette terre d'exil, on
« reconnaît que nul Prince ne mérita mieux de por-
« ter le beau nom d'*Enfant de France* qu'il reçut en
« voyant le jour. Un soir, dans son inquiète ardeur

« de combats et de victoires (c'est toujours là sa
« conversation), il me demanda si j'avais vu l'Arsenal de Londres ? *Oui*, lui dis-je, *et si un jour vous
« le visitez, vous éprouveriez un vif sentiment de
« douleur en voyant deux canons français qui y sont
« deposés. Ils nous furent enlevés à la bataille de
« Crécy.* — *Des canons français à Londres*, s'écriat-il. *Oh ! je ne veux pas les voir ; je n'irai jamais
« à l'Arsenal ; mais s'il y avait guerre, si les Anglais
« ramenaient nos canons sur le champ de bataille,
« nous les reprendrions ; c'est un devoir pour nous !
« Des canons français à Londres !* répétait-il. *Oui,
« si jamais il y a la guerre, nous les reprendrons.*
« Et ses regards s'enflammaient, on eût dit qu'il
« marchait au combat.

« Tous les souvenirs de la gloire nationale se
« retracent sans cesse à sa pensée ; il aime à citer
« les batailles où la valeur française illustra nos
« armes ; il est heureux quand il parle de nos victoires, il est triste quand on raconte devant lui
« les jours marqués par nos revers, il voudrait les
« effacer de sa mémoire. »

<small>Où Henri pprend à aimer la France.</small> Un jour, aux dernières années de la Duchesse d'Angoulême, un Français à qui elle venait d'adresser mille et mille questions sur la France, s'étonnait de la vivacité de cet amour gardé à travers tant de deuils et de douleurs dont nous ne sommes pas innocents. « Il est bien naturel que j'aime la France », répondit simplement Madame : « mes parents m'ont

« tant appris à l'aimer ! » Quelle parole prononcée par la fille des deux martyrs !

Comme elle expliquait son propre cœur pour la France, Madame aurait pu expliquer celui d'Henri. Comme ses parents, prisonniers de la Révolution, lui avaient enseigné par leurs leçons et leur exemple l'amour de la France, elle, à son tour, errante et proscrite, l'avait enseigné à son neveu. Il la voyait à Holy-Rood accueillir les Français avec la même bonne grâce qu'elle eût pu leur montrer à Versailles. Jamais un mot amer contre la France ne sortait de ses lèvres, même alors qu'il eût semblé justifié par la persécution dont les autres étaient l'objet. MM. de Cadoudal, poursuivis par le gouvernement de Louis-Philippe et menacés d'être jetés en prison pour leur fidélité, durent fuir en Angleterre et furent présenter leurs hommages aux exilés d'Holy-Rood. « Nous ne serons plus seuls », leur dit Madame, « voici nos fidèles Vendéens. Vous « venez, Messieurs, augmenter une famille dont « vous méritez toute la reconnaissance. »

<small>MM. de Cadoudal à Holy-Rood.</small>

Elle parlait ainsi aux fidèles, aux Français qui venaient présenter leurs hommages à la Royauté proscrite ; pour les Français qui demeuraient en France, elle n'en parlait guère avec moins d'affection et n'attendait pas pour le faire de savoir qu'ils conservaient dans leur cœur le souvenir de leurs Princes exilés. Au milieu de ses propres malheurs, si grands qu'ils ont ému d'une pitié respectueuse les ennemis mêmes de sa Maison, elle ne pouvait songer sans douleur aux malheurs de la France. « Ce n'est pas le moindre de mes chagrins », disait-elle à un visiteur, « de voir que le peuple est « malheureux en France. Je souffre pour ces pau- « vres Français. »

Formés à cette école, le frère et la sœur, sur la terre d'exil, ne vivaient que pour la France. « C'est « le soir surtout », dit M. de Conny, « qu'on les voit « ensemble causer des heures entières, et toujours « de la France; ce sont toujours les souvenirs du « pays qu'ils se rappellent dans les longues heures « des soirées de l'exil. » Quand ils avaient quitté Lullworth pour venir à Holy-Rood, ils avaient suivi deux routes différentes, Henri s'étant embarqué avec Charles X, et Louise ayant avec son oncle et sa tante traversé l'Angleterre. Au moment de se séparer, le petit Prince avait voulu, pour consoler sa sœur, la féliciter d'avance d'avoir tant de pays nouveaux à parcourir. Louise l'avait arrêté aussitôt : « Vous allez, vous, côtoyer la France !... Vous la verrez du moins !... »

Mutuelle tendresse d'Henri et de Louise.

Unis dans leur amour pour la France, le frère et la sœur l'étaient dans tout le reste. On l'a vu aux premières pages de ce récit; la suite les montrera toujours tendrement attachés l'un à l'autre jusqu'à l'heure où ils seront séparés avec tant de brutalité par la mort. Dans son frère, Mademoiselle ne chérissait pas seulement l'aimable compagnon de ses jeux et de ses études : son jeune esprit était tout rempli de la grandeur future de cet enfant de douze ans. « Mon frère », disait-elle, « c'est ma gloire et « mon espérance ! [1] »

Il ne lui a pas été donné de voir ici-bas le triomphe de son frère, qui sera la restauration de la France et de la société chrétienne ; mais il lui a été donné, à tous les âges de sa vie trop courte, de contribuer pour une grande part à préparer ce triomphe. A Holy-Rood, pensant tout haut devant sa gouvernante, elle formait ces vœux touchants : « Je « voudrais qu'on nous laissât, Henri et moi, retour- « ner en France comme de simples particuliers. « Alors je chercherais les malheureux, et il en « manque moins que jamais, dit-on ; je les soula- « gerais, je les soignerais ; puis, un jour, je dirais « au peuple : Voilà Henri, mon frère ! voyez quel « doux regard, quel franc sourire ! Eh bien ! je vous « le confie ; et si vous ne reconnaissez pas en lui le « cœur le meilleur, le plus généreux ; s'il fait cou- « ler volontairement une larme, renvoyez-le dans « l'exil... Je suis bien sûre, cette fois, qu'Henri ne « quitterait jamais la France. »

<small>Enthousiasme de Mademoiselle pour son frère.</small>

Cette tendresse enthousiaste de la sœur était bien justifiée par les rares qualités que le frère avait apportées au monde et auxquelles donnait un déve-

<small>Éducation d'Henri.</small>

---

[1] *Les Bourbons*, p. 98.

loppement merveilleux la forte éducation réglée par Charles X. Il est aujourd'hui bien petit le nombre des pères qui exigent de leurs enfants ce que Charles X exigeait d'Henri. Et le vieux Roi, voulant que le programme d'études adopté par lui reçût une application sérieuse, adjoignit au jeune Prince pour compagnons et pour rivaux les deux fils du duc de Guiche et celui du comte de Brissac. Henri lui-même comprenant dès cet âge qu'il devait, malgré les incertitudes de l'avenir, travailler pour se trouver prêt à l'accomplissement d'une grande mission, s'unissait par ses efforts à l'exécution des desseins qu'avait sur lui le Roi son grand-père. « Je travaille », écrivait-il à sa mère, « je travaille « de mon mieux, car je tiens à savoir comment « un homme doit se conduire ; et, bien que je ne « sois qu'un enfant, je veux du moins mériter qu'on « me plaigne de ne pas être à ma place, si je ne « puis rien obtenir de plus [1]. »

Sa journée.   Levé à six heures, en hiver comme en été, le jeune Prince, sa prière faite, commençait sa journée par une leçon d'escrime. De sept heures à neuf heures, il étudiait le latin, la géographie et les langues vivantes. Un quart d'heure seulement était pris pour le déjeuner. Après une heure de récréation, dont la moitié consacrée à sa famille, il dessinait jusqu'à onze heures, sous la direction de M. d'Har-

---

[1] Voir aux *Pièces justificatives*, n° V.

divilliers. C'était alors le tour de la leçon d'histoire partagée avec Mademoiselle. De midi à deux heures, dîner suivi de la promenade. Les trois heures suivantes étaient consacrées aux exercices du corps, l'équitation, la gymnastique et le tir du pistolet. Enfin, dans les deux heures qui précédaient le repas du soir, encore l'étude des langues vivantes et encore l'histoire.

Grande était l'aptitude d'Henri pour les langues, et on admirait surtout avec quelle facilité il savait, sans le secours de la grammaire ni du dictionnaire, décomposer les mots allemands. L'étude simultanée du français, de l'italien, du latin, de l'allemand et de l'anglais pourrait embarrasser l'esprit d'un moins jeune enfant et y jeter la confusion : mais Henri apprenait tout et ne confondait rien. Et cependant il étudiait l'histoire avec encore plus de succès : il embrassait tous les âges et tous les pays, et connaissait les événements, non-seulement comme Bossuet les avait esquissés pour le Dauphin fils de Louis XIV, mais encore dans leurs détails. Entendant un jour son professeur raconter qu'Alexandre avait dormi la veille de la bataille d'Issus, il prit sa plume et il écrivit :

Son aptitude pour les langues

Etude de l'histoire.

Alexandre — Issus
Enghien — Rocroi

La leçon d'histoire, commencée par un récit du professeur, M. Barrande, se terminait par des questions que celui-ci adressait au jeune Prince et à sa sœur, questions qui n'étaient point circonscrites dans un siècle ou chez un peuple, et auxquelles les deux enfants répondaient avec une étonnante sûreté de mémoire et d'intelligence. L'émulation n'était pas moins vive entre eux que la tendresse : c'était plaisir de les voir disputer, sur les Vénitiens, sur les Génois, sur les dynasties successives qui ont régné à Naples. Henri étudiait l'histoire plus en homme qu'en enfant : ce n'était pas un écolier soucieux seulement de satisfaire ses parents et ses maîtres ; c'était un Prince qui étudiait le métier de Roi.

Les exercices du corps.

Ces études si graves n'excluaient point, on l'a vu, les exercices du corps. Henri n'avait plus le beau gymnase qu'on avait organisé pour lui au Trocadéro : un arbre remplaçait le mât et le trapèze, le bord d'un ruisseau remplaçait le tremplin. « L'exer« cice des armes », dit M. de Conny [1], « l'exercice du « cheval sont pour Henri plus qu'un vif plaisir, c'est « un besoin, c'est une passion. Il court avec une « merveilleuse agilité ; quand il gravit les rochers et « les montagnes, on a peine à le suivre ; il devance « dans ses courses ceux qui l'accompagnent. » Rentré au salon, il n'interrompait pas tout à fait ses exercices, et on le voyait s'amuser à sauter par-dessus le canapé en appuyant une seule main sur le

---

[1] *Les Bourbons*, p. 97.

dossier. Le tir du pistolet qu'il ne pouvait continuer au salon, le retenait encore quand déjà l'heure de l'étude avait sonné. « Encore un petit coup », disait-il, « mon bon Lavillatte, et ce sera le dernier ; oh ! « oui, le dernier — si je ne le manque pas... Le voilà « manqué... Oh ! peut-on finir comme cela ? — C'est « impossible — Tenez, tenez : à coup sûr, je ne « manquerai pas celui-ci ». Et il ne le manquait pas en effet.

Lavillatte dirigeait tous ces exercices comme M. Barrande dirigeait les études. L'enfant, on vient de le voir, le traitait avec une grande familiarité. Il l'attendait parfois au passage, debout sur une barrière, et sautait d'assez loin sur ses épaules. D'autres fois il le défiait à la course dans la plaine de Leith, en lui demandant une avance d'une douzaine de pas. Cette familiarité réjouissait le cœur du vieil et fidèle Lavillatte ; mais la vive affection de « son petit sei-« gneur » le rendait bien plus heureux encore. Un jour qu'on vantait les moustaches de je ne sais quel officier, et qu'on invitait Henri à en reconnaître la beauté : « Assurément », dit-il, « ces moustaches « sont fort belles, mais je connais quelque chose de « plus beau encore, c'est une balafre au milieu du « visage comme celle de mon cher Lavillatte ». Et se jetant au cou du balafré, il baise sa cicatrice.

La balafre de Lavillatte.

On devine le pouvoir de Lavillatte sur le jeune Prince. Il l'excitait et le modérait tour à tour ; mais

Bourbon, l'on vous regarde.

bien plus souvent il avait à le modérer. Une fois cependant, à la fin de l'automne, par un temps maussade et déjà froid, Henri hésitait à se jeter à la mer et donnait à Lavillatte ses raisons de renoncer au bain ce jour-là. Lavillatte, non moins découragé que son jeune maître par ce ciel brumeux, allait renoncer à la partie de natation, quand il avisa un Français, ancien officier de l'Empire, venu, prétendait-on, en Ecosse, pour observer le petit-fils de Charles X. Aussitôt, se jetant à l'eau, il cria : « Bourbon, l'on vous regarde ! » Un instant après Henri nageait à côté de lui.

Henri, chef écossais.
L'ardeur d'Henri pour les exercices du corps, son courage et son adresse lui valurent au mois de mars 1831 (il n'avait que dix ans), d'une assemblée où figuraient les représentants de toutes les dynasties féodales de la vieille Écosse, les ducs d'Argyle, d'Athol, de Montrose, les seigneurs de Fife, de Morton, de Campbell, le chef de Breadalbane, et le duc d'Hamilton, les titres, armes et priviléges de chef écossais. A la suite d'un vote unanime, Henri reçut le costume et les insignes de sa nouvelle dignité, c'est-à-dire le plaid, l'écharpe nouée sur l'épaule gauche, le kelt, le sporan molloch (bourse de cuir) garni en filigrane d'argent, les jarretières à franges, les pistolets, le dirk (dague), la toque bleue à plumes blanches, l'arc et les flèches du montagnard. Henri, en les recevant, promit de ne point laisser reposer l'arc et les flèches. « Je vous remercie », dit-il à

ceux qui lui apportaient ces présents, « du sentiment
« qui vous a fait choisir la couleur des plumes de
« ma toque. »

Seize mois plus tard, Henri, voyageant en Ecosse *Voyage d'Henr en Ecosse.*
sous la conduite du baron de Damas et accompagné
de MM. Barrande, d'Hardivilliers et de Lavillatte,
visitait les cascades de Dunkeld. Un vieillard se *L'assemblée des Highlanders.*
trouvait là ; frappé de l'air de grandeur d'Henri,
il demanda qui était ce jeune voyageur. Quand il
apprit qu'il avait devant lui l'héritier de tant de
Rois, Mac-Grégor (c'était le nom du vieillard) fut
trouver une assemblée de Highlanders qui se tenait
près de là, et lui annoncer qu'il venait de voir Henri
de France. Aussitôt l'assemblée envoie une députation prier Henri de se rendre au milieu des
Highlanders. Le Prince, introduit par Mac-Grégor,
est reçu au milieu de cris d'enthousiasme et d'allégresse. Suivant l'antique usage, le président de
l'assemblée prend un pot de wisky, en verse dans
un gobelet, chacun en boit à son tour, et, quand
est venu celui du jeune Prince, tous font retentir
des vœux pour son bonheur. Henri assiste ensuite
aux jeux de la course et du jet de pierre et entend
les Highlanders se disputer le prix de la cornemuse.
Au moment des adieux, il presse dans ses mains
d'enfant leurs robustes mains et leur dit : « Je ne
« pourrai plus maintenant oublier l'Ecosse. Vous
« venez de graver son souvenir au plus profond de
« mon cœur. »

Il avait commencé ce voyage par la visite du château de Lochwen, qui lui avait rappelé la captivité de Marie Stuart. Il vit ensuite la grotte de Fingal, parcourut le comté d'Inverness où il visita le champ de bataille de Culloden. Au château de Balladrum, les misses Stewart lui présentèrent un bouquet symbolique formé du lys de France, du chardon d'Ecosse et de la rose d'Angleterre. Poursuivant son voyage, il rencontra dans une auberge du comté d'Argyle, trois tableaux dont il fut singulièrement frappé. Le premier lui offrait le touchant spectacle d'une jeune fille, presque une enfant, qui, dans l'intérieur d'une prison, prodiguait ses soins à deux autres femmes. Henri demeura un instant muet et pensif; puis, reconnaissant le Temple et ses prisonnières, reconnaissant surtout celle qu'il avait lui-même vue pleurer, dit : « C'est ma tante ». Les adieux d'un prisonnier arraché à sa famille par des hommes coiffés du bonnet rouge et ceints de l'écharpe tricolore, formaient le sujet d'un autre tableau. Après un instant d'examen, Henri, rouge d'indignation contenue, dit : « C'est mon grand-oncle ». Dans le troisième tableau, il voit un homme mourant, étendu sur un lit; sa poitrine est découverte et son sang s'échappe d'une large blessure. Sa famille éplorée l'entoure, et une jeune femme, aux habits de fête ensanglantés, étreint l'agonisant comme pour l'arracher à la mort. Henri regarde et ne peut plus retenir ses larmes...

Dans une course sur le lac Asve, les voyageurs,

ayant voulu mettre pied à terre, Henri sortit le premier de la barque. Il vit à deux pas de lui une pauvre cabane et s'en approcha comme pressentant qu'il y avait là une douleur à consoler. Ayant poussé la porte, il ne vit d'abord rien que l'obscurité ; il allait se retirer, quand il entendit les gémissements d'une voix mourante. « Qui êtes-vous ? » dit-il « et « où êtes-vous ? — Un pauvre malade, et je suis près de vous, sur un lit que je n'ai pas quitté depuis dix ans ». Henri se fit raconter l'histoire de ce malheureux. C'était un pauvre berger que l'orage avait surpris, couvert de sueur, sur le Ben-Truacham, et depuis il n'avait pas recouvré l'usage de ses membres. « Il faut soulager cet homme », dit le jeune Prince au baron de Damas qui l'avait rejoint. « Souvenez-vous », répondit le gouverneur, « que « vous avez, de concert avec votre sœur, envoyé il « y a peu de jours tout votre argent à des pauvres « Français malheureux. » Et cependant le pauvre Mac-Antyre n'avait pas reçu en vain la visite d'un Bourbon. Henri, ayant emprunté la bourse de son gouverneur, remit quelques pièces d'or à la femme de cet infortuné. Un Highlander entré depuis quelques instants dans la cabane et qui avait reconnu au son de sa voix le Prince fêté à Dunkeld dans l'assemblée des Highlanders, dit alors à la femme d'allumer sa lampe et de l'approcher du lit, pour que le mourant pût connaître les traits d'Henri de France dont il venait d'éprouver la générosité. Et la main décharnée de Mac-Antyre sortit du lit pour

La cabane du paralytique.

chercher celles du Prince qui la pressèrent avec effusion.

Portrait d'Henri. Ce voyage était le complément des études et des exercices corporels d'Henri à Holy-Rood. Et son gouverneur, dans une lettre confidentielle écrite au mois d'août, c'est-à-dire au retour du voyage, traçait lui-même ce portrait d'Henri : « Son corps se
« développe de la manière la plus satisfaisante; il a
« grandi et s'est fortifié, ce n'est plus un enfant
« maigre comme autrefois; ses épaules sont bien
« ouvertes; ses traits, qui se sont développés, sont
« fort distingués; son regard est toujours arrêté, sa
« tête est droite, et il n'y a plus de trace de cette
« timidité que je n'aimais pas. »

Direction donnée à l'esprit d'Henri. Le baron de Damas expose au même endroit la direction sérieuse donnée par lui à l'esprit de cet enfant né pour être le Roi du premier peuple de la terre dans les temps les plus difficiles : « Comme il
« a onze ans et demi et qu'il est très-avancé, il faut
« bien que je lui parle de beaucoup de choses dont
« il n'était pas question autrefois; mais pour ces
« sortes d'entretiens, je suis seul avec lui; je ne
« finis que lorsqu'il m'a bien compris et qu'il peut
« se former une opinion propre. Vous sentez que je
« ne juge que les choses, que je ne détermine que
« les devoirs; j'évite tout jugement contre les per-
« sonnes et même sur les personnes; je manquerais
« tout à fait mon but s'il se formait en lui des pré-

« ventions contre qui que ce soit. Je veux des juge-
« ments solides sur les choses, le reste viendra de
« lui-même. Lorsqu'il me parle de faits qui ne sont
« pas encore accomplis, je renvoie la conversation
« à une époque où il me sera possible de les lui
« exposer dans leur ensemble, et je lui explique la
« cause de ce retard. Lorsqu'il y a une nécessité
« absolue d'exprimer une pensée sur quelqu'un,
« j'ajoute qu'à son âge il ne faut regarder ce que
« l'on dit des personnes que comme des renseigne-
« ments particuliers qu'il devra vérifier un jour;
« que jusque-là il doit s'abstenir d'exprimer aucun
« jugement personnel. Les leçons d'histoire vien-
« nent à l'appui, et même toutes les autres; car
« Barrande est un homme précieux, et l'abbé de
« Moligny remplit ses devoirs à ravir. »

Aujourd'hui, après quarante ans, nous pouvons admirer la fécondité de ce travail qui se faisait loin de la France, mais pour la France. Déjà en ce temps-là un Français qui était allé à Holy-Rood, écrivait de l'enfant élevé avec tant de sollicitude : « Je l'ai
« vu pendant quinze jours presque continuellement,
« et, je vous le dis avec sincérité et sans aucun
« sentiment de flatterie, c'est un enfant adorable,
« et pourtant c'est toujours un Prince. Il y a en
« lui tant d'esprit, de bonté, de charme et tant de
« dignité naturelle, que chaque jour je l'ai aimé
« davantage, sans être tenté de le respecter moins. »

Les deux années passées à Holy-Rood, si bien

Sombre tristesse des deux années à Holy-Rood. remplies, furent cependant les plus tristes de ce long exil. Les nouvelles venues de la patrie assombrissaient encore les sombres journées passées loin d'elle, car la guerre civile ensanglantait alors Paris et Lyon, et le choléra désolait tout le royaume. « Vous me voyez dans l'exil », disait Charles X à un visiteur [1] : « j'ai appris dès longtemps à supporter « l'adversité, et je ne suis triste que des malheurs « de la France ; la Providence accorde des nuits « tranquilles aux Princes qui ont voulu le bonheur « de leurs peuples. »

Deux fêtes de famille, la première communion d'Henri, et l'anniversaire de sa naissance, le 29 septembre 1831, adoucirent seules la teinte funèbre de ces deux premières années d'exil.

Tentatives mystérieuses contre Henri. A tant de douleurs apportées par les lettres et par les journaux de France venaient se joindre les inquiétudes causées par les menaces qui poursuivaient l'Enfant royal jusque sur la terre étrangère. Deux fois, dans ses promenades, Henri avait été suivi de près par des hommes à figure sinistre. Ils avaient pu même s'approcher tout à fait de lui, tandis qu'il prenait un bain de mer, et la vigilance de Lavillatte les empêcha sans doute de poursuivre leur dessein jusqu'au bout.

Procédés du gouvernement anglais envers les Bourbons. Les jours de l'Enfant royal étaient menacés. Les Bourbons, à qui le cabinet de Saint-James n'avait

---

[1] M. le Vte DE CONNY. *Les Bourbons* (1833), p. 87.

pas interdit le séjour de l'Angleterre, n'avaient été reçus du moins que de la façon la plus inhospitalière et n'étaient supportés qu'avec mauvaise grâce. A leur débarquement, on avait fait flotter devant leurs yeux le drapeau tricolore, le drapeau de la Révolution qui venait de les renverser. On continua de se venger par de pareils traitements du déplaisir amer qu'on avait éprouvé de leur politique trop nationale, et particulièrement de la conquête d'Alger. On voulait d'ailleurs être agréable au gouvernement sorti du triomphe de l'insurrection parisienne ; et celui-ci, mis non pas peut-être en péril, mais en échec, par l'héroïque tentative de la Duchesse de Berry pour relever le trône de son fils, et par le soulèvement de la Vendée, poussait le gouvernement anglais à redoubler de procédés discourtois envers les Princes exilés.

Ce n'était pas assez qu'ils fussent exilés, il fallait encore qu'ils fussent errants. Mais pouvaient-ils maintenant éprouver quelque regret d'avoir à quitter un pays étranger, après avoir été obligés de quitter la France ? Charles X accepta donc l'offre de l'Empereur d'Autriche qui avait mis à sa disposition le Hradschin, l'ancien palais des Rois de Bohême. Et dans les derniers jours de septembre 1832, la Famille royale quitta Holy-Rood et l'Écosse au milieu des bénédictions et des vœux de cette population, témoin pendant près de deux ans des grandes et douces vertus de nos Princes, et comblée de leurs bienfaits. Le lord-maire,

<small>La Famille royale quitte l'Ecosse.</small>

vint à la tête des magistrats municipaux, exprimer à Charles X les sentiments de tous. Il termina en lui disant : « Sire, nos vœux les plus tendres et les plus « sincères accompagneront Votre Majesté et sa « Famille, au bonheur de laquelle nous ne cesserons « de porter le plus vif intérêt. Nous espérons, nous « sommes sûrs que des jours plus heureux luiront « dans l'avenir pour ce jeune Prince, en qui se « développent déjà les germes de qualités et de « vertus dignes d'un descendant de saint Louis et « d'une dynastie qui remonte à quatorze siècles ».

Regrets du peuple d'Edimbourg.

Au moment du départ une multitude, composée d'hommes et de femmes de toute classe, accompagna les Bourbons en chantant le *God save the King*. Tant il est naturel aux peuples d'aimer les Rois !

CHAPITRE IV.

Arrivée à Vienne, puis à Prague. — Reprise des études d'Henri. — Son éducation confiée à deux Jésuites. — Leur installation. — Succès des nouveaux maîtres auprès de leur élève. — Jours d'orage. — Traits de repentir d'Henri. — Sa piété. — « Il faut se vaincre. » — *Serva lilia.* — Saint Louis et Louis XIV. — Affection d'Henri pour ses maîtres. — Les vrais et les faux amis. — Fin de la mission des deux Jésuites. — Combien Charles X les regrette. — Affliction d'Henri. — Le baron de Damas suit les deux Pères. — Témoignage donné par Henri aux Pères. — Le baron de Damas remet son élève à Dieu. — Le P. Général avait annoncé aux deux Pères les contradictions qu'ils eurent à subir. — Départ des Pères Jésuites et du baron de Damas. — Les nouveaux maîtres d'Henri de France. — L'Évêque d'Hermopolis. — L'abbé Trébuquet. — Les phases successives de l'organisation militaire de la France. — Les leçons de stratégie. — Les exercices du corps. — Le manége de Waldestein. — La Moldau traversée à la nage. — Majorité d'Henri de France. — Le nom de Chambord. — Le parti royaliste envoie des délégués à Prague. — Prudence de Charles X. — Le cabinet des Tuileries et les délégués. — Arrivée des délégués à Prague. — Intervention de Mademoiselle. — La réception du 29 septembre avancée. — Devise donnée par Mademoiselle. — Collier donné par la jeune Princesse. — Pâques faites au milieu de paysans. — Henri de France et les orphelins du choléra de Paris. — Le convoi du pauvre. — Ménagements pour le vieil écuyer. — La centenaire blessée. — Portrait d'Henri de France. — Antipathie pour les flatteurs. — Français de la tête aux pieds. — Amour d'Henri pour les Français. — Je suis sûr qu'ils m'aimeraient. —

L'homme d'une seule pensée. — Les Rois reviennent. — Le doigt de Dieu sur le front d'Henri V. — La Famille royale quitte Prague. — Son départ est pour Prague un malheur public. — Maladie d'Henri de France à Budweiss. — La Famille royale à Kirchberg. — Son départ pour Goritz. — Sombres pressentiments de Charles X. — Son anniversaire de naissance. — Il considère le couvent des franciscains. — Commencement de sa dernière maladie. — Conversation sur les régicides. — La Saint-Charles. — Rapides progrès du mal. — Entretien avec le Cardinal de Latil. — Souvenir du Sacre. — L'Extrême-Onction. — Charles X pardonne à ses ennemis. — Il bénit son peuple. — Il bénit ses petits-enfants. — Visite du Prince de Hesse-Hombourg. — Une lueur d'espoir. — Les prières pour la recommandation de l'âme. — Derniers instants de Charles X. — Sa mort. — Marie-Thérèse arrache Henri de France de la chambre mortuaire. — Affliction des habitants de Goritz. — Funérailles. — Le dépôt.

Arrivée à Vienne puis à Prague.

La Famille royale s'arrêta quelques semaines à Vienne, où Marie-Thérèse se retrouvait au milieu de sa famille maternelle. Le 16 octobre, anniversaire de la mort de Marie-Antoinette, la fille de la Reine martyre entendit la messe de la même tribune d'où sa mère l'avait entendue tant de fois, étant jeune fille.

Reprise des études d'Henri.

Le 27 octobre 1832, toute la Famille royale était à Prague. Les études d'Henri, interrompues un temps assez long deux ans auparavant, quand les Bourbons étaient allés successivement de France en Angleterre, puis en Ecosse, ne le furent presque pas cette fois. La vie est courte et l'étude de l'art est longue, a-t-on dit. Si cela est vrai pour tous les hommes, combien est-ce plus vrai pour les Princes qui doivent apprendre le plus difficile de tous les arts, l'art de gouverner !

Charles X, frappé des progrès de son petit-fils et de l'étonnante précocité de son intelligence, jugea qu'il convenait de lui donner de nouveaux maîtres. Sa pensée se tourna vers les Pères Jésuites. Il y avait dans ce choix une grande abnégation et un admirable courage. On ne saurait imaginer aujourd'hui, après quarante ans, l'irritation de l'opinion publique contre les Jésuites. Les hommes, même les plus éclairés sur tout le reste, s'abandonnaient aux plus aveugles préventions contre la Compagnie de Jésus ; ils accusaient les Jésuites de tout et les excluaient de partout. Charles X savait d'avance que l'appel fait aux Jésuites ne blesserait pas moins ses amis que ses ennemis ; il pouvait même prévoir qu'il allait réjouir ceux-ci et affliger ceux-là. Mais ce n'était point par entêtement ni par vanité qu'il allait ainsi contre le courant de l'opinion. Il avait été, lui aussi, l'adversaire des Jésuites ; il avait cru du moins nécessaire de les sacrifier à l'opinion prévenue, il avait signé les ordonnances de 1828. En confiant aux Jésuites l'éducation de son petit-fils, il condamnait bien haut une politique qui avait été un moment la sienne, cinq ans auparavant. Après des négociations de quelque durée auprès du Général des Jésuites et auprès du Souverain Pontife dont l'autorisation était nécessaire pour cette mission particulière, les Pères Deplace et Druilhet rejoigni-

Son éducation confiée à deux Jésuites.

rent à Turin le marquis de Foresta à qui ces négociations avaient été confiées. On leur avait annoncé déjà que dans la tâche dont ils étaient chargés ils rencontreraient bien des contradictions ; à Turin on leur fit prévoir encore des difficultés nouvelles. Alors ils écrivirent à Rome pour savoir s'il devaient poursuivre leur route. Le Général leur répondit : « Regardez les saintes Femmes allant au Sépulcre, « elles se disaient entre elles : *Qui nous enlèvera la* « *pierre ?* et elles trouvèrent la pierre enlevée. » Ils furent donc à Prague.

<small>Leur installation</small>

Le P. Deplace fut aussitôt installé à titre de précepteur ; le P. Druilhet, demeurant hors du palais, y était reçu et venait aider son frère de ses conseils.

<small>Succès des nouveaux maîtres auprès de leur élève.</small>

J'ai parlé des préventions qui s'élevaient contre les Jésuites. Hélas ! il y en avait jusque dans le cœur du royal élève. Elles venaient sans doute d'une plus noble origine que les autres, mais elles n'en semblaient pas moins faites pour décourager le nouveau professeur. Henri avait éprouvé la sévérité de M. Barrande, mais cette sévérité n'avait rebuté ni son zèle, ni son affection. « M. Barrande me « punit », disait l'enfant, « mais je l'aime, parce qu'il « est juste. » A la nouvelle du départ de son professeur, Henri pleura et promit de mal recevoir son nouveau maître. La première leçon suffit au P. Deplace pour triompher de ces dispositions malveillantes. Quand cette leçon fut terminée, l'enfant alla se jeter au cou de son grand-père en répétant : « C'est « délicieux, c'est délicieux ! » Le soir il laissa encore éclater la même joie, et le lendemain Charles X rencontrant le P. Druilhet, lui dit : « L'enfant est très-content, je le suis aussi, et je me félicite de vous avoir fait venir. »

La suite ne démentit point cet heureux début. Il y eut cependant, quoique en bien petit nombre, des jours d'orage. L'enfant, né avec tant d'heureuses qualités, avait aussi apporté au monde quelques défauts. Il avait une grande générosité d'âme, mais une certaine vivacité d'humeur; il montrait une énergie au-dessus de son âge, mais il montrait aussi quelque entêtement ; enfin son ardeur au travail n'était pas égale et constante. De là des reproches du maître qui amenaient parfois des mouvements d'impatience et même de colère de l'élève. Mais après ces fautes, quelles réparations soudaines et magnifiques ! Un jour le maître était sorti de la salle d'étude avec une froideur affectée, Henri avec une colère qu'il ne cherchait pas à étouffer. Le Père alla dans sa chambre se jeter aux pieds du Crucifix ; il entendit bientôt frapper à sa porte. C'était Henri qui lui dit : « Je me repens vivement de ce « que j'ai fait, je vous en demande pardon ; je le « fais de moi-même et sans y avoir été poussé par « personne. »

Jours d'orage. Traits de repentir d'Henri.

Une autre fois, après quelque tort pareil, il écrit

sur son cahier de brouillon : « Cœur de Jésus, Cœur
« de Marie, vous avez vu combien je fus coupable,
« voyez maintenant combien j'en suis affligé. »

<small>Sa piété.</small>

On admire ici déjà la piété vive et profonde du jeune Prince. Sa dévotion qui alors, ni depuis, n'empiéta jamais sur ses autres devoirs, lui fit demander à son professeur de commencer et de terminer les leçons par la prière. Je n'ai pas besoin de dire l'accueil fait à ce désir si touchant. Il est devenu le grand Prince dont le caractère force l'admiration même de ses ennemis, parce qu'il est un grand chrétien. Il avait des défauts, mais il le savait et c'était assez pour qu'il fût préoccupé de se rendre meilleur. « Je ne manque pas de défauts », disait-il à l'un des deux Pères, « mais je les vois bien, et je veux de « tout mon cœur m'en corriger. — Pour vous en « corriger », dit le Père, « deux choses sont nécessaires. — Lesquelles ? — Réfléchir et se vaincre ». Cette parole fit en lui une impression si profonde, qu'on le vit plusieurs fois, donnant une image, y inscrire le conseil qu'il avait reçu : *Il faut se vaincre,* et le signer comme sa devise : HENRI. Il a reçu cette précieuse parole dans son cœur et il s'est vaincu.

<small>« Il faut se vaincre. »</small>

<small>Serva lilia.</small>

Une autre fois le P. Druilhet lui avait donné une petite broderie faite en *chenille*. Elle représentait le Sacré Cœur dont le sang tombait goutte à goutte sur une touffe de lys ; au-dessous était le nom d'Henri, et au-dessous du nom ces deux mots : *Serva lilia*. Le Père lui demanda : « Comprenez-vous ? — Oui, je comprends », dit le Prince, « on « demande au Sacré Cœur de protéger les Bour-« bons. — N'y aurait-il pas un autre sens ? Ecrits « au-dessous de votre nom, ces deux mots ne « seraient-ils pas à votre adresse ? — Oui, cela veut « dire : *Bourbon, garde ta pureté...* Père, soyez « tranquille [1]. »

Pour l'élever si haut, les sublimes exemples venaient s'ajouter aux sublimes paroles. J'ai dit qu'il étudiait l'histoire en homme et en Prince plus qu'en enfant. Il étudiait avec un amour particulier l'histoire de saint Louis. Il ne savait pas ce qu'il aimait le plus dans son saint aïeul, de la bravoure guerrière ou de la piété. Mais un jour qu'on lui demandait auquel, de saint Louis ou de Louis XIV, il préférerait ressembler : « A saint Louis », dit-il, « parce qu'il est saint et que la sainteté l'emporte « sur toutes les autres grandeurs. »

Saint Louis et Louis XIV.

Les *analyses* qu'il écrivait pour résumer les leçons du catéchisme révélaient une instruction religieuse au-dessus de son âge. Mais les prières dont les *analyses* étaient suivies, révélaient une piété bien supérieure à son instruction.

---

[1] Treize ans plus tard l'abbé Trébuquet disait : « Vienne, Rome, « Berlin, Londres, Venise, l'ont vu successivement dans leurs « murs, et partout il a su rendre sa jeunesse vénérable par une « vie sans tache. » *L'Ange de Frohsdorf*, p. 199.

Affection d'Henri pour ses maîtres.

Comment ce jeune Prince si pieux et en même temps si ardent pour l'étude n'aurait-il aimé que d'une affection tiède les deux Pères Jésuites que Charles X avait placés auprès de lui? On a vu comme s'était vite dissipée sa prévention contre eux, prévention qui n'était d'ailleurs que l'effet de son attachement au maître qui les avait précédés. Chaque jour resserra les liens qui s'étaient si vite formés entre les deux Pères et leur élève. Ceux-là n'avaient pas gagné le cœur de l'enfant par des ménagements coupables; ils ne l'avaient pas trahi pour le séduire,

Les vrais et les faux amis.

comme on fait trop souvent avec les Princes. Après les leçons, Henri invitait volontiers les deux Pères à s'asseoir sur un sopha, et se plaçant entre eux, disait : « Me voilà entre deux amis ! — Mais, » lui objectait le P. Druilhet, « vous êtes bien jeune pour « connaître vos vrais amis. — Je ne m'y trompe pas « cependant : mes vrais amis me disent mes vérités; « mes faux amis me flattent. »

Le P. Druilhet, je l'ai dit, ne demeurait pas au château ; et, quand il tardait trop à venir, le temps paraissait long au jeune Prince qui s'en plaignait et le faisait appeler. Henri témoignait une grande joie de le voir, causait familièrement avec lui et semblait suspendu à ses lèvres ; il lui racontait avec une grande candeur tout ce qu'il faisait. Il aimait aussi le questionner sur les choses de la Compagnie. Faisant allusion à ceux qu'il voyait nourrir des préventions contre cette Compagnie tant calomniée:

« Ils font de moi un ennemi des Jésuites !... Qu'ils
« attendent, et ils verront ! »

Ces préventions, alors presque universelles, fini- *Fin de la mission des deux Jésuites.*
rent par l'emporter sur les sentiments personnels de
Charles X. On lui dit — et il ne pouvait suspecter le
dévouement de ceux qui tenaient ce langage, — on
lui dit qu'en laissant son petit-fils aux mains des Jésuites, condamnés par l'opinion, il ne compromettait
pas seulement l'intérêt politique du jeune Prince,
mais qu'il rendait à peu près impossible la restauration du principe monarchique et le salut de la France.
Tant sont courtes les pensées des hommes les
meilleurs, quand ils ne s'élèvent pas au-dessus des
intérêts du temps et des choses de la terre !

Charles X résista d'abord ; mais il recula devant
cette effrayante responsabilité dont on le menaçait.
« Eh bien, faites ! » dit-il enfin, à ceux qui travail-
laient depuis deux mois à lui arracher cette concession. Concession bien douloureuse, car la piété du
vieux Roi et sa longue expérience de la vie et de la
politique lui faisaient vouloir, pour l'héritier de son
trône, précisément l'éducation qu'Henri recevait
depuis cinq mois des Jésuites et que d'autres maîtres, même les plus savants, les plus intelligents
et les plus religieux ne pouvaient aussi bien lui
donner.

Ce sacrifice fait, Charles X, quand il rencontrait les *Combien Charles X les regrette.*
Pères, s'arrêtait, leur prenait la main, leur parlait

avec affection, louait leur zèle et leurs travaux, et jurait qu'en reconnaissance des services rendus par eux à son petit-fils, il demeurerait toujours leur ami ; il leur demandait d'être pareillement les siens. Il ne leur parlait pas ainsi seulement quand il était seul avec eux, mais encore devant témoins comme pour protester contre leur éloignement. Louis-Antoine et Marie-Thérèse prodiguèrent aux Pères d'aussi glorieux témoignages de leur reconnaissance et de leurs regrets. Louis-Antoine, s'adressant à l'un d'eux en l'absence de son confesseur, lui dit : « Si
« je savais une autre plus grande marque de con-
« fiance pour vous et votre Compagnie je n'hésite-
« rais pas à vous la donner. »

Affliction d'Henri.

Quelle fut l'affliction d'Henri à la nouvelle de cette séparation prochaine! « Je ne veux pas qu'ils s'en aillent », s'écria-t-il ; « je les aime, je les aime tendrement. Et je ne veux pas qu'on me les arrache. » Il fit dire des messes pour arrêter l'exécution de cette décision cruelle. Il pria le Cardinal de Latil de remettre une lettre à Charles X pour la révocation de cette mesure. « Je voudrais », disait-il, « que
« mon grand-père me laissât pendant un quart
« d'heure l'exercice de l'autorité royale. Je ne ferais
« qu'une ordonnance, et elle n'aurait qu'un mot :
« *Qu'ils restent*... Car je suis Roi ; il m'appartient
« donc de vouloir et de commander. En consé-
« quence je veux et je commande le maintien des
« deux Jésuites et du baron. » M. de Damas, en effet,

n'avait pas voulu séparer son sort de celui des deux Pères et il devait partir avec eux.

Les supplications d'Henri furent vaines ; il ne put même obtenir que l'un des deux Jésuites lui fût laissé comme confesseur. Il ne put obtenir non plus, malgré les touchantes instances des Pères auprès du baron de Damas, que celui-ci consentît à demeurer après le départ des maîtres, qu'il avait plus que personne contribué à faire appeler. Le 30 octobre, Charles X déclara que la mission des Pères était terminée, et le lendemain Henri leur donnait ce témoignage écrit de l'affection profonde qu'ils lui avaient inspirée :

Le baron de Damas suit les deux Pères.

Témoignage d'Henri aux Pères.

« Ce m'est une joie de reconnaître que MM. Deplace
« et Druilhet n'ont pas cessé pendant tout le temps
« qu'ils sont restés auprès de moi, de me donner
« des preuves de leur affection, de leur zèle et de
« leur dévouement pour moi. Je regrette vivement
« leur départ, et assurément ils ne seraient jamais
« partis, si ma volonté avait pu quelque chose en
« cette affaire. Les bons services que j'ai reçus d'eux
« leur ont valu toute ma confiance et je ne songe
« qu'avec regret à ceux qu'ils auraient encore pu me
« rendre. Et je leur donne du fond de mon cœur
« cette attestation, que je signe de ma main, et que
« je revêts du sceau de mes armes.

« HENRI.

« Prague, 31 octobre 1833. »

Le soir Henri ne voulut pas assister au dîner: s'étant retiré dans sa chambre, il se jeta sur son lit et y fondit en larmes. A trois heures du matin, le baron de Damas, dont la chambre n'était séparée de celle du jeune Prince que par une cloison, l'entendant qui pleurait encore, vint essayer de le consoler. « Ne m'abandonnez pas, baron », dit Henri, « j'ai « tant de chagrin. Je vais donc vous perdre, vous et « les deux Pères. Je vais être privé de mes amis. » Cette conversation intime du gouverneur et de son élève au milieu de la nuit, se prolongea deux heures.

<small>Le baron de Damas remet son élève à Dieu.</small> Le matin venu, ils communièrent ensemble. « Avant que mon élève passe aux mains de nouveaux « maîtres », dit le baron de Damas, « je veux le re- « mettre à Dieu. » Après la messe, le jeune homme prit à part son gouverneur et lui montra une douleur plus calme. « Que cette messe m'a fait de bien ! » dit-il. — « Je n'en suis pas étonné. Vous avez reçu « Celui qui est la force même. Vous avez reçu le « vrai consolateur. — Aussi je me sens plus fort. — « Mais avez-vous remarqué dans l'Evangile [1] cette « belle parole : *Heureux ceux qui pleurent parce « qu'ils seront consolés!* et cette autre : *Heureux « ceux qui souffrent persécution pour la justice, « parce que le royaume des cieux leur appartient!* » Dieu voulait qu'il souffrît avec ses maîtres persécu-

---

[1] C'était le jour de la Toussaint.

tion pour la justice, cet enfant réservé par lui à la gloire d'arrêter la persécution qui désole aujourd'hui l'Eglise dans toute l'Europe.

Le 3 novembre, les PP. Druilhet et Deplace quittaient Prague, emportant le témoignage écrit de la reconnaissance et des regrets de Charles X [1]. Le baron de Damas partait en même temps qu'eux.

Départ des PP. Jésuites et du baron de Damas.

Si fécond qu'eût été le travail des deux Pères Jésuites pendant ces cinq mois, ils essuyaient devant le monde l'humiliation d'une défaite. Ils ne demandaient pas plus à se retirer qu'ils n'avaient demandé à venir ; on les avait appelés, et on les congédiait. D'autres, à leur place, auraient été surpris et irrités ; ils avaient prévu ce changement qui n'était pas pour eux, comme il eût été pour d'autres, un changement de fortune, ils ne pouvaient être ni surpris, ni affligés. Leur Général, en les envoyant à Prague, leur avait annoncé [2] quelles difficultés et quelles contradictions ils allaient rencontrer dans l'accomplissement de leur tâche. Le congé qu'ils recevaient,

---

[1] « Les procédés de MM. Deplace et Druilhet, depuis qu'ils
« sont venus ici, n'ont fait qu'ajouter à la bonne opinion que
« j'avais d'eux. Si, obligé par des raisons qui tiennent au mal-
« heur des temps, j'ai dû retirer à M. Deplace la charge de pré-
« cepteur de mon petit-fils, je n'en ai pas moins à cœur d'expri-
« mer les justes regrets que m'inspire son départ et de recon-
« naître les bons services par lui rendus à son élève. Je serai
« toujours heureux de lui donner de nouveaux témoignages de
« ma bienveillance particulière, à lui ainsi qu'à M. Druilhet.
« CHARLES. — Prague, 2 novembre 1833. »

[2] Voir aux *Pièces justificatives*, n° VI, la lettre du R. P. Général.

après cinq mois de dévouement, était la contradiction suprême : ils la supportèrent avec la même douceur qu'ils avaient supporté les autres.

<small>Les nouveaux maîtres d'Henri de France.</small> Les hommes étaient changés. Le jeune Prince n'avait plus pour maîtres ces religieux que le monde hait à cause du nom de Jésus-Christ ; mais son éducation demeurait profondément chrétienne.

Au baron de Damas qui n'avait pas voulu rester, tandis que les PP. Jésuites étaient éloignés, succédait le général de La Tour Maubourg. Par ce choix, Charles X se montrait fidèle à lui-même et à l'esprit qui lui avait inspiré de choisir le duc de Montmorency, le marquis de Rivière et le baron de Damas. Le nouveau gouverneur d'Henri de France, placé à la tête des Invalides en 1830, avait fièrement répondu à la populace armée qui prétendait lui faire arborer le drapeau tricolore : « Imaginez-vous que celui qui
« a laissé une partie de son corps sur les champs
« de bataille [1], va déshonorer ses cheveux blancs
« par une lâcheté ? » Et cette courageuse apostrophe avait fait reculer la foule furieuse. En même temps que le général de La Tour Maubourg remplaçait le baron de Damas comme gouverneur, Mgr Frays-

---

[1] Le général faisait allusion à sa jambe emportée par un boulet de canon à la bataille de Leipsick. Son domestique, qui s'était trouvé auprès de lui quand il avait été si rudement frappé, avait jeté des cris de désespoir. « Pourquoi », lui avait dit le général, « te mettre en un pareil état ? Ne vois-tu donc pas que tu as tout « à gagner en ceci, et que tu n'auras plus maintenant qu'une « botte à cirer. »

sinous, évêque d'Hermopolis, remplaçait les PP. Druilhet et Deplace comme précepteur. Il était assisté dans sa tâche par son ami l'abbé Trébuquet, par l'illustre savant Cauchy et par le colonel Mounier. L'un des anciens ministres de Charles X, le comte de Montbel, vint donner au royal élève des leçons d'économie politique.

L'Evêque d'Hermopolis n'avait pas accepté avec plus d'empressement que les PP. Jésuites eux-mêmes la responsabilité de cette éducation royale. Charles X, en lui écrivant pour l'appeler, lui avait dit que « ce « n'était pas seulement une invitation mais un ordre « et qu'il comptait sur lui comme sur son serviteur « le plus dévoué ». Le vieux Roi ne présumait pas trop du dévouement du vieil Evêque; et cependant l'humilité de celui-ci le fit d'abord hésiter. « J'avais, » dit-il lui-même dans une note trouvée à sa mort, « un si profond sentiment de mon incapacité pour « une mission si importante et si difficile, que la « première question à examiner me parut être celle « de savoir si je pouvais accepter en conscience. » Il fut à Paris, consulta ceux de ses amis dont il estimait le plus les lumières. Leur avis unanime fit cesser son hésitation et, quoique l'heure du repos semblât venue pour lui (il était presque septuagénaire), il obéit à l'appel de son Roi. Il y mit toutefois cette condition, qu'il n'aurait point d'honoraires.

Toute la suite fera voir quel ami fidèle est ce Prince à qui Dieu a ménagé, au milieu de tant

L'évêque d'Hermopolis.

d'épreuves, la consolation de rencontrer tant de cœurs fidèles. L'Enfant était déjà un homme pour la solidité de ses affections. Mais la tendre reconnaissance qu'il gardait à ses anciens maîtres ne le rendit point injuste pour les maîtres nouveaux que son grand-père venait de lui donner. Il ne fallut pas un bien long temps à l'abbé Trébuquet pour gagner ce cœur si généreux, si aimant et si heureux de se donner. « Pourrais-je », dit le panégyriste de ce saint prêtre, « pourrais-je vous introduire dans cette espèce
« de sanctuaire d'une éducation royale, si soigneu-
« sement fermé aux yeux profanes et indifférents?
« Que de scènes touchantes à vous raconter, que de
« traits édifiants! que de paroles toujours vivantes!
« Tout cela forme un trésor de souvenirs qu'une
« plume indiscrète ne doit pas effleurer. Mais ce
« serait mal à moi de ne pas vous rapporter au
« moins un mot de ce que j'ai entendu d'une bouche
« auguste, évoquant en ma présence ces souve-
« nirs d'années éternellement chères............

« Il s'était établi entre eux de concert ce rapport
« intime et délicieux qui enchaîne pour jamais deux
« cœurs l'un à l'autre, et qui s'appelle d'un côté
« tendresse filiale, et de l'autre affection paternelle.
« Quelle douceur dans de semblables rapports de
« chaque jour et de tous les instants! — Pourtant
« il y avait quelquefois une recommandation, un
« avis à donner, un reproche à faire. Oh! alors
« quelle délicatesse et quelles formes touchantes!

« Le nom ordinaire était prononcé avec plus d'atten-
« drissement et avec un changement significatif :
« Mon bon Seigneur ! » disait la voix du maître qui,
« au lieu de gronder, devenait suppliante en quel-
« que sorte, et aussitôt elle éveillait dans le cœur
« de son élève un sympathique écho qui lui répon-
« dait : « Mon bon abbé ! » — Et c'était alors une
« caresse d'enfant, un sourire, une larme quelque-
« fois, et toujours la promesse de mieux faire.

« Qui eût pu résister à une tendresse si pure et si
« dévouée d'une part, et de l'autre à cette affection
« filiale, si sincère et si expansive ? [1] »

Cette éducation n'était « soigneusement fermée » qu' « aux yeux profanes et indifférents : » les autres pouvaient en mesurer les progrès. Les Français qui venaient visiter les Bourbons exilés étaient parfois admis aux leçons du jeune Prince. C'est ainsi qu'un illustre général pouvait un jour lui indiquer ce sujet de composition : « Tracer les différentes phases de « l'organisation militaire en France, en indiquant « les circonstances qui ont amené les modifications « successives qu'elle a subies. »

Les phases successives de l'organisation militaire de la France.

Le problème était effrayant, car il comprenait toute l'histoire de notre pays. Henri eut un instant d'hésitation ; cependant il aborda résolûment la tâche qu'on lui proposait et au bout d'une heure il

---

[1] *L'Ange de Frohsdorf.* Éloge funèbre de M. l'abbé Trébuquet, p. 64, 65.

avait écrit un résumé rapide mais complet de l'histoire de France. Il y distinguait une première période, celle de la conquête, où la nation n'étant qu'une armée dont le Roi est le général, toute révolte militaire est nécessairement une révolution. Venait ensuite l'époque de la féodalité : les conquérants s'étant approprié une partie de la terre conquise et s'y attribuant la plupart des droits essentiels de la souveraineté, mettent en un péril continuel l'unité nationale. Pour la sauver, les Rois se forment une armée d'hommes à gages qui, vivant de la guerre prétendent la faire encore quand la paix est proclamée, et ne pouvant plus être soldats, deviennent brigands. Alors les Rois voulant délivrer le pays de ces milices irrégulières, les remplacent par une armée régulière et nationale.

Les leçons de stratégie. Cet enfant étudiait l'histoire militaire en philosophe. Mais on se méprendrait singulièrement si l'on supposait que cette gravité précoce de l'esprit du Prince exclut d'autres études et d'autres exercices. Il suivait avec une attention passionnée les leçons de stratégie du colonel Mounier, leçons faites sur le terrain toutes les fois que cela était possible; et à la manière dont il démontrait une bataille dans ses mouvements et dans ses phases successives, on reconnaissait que ce génie pénétrant avait autant deviné qu'appris.

Voulant dès ce temps-là se tenir prêt à répondre

à l'appel de la France et comprenant bien qu'un Roi n'est pas seulement un lettré ou un savant qui étudie, ni même un politique et un philosophe qui médite dans le cabinet, mais encore un homme d'action, il ne se laissait pas absorber entièrement par les travaux de l'intelligence, et les exercices du corps avaient une juste part de son temps. Quelques années plus tard, ses études classiques terminées, il voyageait.

Les exercices du corps.

Visitant le manége de Waldestein où le comte O'Hégerty ne lui avait point épargné la peine pour faire de lui un cavalier accompli, il dit à ceux qui l'accompagnaient : « Vous voyez ce manége, eh « bien ! j'y ai reçu d'excellentes leçons de philo-« sophie. Que de fois, les bras croisés derrière le « dos, j'ai franchi les barres au galop, sur un malin « petit cheval que j'aimais beaucoup en dépit de « ses malices ! Il manquait rarement de me jouer « de ces tours qui m'obligeaient, parfois, à me ser-« vir de mes jambes, non plus pour le conduire, « mais pour le rattraper. Eh bien ! je me remettais « en selle, je tentais de nouveau la fortune de « l'équilibre, et, à force de défaites, j'ai fini par « triompher. J'ai donc appris ici, à mes dépens, « qu'avec la volonté et la persévérance, on surmonte « toutes les difficultés. »

Le manége de Waldestein.

Cette volonté, cette persévérance, cette ardeur, il les portait partout. C'est ainsi qu'il devint très-

La Moldau : traversée à la nage.

adroit dans le maniement des armes et très-habile et très-hardi nageur. Pour sa dernière épreuve de natation, il se jeta tout habillé dans la Moldau, il la traversa et cria tout joyeux en abordant la rive : « Je peux donc maintenant sauver un homme ! » Voilà comme il comprenait l'avantage de la puissance. Il avait alors seize ans.

Jusqu'au départ de Prague, les études d'Henri de Bourbon se poursuivirent sans autre changement notable. Je n'ai pu en exposer l'ensemble sans arriver à l'année 1836, et il me faut maintenant remonter en arrière pour raconter les circonstances qui accompagnèrent l'avénement de sa majorité fixée par les antiques lois de notre monarchie à l'entrée du Prince dans sa quatorzième année.

Majorité d'Henri de France.

Le nom de Comte de Chambord.

La majorité d'un Roi, même quand ce Roi vit sur la terre d'exil, est toujours un événement considérable. Henri de Bourbon entrant dans sa majorité loin de la France voulut marquer ce passage par un lien nouveau avec elle. La France lui avait donné Chambord, il tira de ce don national le nom dont il voulut être appelé désormais jusqu'au jour où la France, lui demandant de venir fermer l'ère des révolutions, le saluerait tout entière du nom d'HENRI V.

Le parti royaliste envoie des délégués à Prague.

La majorité du Roi est toujours un événement considérable. Ainsi l'avait pensé en France le parti royaliste qui aurait voulu se porter tout entier à Prague pour célébrer ce grand jour. Il voulut du moins y être représenté par des délégués qu'il envoya de toutes les parties de la France, du nord comme du midi, de l'est aussi bien que de ces provinces de l'ouest qui venaient, l'année précédente, de répondre avec tant de courage et de dévouement à l'appel de la Duchesse de Berry et de lever sur les champs de bataille de la Vendée le drapeau blanc, le drapeau du Roi et de la France contre le drapeau de la Révolution.

Charles X, suivant la disposition naturelle aux vieillards, trouvait, dans le souvenir même de cette entreprise qui avait eu le tort de ne pas réussir, un conseil de prudence. Les délégués étaient jeunes pour la plupart, et un grand nombre avaient pris les armes ; quelques-uns même avaient été poursuivis devant les tribunaux par le gouvernement de Louis-Philippe et huit avaient été condamnés à mort. Charles X craignit que cette fête de la majorité de son petit-fils fût une occasion pour ces jeunes hommes, qui avaient donné plus de preuves de dévouement et de bravoure que de prudence, de reprendre les armes et de compromettre avec eux dans une tentative téméraire Henri V et le principe de la Royauté. Plein de cette préoccupation, il redoutait malgré lui ces jeunes hommes qui ne venaient apporter à Prague que des protestations de *loyalisme* et de fidélité.

<small>Prudence de Charles X.</small>

Le cabinet des Tuileries et les délégués.

Ils arrivaient après avoir traversé, non sans peine, tous les obstacles qu'avait voulu leur opposer le Gouvernement de Juillet, refus de passeport ou de visa, visites domiciliaires sous prévention d'avoir conspiré, commencement de procédure qui devait les retenir assez longtemps pour les empêcher d'aller à Prague ; tous même n'avaient pas pu s'y rendre, les délégués de l'Anjou, MM. Louis de Quatrebarbes, Henri de Maquillé, Auguste Myonnet, Burolleau, Alfred Hébert, Pineault, s'étaient vus arrêtés à Strasbourg. Les autres, après avoir déjoué toutes les trames de la police française, avaient eu encore à compter avec la mauvaise humeur du cabinet de Vienne qui craignait, en les laissant passer comme des voyageurs ordinaires, de désobliger le cabinet des Tuileries. Arrivés ainsi auprès de la Famille royale à travers mille difficultés, ils furent accueillis avec la bienveillance que les Français sont assurés de trouver toujours chez leurs Princes, mais aussi avec une réserve qui les surprit, car ils n'en devinèrent point la cause. Et la prudence du vieux Roi, pour être excessive, menaçait d'éteindre l'ardeur de la jeunesse royaliste et de réduire le dévouement aux Bourbons et à la Royauté à n'être plus que la froide adhésion à un principe.

Arrivée des délégués à Prague.

Intervention de Mademoiselle.

Ce fut un enfant qui conjura ce péril. Jamais enfant n'eut à un plus haut degré que Mademoiselle le don de plaire : mais elle avait quatorze ans, on l'appelait encore « la petite Princesse », elle était vive et rieuse, et on ne l'aimait que comme un enfant. D'ailleurs, aucun rôle politique ne semblait l'attendre. En dehors des affections de la famille, elle ne comptait donc pour rien. Mais son frère, la cause, l'avenir, la gloire de son frère remplissaient le cœur de cette enfant. Elle était là et on ne la voyait pas, mais elle voyait tout et comprenait tout. Elle comprit que la blessure faite au cœur des amis d'Henri devait être fermée avant leur retour en France, car ils étaient à Prague plus de deux cents et ils auraient rapporté dans toutes les provinces la mauvaise impression de l'accueil qu'ils venaient de recevoir.

Elle fut aussi ingénieuse qu'intelligente et dévouée. Elle trouva pour chacun une marque spéciale de bienveillance, de sorte que chacun put dire : Ce que la petite Princesse a fait pour moi, elle ne l'a fait pour aucun autre. Pour causer plus longuement avec celui-là, elle changeait l'heure de sa promenade. Pour un autre qu'elle rencontrait sur l'avenue qui conduit de Prague au Buschtirhad, elle faisait arrêter ses chevaux, descendait de voiture et causait avec lui pendant une demi-heure. Apprenant qu'un troisième, qui avait attendu toute la matinée son tour d'audience était encore à jeun, elle lui offrait de partager son goûter. Tous étaient consolés et charmés par cette bonne grâce si naturelle à l'affection et l'affection pour les Français est elle-même si naturelle aux Bourbons. Tous, sans vouloir enfreindre les règles de prudence que leur imposait

Charles X, sans vouloir reprendre les armes, avaient retrouvé l'ardeur qui les animait au combat.

<small>La reception du 29 septembre avancée.</small>

Ils étaient tous conviés à la fête du 29 septembre. Le 27, la Famille royale reçut la nouvelle d'une indisposition grave qui venait d'atteindre à Léoben la Duchesse de Berry se rendant à Prague. Il fut aussitôt décidé que Charles X allait partir pour Léoben avec son petit-fils. Ce changement faillit détruire tout le bon effet de l'intelligente et gracieuse intervention de Mademoiselle. On était venu à Prague pour célébrer la majorité d'Henri de France, et voici qu'il n'y avait plus de fête du 29 septembre, et qu'Henri lui-même allait être absent. Pour tout concilier, le départ du Prince fut retardé de quelques heures, et dans la matinée même du 27, Henri reçut les jeunes Français parmi lesquels se trouvaient M. Edouard Walsh, chargé de parler au nom de tous, M. de Pigneroles, M. le Coulteux de Canteleu, M. le duc de Rivière, M. du Fougeray, M. de Philibeaucourt, M. de Nugent, M. de Mey, M. de La Bouillerie, M. de Bruc, etc.

Malgré tous les contre-temps qui attristèrent les premières heures de leur séjour à Prague et qui empêchèrent la fête du 29 septembre, les jeunes Français allaient retourner en France la joie et l'espérance dans le cœur.

<small>Devise donnée par Mademoiselle.</small>

Mademoiselle complétant son œuvre, leur donna elle-même cette devise : *Speramus*. L'espérance, ils l'avaient apportée à Prague, et en l'apportant ils étaient encore venus la chercher. Leur attente n'était pas déçue.

La petite Princesse avait voulu que chacun conservât un souvenir de ce voyage fait pour célébrer la majorité de son frère, et elle avait ainsi distribué à peu près tout ce qu'elle possédait. A l'heure de la séparation on vint à parler devant elle des prisonniers vendéens, elle chercha un moment ce qu'elle pourrait leur envoyer; puis, ouvrant un écrin, elle y prit un collier : « Vendez-le pour eux, » dit-elle. Il fut vendu sur l'heure, car ceux qui étaient là voulurent l'acheter eux-mêmes et s'en partagèrent à l'instant les perles qui se changèrent aussitôt en reliques. Reliques que depuis ce jour-là de nouveaux malheurs, l'héroïsme, la sainteté de la vie et la sublimité de la mort ont rendues plus précieuses, plus dignes de respect et vraiment vénérables.

Collier donné par la jeune Princesse.

Cette société, après tant d'égarements, ne refuse plus de croire que c'est la piété qui fait les bons Princes. Aux grâces naturelles de l'enfance la piété ajoute des grâces dont le charme est à la fois plus doux et plus puissant. La religion met l'enfance en possession des vérités les plus hautes, la piété fait entrer ces vérités sublimes dans la pratique de la vie. Un voyageur apprenait qu'Henri de France venait de faire ses Pâques au milieu de paysans; il était étonné de trouver réunies dans un enfant tant

Pâques faites au milieu de paysans.

de grandeur et d'humilité. « Il est bon », lui dit le comte de Montbel, « d'apprendre aux Princes qu'ils
« ne sont pas plus devant Dieu que le dernier des
« hommes : c'est un enseignement qui les force à
« rentrer en eux-mêmes ; quand on sait s'humilier
« devant la Majesté suprême, on n'humilie pas les
« autres. »

On ne les humilie pas, on les relève au contraire, on les console dans leur malheur et on les assiste dans leur misère. Si grand qu'on puisse être ici-bas, on n'oublie pas qu'on est enfant du même Dieu. Comment le plus puissant Roi du monde, quand il dit à Dieu : *Notre Père,* ne reconnaîtrait-il pas des frères dans les autres hommes ? Son nom est fameux dans le monde entier et la plupart des hommes vivent dans une obscurité profonde, mais cela empêche-t-il que le Prince soit soumis aux mêmes infirmités qu'eux et aux mêmes malheurs ? Henri de Bourbon en faisait bien lui-même la remarque, un 29 septembre, en remettant à des visiteurs qui allaient retourner en France deux cent cinquante francs (ses épargnes d'enfant) pour les orphelins du choléra :
« C'est aujourd'hui l'anniversaire de ma naissance;
« j'étais orphelin en venant au monde, et c'est aux
« orphelins de Paris que je veux songer en premier
« lieu : portez-leur de ma part ce peu d'argent,
« puisque vous retournez dans notre patrie ».

Cet héritier de Charlemagne, ce petit-fils de

LE CONVOI DU PAUVRE. 149

Louis XIV, rencontrant un jour, aux environs de Kirchberg, le convoi d'un pauvre qu'aucun ami ne suivait, voulut l'accompagner à sa dernière demeure avec le comte de Montbel. La pluie qui tombait à torrents n'empêcha point le royal Enfant d'accomplir jusqu'au bout le devoir qu'il venait de s'imposer et de ne se retirer qu'après avoir vu jeter la dernière pelletée de terre sur le cercueil et avoir prié à genoux sur la tombe d'un inconnu et d'un déshérité du monde. Pourquoi ne l'eût-il pas fait ? Dieu avait racheté de son sang cet inconnu, ce déshérité : un Roi ne pouvait s'abaisser en rendant ce pieux devoir à un homme pour qui Dieu est mort sur la croix.

Le convoi du pauvre.

Mais on a remarqué qu'il est peut-être moins difficile d'atteindre un jour et en une circonstance particulière à l'héroïsme que de se maintenir tous les jours et dans les circonstances ordinaires de la vie à une certaine hauteur. Il est peut-être moins difficile aussi d'exercer la charité envers les malheureux qui en ont un besoin plus visible, car nous imaginons trop aisément que ceux qui n'exposent à nos yeux ni misère, ni plaie, ni grande affliction, n'ont pas besoin de notre charité ! Dieu cependant nous a fait tous les uns pour les autres et nous devons nous aimer tous. Henri avait des attentions d'une délicatesse charmante, qui par leur délicatesse même échappaient à l'admiration. (Dieu veut-il se réserver à lui seul la vue de ce qu'il y a de plus exquis dans l'âme humaine?) Le comte O'Hegerty, le vieil écuyer

Ménagements pour le vieil écuyer.

du jeune Prince, aurait été fatigué sans doute par des courses lointaines. Henri les lui évitait en y renonçant pour lui-même ; et il avait encore soin de prendre sans affectation l'allure qui devait le mieux convenir à un cavalier chargé du poids de bien des années. En renversant les situations on admirerait encore la patience du jeune compagnon qui saurait si bien modérer son ardeur pour complaire à un vieux Roi. Mais c'est le Roi de quinze ans qui est patient et doux pour son serviteur et qui le ménage sans le lui laisser voir.

La centenaire blessée.

Il obéissait ainsi aux inspirations généreuses de son cœur, il n'obéissait pas moins volontiers aux inspirations des autres, surtout à celles de sa sœur.

Par une matinée d'été, Mademoiselle, rencontrant dans sa promenade des paysans qui portaient un brancard, les interrogea. Ils portaient la centenaire du pays qui venait de se casser la jambe. La jeune Princesse émue du malheur et compatissant à la souffrance de la pauvre femme, lui parle en allemand et s'efforce de la consoler. Elle réussit du moins à la faire sourire, tant il y a de pénétrante douceur dans ses paroles. Mais sa charité a bien autre chose que de bonnes paroles pour les malheureux. Quand elle a vu sourire la pauvre vieille, Mademoiselle juge qu'elle peut la quitter ; elle court en appelant : M. Bougon, M. Bougon ! Le docteur se hâte vers la blessée ; Mademoiselle poursuit sa course, arrive au château, appelle son frère, lui dit en quelques mots et sans s'arrêter ce qu'elle vient de voir et ce qu'elle veut faire et l'invite à faire comme elle. Entrant dans sa chambre, elle tire un matelas de son lit et l'emporte sur sa tête. Henri prend aussi son matelas et l'emporte en courant. Charles X voit d'une fenêtre du château ses deux petits-enfants qui s'enfuient ainsi chargés ; un peu étonné de ce déménagement, il s'en fait expliquer l'occasion et le but. Quelle joie pour ce Prince si pieux et si charitable [1]

---

[1] Sur la charité de Charles X, écoutez ce témoignage d'un de ses ministres :

« . . . . . Charles X avait conservé de bien faibles ressources dans son exil. Jamais devant une souffrance et un malheur il n'avait songé à une économie. La liste civile était regardée par lui comme le patrimoine des infortunés. Dans le temps où j'ai été au ministère des Finances, j'étais en fréquents rapports avec un homme respectable qui jouissait bien justement de toute la confiance du Roi, le baron de La Bouillerie. Il m'a dit souvent : « Je tiens beaucoup au payement de la liste civile par douzième, « comme un moyen d'arrêter la générosité du Roi, et cependant « je n'y parviens pas. Outre les pensions fixes, et les secours « qui absorbent plus du quart de toutes nos ressources, il donne « tout ce qu'il a dès qu'il se présente quelque nouvelle infortune. « Quelquefois il me dit : *La Bouillerie, j'ai tout donné, il ne me* « *reste pas même une pièce de vingt francs, et cependant il y a* « *des pauvres qui souffrent..... Prêtez-moi de votre argent pour* « *les secourir, je vous le rendrai le mois prochain.* Aussi, ajou- « tait M. de La Bouillerie, s'il arrivait quelque nouvelle catas- « trophe, il n'aurait pas une obole. » La catastrophe est arrivée, et sans les soins prévoyants d'un serviteur fidèle, il n'aurait pas eu effectivement une obole. Il lui resta strictement de quoi vivre, sans être à charge à personne; et il sut prendre sur ce strict nécessaire de quoi secourir des malheurs, de quoi donner

qui, depuis que la révolution de 1830 l'a délivré de toute autre préoccupation, n'a plus qu'une seule pensée, celle de faire de ses enfants des Princes vraiment chrétiens et d'élever Henri pour devenir un autre saint Louis !

Les grands et saints Rois sont les messagers de Dieu comme les tyrans sont les fléaux de Dieu. Mais ceux que Dieu envoie à la terre pour la consoler et la gouverner n'arrivent pas au milieu des nations tout préparés à l'accomplissement de leur mission sublime. Dieu leur a mis au cœur le germe des vertus héroïques, et bien souvent il leur envoie l'adversité, cette grande école des Princes comme des particuliers. Mais il ne veut pas que ce soit assez, car il n'aime point agir seul, et il se plaît à réserver dans ses desseins de miséricorde une part au libre concours de l'homme. Un portrait que l'un des maîtres d'Henri traça de lui vers ce temps-là, marque bien les dons que le Prince a reçus de la nature ; tout le reste est le fruit de l'éducation qu'il a reçue du Roi son grand-père, de ses parents, de ses maîtres et de lui-même :

Portrait d'Henri de France.

---

avec noblesse et générosité. Combien de fois lui avons-nous entendu dire dans son exil : « Je ne regrette rien de ce que j'ai « perdu pour moi-même, j'ai besoin de si peu de chose; mais je « ne voudrais pas que mes serviteurs fussent en souffrance; et « je plains les infortunés que je ne puis plus secourir. »

Le Comte DE MONTBEL. *Dernière époque de l'histoire de Charles X*, etc., pp. 89, 90, 91.

« D'un esprit bouillant, vif, sagace, il juge avec
« une finesse bien au-dessus de son âge des hom-
« mes, des temps, des choses. Souvent ne suppor-
« tant plus l'étude et le travail, il se montre alors
« fier, difficile, entêté, mais toujours d'un esprit
« élevé et poli. Il est aussi reconnaissant pour ceux
« qui le reprennent à propos, que froid et emporté
« avec les flatteurs. Il est enfin aussi prompt à répa-
« rer une faute qu'à la commettre. »

Cette antipathie pour les flatteurs s'était manifestée par des répliques assez vives. Un des délégués venus à Prague pour la majorité du jeune Roi jouait au billard avec lui. Il crut faire sa cour en n'usant pas de toute son adresse. Les fautes évidemment calculées de son adversaire impatientèrent sans doute Henri qui cependant n'en laissa d'abord rien voir. Mais, très-adroit lui-même, il fit une bille assez difficile et ne put supporter le compliment qu'elle lui valut : « Voilà un coup de Roi ! » Blessé par celui qui ne songeait qu'à lui plaire, Henri jette brusquement sa queue et se retire en disant : « Je n'aime point les « flatteurs. » Il aimait au contraire ceux qui leur ressemblaient le moins ; et il aimait ceux qui le battaient, même ailleurs qu'au billard. A la suite d'une dispute avec l'un de ses compagnons d'études et de jeux, dispute qui était allée jusqu'aux coups, il savait, le premier moment de colère passé, rendre une généreuse justice à son compagnon : « Auguste est un « bon camarade : il frappe bien. »

<small>Antipathie pour les flatteurs.</small>

Français de la tête aux pieds.

« Je suis Français de la tête aux pieds, » disait-il quelques années plus tard [1]. Il fut toujours Français d'humeur, d'esprit et de cœur. C'est encore lui

[1] « L'habitation du Comte de Chambord est le rendez-vous de la société de Rome, mais seulement de la société indépendante des petits ménagements de la politique ; car, malgré l'intérêt qu'inspirait à tous les ministres étrangers le caractère d'Henri de France, aucun ambassadeur, excepté le noble et spirituel comte de Ludof, ambassadeur de famille, n'avait demandé à être admis chez le Prince ; aucun ne dissimulait ses sympathies pour sa personne, tous se gardaient d'en montrer pour sa cause.

« Cette réserve uniquement fondée sur des intérêts présents, sur les avantages que l'Europe retire de la position qu'on a faite à la France, était à la fois un sujet de douleur et de fierté pour le petit-fils de Louis XIV.

« Un jour que, dans son cercle le plus intime, il énumérait les causes de cette extrême réserve de la diplomatie européenne, « On a prétendu, » dit-il, « que ma Famille avait été ramenée en
« France par les étrangers. Cette assertion est complétement
« fausse ; mon aïeul, mon père et mon oncle ont quitté sponta-
« nément et en secret la terre d'exil pour se placer entre la
« France et un ennemi qui la menaçait d'un démembrement.
« Les obstacles qu'ils rencontrèrent alors de la part de l'étranger
« prouvent le caractère national de leur intervention. Mon oncle
« gouvernait, par les Français contre le gré de l'Angleterre,
« Bordeaux et une partie du Midi, au moment où les ministres de
« la coalition traitaient à Châtillon avec M. de Caulaincourt, mais
« enfin en supposant que la mauvaise foi ait pu trouver dans les
« événements de la guerre un prétexte à cette calomnie, ceux
« qui m'auront vu à Rome, oseront-ils jamais dire de moi que
« je suis le Prince de l'étranger. Aux yeux de mes adversaires
« comme à ceux de mes amis, je suis Français de la tête aux
« pieds !.... »

« J'ai pu recueillir ces paroles du Prince, il ne m'est pas donné d'en reproduire l'expression. »
Le Comte DE LOCMARIA. *Souvenir des voyages de Monseigneur le Duc de Bordeaux.* 2ᵉ édit., t. II, pp. 125, 126, 127.

qui, au millieu de l'étude de tant de langues diverses, se rendait ce témoignage : « Je pense toujours « en français. » Et ce qu'il aime dans la France, ce n'est pas sa grandeur à lui-même, ce n'est pas son droit royal, ce n'est pas même la gloire dont tout le passé de la France illumine son exil; non, c'est la gloire de la France elle-même, c'est sa grandeur, c'est sa mission. Ce qu'il aime dans la France, ce sont les Français. Il les aime et il les connaît. Et il les reconnaît avec une sûreté de coup d'œil que l'observation toute seule ne saurait expliquer. Un matin à Naples, il aperçut d'une extrémité à l'autre de la Chïaia un promeneur qui avait avec lui deux jeunes enfants. « Ce sont des Français ! » s'écria-t-il. — « Comment Monseigneur peut-il en juger de si « loin ? » lui demanda son compagnon. — « C'est de « l'instinct, je reconnais un Français d'une lieue. » Et cet instinct de son cœur ne l'avait point trompé. *Amour d'Henri pour les Français.*

Il aime les Français, et pas un des Français qui l'ont vu en Ecosse, à Prague, à Goritz ou à Frohsdorf, n'a pu lui refuser son respect ni son amour. L'exil et la calomnie protégée par cet éloignement que fait l'exil, ont empêché pendant bien des années qu'il fût connu d'un grand nombre de Français. C'était sa douleur la plus amère : il sentait bien que, pour être aimé de tous les Français, il ne lui manquait que d'être connu d'eux. « Je suis sûr qu'ils « m'aimeraient », disait-il à un visiteur, « s'ils pou- « vaient savoir combien je les aime; car il est cer- *Je suis sûr qu'ils m'aimeraient !*

« tain que toutes mes actions, mes désirs, mes
« pensées, se rapportent à la France. Vous savez
« avec quelle ardeur je travaille... Eh bien ! si je
« cherche à m'instruire, c'est pour mériter son
« estime ; si je veux être bon, généreux, vaillant,
« c'est pour être digne de son amour ; si je désire
« être aimable, c'est pour lui plaire. Son souvenir,
« toujours présent, me tient lieu de repos, de plai-
« sirs, de bonheur ; son suffrage est le seul que
« j'ambitionne, et ces mots : *Si la France le savait!..*
« me préserveraient de toute faiblesse, alors même
« que les principes que j'ai reçus, ne suffiraient pas
« pour me diriger [1]. »

<small>L'homme d'une seule pensée.</small>

Les anciens admiraient la puissance de *l'homme d'un seul livre*, c'est-à-dire de l'homme qui s'est voué à une étude unique et a réuni comme en un faisceau toutes les facultés de son esprit. Henri de France n'a pas étudié un seul livre et ne s'est pas renfermé dans une seule étude : mais il n'a eu depuis son enfance qu'une seule pensée, qu'un seul but, son travail assidu, ses études si variées, ses excursions, ses voyages, tout enfin dans sa vie a tendu à faire de lui le Roi dont la France a besoin après un siècle de révolutions.

<small>Les Rois reviennent.</small>

Les hommes de peu de foi ont jugé trop vite que le temps des Rois était passé. Les *Rois s'en vont!* se sont-ils écriés. Cette parole malheureuse indignait Henri. Apprenant que

---

[1] Le Vte DE LA ROCHEFOUCAULD. *Pèlerinage à Goritz*, pp. 149, 150.

Charles Vallait partager les travaux et les périls de Zumalacarreguy pour reprendre l'Espagne à la Révolution, il applaudissait avec enthousiasme à cette mâle résolution d'un Prince de sa Famille : « Dira-« t-on encore que les Rois s'en vont ! » Il faut, au contraire, quand on voit les Princes se préparer par toute une vie d'honneur, d'étude et de labeur incessant, à leur métier de Rois, il faut dire que les Rois reviennent.

Les ennemis de la Royauté n'ont guère contre elle qu'un seul argument, mais ils le répètent sans cesse : Elle est une institution du passé, or le passé ne peut pas renaître. Tous ceux qui ont vu Henri de Bourbon ont songé sans doute au passé de sa Maison inséparable du passé de la France et de l'Europe, mais ils ont pensé encore plus à l'avenir. A Lintz, l'Archiduc Maximilien qui venait de lui montrer pendant trois jours le système de défense dont il était l'inventeur et que les connaissances spéciales et l'intelligence du jeune Prince avaient étonné, dit aux officiers de sa suite : « N'avez-vous « pas ressenti ce que j'ai moi-même éprouvé auprès « de lui? N'avez-vous pas été frappés de ce qu'il y a « d'extraordinaire dans ce jeune homme pourtant « si simple? N'avez-vous pas reconnu sur son front « comme la marque du doigt de Dieu ? »

Le doigt de Dieu sur le front d'Henri V.

C'était à Lintz, dans le voyage qu'Henri faisait de Prague à Goritz, la nouvelle résidence de la Famille

La Famille royale quitte Prague.

royale. Charles X, en effet, avait toujours craint d'abuser de l'hospitalité que l'Empereur d'Autriche lui offrait à Prague, et cette crainte était devenue plus vive à la mort de François II. Ne voulant point assister aux fêtes du couronnement du nouvel Empereur, Ferdinand Ier, il chercha où il devait transporter sa tente de Roi exilé. Après quelque hésitation, il choisit Goritz, petite ville de l'Illyrie, moitié allemande, moitié italienne.

Ce ne fut pas sans un serrement de cœur qu'il quitta Prague. L'homme est si bien fait pour aimer, qu'il aime jusqu'aux lieux témoins de sa souffrance et jusqu'à la contrée où il a traîné son exil. S'il ne s'attachait par la douleur même, comment exilé du ciel, pourrait-t-il aimer la terre ? Charles X et les siens tenaient encore à Prague par les bienfaits qu'ils y avaient répandus. Enfin ils y goûtaient la douceur que l'exil même ne pouvait leur interdire, de se sentir l'objet du respect et de l'affection de tous.

A ces regrets venait se joindre l'inquiétude de l'avenir. « Nous quittons ce château », dit Charles X à Marie-Thérèse, « sans bien connaître le but où nous
« devons diriger nos pas, comme les patriarches ne
« savaient où ils planteraient leurs tentes... Que la
« volonté de Dieu s'accomplisse ! »

Son départ est pour Prague un malheur public.

Elle devait s'accomplir malgré l'attachement des Bourbons pour cette ville hospitalière de Prague, malgré l'attachement de Prague pour les Bourbons. La nouvelle du prochain départ des royaux exilés causa une affliction universelle. L'Archevêque, le commandant militaire et les principaux habitants de la ville se rendirent auprès de Charles X pour retenir la Famille royale. Grands et petits firent des neuvaines dans les églises pour conjurer ce départ qui était vraiment un malheur public. « Rien ne « pourra, dit l'Archevêque du haut de la chaire, « rien ne pourra remplacer pour nous l'exemple de « tant de vertus! La présence de cette vénérable « famille devait seule nous attirer les bénédictions « du ciel. »

En quittant Prague, Charles X lui laissa un dernier témoignage de sa munificence. Le vieux Roi exilé fit don à la cathédrale où il avait tant prié pour la France, pour son peuple, d'un ostensoir en vermeil, vrai présent royal qu'il avait fait venir de France, tant il était français jusque dans ses dons à la cathédrale d'une ville étrangère!

De Prague à Goritz le voyage fut long. Charles X s'arrêta pour prendre une saison d'eaux à Tœplitz, la santé de Marie-Thérèse exigeait en même temps qu'elle prît les eaux de Carlsbad. Charles X était dans la première de ces villes avec son fils et son petit-fils, quand il apprit que sa belle-fille venait de tomber gravement malade. Aussitôt Louis-Antoine quitta son père et son neveu pour se rendre à Carlsbad. Le prompt rétablissement de Marie-Thérèse mit fin aux inquiétudes de la Famille royale.

A Tœplitz, Henri plein de force, fatiguait chaque jour ceux qui le suivaient dans ses excursions. Mais

Maladie d'Henri de France à Budweiss. bientôt, à Budweiss, il fut saisi d'une fièvre nerveuse et cérébrale. Comment dire les alarmes, les angoisses du vieux Roi qui craignait de voir périr avec ce petit-fils, le digne objet de tant d'amour, toutes les espérances placées depuis seize ans sur la tête de l'Enfant donné de Dieu, de l'Enfant du miracle. Marie-Thérèse et Mademoiselle averties, accoururent aussitôt. Quand elles arrivèrent, le danger avait disparu. Cette fièvre, d'abord si menaçante, n'était qu'une fièvre de croissance. Il fallut cependant au malade plusieurs mois pour retrouver ses forces et ses fraîches couleurs.

La Famille royale à Kirchberg. Comme la Famille royale était fort étroitement logée à Budweiss, où elle n'avait d'autre demeure que l'hôtellerie des *Trois-Coqs*, le duc de Blacas acheta au comte d'Orsay le château de Kirchberg, à six lieues de Vienne, et offrit aux royaux exilés de venir s'y reposer en attendant qu'ils pussent poursuivre leur route jusqu'à Goritz. La pâleur d'Henri était un avertissement qui ne permettait pas de précipiter la marche vers le terme du voyage; la nouvelle de l'apparition du choléra en Illyrie et à Goritz même obligeait de s'arrêter tout à fait et d'attendre *Son départ pour Goritz.* loin des lieux atteints par la contagion. Après quelque temps, le fléau, par un de ces caprices qui lui sont familiers, sembla disparaître de l'Illyrie au moment même où Vienne et Kirchberg redoutaient chaque jour son invasion. Il fallut quitter les lieux menacés et se rendre à Goritz.

Charles X y arriva rempli des plus funèbres pres-sentiments. Depuis plusieurs mois tout lui paraissait présage de mort, et il songeait plus amèrement que jamais, qu'il ne reverrait pas la France. Il disait à M. de Montbel : « Hélas ! chaque jour je vois dispa-
« raître des hommes honorables que j'ai connus,
« que j'ai aimés, qui, pour la plupart, étaient nés
« longtemps après moi !... Chacune de ces pertes
« m'avertit de ma fin prochaine !... Je l'attends avec
« calme. Et cependant il m'est triste de penser que
« je ne verrai plus la France ! » Le 9 octobre était l'anniversaire de sa naissance et ce jour-là il répondait aux vœux que lui présentait Mademoiselle :
« Mon enfant, le Ciel m'accorde de commencer avec
« vous cette quatre-vingtième année ; il est probable
« qu'elle ne se terminera pas de même. » Et, repassant en esprit cette vie si longue où la part des jours heureux disparaissait au milieu des épreuves les plus cruelles et des orages les plus terribles : « Ma
« vie », dit-il, « a été plus longue que celle de mes
« ancêtres ; mais de cruels malheurs et trente années
« d'exil l'ont souvent rendue bien amère. » Et il répétait à tous : « Peu de temps s'écoulera d'ici au
« jour où vous suivrez les funérailles du pauvre
« vieillard. »

Un peu avant la fin d'octobre, toute la Famille royale était réunie à Goritz. Voyant du château du Graffenberg le couvent des franciscains, Charles X disait au duc de Blacas : « J'irai bientôt aux francis-

« cains, vous m'y accompagnerez. » Etait-ce encore l'expression d'un pressentiment ? ou bien se proposait-il vraiment de visiter ce couvent qui allait quelques jours plus tard donner l'hospitalité à sa dépouille mortelle ?

<small>Commencement de sa dernière maladie.</small>

Le 1er novembre, se sentant déjà incommodé, il cacha aux siens sa souffrance pour assister plus librement à la messe de la Toussaint. Le lendemain, il assista encore à l'office des morts placé entre son petit-fils et sa petite-fille. Il leur paraphrasa le *Dies iræ :* « En songeant », leur dit-il, « aux fautes de « ma vie, je répète avec confiance cette strophe « touchante, remplie d'un espoir céleste :

> « Recordare, Jesu pie,
> « Quod sum causa tuæ viæ... [1] »

Rentré au château il dit à ceux qui l'entouraient : « C'est une pensée salutaire que celle de notre fin « inévitable : elle nous fait veiller sur les actions « de notre vie; elle est la consolation de nos maux... « J'ai subi de cruelles épreuves, et je les ai patiem- « ment supportées dans l'espoir que Dieu m'en « tiendra compte dans l'avenir..... »

<small>Conversation sur les régicides</small>

Le 3, il apprenait l'arrivée à Goritz du marquis de Clermont-Tonnerre, son ancien ministre. Il le faisait

---

[1] « Ne l'oubliez pas, ô Jésus plein de pitié, c'est pour moi que vous êtes descendu sur la terre. »

aussitôt appeler pour la soirée. Dans le cours de la conversation, l'ancien ministre s'affligea des tentatives alors si fréquentes contre la vie de Louis-Philippe, il déplora surtout cet affaiblissement et cette dépravation de la conscience publique, en ce temps-là, toujours prête à innocenter l'assassin pourvu qu'il se drapât dans son crime. «Comment,» s'écria Marie-Thérèse, « ne pas frémir d'horreur à
« la pensée d'un homme assassiné entre sa sœur et
« sa femme[1]!... — Je plains de tout mon cœur », dit Charles X, « ceux qui sont actuellement en présence
« de haines aussi atroces et d'un si redoutable ave-
« nir; mais croyez-moi, Clermont, quand on peut
« rentrer dans sa conscience et qu'on n'y trouve que
« le sentiment du devoir et le désir du bien géné-
« ral, on est toujours prêt à subir les arrêts de la
« Providence, quels qu'ils puissent être... » Et soixante heures ne s'étaient pas écoulées que le Prince qui avait pu se rendre à lui-même ce témoignage avait paru devant Dieu !

Le 4 était le jour de la Saint-Charles. En sortant de la messe, Charles X, qui venait d'y éprouver un refroidissement, fut contraint d'avouer que depuis trois jours il se sentait indisposé. Il ne put assister au déjeuner, mais à l'occasion de sa fête, il reçut les hommages de tous les Français et ceux de l'Archevêque de Goritz. Ces audiences et une longue con-

La Saint-Charles.

---

[1] Allusion au crime d'Alibaud qui avait tenté d'assassiner Louis-Philippe entre Marie-Amélie et Mademoiselle Adélaïde.

versation avec le marquis de Clermont-Tonnerre ayant augmenté son malaise, il dut chercher quelque repos et ne put assister au dîner, dîner de fête que cette absence fit bien triste, surtout au moment où ses enfants et ses petits-enfants burent à sa santé. Autant leurs vœux étaient ardents, autant l'espérance allait s'affaiblissant et s'éteignant dans leurs cœurs. Quelques instants après, rentrés au salon, ils le virent paraître. Ce bon père luttait contre la mort pour passer cette dernière fête avec ses enfants. Ceux-ci furent épouvantés du changement survenu sur son visage et dans sa voix. Charles X avait vieilli de plusieurs années depuis deux ou trois heures qu'il s'était retiré dans sa chambre : « Je me « sens bien faible », leur dit-il, « j'ai voulu vous voir « encore et vous remercier de vos vœux. » Mais il ne put rester que peu d'instants.

Rapides progrès du mal. Bientôt les symptômes les plus significatifs et les plus effrayants se succédèrent, des vomissements, des crampes : on n'en pouvait plus douter, c'était le choléra. Le docteur Bougon fit réclamer sans retard les secours religieux. En même temps il faisait expédier une estafette au docteur Marcolini d'Udine, il appelait le docteur Marini de Goritz. Le Cardinal de Latil étant arrivé, Charles X lui demanda les secours de la Religion et lui dit : « J'ai bien souffert ; mais « je ne pensais pas que cette maladie dût tourner « si court. » La nature du mal ne permettait pas d'administrer le viatique, et Charles X se soumit avec douceur à ce dernier sacrifice. Tandis qu'on dressait un autel près de son lit, il s'entretint encore avec le Cardinal de Latil : « Je m'en vais », lui dit-il, « le cœur pénétré de reconnaissance pour « vous: je vous dois la résignation de ma vie et le « calme dont je jouis en présence de la mort. » Et, après quelques instants de silence, il lui dit encore : « Je vous dois beaucoup... » Voulait-il rappeler au Cardinal de Latil qu'il l'avait vu auprès du Duc de Berry dans la nuit du 13 février 1820 ?

Entretien avec le Cardinal de Latil.

Avec le souvenir de cette nuit pleine de deuil et d'espérance, la vue du Cardinal de Latil devait rappeler à Charles X un autre souvenir, celui de Reims, du sacre, de ses pompes, des cris de joie de tout un peuple, du serment fait à Dieu et du caractère sacré reçu de Dieu. Ce même Cardinal de Latil qui allait faire couler sur ses membres l'huile sainte, pour le fortifier dans le passage de la vie à la mort, l'avait, onze ans auparavant, fortifié par l'onction royale pour qu'il pût porter la charge suprême. Dieu nous invite lui-même par ces rencontres imprévues à rapprocher dans nos pensées les extrémités des choses humaines et à ne pas nous laisser enfler par notre puissance et notre grandeur, ni abattre par la douleur ou par la mort elle-même qui vient nous saisir. Charles X répondit à toutes les prières pendant l'Extrême-Onction avec la même liberté d'esprit qu'il avait, à Reims, répondu aux questions du Pontife consécrateur. Dans la matinée, on dit la messe auprès du lit. Charles X,

Souvenir du Sacre.

L'Extrême-Onction.

qui avait demandé son livre, suivait les prières autant que ses crampes si fréquentes le lui permettaient. Après la messe, l'Evêque d'Hermopolis dont le courage s'élevait à la hauteur de ce courage royal, — car il était lui-même fort souffrant et venait d'apprendre la mort de son frère, — adressa au malade une exhortation suprême et lui demanda s'il pardonnait à ses ennemis. — « Je leur ai pardonné depuis « longtemps », répondit Charles X ; « et je leur par- « donne encore de grand cœur en cet instant. Que « le Seigneur fasse miséricorde à eux et à moi... Je « leur pardonne devant Dieu : à mon petit-fils le « bonheur de leur pardonner un jour devant les « hommes. » Ce Roi méconnu, calomnié, détrôné, exilé et encore poursuivi dans l'exil par la calomnie, était ainsi lui-même à l'heure de la mort le prophète de cette réconciliation que nous venons de voir et qui a rendu l'espérance à la France et à l'Europe effrayées du présent et incrédules à l'avenir.

<small>Charles X pardonne à ses ennemis.</small>

Charles X ne pardonnait pas seulement comme chrétien, mais aussi comme Roi. N'ayant plus devant lui ni les années ni les jours, il sanctionnait en quelque sorte, le 5 novembre 1836, l'acte du 5 août 1873.

<small>Il bénit son peuple.</small>

Ce Roi renversé, se redressait Roi sur la couche où il allait mourir ; et de ce lit de douleur et tout à l'heure de mort, comme du haut d'un trône il bénissait son peuple. Il faut ici demander à l'exil comme l'apôtre demandait à la mort : « Où est ta victoire ? [1] »

[1] I Cor. xv, 55.

Les deux petits-enfants du vieux Roi n'avaient pas voulu être séparés de lui. On avait bien tenté, sur l'ordre du docteur Bougon, de les arracher de ce lit, de cette chambre où était le choléra. Mais ils s'étaient révoltés contre une prudence contraire à leur devoir et cruelle à leur tendresse; et il avait fallu leur céder. Ils demeurèrent agenouillés près du lit de leur aïeul, et cette consolation ne leur fut pas ôtée d'entendre ses dernières paroles et de recevoir avec ses embrassements paternels son adieu suprême. Le mourant étendit sur eux ses mains défaillantes, les bénit et leur dit : « Que Dieu vous pro-
« tége, mes enfants... Marchez toujours devant lui
« dans les voies de la justice... Ne m'oubliez pas,
« moi qui vous ai tant aimés !... Priez pour moi. »

Il bénit ses petits-enfants

A ce moment on vint avertir Louis-Antoine que le Prince de Hesse-Hombourg, commandant supérieur militaire de Styrie et des provinces illyriennes, arrivé de Gratz, se présentait pour être reçu par la Famille royale. Le comte de Montbel fut, de la part de Louis-Antoine, annoncer au Prince que le Roi touchait à sa dernière heure. « Quel événement ! » s'écria le Prince. « Je devais arriver deux jours
« plus tôt, mais les neiges m'ont retenu. Je venais
« assister à sa fête !... » C'est aux funérailles de Charles X qu'il allait assister ! Ainsi nous allons tous sans savoir où nous allons.

Visite du Prince de Hesse Hombourg.

L'agonie des Rois ressemble à celle des autres hommes. L'espérance, l'espérance la plus vulgaire, vient interrompre un moment l'affliction des proches et des amis. Dans le courant de cette journée du 5, les spasmes étant devenus moins fréquents, les médecins annoncèrent une réaction, mais dirent en même temps que le grand âge du malade ne permettait guère que cette réaction pût être le salut. Tous les cœurs espérèrent cependant. Quand commença la réaction prévue, Charles X se sentant un peu plus libre demanda au duc de Blacas : « Est-ce vous qui avez eu la pensée « de faire venir le Cardinal de Latil ? » Apprenant qu'il devait ce service au docteur Bougon : « C'est « bien », dit-il, « je suis bien aise que le docteur ait « rempli avec conscience et courage ce devoir. Il y a « seize ans qu'il me l'avait promis. »

Une lueur d'espoir.

Les forces épuisées de l'octogénaire ne purent supporter la réaction. L'Evêque d'Hermopolis assisté des abbés Jocquart et Trébuquet commença bientôt les prières pour la recommandation de l'âme. Sans plus pouvoir articuler aucune parole, le mourant manifesta qu'il s'unissait aux prières dont il était l'objet. Il demeurait calme, et son agonie était douce. A une heure du matin le docteur Bougon annonça que le Roi n'avait plus que peu d'instants à vivre. Tout le monde se mit à genoux, Louis-Antoine demeura la tête penchée vers son père, Marie-Thérèse resta debout les mains jointes... Sur un signe du docteur Bougon, le duc de Blacas dit à voix basse quelques mots à Louis-Antoine qui ferma les yeux de son père. Charles X était mort.

Les prières pour la recomandation de l'âme.

Derniers instants de Charles X. — Sa mort.

Familiarisée dès l'enfance avec la douleur et devenue plus forte que la douleur, Marie-Thérèse dit après quelques instants : « Tant que le Roi a existé, « mon neveu remplissait un devoir sacré en restant « près de lui : maintenant mon devoir à moi est « d'empêcher qu'il coure un danger inutile... je « veux l'emmener sur-le-champ. » Et elle le conduisit à l'autre extrémité de Goritz.

Marie-Thérèse arrache Henri de France de la chambre mortuaire

Les jours suivants, le corps du Roi fut exposé dans une chapelle ardente. Un grand concours de pieux visiteurs vint prier auprès de sa dépouille. Charles X avait passé à Goritz quelques semaines seulement, et déjà il y était l'objet de l'affection de tous. « Nous le regrettons comme s'il eût été notre « souverain », disaient les habitants de Goritz : « il « était si bon et si charitable! Nous le voyions se « promener seul au milieu de nous. Il venait se placer « sans distinction dans nos rangs, pour prier avec « recueillement et humilité. Ce nous est un grand « chagrin de l'avoir conservé si peu de temps, ce « Roi si digne de respect !... Nous nous efforcerons « de remplacer à ses funérailles le peuple qu'on a « privé de sa présence. »

Affliction des habitants de Goritz.

Le 11 novembre eurent lieu les funérailles. L'Archevêque de Goritz fit la levée du corps qui fut porté à la cathédrale. Derrière le char marchaient le fils et le petit-fils de Charles X. Dans les rues traversées par le cortége, les boutiques étaient fermées et quelques

Funérailles.

maisons tendues de noir. La mort du vieux Roi de France était vraiment un deuil public pour cette population qui avait pu le voir de près. Mais la pensée que, dans ce clergé qui priait pour Charles X au nom de l'Église, il n'y avait pas une voix française, fut bien amère au cœur des Français qui se trouvaient là pleurant auprès du cercueil de leur Roi : « Et nous malheureux exilés », dit l'un d'eux, « trop loin de notre patrie pour qu'elle eût appris « encore la mort de Charles X, nous réfléchissions « avec amertume que, dans ce moment, en France, « aucune pensée ne répondait à notre pensée, aucune « douleur à notre douleur.... Nous nous sentions « comme isolés dans notre affliction ; car ces troupes, « ce clergé, cette population en deuil qui pleurait le « vieux Roi de France, tout se trouvait étranger à « notre patrie [1]. »

Le cortége se remit en marche et gravit la hauteur escarpée qui domine Goritz. Charles X arrivait ainsi à ce couvent des franciscains qu'il avait montré quinze jours auparavant au duc de Blacas en lui disant : « Vous m'y accompagnerez ».

Le dépôt.

C'est là qu'il repose, dans le caveau de l'antique famille des comtes de Thurn, sous l'autel de la Sainte-Vierge, pour laquelle il avait la même dévotion que son aïeul Louis XIII. C'est là qu'il repose sous la garde de la Reine du ciel, protectrice de la

---

[1] Le Comte DE MONTBEL. *Dernière époque de l'histoire de Charles* X, etc., p. 67.

France. C'est là qu'il attend l'heure du retour dans la patrie, car la tête de mort qu'on voit sur son cercueil est surmontée d'une couronne royale et nous rappelle que ce cercueil est celui d'un Roi détrôné, exilé... La puissance qui l'a renversé et qui l'a jeté sur la terre étrangère, a perdu son prestige et les peuples vont échapper à sa domination. Les jours de l'exil vont finir pour ceux qui sont morts comme pour ceux qui vivent. Et les franciscains de Goritz n'ont reçu « qu'en dépôt [1] » les dépouilles mortelles de Charles X, notre Roi.

---

[1] Voici la traduction de l'acte de réception écrit en latin :

« Aujourd'hui, douze novembre mil huit cent trente-six, à
« trois heures de l'après-midi, nous, Père Ferdinand Wontscha,
« provincial de l'ordre des Franciscains, et Père Michel Ellersig,
« gardien du couvent (surnommé Castagnavizza) dudit ordre, et
« situé à Goritz, reconnaissons par le présent acte avoir reçu en
« dépôt et comme confiées à notre garde, les dépouilles mortelles
« du très-haut, très-puissant et très-excellent Prince Charles,
« dixième du nom, par la grâce de Dieu Roi de France et de
« Navarre, mort en ladite ville de Goritz, le six de ce mois.
« Les dépouilles mortelles qui, le jour précédent, avaient
« été conduites en l'église de notre couvent par le clergé et le
« chapitre de l'église métropolitaine de Goritz, ayant à sa tête
« Mgr François-Xavier Luschin, Prince-Archevêque, ont été
ce jour d'hui douze novembre, placées, scellées et murées dans
« le caveau de la famille des comtes de Thurn, qui est situé
« sous la chapelle dédiée, dans notre dite église, à Notre-Dame
« du Mont-Carmel, ainsi qu'il conste du procès-verbal déposé
« dans nos archives.

« En foi de quoi, nous, Pères Ferdinand et Michel soussignés,
« donnons le présent reçu à Son Excellence M. le duc de Blacas
« d'Aups, chevalier des ordres du Roi, et premier gentilhomme
« de la chambre, nous engageant en notre nom et au nom des
« Pères dudit couvent, à garder religieusement ce royal dépôt. »

« A Goritz, lesdits jour, an et heure que dessus et avons signé
« après lecture.

« Père MICHEL ELLERSIG,
 « *Gardien des Franciscains.*

« Père FERDINAND WONTSCHA,
 « *Provincial de l'ordre des Franciscains.* »

CHAPITRE V.

Fin de l'éducation classique d'Henri de France. — Voyage d'Aquilée. — *Voyez et jugez*. — Voyage à Gratz. — Amour des arts. — Voyage à Venise. — Fin du préceptorat de l'Evêque d'Hermopolis. — Adieux d'Henri à son précepteur. — L'abbé Trébuquet. — Le Roi doit aimer la Royauté. — Le duc de Lévis. — Voyage en Hongrie, en Servie et en Transylvanie. — Les voyages des Souverains. — Henri de France au milieu des Français. — Le bac de Saint-Miklos. — Mines de Veraspatak. — Salines de Maros-uswar. — Soldats sous une pluie torrentielle. — Champ de bataille de Wagram. — Retour à Kirchberg. — *Considérations religieuses, politiques et littéraires sur le Souverain Pontificat*. — Voyage en Italie. — Manœuvres militaires à Vérone. — Passe-ports pour Rome refusés. — — Arrivée à Rome. — Comment on protége Henri de France. — Comment il se protége lui-même. — On voudrait éloigner de Rome le Comte de Chambord. — Il loue le palais Conti. — Audience du Souverain Pontife. — La chapelle du Quirinal. — Inscription prophétique. — L'emploi du temps d'Henri de France à Rome. — Rome chrétienne. — Visites dans les ateliers. — Le portrait du Prince. — Témoignage d'un Anglais. — Le 1er janvier 1840. — Prudence du jeune Prince. — Voyage à Naples. — Retour à Rome. — Dernière audience de Grégoire XVI. — Adieux aux Français. — Séjour à Florence. — Buste d'Henri de France. — Un paysan vendéen. — Retour à Goritz. — Lettre à l'Évêque d'Hermopolis.

Les deux années qui suivirent la mort de Charles X virent s'achever la mission de l'Évêque d'Hermopolis et l'éducation classique d'Henri de France.

Fin de l'éducation classique d'Henri de France.

Il serait plus exact de dire que celle-ci é'ait achevée déjà, tant le jeune Prince avait apporté d'ardeur à l'étude et tant son intelligence était largement ouverte à tous les objets de nos connaissances. Aussi ces deux années, qui avaient été destinées d'avance aux études classiques, furent-elles en réalité plutôt consacrées à des voyages.

Voyage d'Aquilée. Celui d'Aquilée, au commencement de 1837, ouvre cette longue série de voyages qui complétèrent si heureusement la forte éducation du Prince. Le choix d'Aquilée, *la seconde Rome,* marquait bien la transition des études classiques à des études nouvelles. Le Prince ne sortait pas encore de l'antiquité, mais il sortait de son cabinet de travail et entrait dans le monde. Le monde allait le connaître. Et il semble que la parole de l'Evêque d'Hermopolis à quelques personnes qui l'interrogeaient sur son *Voyez et jugez.* élève, soit adressée à toute l'Europe : « Voyez et « jugez. Il a une intelligence à la hauteur de toutes « les prospérités et une âme au niveau de toutes les « épreuves. »

Voyage à Gratz. A l'automne de la même année il fut à Gratz passer quelque temps auprès de sa mère. Il profita de son séjour de Gratz pour se rendre un compte exact des particularités de l'occupation militaire de cette ville par Marmont en 1805 et par Macdonald en 1809. Il se faisait raconter sur le Schlosberg ce bombardement fameux qui dura sept jours et sept nuits.

C'est à Gratz que causant avec M. de Monti, il jeta sur quelques officiers qui entraient un regard d'envie. « Qu'il est amer », dit-il, « de porter un habit « noir et un gilet blanc, et de ne pouvoir porter un « uniforme. Je vois encore la cuirasse, le casque et « le sabre que m'avait donnés ma mère quand je « visitais Saint-Cyr, et que je passais en revue les « régiments de la garde... Qu'il est amer après avoir « pu se parer de l'uniforme dans son enfance, « d'être, à dix-sept ans, le seul Français qui ne « puisse prendre l'uniforme et l'épée. »

Après la visite des arsenaux, il fit celle du John-nœum (musée des arts, des lettres et des sciences). Les arts ne tenaient pas la plus grande place dans sa vie, cependant ils ne pouvaient être exclus de ses pensées ni de ses études. La raison seule l'empêchait de leur donner plus de temps que ne le doit faire un Prince. Mais il est trop Français pour ne pas aimer passionnément cette forme charmante que l'âme humaine donne à l'expression de ses sentiments et de ses pensées. Sa mère, le voyant un jour plongé dans l'examen des tableaux qui décoraient chez elle les salles de réception, lui dit : « Choisis, « je te ferai copier ceux que tu aimeras le mieux. » Henri choisit l'agonie d'un Vendéen blessé, un portrait de Louis XIV et l'entrée d'Henri IV à Paris.

<small>Amour des arts.</small>

L'anniversaire de la mort de Charles X ramena le Prince à Goritz. Après les jours de deuil, de larmes

<small>Voyage à Venise.</small>

et de plus ardentes prières, il fut à Venise qui lui parla de cet aïeul qui, pendant les dernières années de sa vie, avait concentré sur lui toutes ses pensées. A Venise, en effet, il put lire aux archives une lettre que le consul avait reçue en 1778 du Comte d'Artois et dans laquelle ce Prince annonçait la naissance du Duc de Berry. Il put lire encore le récit du séjour que quinze ans plus tard le Comte d'Artois fit à Venise, il put voir par ce récit que son aïeul était doué dès sa jeunesse de ce pouvoir de gagner les cœurs qu'il avait pu lui-même admirer encore si peu de temps auparavant. A l'Arsenal, il vit une armure donnée par Henri IV à la République, et que Venise n'a pas cessé de montrer avec orgueil, armure toute en fer et sans ornement : « Que de sim-
« plicité ! » dit-il, « et pourtant ce souvenir est plein
« de majesté. Comme il parle à mon cœur !... Je suis
« un inconnu pour tous ceux qui nous environnent
« et tout ce que j'entends dire ici de mon aïeul
« remplit mon âme de joie et de fierté. »

Fin du préceptorat de l'évêque d'Hermopolis.

Avec la dix-huitième année du Prince finit le préceptorat de l'Evêque d'Hermopolis. Il avait duré un peu moins de cinq ans. L'illustre apologiste de la Religion chrétienne avait achevé l'œuvre des PP. Jésuites. Les hommes avaient été changés, le caractère de l'éducation était resté tout à fait le même.

Aussi Henri de France éprouvait-il, à la pensée de se voir séparé du vieil Evêque et de ses autres maîtres, la même douleur que cinq ans auparavant quand il avait vu partir les deux PP. Jésuites et le baron de Damas. En remerciant son précepteur de tant de témoignages de dévouement, il lui dit : « Votre « tâche auprès de moi est maintenant remplie, vous « allez rentrer en France où vous réclameront les « soins dus à une santé qui m'est précieuse et que « vous avez compromise pour moi. Je ne puis cepen- « dant me faire à l'idée d'être tout à fait séparé de « vous. Vous avez amené ici un ecclésiastique que « vous aimez d'une affection particulière, et que « vous appelez votre ange ; puisque vous partez, « promettez-moi de me le renvoyer dans un mois : « de cette manière, vous aurez toujours un corres- « pondant auprès de moi, un témoin de toutes mes « actions, qui vous dira que je n'oublie point les « leçons que vous m'avez données, et que je n'étais « pas indigne de votre sollicitude. Vous le voyez, « c'est encore un sacrifice que je vous demande. »

Adieux d'Henri à son précepteur.

C'est ainsi que l'abbé Trébuquet, entré cinq ans auparavant à Prague comme maître de littérature, demeura trente ans encore, mais sous un autre titre et avec d'autres fonctions à Goritz et à Frohsdorf, auprès d'Henri de France ; c'est ainsi que pendant trente ans il fut « l'ange » chargé de consoler toutes les douleurs et de bénir les joies de la Famille royale.

L'abbé Trébuquet.

Quelques jours avant son départ, l'Evêque d'Hermopolis écrivait de Kirchberg, où étaient alors les

12

royaux exilés, à un Evêque : « Soyez tranquille, tout « ira bien ». Et, de retour à Paris, il dit à un autre de ses amis : « Je savais bien que Dieu me donnerait « d'accomplir jusqu'au bout ma mission. Le Duc de « Bordeaux sera égal à toutes les circonstances, « quelles qu'elles puissent être : il est patient et fort. « Dieu maintenant peut disposer de moi. »

<small>Le Roi doit aimer la Royauté.</small> Le précepteur louait justement son élève; mais la haute supériorité du jeune Prince disait assez le mérite du précepteur. Comme Henri devait être égal à la mission que Dieu lui réservait, l'Évêque d'Hermopolis avait été à la hauteur de sa tâche de précepteur d'un Roi appelé à gouverner les hommes en des temps si difficiles. Dédaignant une sagesse vulgaire qui répète aux Princes et sait trop souvent persuader aux meilleurs qu'ils doivent redouter le fardeau et les douleurs de la souveraine puissance, il voulait que son élève aimât la Royauté précisément parce qu'elle est une charge, une fonction bienfaisante et que le Roi peut être le père de ses sujets. Il venait d'être appelé par Charles X, il était à la veille de son départ pour Prague, quand il entendit raconter qu'Henri de France, après la lecture du testament de Louis XVI, avait dit : « J'ai bien « remarqué ces mots : *Si mon fils a le malheur* « *d'être Roi*... » Qui n'eût applaudi à cette remarque du jeune Prince? L'Evêque d'Hermopolis ne le fit pas cependant : « J'aime bien mieux », dit-il, « ces « mots de saint Louis à son fils : *Si Dieu vous fait*

« *la grâce d'être Roi...* Le désir de procurer le
« bonheur de la patrie doit l'emporter sur la crainte
« des peines qui accompagnent la Royauté. Un
« Prince doit regarder comme une grâce le rang qui
« le met en état de se sacrifier pour faire cesser les
« maux de son pays. » Un chrétien, Prince ou pâtre,
doit aimer sa croix, et la croix du Roi, c'est la
Royauté [1].

Pendant le préceptorat de l'Évêque d'Hermopolis, Henri de France avait eu successivement pour gouverneurs ou sous-gouverneurs les généraux de Latour-Maubourg, d'Hautpoul, de Bouillé, de Saint-Chamans et de Brissac.

Henri V avait dix-huit ans et il était majeur depuis cinq ans : le temps des gouverneurs était passé aussi bien que celui des précepteurs. Le Comte de Marnes — c'est le nom que Louis-Antoine avait pris dans l'exil — appela auprès de son neveu le Duc de Lévis dont il avait éprouvé en des jours de péril le dévouement. Ce dévouement ne pouvait défaillir quand les Bourbons étaient condamnés à vivre sur la terre étrangère. Louis-Antoine attacha quelques mois plus tard à la personne d'Henri V le Comte de Locmaria. *Le duc de Lévis.*

C'est accompagné du duc de Lévis, des comtes de Montbel et de Locmaria et du général de Latour- *Voyage en Hongrie, en Servie et en Transylvanie.*

---

[1] « Le Roi doit être crucifié à la royauté », disaient nos pères.

Foissac, qu'aux mois de mai et de juin 1839, Henri V visita diverses provinces de la Hongrie, de la Servie et de la Transylvanie.

Les voyages des Souverains. Reçu à Pesth avec une grande pompe par la Princesse Palatine, Henri de France, touché de cet accueil fait à un Roi sans royaume, dit à la Princesse : « Je ne suis que le Comte de Chambord qui « viens vous faire ma cour. » Il tirait de son malheur un grand avantage pour s'instruire mieux dans ces visites qu'il commençait à travers l'Europe. Il faisait lui-même cette remarque, à la vue de la misère du pays qu'il traversait de Trieste à Fiume : « Les souverains voyagent beaucoup, mais le plus « souvent ils parcourent triomphalement de beaux « pays; c'est surtout vers des contrées comme « celle-ci qu'ils devraient porter leurs pas; car ce « sont les malheureux qui ont le plus besoin d'être « connus des Rois. » C'est le même accent de pitié profonde qui rend si touchant ce cri sorti de son cœur, en Hongrie, au milieu d'une contrée sauvage et désolée, dont la misère de ses habitants rend l'aspect presque sinistre : « On ne pourrait demeurer « ici, si ce n'était une patrie. » Et celui qui disait cela demeurait depuis près de dix ans dans des pays qui n'étaient pas pour lui la patrie, et il devait, pendant plus de trente ans encore, vivre loin de la patrie !

Henri de France au milieu des Français. Les voyages lui valaient parfois un moment d'illusion : il rencontrait des Français, et entouré d'eux il réussissait à oublier pendant quelques instants qu'il n'était pas en France. A Neu-Arad il se fit indiquer par le feld-maréchal lieutenant Rosguer la position précise de colonies françaises établies dans le pays depuis Marie-Thérèse. Pour les visiter il fallait prendre un chemin plus long et plus difficile. Il le prit, et voyant à son arrivée la foule qui l'attendait devant la maison du juge, il sauta de voiture et fut au milieu de la foule, les écoutant tous, leur répondant à tous, se prodiguant à tous. Mais voulant mieux connaître leurs besoins, il entra chez le juge et le pria d'appeler tous les chefs de famille. Il put ainsi s'entretenir avec eux sur leurs intérêts et sur leurs vœux.

Il apprit que ces Français — tous étaient restés sur la terre étrangère fidèles à la patrie — désiraient un curé qui parlât leur langue nationale. Le Prince se chargea de dire leur désir à l'Évêque, dont il obtint une réponse favorable. Il ne les quitta pas sans laisser des secours à tous ceux qui en avaient besoin. Et, remonté dans sa voiture, il dit à ses compagnons : « Je viens d'être heureux pendant quelques heures, « je me suis cru en France ! Quel dommage que « l'illusion ait été si courte ! »

Ainsi, oubliant son incognito, le Roi de France se révélait. Ainsi, dénué de tout pouvoir, il se montrait déjà réformateur, dans la mesure qui convenait à sa situation de Prince exilé voyageant sur la terre étrangère. Trouvant à Saint-Miklos un bac où

Le bac de Saint-Miklos.

les nobles sont dispensés de payer : « Les pauvres « ont donc le privilége d'être soumis au péage et les « riches celui d'en être exempts !.... Pour moi, tout « noble que je suis, je payerai double et ce ne sera « que justice. » Et il fit ainsi partout, ne voulant profiter d'aucun privilége qui n'eût sa justification dans un service particulier.

<small>Mines de Veraspatak.</small> La légalité pour lui n'est pas toujours la justice; mais la justice elle-même ne peut pas toute seule satisfaire la bonté de son cœur. Il visitait les mines de Veraspatak. Le système de leur exploitation est celui-ci : le gouvernement concède à des particuliers une certaine étendue de terrain sous la condition d'une redevance d'un sixième du produit net; les concessionnaires exploitent ainsi à leurs risques et périls les terrains concédés auxquels ils donnent des noms particuliers. Le matin même du jour où le Comte de Chambord visita les mines, une concession avait été accordée à un paysan. Celui-ci, voyant dans la visite du Prince un heureux présage pour son entreprise, sollicita de lui la permission de donner à la mine qu'il allait exploiter le nom d'*Henri*. Le Prince y consentit, mais demanda en retour d'être l'associé du nouvel exploitant et de lui fournir à ce titre le matériel de l'exploitation et les fonds nécessaires au succès de l'affaire commune. On devine aisément la joie de ce brave homme à qui arrivaient du même coup tant de fortune et tant d'honneur.

Comme il avait visité les mines de Veraspatak, il voulut visiter les fameuses salines de Maros-uswar.

Salines de Maros-uswar.

« Le Comte de Chambord fut reçu, dit l'un de ses
« compagnons, par les administrateurs ; il causa
« avec eux pendant quelque temps, puis se plaça
« dans la nacelle de descente, et nous pénétrâmes,
« une bougie à la main, dans l'étroit passage qui
« conduit aux salines. Parvenus à deux cents pieds
« sous terre environ, un spectacle admirable frappa
« nos regards ; nous nous trouvions au niveau de
« le voûte la plus haute, comme serait un lustre au
« point culminant du vaisseau d'un vaste temple.
« Tout à coup nous aperçumes une nombreuse
« population éclairée par des feux de joie et par une
« multitude de lampions disposés de manière à
« former des lettres et des mots à l'intention du
« Prince.

« Lorsque la nacelle toucha la terre, de bruyants
« vivats se firent entendre, et quarante musiciens,
« placés dans une galerie élevée, exécutèrent des
« symphonies avec un ensemble remarquable. Les
« salines sont fort belles ; la voûte de la première
« galerie est haute de plus de deux cents pieds, et
« ses parois, distantes l'une de l'autre de soixante
« pieds, sont veinées comme le plus beau marbre.
« Ouverte en 1792, cette galerie est en partie
« creusée sous le lit même de la Maros. Le Comte
« de Chambord la parcourut lentement, s'arrêtant
« avec intérêt devant chaque atelier d'ouvriers ; puis

« il monta aux galeries supérieures plus récemment
« ouvertes [1]. »

Soldats sous une pluie torrentielle

Arrivant à Torda, il vit la troupe qui l'attendait sous une pluie torrentielle. Aussitôt il cria aux officiers de la faire rentrer. Ceux-ci, empêchés par leur respect, n'eurent garde d'obéir au Prince. Alors il ouvre sa portière, s'élance, traverse la place et se trouve auprès de la troupe pour recevoir la pluie avec elle. C'était le bon moyen d'obtenir qu'on la fît rentrer.

A Vienne, il fut reçu par la Famille impériale avec une grande affection. Il alla voir l'Archiduc Charles qu'il surprit arrosant ses fleurs et qui lui dit : « Excusez un vieux soldat qui se présente à vous « sous le costume de jardinier, vous savez que le « jardinage est la distraction des vétérans. »

Champ de bataille de Wagram.

Le Comte de Chambord ne voulut pas quitter Vienne sans avoir vu le champ de bataille de Wagram. Le maréchal Marmont lui proposa de l'y accompagner. Le Prince avait déjà dans ses compagnons ordinaires deux témoins du grand drame des 5 et 6 juillet 1809, le comte de Locmaria et le général Latour-Foissac. Et il put assister en quelque sorte à cette lutte gigantesque dans le récit qui lui en fut fait sur le terrain même par les trois témoins ou plutôt par les trois acteurs.

---

[1] Le Comte DE LOCMARIA. *Souvenirs des voyages de Monseigneur le Duc de Bordeaux*, tome I, pp. 134, 135.

C'est ainsi qu'il essayait de se consoler de l'exil en s'entretenant de la France et de sa gloire, sans que la foi dans le principe dont il est le représentant le rendît jamais injuste ni même indifférent pour la gloire acquise sous un autre drapeau que le drapeau blanc. Cette haute équité lui faisait tirer un bien plus grand profit de ses voyages. Aussi, à la fin de celui-ci, l'Impératrice, veuve de François II, dit-elle au comte de Locmaria : « Combien le voyage du « Prince lui a été profitable ! Nous savons qu'il a plu « à tout le monde; pour moi j'en suis charmée. Ah ! « si la France le connaissait !... » C'était le regret, c'était le cri de tous ceux qui le voyaient.

Le 2 juillet, le Comte de Chambord retrouvait la Famille royale à Kirchberg, sa résidence d'été.

Retour à Kirchberg.

Les trois mois qui suivirent furent consacrés par le Prince à l'étude de l'histoire militaire, de la tactique, de l'administration, de l'économie politique, de la littérature ancienne et moderne. L'étude de l'art militaire le préparait à un nouveau voyage qu'il allait faire pour assister à Vérone aux manœuvres d'automne : il apprenait la théorie avant d'en suivre sur le terrain l'application.

Ce voyage ne devait pas s'arrêter à Vérone : le jeune Prince était impatient de voir Rome et de s'agenouiller aux pieds du Vicaire de Jésus-Christ. Il se préparait aussi à cette visite de Rome en poursuivant avec les études que je viens de dire, une autre étude, commencée dès l'enfance, mais non achevée, car elle doit être continuée pendant toute la vie d'un chrétien et surtout d'un Prince chrétien. L'Évêque d'Hermopolis qui demeurait, malgré l'éloignement, très-préoccupé de l'instruction religieuse de son élève, lui avait recommandé de faire une étude approfondie de l'histoire du Souverain Pontificat et lui en avait même tracé le plan. L'auteur des *Vrais principes de l'Église gallicane*, qui avait depuis une dizaine d'années reconnu la fausseté de ces principes, intéressait la conscience de l'abbé Trébuquet à l'accomplissement de ce travail et lui écrivait pour en presser l'exécution. C'est ainsi qu'Henri de France fit des lectures, prit des notes et réunit des matériaux pour des *Considérations religieuses, politiques et littéraires sur le Souverain Pontificat* : l'Évêque d'Hermopolis avait lui-même indiqué le titre de cette étude que les esprits superficiels seuls pourraient croire austère.

Considérations religieuses, politiques et littéraires sur le Souverain Pontificat.

Étude grave assurément, mais pleine d'intérêt et de charme, et de plus, étude nécessaire, non-seulement à un Roi très-chrétien, mais à tout homme politique qui veut remonter aux causes de toutes nos divisions et de toutes nos discordes. Dieu est le centre de tout, il est le centre de l'histoire moderne comme de tout le reste. Les attaques dont son Vicaire a été l'objet donnent l'explication de tous les ébranlements et de toutes les catastrophes dont l'histoire est remplie depuis le quatorzième siècle. Quand la voix de Dieu parlant par son Vicaire est méconnue, comment la voix des Princes serait-elle longtemps encore écoutée ?

Le 3 octobre 1839, le Comte de Chambord partit pour Vérone, accompagné du duc de Lévis et du comte de Locmaria. Le général baron Vincent, qui avait fait quarante ans auparavant la campagne d'Italie, l'attendait à Vérone. *Voyage en Italie*

Le Prince, apprenant que le vieux maréchal Radetzky allait venir lui présenter les officiers généraux, se hâta de le prévenir. Le petit-fils de Louis XIV n'avait pas oublié qu'un jour Louis XIV faisant la guerre et ne trouvant dans une plaine qu'une seule habitation, l'avait attribuée au prince de Condé. Comme celui-ci se récriait contre cet excès d'honneur : « Je ne suis ici que volontaire », dit le grand Roi, « et « je ne dois pas souffrir que mon général soit sous « la tente quand j'occuperais une habitation com- « mode. » Assurément Henri V n'était pas volontaire auprès d'un maréchal étranger, mais il était apprenti auprès de ce grand guerrier.

En effet, il venait apprendre, mais l'attention profonde qu'il prêta aux manœuvres n'ôta rien à sa bonne grâce et aux qualités aimables qui lui gagnent tous les cœurs. Aussi quand il demanda au Duc de Cambridge qui se trouvait parmi les étrangers de distinction que les manœuvres avaient attirés : « Ne « vous proposez-vous pas, en reprenant le chemin « de l'Angleterre, de visiter Paris ? » le Prince *Manœuvres militaires à Véronne.*

anglais lui répondit-il : « J'attendrai, pour aller voir « Paris, que vous y soyez. » Ce n'était pas un simple compliment, car le Duc de Cambridge après ces huit jours passés avec le Comte de Chambord, répétait à tous : « Il n'a pas dit un mot qu'on doive blâmer, et « n'a pas fait un acte qu'on ne doive louer. »

Quand il inspirait à un Prince étranger une sympathie si profonde, de quels sentiments les Français qui avaient l'heur de le voir, ne devaient-ils pas être animés pour lui ! Le général Vincent ne put retenir ses larmes en faisant ses adieux au Prince. Le soir il devait assister au dîner donné par le Prince de Modène ; mais il n'y voulut point paraître, craignant de ne savoir pas contenir son émotion.

Passe-ports pour Rome refusés.

Le moment était venu de se diriger vers Rome. Mais l'exil n'est pas la liberté hors de la patrie, le Comte de Chambord l'a souvent éprouvé. Il l'a éprouvé à propos de Rome même où il n'a pu retourner depuis cette époque, c'est-à-dire depuis trente-trois ans. Et au mois d'octobre 1839, il ne s'y rendit pas sans difficulté. Des passe-ports avaient été demandés par écrit depuis deux mois : et le gouvernement autrichien n'avait pas répondu. Le comte de Montbel étant allé à Vienne chercher une réponse, n'en rapporta qu'un refus. Etait-ce condescendance pour le gouvernement de Louis-Philippe ? n'était-ce pas plutôt inquiétude des dangers que le Comte de Chambord devait courir en voyageant dans des pays où l'Autriche ne pouvait plus protéger sa personne? Quoi qu'il en soit, le Comte de Chambord, qui avait résolu d'aller à Rome, ne se laissa point arrêter par cet obstacle. Il traversa Mantoue qu'il avait visitée l'année précédente et où il était resté deux ou trois heures les pieds dans la neige pour examiner les fortifications; passant ensuite par Novi, Gênes, Livourne, Pise, Sienne, Viterbe, il arriva le 20 octobre à Rome. Un avis du gouvernement autrichien l'y avait précédé de vingt-quatre heures, non pour annoncer sa venue, mais pour annoncer au contraire qu'il ne viendrait pas. Cette dépêche de Vienne, connue de l'ambassadeur de Louis-Philippe auprès du Saint-Siège, avait été aussitôt transmise à Paris. Et quand la diplomatie se félicitait d'avoir évité cet embarras de la présence d'Henri V à Rome, Henri V était à Rome. Il y était incognito; mais le duc de Lévis allait trouver le Cardinal Lambruschini, ministre secrétaire d'État de Grégoire XVI, et l'informer de l'arrivée du Prince. L'incognito, nécessaire pour franchir l'obstacle, ne l'était plus quand l'obstacle était franchi.

<small>Arrivée à Rome.</small>

<small>Comment on protège Henri de France</small>

On essaya bien encore des conseils de la prudence, on parla de dangers possibles. « Le Prince », répondit le comte de Montbel, « n'aura pas à reconquérir son
« trône sur les champs de bataille, comme Henri IV;
« mais il ne doit pas plus que lui craindre le dan-
« ger. Nous ne voulons pas ajouter aux ennuis de
« l'exil de pareilles alarmes. Nous cherchons à le
« tenir toujours prêt à paraître devant Dieu, cela
« nous suffit : Dieu fera le reste. »

Comment il se protége lui-même.

Ceux qui l'entouraient n'étaient point indifférents aux dangers. Il ne l'était peut-être pas lui-même, mais il se protégait à sa manière qui n'est pas toujours celle des politiques de notre temps. Six mois avant son arrivée à Rome, le jour du vendredi saint, Henri de France était allé prier dans la chapelle des Franciscains de Goritz, devant cet autel de Notre-Dame-du-Mont-Carmel sous lequel est enseveli Charles X. L'autel est surmonté d'un tableau représentant la sainte Vierge donnant le scapulaire à saint Simon Stock. Les yeux du Prince ne s'étaient jamais arrêtés sur ce tableau ; mais, ce jour-là, sous l'influence sans doute d'une lecture que lui avait recommandée l'Évêque d'Hermopolis, il y arrêta ses regards et en reçut une impression profonde. Le surlendemain, jour de Pâques, il prenait ce scapulaire offert par la sainte Vierge, non pas à un homme mais à tous les hommes. L'Évêque d'Hermopolis, bientôt instruit de ce pieux engagement de son élève, écrivait à l'abbé Trébuquet : « C'est l'enfant « de la sainte Vierge, elle vous le confie ; c'est un « dépôt sacré... »

On voudrait éloigner de Rome le Comte de Chambord.

En arrivant à Rome, le Comte de Chambord était descendu avec sa suite à l'*hôtel de l'Europe*. L'ambassadeur de Louis-Philippe, que ce voyage du Chef de la Maison de Bourbon eût contrarié en tout temps, fut irrité en apprenant que le Prince, dont il avait dit la veille à son gouvernement qu'il ne ferait pas le voyage de Rome, venait de donner un démenti à sa dépêche. Il avertit sur l'heure le cabinet des Tuileries et reçut pour instructions de demander au gouvernement pontifical l'éloignement du Comte de Chambord. Le Prince, ne voulant ni céder à de telles prétentions ni créer à Grégoire XVI des difficultés, imagina de s'assurer le bénéfice du *fait accompli*, comme on parlait déjà en ce temps-là. « Si je ne « m'étais proposé que de voir Rome en passant », dit-il, « je crois qu'ils réussiraient à me la faire habi- « ter. » Et voulant mettre un terme aux obsessions dont il était le sujet, il jugea que le meilleur moyen était de faire à Rome un établissement de quelque durée et il loua pour trois mois le palais Conti. Tous les efforts de l'ambassadeur de Louis-Philippe se tournèrent alors à empêcher le Comte de Chambord d'être reçu par Grégoire XVI.

<small>Il loue le palais Conti.</small>

Il n'est pas de chrétien visitant Rome qui ne puisse être admis à l'audience du Vicaire de Jésus-Christ, et on rêvait d'en exclure le petit-fils de saint Louis! La politique a de telles illusions... Celles-ci devaient être bien déçues; car si Grégoire XVI, alors fort souffrant, ne put donner aussitôt à Henri de France l'audience que le Duc de Lévis avait demandée dès le lendemain de l'arrivée du Prince à Rome, du moins le Saint-Père chargea Mgr Massimo, son majordome, depuis Cardinal, de mettre à la disposition de l'auguste voyageur, les moyens de visiter avec fruit tous les monuments de la ville sainte.

<small>Audience du Souverain Pontife.</small>

Le 21 novembre, le Pape rétabli pouvait recevoir

Henri de France. Le Prince se rendit au Quirinal avec ses compagnons de voyage. Entré seul dans le cabinet de Grégoire XVI, il s'agenouille et baise les pieds du Vicaire de Jésus-Christ. Pendant l'audience qui dure vingt minutes, le Pape parle l'italien, et le Prince tantôt l'italien et tantôt le français que le Pape comprend fort bien. Henri de France exprime d'abord le regret d'avoir été pour le Saint-Père une cause bien involontaire d'embarras. « Le Pape », écrit-on quinze jours plus tard à l'Evêque d'Hermopolis, « fut « pour lui d'une bonté de père. » A la fin de l'audience Henri demanda au Vicaire de Jésus-Christ sa bénédiction pour lui-même, pour la Famille royale et pour la France. Il lui présenta ensuite ses compagnons, et chacun d'eux reçut de Grégoire XVI quelques mots bienveillants. Le lendemain, le Cardinal secrétaire d'Etat vint au palais Conti voir le Comte de Chambord qui lui rendit sa visite deux jours après.

La chapelle du Quirinal.

Cette « bonté de père » dont Henri de France se sentit l'objet ce jour-là, il l'avait éprouvée depuis le commencement et il devait l'éprouver encore jusqu'à la fin de son séjour à Rome. Mgr Massimo était venu, au nom du Pape, lui offrir une tribune pour assister à l'office de la Toussaint dans la chapelle du Quirinal, office auquel le Souverain Pontife devait assister lui-même. La tribune préparée pour Henri de France, était, comme toutes celles qu'on réserve pour les Rois, placée à l'entrée de la chapelle en face l'autel et dominant les bancs de la diplomatie. Le jour de la Saint-Charles, 4 novembre, une tribune était pareillement offerte à Henri de France, pour la solennité qui a lieu ce jour-là dans l'église de San-Carlo in Corso. Des textes de la Sainte Ecriture inscrits dans cette église rappellent les vertus de son illustre patron. C'est ainsi qu'on pouvait lire au-dessus de la tribune où était placé le Prince appelé à sa naissance l'*Enfant de l'Europe :* IN TEMPORE IRACUNDIÆ FACTUS EST RECONCILIATIO [1]. Parole prophétique qui pouvait être comprise alors par un petit nombre d'hommes d'une grande foi, parole prophétique que le monde entier peut comprendre aujourd'hui.

Inscription prophétique.

Charles X avait autrefois réglé avec quelque sévérité l'emploi du temps de son petit-fils alors enfant. Entré dans sa vingtième année et devenu maître de lui-même, Henri de France n'avait guère changé ce règlement de vie, il s'était gardé du moins d'en adoucir l'austérité. Et les voyages mêmes ne lui étaient pas une occasion de relâchement. A Rome aussi bien qu'à Goritz, il était levé à six heures. A sept heures, il avait entendu la messe et suivait un cours de stratégie avec le comte de Locmaria. Au cours de stratégie succédait un cours d'histoire religieuse et de philosophie avec l'abbé Trébuquet, puis un cours d'histoire moderne, de droit public et

Emploi du temps d'Henri de France à Rome.

[1] Au temps de la colère, il fut le ministre de la réconciliation.

d'économie politique avec le comte de Montbel. Ces études et d'autres ne laissaient le Prince libre qu'à deux heures. Alors commençaient les courses dans Rome, les excursions au dehors, les visites des monuments.

<small>Rome chrétienne</small>   Rome païenne parlait à ce jeune esprit qui avait déjà tant étudié, Rome chrétienne parlait à l'esprit et au cœur de ce fils de saint Louis. Il visitait en pèlerin les basiliques et les autres sanctuaires si nombreux à Rome, qui possèdent tous des reliques des premiers siècles du christianisme, quelques-uns même des reliques de l'enfance ou de la passion du Sauveur. Il venait recueillir là les témoignages de cette histoire de l'Eglise dont son ancien maître lui avait prescrit l'étude.

<small>Visites dans les ateliers.</small>   Il était artiste en même temps que pèlerin. Il allait admirer dans les églises de Rome les chefs-d'œuvre de Raphaël, de Michel-Ange et de ceux qui les ont précédés. Mais son admiration passionnée pour l'art des siècles passés ne le rendait point indifférent pour l'art contemporain. Il se plaisait à visiter les ateliers des artistes toujours en si grand nombre à Rome quand ils n'en sont pas chassés par la Révolution. Un jour qu'il venait de voir au palais Borghèse les *Descentes de croix* de Raphaël et de Van Dick et la *Sibylle de Cumes* du Dominiquin, il dit au comte de Locmaria qui l'accompagnait : « Allons maintenant voir des tableaux moins pré-

« cieux, sans doute, mais plus intéressants pour
« moi. » Et il se fit conduire rue Ripetta où sa voiture dut s'arrêter, ne pouvant s'engager dans la ruelle étroite qu'avaient choisie trois jeunes artistes français pour y établir leur atelier. Le Prince met pied à terre, s'avance dans la ruelle jusqu'à la maison de nos artistes, monte plusieurs étages et entre dans l'atelier où il était d'autant moins attendu que les trois jeunes peintres sont républicains. Henri de France le savait bien, mais il savait aussi qu'ils sont Français. Il les surprend au milieu de leur travail. Un seul tableau est terminé, c'est une vue du lac Némi, un des plus beaux sites de la campagne romaine. Le Prince, après en avoir fait l'acquisition, invite les trois jeunes gens qu'il a charmés à venir lui rendre sa visite au palais Conti.

Au musée du Vatican, il rencontre devant la *Transfiguration*, un peintre occupé à faire une copie du chef-d'œuvre de Raphaël. Après un moment d'examen, il félicite l'artiste d'avoir si bien compris le grand maître. L'artiste est un Français qui répond au Prince : « Ah ! Monseigneur, c'est Monsieur le
« Duc de Berry qui m'a mis le pinceau à la main,
« lui seul m'a protégé au début de ma carrière.
« Jugez combien je suis heureux d'avoir mérité
« votre suffrage ! »

La préférence d'Henri de France pour les artistes français ne le rendait point injuste pour les étrangers. Il avait été convenu qu'on profiterait de son

Le portrait du Prince.

séjour à Rome pour faire exécuter son portrait par quelque artiste de grand talent. Le choix du jeune Prince se serait porté sur Ingres : mais Ingres, alors directeur de l'Académie de France, n'aurait pu se charger de ce travail sans mécontenter gravement la direction des beaux-arts à Paris. Henri de France dut alors songer à Camuccini, de tous les peintres italiens le plus digne d'être choisi pour remplacer le grand peintre français.

Camuccini fut reçu au palais Conti ; mais, en sortant de cette audience, il dit au comte de Montbel : « J'avais cru pouvoir me charger du portrait du « Prince, et je me vois obligé d'y renoncer. Je vous « supplie de lui faire agréer mes excuses : pour « peindre cette jeune physionomie avec ses vives « impressions, il faut posséder ce que je n'ai plus. « Il y a dix ans, j'aurais mis ma gloire à remplir cette « tâche ; aujourd'hui je suis vieux, je ne veux pas « échouer au port. » Ainsi tous ceux qui le voyaient, Princes, politiques, guerriers, artistes, tous étaient également frappés d'admiration.

<small>Témoignage d'un Anglais.</small> En ces jours-là mêmes, un étranger, un Anglais catholique, était le témoin charmé du prestige exercé par Henri de France, et il le subissait encore quand il écrivait à un ami : « C'était à Saint-Pierre de « Rome que je devais voir pour la première fois le « Duc de Bordeaux. Le jour de Noël, à la grand' « messe papale, il était dans l'une des tribunes « royales ; en le voyant, il me semblait entendre

« Bossuet parlant de la Royauté : *Ce ne sont ni les
« forteresses ni les armées qui me montrent la véri-
« table grandeur de la dignité royale, je porte mes
« yeux sur Dieu même et de cette majesté infinie
« je vois tomber sur les Rois un rayon de gloire que
« j'appelle Royauté.* Trois fois je me suis mêlé dans
« le rangs français qui faisaient cortége au jeune
« Prince lorsqu'il descendit de la tribune ; j'ai été
« témoin de l'accueil vif et empressé qui lui a été
« fait, comme de la manière gracieuse et noble
« dont il recevait nos hommages. Deux géants,
« anciens Cent-Suisses, lui frayaient la route avec
« leurs hallebardes ; mais chacun s'arrêtait pour
« céder le pas à Henri de France. Ce jour-là, je vis
« pleurer de joie des hommes faits. » Ce qu'un
étranger écrivait, tous les étrangers présents à Rome,
cet hiver-là, l'éprouvaient comme lui. Tous nous
enviaient ce Prince donné par Dieu à la France et
que la Révolution lui avait arraché. Il se montrait
et tous l'aimaient.

Aussi la comtesse Shrewsbury disait-elle: « Mais
« qu'il se montre donc!... » Les étrangers s'empressaient autour de lui, mais les Français plus encore.
Les salons du palais Conti ne pouvaient suffire à
la foule des visiteurs « et chaque jour le bateau
« à vapeur », dit le comte de Locmaria, « nous
« amenait de nouveaux compatriotes. » Le 1er janvier 1840, Henri de France, qui n'était jamais exclusif, ne reçut que des Français: « Je veux », dit-il,

Le 1er janvier 1840.

« passer cette journée en famille. » L'affluence fut si grande que plusieurs dames se sentirent incommodées par la chaleur.

On se plaignit de ne pouvoir respirer ; le Prince, qui entendit cette plainte, dit : « Je n'ai jamais res-
« piré si à l'aise : ce monde, venu de France, m'a
« apporté de l'air du pays, et jamais mon cœur n'a
« mieux battu. »

Prudence du jeune Prince. Il savait pourtant contenir son cœur et contenir aussi l'ardeur des royalistes accourus de si loin pour le connaître et émerveillés de tout ce qui leur était donné de voir et d'entendre. S'il les avait laissés à eux-mêmes, ils auraient pu, par les manifestations de leur joie et de leurs espérances, créer de nouveaux embarras au gouvernement pontifical. Mais il eut autant de sagesse pour les modérer qu'il avait eu de fermeté pour demeurer à Rome malgré ceux qui avaient voulu l'en faire éloigner. Aussi les plus prévenus disaient-ils : « Il n'a pas fait une faute, et il n'a que dix-neuf ans ! »

Le matin de ce 1er janvier, il avait été reçu par Grégoire XVI au Vatican, et le Saint-Père lui avait montré ses appartements privés.

Voyage à Naples. Cinq jours plus tard, il partait pour Naples où il allait rendre visite au Roi Ferdinand II, son oncle, et à toute la famille de sa mère. Il consacra vingt jours à cette visite et à quelques excursions dans les environs de Naples.

Il se sentait rappelé à Rome par le charme puissant que la Ville éternelle exerce sur toutes les grandes âmes. « Je suis très-content d'avoir vu Naples », disait-il en la quittant, « mais je préférerais habiter
« Rome; à Naples la vie est si bruyante, si extérieure,
« qu'à peine s'y donne-t-on le temps de réfléchir.
« A Rome on retrouve la vie morale et intellec-
« tuelle; à Rome, du moins, on peut méditer sur le
« passé et s'occuper de l'avenir; à Naples, il faut se
« laisser absorber par le présent ou se condamner
« à une profonde retraite. » N'ayant plus à lui que peu de jours avant de reprendre le chemin de Goritz, il voulut les employer à goûter encore cette douce vie qu'on vit à Rome, la patrie des âmes. Il rentrait au palais Conti le 25 janvier.

Il était ainsi à Rome au jour anniversaire de sa première communion, le 2 février, fête de la Purification. Ne pouvant aller au sanctuaire de Notre-Dame-de-Lorette il y envoya une offrande, un cœur en vermeil portant sur les deux côtés les noms du frère et de la sœur, Henri et Louise, avec des lys et la date du 2 février 1840. Le même jour, Grégoire XVI lui adressait des médailles, des reliques et un magnifique cierge bénit.

Retour à Rome.

En dépit de la diplomatie, le Saint-Père ne traitait pas Henri de France seulement en fils, en chrétien; le Souverain Pontife le traitait en Roi. Le gouvernement pontifical avait envoyé au-devant du Prince revenant de Naples une escorte qui était allée l'attendre à la frontière des Etats Romains.

Dernière audience de Grégoire XVI.

Avant de quitter Rome, Henri de France fut encore au Vatican, où il prit congé de Grégoire XVI. Ce n'était pas sans un vif regret que le Saint-Père voyait partir ce jeune hôte qu'on avait voulu l'empêcher de recevoir. Quelques semaines plus tard, répondant à une lettre où le Comte de Marnes le remerciait de la bonté paternelle témoignée par lui au petit-fils de saint Louis, il faisait l'éloge le plus magnifique du Prince et il parlait de l'impression produite sur tous par la foi d'Henri, par sa piété, son affabilité, son esprit, son jugement droit, son instruction ; il parlait des bénédictions attirées par tant d'abondantes aumônes, enfin du souvenir ineffaçable qu'Henri avait laissé dans la Ville sainte.

Adieux aux Français.

Les adieux du Prince aux Français qui lui avaient « apporté de l'air du pays », furent pleins de tristesse. Il remit à tous une vue du palais Conti avec ces mots écrits de sa main : *Souvenir du voyage de Rome*. Beaucoup cependant, pour retarder l'heure de la séparation, voulurent accompagner Henri de France hors des murs de la Ville éternelle et montèrent à cheval pour lui faire escorte. Il monta lui-même à cheval pour être mieux avec eux. Hélas ! la séparation dut se faire bientôt, et l'illusion qui adoucissait l'amertume de l'exil s'évanouit. Mais il y a un remède infaillible à la tristesse des chrétiens. Henri de France se détourna un peu de sa route pour faire le pèlerinage d'Assise et de la Portioncule.

Séjour à Florence
Il s'arrêta quelques jours à Florence, y trouvant

des Français. Le soir même de son arrivée, apprenant qu'il y en avait une vingtaine dans l'hôtel où il était descendu, il voulut les recevoir aussitôt, quoiqu'il fût en habit de voyage.

C'est à Florence que Mademoiselle de Fauveau put achever le buste d'Henri de France qu'elle avait commencé à Rome. Un autre artiste, Tenerani, avait aussi profité du séjour du Prince à Rome pour tailler dans le marbre cette jeune et noble tête. Le vieux Bertholini, dont Henri visita l'atelier à Florence, fut moins heureux. « J'ai reçu », écrivait-il un peu plus tard, « la visite de Monseigneur le Duc de « Bordeaux. Je regrette de n'être plus assez jeune « pour faire son buste de souvenir : ce serait le Roi « des Princes. »

Buste d'Henri de France.

Apprenant qu'Henri de France était descendu à l'hôtel, le Grand-Duc s'empressa de mettre à sa disposition le palais Pitti. Mais Henri refusa de s'éloigner des Français. « Vous ne m'en voudrez pas », dit-il au Grand-Duc, « de rester ici : je suis au mi- « lieu de compatriotes. » A un dîner qu'il accepta chez le marquis de Colbert de Maulévrier, il rencontra un paysan, « le fils du brave Bibard » qui s'était glorieusement battu dans l'insurrection vendéenne : « quand le Prince a entendu prononcer son nom, « il est allé droit à lui, lui a serré la main, et s'est « informé avec la plus vive sollicitude de la santé « et de la position actuelle de son père [1]. » Et, la

Le paysan vendéen.

---

[1] M. Crozet de Sairat.

veille ou le lendemain de ce jour-là, Henri de France, Roi sans couronne et qui n'avait jamais régné, était reçu chez le Grand-Duc de Toscane avec tous les honneurs royaux.

Retour à Goritz. De retour à Goritz quelques jours après, il se retrouvait au milieu des siens dont les cœurs l'avaient accompagné dans ce voyage long à leur tendresse. Il reprenait ses études qu'il n'avait d'ailleurs guère interrompues. Il continuait de se préparer à la mission pour laquelle Dieu l'avait fait naître ; et quelques mois plus tard, repassant dans sa mémoire les jours de son voyage à Rome, il écrivait à son *Lettre à l'Evêque d'Hermopolis.* ancien précepteur : « Je m'occupe de choses graves
« et utiles, et je vous bénis tous les jours de m'avoir
« forcé au travail dans mon enfance, je classe et je
« mets par écrit tous les souvenirs de mes voyages
« et particulièrement de celui de Rome, qui a été
« pour moi un si grand sujet de réflexion et d'étude.
« Par là je crois y être encore ; et je revois ces
« monuments si grands, si magnifiques, ces lieux
« célèbres dans l'antiquité païenne et surtout dans
« les premiers temps du christianisme, teints du sang
« des martyrs et tout replendissants aujourd'hui de
« la gloire du Christ, cette ville vraiment éternelle
« qui a été habitée par tant de grands hommes et
« par tant de saints. »

Dieu venait de lui faire connaître et de lui faire aimer la Ville éternelle, la Ville sainte qui devait, trente-trois ans plus tard, tombée aux mains de la

Révolution, paraître perdue pour les siècles futurs, perdue pour la sainteté, perdue pour la société chrétienne dont elle fut la mère et la maîtresse,.. mais Dieu ne fait rien en vain, et ce n'est pas en vain qu'il a fait connaître et aimer sa cité d'élection au fils de saint Louis.

CHAPITRE VI.

Champ de bataille d'Austerlitz. — Visite à Prague. — Voyage interrompu. — Traité du 15 juillet 1840. — Éducation navale. — Voyage à Venise. — L'imprimerie Antonelli. — Le Prince des pauvres gens. — Accident du 28 juillet 1841. — Traitement de la blessure. — Lettre du Prince à l'Évêque d'Hermopolis. — Hiver passé à Vienne. — Émotion profonde causée en France par la nouvelle de l'accident. — Le Prince met d'accord ses deux chirurgiens. — Saison aux eaux de Tœplitz. — Mort du fils aîné de Louis-Philippe. — Séjour à Dresde. — Champ de bataille de Leipsick. — Études politiques. — Étude de la marine. — Souscription au monument élevé à la mémoire de Dumont-Durville. — Voyage en Angleterre et en Écosse. — Edimbourg. — Le château d'Holy-Rood. — *Le jardin des Enfants de la France* à Lullworth. — Établissements agricoles. — Établissements industriels. — Canaux et mines du duc de Bridgewater. — Justice rendue à l'industrie étrangère. — Hommages rendus au génie français. — Manufacture de poterie. — Études relatives à la marine. — Arrivée à Londres. — Pèlerinage de Belgrave-Square. — La paysanne du Morbihan. — Le camarade de Bagatelle. — Affiche vivante. — Le Roi de tous. — Un saint-simonien. — Henri de France au milieu des Français. — L'estime et l'amour des hommes. — Conseils aux jeunes gens. — Henri V connaît la France. — Maladie de Louis-Antoine. — Départ d'Henri de France.

Poursuivant le cours de ses voyages, le Comte de Chambord quitta Goritz dans le courant de l'année 1840, pour visiter les contrées du nord de l'Autriche, la Bavière, la Saxe, la Prusse, et aller jusqu'en Angleterre. Mais les événements politiques devaient interrompre l'exécution de ce projet.

Champ de bataille d'Austerlitz.

Il put voir le champ de bataille d'Austerlitz. Il le parcourut, non en curieux, mais en Prince pour qui tout est sujet d'étude, et surtout les luttes où étaient engagées la gloire et les destinées de la patrie. Il avait ainsi, l'année précédente, étudié sur le terrain la bataille de Wagram. Il était encore à Austerlitz accompagné par un des témoins de la lutte, le général d'Hautpoul, son ancien gouverneur.

Visite à Prague.

Il put revoir Prague où l'attiraient tant de chers et puissants souvenirs. Là, s'étaient passées les trois dernières années de Charles X ; là, le Prince, encore enfant, mais déjà livré aux études les plus sérieuses, avait eu successivement pour maîtres les PP. Druilhet et Deplace, et l'Évêque d'Hermopolis. Il ne put revoir Prague sans pleurer, il ne put le revoir non plus sans sourire. Entrant avec ses compagnons de voyage dans son ancien cabinet de travail, il leur dit : « Voyez,
« j'ai passé ici de rudes moments entre Cicéron,
« Tacite, Cormontaigne, Legendre, Cuvier et Cassini,
« regardez cette table comme elle est ciselée de
« coups de canif et de figures bizarres que je traçais
« complaisamment tout en étudiant mes leçons.
« J'en serais vraiment honteux, si je ne me rappelais
« que les graves députés hongrois ne traitent guère
« mieux la table sur laquelle ils élaborent leurs lois.
« Pour moi, du moins, je n'avais que treize ans, et
« ne prétendais en aucune manière aux honneurs
« de la législature. »

Il n'avait encore que vingt ans quand il disait cela, et déjà il lui fallait avoir les yeux attentivement fixés sur les événements politiques pour y subordonner sa conduite. A Rome, il avait rencontré l'opposition d'un ambassadeur et il avait passé outre. Il voyait maintenant les événements donner à ses projets une inopportunité qu'il n'avait pas prévue, et il ajournait ses projets. Le traité du 15 juillet 1840 pour le règlement des affaires d'Orient, venait d'exclure la France du concert européen, on entendait dans l'air des menaces de guerre. Sans y croire, le Comte de Chambord jugea qu'il devait s'arrêter et remettre à des jours plus calmes le voyage qu'il avait entrepris. « On parle beaucoup « de la guerre », dit-il à ses compagnons; « mais le « cabinet du 1er mars veut-il vraiment l'engager ? et « serait-il libre de se jeter dans cette aventure ?... « Le gouvernement a fait une pointe en Orient « sans consulter ses forces ; il recule, et masque sa « retraite par un grand bruit qui produira en France « les fortifications de Paris, une large brèche aux « finances, et au dehors une profonde déconsidéra- « tion. Mais le gouvernement ne fera pas la guerre, « son isolement ne le lui permet pas. Cependant il « suffit qu'on la croie possible en France, pour que « je m'abstienne de toute relation avec les puis- « sances qui ont signé le traité du 15 juillet. Je ren- « trerai donc dans ma solitude, et j'y resterai jusqu'à « ce que ces nuages factices soient complétement « dissipés. » On verra d'autres conflits entre les puissances européennes, on verra des guerres entre la France et la Russie, entre la France et l'Autriche.

Voyage interrompu. — Traité du 15 juillet 1840

entre la France et l'Allemagne du Nord, on verra toujours Henri de France se diriger avec la même sagesse et le même patriotisme.

A propos de ces bruits de guerre qu'on entendit au commencement de l'automne de 1840, il dit à un jeune officier français qui s'était engagé dans l'armée autrichienne : « Je compte, Monsieur, que si la
« guerre éclate entre la France et l'Autriche, vous ne
« manquerez pas de donner votre démission. »

Dans une lettre à l'Évêque d'Hermopolis, le Prince résume ainsi en traits rapides ce voyage brusquement interrompu : « Après avoir visité la Moravie, que je
« ne connaissais pas, Brünn, le champ de bataille
« d'Austerlitz et Olmütz, j'ai été passer quelques
« jours à Prague. Là, tout me rappelait des sou-
« venirs bien chers. J'ai revu cette chambre d'étude,
« ce salon où nous avons causé si souvent ensemble,
« la cathédrale, le jardin impérial, les promenades
« du rempart où je vous rencontrais par les plus
« grands froids avec notre bon abbé.

« En quittant Prague, j'ai été visiter Nuremberg,
« dont les maisons, les rues, les églises rappellent
« les villes allemandes du moyen âge, et je suis
« arrivé à Munich par Ratisbonne. Munich est deve-
« nue comme une nouvelle Rome pour les arts et
« pour les sciences. J'ai admiré toutes les construc-
« tions que fait faire le Roi de Bavière, palais,
« églises, édifices publics. Munich est, de plus, la
« ville la plus catholique de l'Allemagne, et où l'on
« professe la meilleure philosophie.

« M. d'Hautpoul, qui m'a accompagné dans ce
« voyage, et que j'ai quitté à Schaffouse, m'a été
« très-utile pour la partie militaire. »

Rentré à Goritz, il vit presque aussitôt se dissiper Education navale. — Voyage à Venise.
l'orage dont les menaces avaient un instant ému
l'Europe. Il retrouvait ainsi sa liberté d'action et il
en profita pour compléter ses études militaires par
un cours d'administration et de théorie navales.
Ayant à cet effet appelé le capitaine de vaisseau
Villaret de Joyeuse, il partit avec lui et le duc de
Lévis pour Venise. La reine de l'Adriatique offrait
dans son arsenal, ses chantiers de construction, ses
magasins et son vaisseau-école, de précieuses ressources pour l'étude de la marine. Le gouvernement
autrichien avait mis à la disposition du Prince une
goëlette dont la construction n'était pas encore
achevée. Henri de France put en suivre les derniers
travaux en même temps qu'il apprenait la théorie
de l'art naval sous l'excellent maître qu'il s'était
choisi et qui écrivait alors en France : « Monsieur le
« Duc de Bordeaux s'occupe de marine avec toute
« l'ardeur que d'autres jeunes gens de son âge mettraient à s'occuper de chiens et de chevaux. » Le
17 février 1841, il monta sur la goëlette qu'un prêtre
venait de bénir et alla visiter une partie des côtes de
l'Adriatique. Ayant ainsi tenu la mer pendant quinze
ou vingt jours, il rentra au port. Ces deux ou trois mois
passés à Venise et ces deux ou trois semaines passées sur la goëlette suffisaient au dessein qu'il s'était

proposé : un Roi n'a pas besoin de connaître la marine en marin, il ne peut consacrer sa vie à une étude unique, il connaît assez la marine s'il s'est mis en état de comprendre ceux qui la connaissent le mieux. Henri de France, en quittant Venise et en se séparant du capitaine Villaret de Joyeuse, ne disait pas adieu à cette étude nécessaire ; et quelques semaines plus tard, il écrivait au capitaine en lui adressant une épée comme témoignage de sa reconnaissance et comme souvenir des jours passés ensemble à Venise et sur l'Adriatique : « Je continue
« de m'occuper de marine, et je relis les notes que
« nous avons rédigées ensemble, afin de ne pas
« perdre les connaissances que je dois à vos utiles
« enseignements. »

A Venise même, cette étude nouvelle n'avait pas tout à fait interrompu les études ordinaires du Prince. Il visitait les établissements publics, les institutions de charité, les ateliers des artistes. Rien de ce qui touche aux progrès de l'homme ou au soulagement de sa misère ne lui était étranger. Aussi accueillait-il avec empressement tous les hommes de mérite, si humble que fût leur condition, il ne les attendait même pas, il les allait chercher. Une imprimerie de Venise, établie depuis quelques années, occupait alors quatre ou cinq cents ouvriers. Elle n'avait cependant pas été fondée avec de grands capitaux ; un bouquiniste intelligent, nommé Antonelli, avait eu l'idée de réunir dans le même éta-

L'imprimerie Antonelli.

blissement toutes les industries qui se rapportent à la fabrication des livres, la fonte des caractères, l'imprimerie, la lithographie, la gravure, la reliure, et il avait réalisé par cette réunion une grande économie. Non moins honnête qu'intelligent, il ne voulait produire que de bons livres. Non moins charitable qu'honnête, il avait, à l'époque du choléra, fait de grands sacrifices pour ne renvoyer aucun de ses ouvriers et, demeuré au milieu d'eux, avait comme un père procuré tous les soins nécessaires à ceux qui étaient tombés malades. Henri de France, ayant ouï parler de ces choses, voulut visiter en détail l'imprimerie Antonelli et, après avoir félicité le maître de tout ce qu'il venait de voir, le fit asseoir à sa table.

Ce n'est pas le rapide succès de son entreprise qui vaut à l'imprimeur Antonelli un tel honneur, mais sa justice et sa généreuse sollicitude pour ses cinq cents ouvriers. Henri de France est toujours préoccupé des besoins de ceux sur qui pèse plus lourdement le fardeau de l'existence. Le Prince chrétien est avant tout le Prince des pauvres gens. Il appartient à ceux que la modicité de leurs ressources expose plus que les autres à souffrir; il appartient à ceux, quelle que soit leur condition ordinaire, qu'une catastrophe ou un accident a frappés dans leurs personnes ou dans leurs biens. Au printemps de 1841, Henri de France apprend l'inondation de la vallée du Rhône ; aussitôt il écrit au

<small>Le Prince des pauvres gens</small>

marquis de Pastoret d'envoyer six mille francs dans les pays qui ont le plus souffert et particulièrement dans les villes de Lyon et d'Avignon. « Quoique forcé « de vivre loin de ma patrie, » dit-il, « je ne puis « jamais rester étranger ni indifférent aux maux « qu'elle endure. Tout mon regret, dans cette cir- « constance, est de ne pouvoir donner davantage, « mais en recevant le peu que je puis offrir, on com- « prendra tout ce que j'aurais tant aimé à faire. » Il croirait faillir à son devoir s'il allait seul au secours de ceux que le fléau vient de frapper, il appelle ses amis à y aller avec lui: « J'espère que « tous mes amis suivront mon exemple, et m'aide- « ront ainsi à secourir tant d'infortunes. Ils ne « peuvent pas me donner une preuve d'affection à « laquelle je sois plus sensible. »

Il allait bientôt recevoir, non pas seulement de ses amis, mais de l'Europe entière, une autre preuve d'affection dont la vivacité put étonner et l'Europe qui la donna et le Prince qui la reçut. Le progrès des idées révolutionnaires pouvait permettre aux esprits frivoles de ne plus compter le Fils de saint Louis pour rien, un évènement imprévu vint leur révéler quelle place il tenait toujours dans le monde.

Accident du 28 juillet 1841. Le mercredi 28 juillet 1841, Henri de France, accompagné de MM. Stanislas de Blacas, de Foresta et de Locmaria, partit de Kirchberg se rendant à la verrerie de Schrems, qui rivalise avec celles de Bohême et où il avait commandé des cristaux destinés à Mademoiselle. Aux deux tiers de la route, le Prince et ses compagnons s'engagèrent dans un chemin creux où bientôt ils rencontrèrent une charrette couverte d'une bâche mobile. Les bœufs s'effrayent à la vue des trois cavaliers. (Le comte de Blacas était parti en avant pour annoncer à Schrems l'arrivée du Prince.) Les bœufs s'agitent et barrent le chemin. Leur conducteur parvient à les maîtriser et à livrer aux cavaliers un passage suffisant. Mais c'est le tour des chevaux d'être effrayés par le mouvement de la bâche. L'encaissement du chemin ne permet pas de se détourner, il faut ou reculer ou s'engager dans l'étroit espace laissé par la voiture. Le Prince pousse son cheval qui résiste, le comte de Locmaria veut passer en avant, le Prince s'y oppose et pique des deux. Le cheval irrité se cabre de toute sa hauteur et se renverse sur son cavalier. Le Prince, qui a conservé la liberté d'un bras, frappe d'un vigoureux coup de poing la tête du cheval pour le faire relever. L'animal essaye de se remettre sur ses pieds et après de violents efforts et en s'appuyant sur la cuisse gauche du Prince, il se relève. Les deux autres cavaliers se sont précipités près du Prince qui leur dit: « Il faut se procurer une voiture, « j'ai la jambe cassée. » M. de Foresta veut aller à Kirchberg chercher le docteur Bougon. « Volontiers, « dit le blessé; mais auparavant remettez-vous, ne « montrez pas à ma tante et à ma sœur ce visage « pâle et cet air consterné : ne les effrayez pas ! » Les paysans sont à leurs travaux, et on ne peut songer à en réunir assez pour servir un brancard. Un des deux domestiques qui suivaient le Prince est envoyé à Schrems pour en ramener une calèche, tandis que l'autre garde les chevaux.

« Je transportai le Prince sur l'herbe, à quelques
« pas du lieu de sa chute, » dit le comte de Locmaria ;
« je m'assis, il posa sa tête sur moi ; des enfants
« m'apportèrent de l'eau, cette eau salutaire le
« préserva d'un évanouissement complet. » Le même témoin, plein de courage à l'heure du péril, sentit défaillir son courage quand le Prince blessé fut remis à d'autres mains et que le péril fut, non tout à fait passé, éloigné du moins. Il se redit alors ce qu'il a souffert pendant cette heure d'angoisse :
« La Providence, hélas ! me réservait encore de
« bien dures épreuves : depuis j'ai vu mourir sous
« mes yeux deux fils presque de l'âge du Duc de
« Bordeaux, et cette séparation déchirante n'a pas
« pénétré plus profondément mon cœur que la vue
« du Fils de mes Rois, pâle, blessé à mort peut-
« être, et prêt à défaillir dans mes bras ! Je me
« sentis brisé dans tous mes sentiments de Français,
« de serviteur et de père, alors j'éprouvai bien dou-
« loureusement combien était vrai ce mot touchant
« prononcé par Louis XVIII devant le berceau
« royal : *Il nous est né un enfant à tous !* »

Le Prince était là depuis trois quarts d'heure, quand le comte de Blacas revint de Schrems, et peu après lui le domestique amenant la calèche. Pour la garnir, on avait d'avance envoyé chercher au hameau le plus voisin des matelas, des lits de plumes, des oreillers. On y étend le Prince et on se met en marche pour Kirchberg, tous s'employant à soutenir la calèche. Après une demi-heure, on rencontre le docteur Bougon. C'était de lui que, vingt-un ans auparavant, le Duc de Berry, frappé mortellement, avait reçu les premiers soins; c'était lui qui, pour sauver ce Prince, le dernier espoir de la Maison de France, avait sucé la blessure, peut-être empoisonnée. Dieu le place aujourd'hui auprès du fils du Duc de Berry, devenu à son tour l'unique espoir d'une cause qui est celle de la France et du monde et à son tour blessé... La mort est-elle là comme au 13 février? Le docteur Bougon examine la blessure et en reconnaît l'effrayante gravité. En ce moment accourt, au galop de son cheval, le duc de Lévis, à qui le Prince dit : « Mon ami, vous voyez dans quel « triste état je reviens ; quel dommage que cet ac- « cident ne me soit pas arrivé sur un champ de « bataille, en servant la France ! » Au bruit de l'événement les paysans avaient quitté leurs travaux, et il était devenu possible d'organiser un brancard. Le duc de Lévis le voulut faire, mais le blessé préféra ne pas quitter la calèche.

Bientôt le triste cortège rencontra le Comte de Marnes qui venait savoir ce qu'il devait craindre et ce qu'il pouvait espérer. Quand on ne fut plus qu'à un quart d'heure du château, le comte de Locmaria voulut prendre les devants pour faire disposer toutes choses. Le blessé ne le laissa partir qu'après lui avoir recommandé sa tante et sa sœur : « Faites « qu'elles ne me voient pas ce soir. Demain, je « serai plus présentable. Ma tante a déjà tant souf- « fert! » Mais il est trop tard, les Princesses sont instruites de cette nouvelle épreuve que Dieu envoie à la Famille royale. Le comte de Locmaria ne trouve que Marie-Thérèse : elle se résigne, puisque c'est le désir de son neveu, à ne le voir que le lendemain et cherche dans la prière la force et l'espérance. Mademoiselle, à la première nouvelle de l'événement, a volé au-devant de son frère. Un courrier est expédié en toute hâte à la Duchesse de Berry qui vient de quitter il y a peu de jours Kirchberg où elle a passé quelque temps à propos de la Saint-Henri.

Traitement de la blessure. Quand le Prince fut établi dans sa chambre, le docteur Bougon fit un nouvel examen de la blessure et replaça le membre fracturé. Sur sa demande Louis-Antoine fit appeler le meilleur chirurgien de Vienne, le docteur Watman. Celui-ci, d'accord avec le docteur français, et au moyen d'un appareil, soumit le membre fracturé à une traction continue. Ce traitement, qui fait honneur à l'habileté des praticiens, n'eût pas pu obtenir un succès complet si le blessé n'y eût contribué par tant de force et de patience. Les hommes de l'art déclarent dans leur rapport écrit un mois après, « qu'ils ont été puis- « samment secondés par la courageuse patience « avec laquelle le Prince a constamment supporté

« l'appareil douloureux dans lequel il a été néces-
« saire de le placer, et sans l'emploi duquel il eût
« été sans doute impossible d'obtenir une guérison
« aussi complète ». En se voyant comdamné à de
longs jours d'inaction, Henri de France avait dit :
« C'est pour compléter mon éducation que Dieu
« m'a envoyé cette épreuve de patience. »

Marie-Thérèse, qui s'était résignée à ne pas voir
son neveu dans la soirée du 28 juillet, put le lendemain repaître ses yeux de la vue de ce cher enfant
à peine échappé à la mort. Louis-Antoine et Mademoiselle vinrent, comme elle, passer deux heures
chaque jour auprès du blessé qui reçut bientôt aussi
les visites de sa mère revenue en toute hâte à Kirchberg. Le Prince lui dit, pour ménager sa tendresse
maternelle, qu'il avait seulement une légère fracture
à la jambe. Et pourtant sa souffrance était vive, à
ce moment-là même ; et quand Madame se fut retirée,
il dit à son valet de chambre : « Fermez la porte, je
« me suis contenu devant ma mère, mais je ne puis
« plus me contenir. »

Cependant Mademoiselle, dans ses deux visites
de chaque jour, s'attachait à distraire Henri en
dessinant ou en faisant de la musique auprès de lui.
Elle charmait la longueur des jours et des semaines
de la maladie par sa conversation tendre et enjouée,
par ses saillies aimables et sa douce gaieté. Quand
il put faire ses premiers pas, il les fit, appuyé sur
les bras de cette chère compagne de son enfance, et
ce fut avec elle encore que convalescent il cherchait

dans la promenade les forces que l'inaction et la douleur lui avaient fait perdre.

Lettre du Prince à l'Évêque d'Hermopolis.

Dès qu'il put rassurer son ancien précepteur [1], Henri de France, dans une lettre dictée, prit soin de lui annoncer lui-même et l'accident et ce qu'on avait déjà fait pour en prévenir les suites funestes : « Mon cher Evêque, » lui disait-il, « je ne veux pas
« que vous appreniez par les journaux l'épreuve que
« le ciel vient de m'envoyer et qu'il me fera la grâce
« de supporter avec courage. Mercredi dernier,
« 28 juillet, dans une de mes courses à cheval,
« comme vous savez que j'ai coutume d'en faire
« trois ou quatre fois la semaine, mon cheval, effrayé
« par une charrette, s'est cabré, et, se renversant
« sur moi, m'a cassé la cuisse gauche. La fracture
« a été réduite aujourd'hui par le docteur Bougon
« et M. Watman, un des premiers chirurgiens de
« Vienne, et l'on a maintenant la certitude que ce
« grave accident n'aura pas de suite fâcheuse. Dieu
« soit béni ! J'ai beaucoup souffert ; je souffre encore
« beaucoup : mais Notre-Seigneur a souffert plus
« que moi. Cette pensée me soutient et me ranime
« au plus fort de ma douleur. C'est vous, mon cher
« Evêque, qui avez imprimé au fond de mon cœur
« ces sentiments de foi où je puise la force dont j'ai
« besoin dans cette triste circonstance. Je vous

---

[1] L'accident était arrivé le 28 juillet, la lettre à l'Évêque d'Hermopolis est du 30.

« remercie de toute mon âme. Ne vous tourmentez
« pas, je vous en prie. Ce n'est plus qu'une affaire
« de patience. Demandez-en à Dieu pour moi une
« bonne provision, et tout ira bien. »

Tout alla bien en effet. Et après trois mois, Henri de France put faire, à petites journées, le trajet de Kirchberg à Vienne. C'est lui-même qui avait voulu ce déplacement, craignant pour son oncle, qui ne l'aurait pas laissé seul à Kirchberg, le séjour de ce château que les trente-deux étangs qui l'environnent et sa situation élevée rendent presque inhabitable pendant l'hiver. Le voyage s'accomplit heureusement, et le Prince descendit au palais Kinski mis à sa disposition par le Duc de Lucques. {Hiver passé à Vienne.}

Le surlendemain de son arrivée à Vienne, Henri de France reçut la visite de l'Empereur d'Autriche. Les Archiducs François, Charles, Ferdinand et Maximilien vinrent le voir chaque semaine pendant les huit mois de son séjour. Les Impératrices et les Archiduchesses lui témoignèrent l'intérêt le plus profond, quelques-unes en venant elles-mêmes. Ce n'était pas seulement la cour d'Autriche qui traitait en Roi cet héritier d'un trône renversé par la Révolution, c'était presque toute l'Europe. Après l'accident du 28 juillet, qui aurait pu produire un si grand vide dans le monde, l'Empereur Nicolas écrivit deux fois à Henri de France. Les particuliers ne se montrèrent pas moins émus que les Princes à la pensée du malheur dont ils avaient été menacés. Pendant {Émotion profonde causée en France par la nouvelle de l'accident.}

dix ou onze mois, encore étendu sur son lit ou convalescent, Henri se vit entouré d'une grande affluence de Français accourus de toutes les provinces ! La nouvelle, apportée en France par le télégraphe, avait été arrangée pour alarmer les amis du Prince et leur interdire à peu près tout espoir. Quatre ou cinq jours se passèrent ainsi dans les angoisses les plus cruelles, et le bruit même de la mort du Prince fut répandu. Alors arriva un jeune homme, le baron de Vauce, qui s'était trouvé à Kirchberg le jour de l'événement et qui, voyageant en courrier, venait de faire trois cents lieues en cinq jours pour apporter à Paris des nouvelles sûres. Ces nouvelles permettaient d'espérer, et les cœurs s'élevant vers Dieu le conjurèrent plus ardemment de ne pas enlever à la France et à l'Europe l'Enfant qu'il leur avait donné vingt ans auparavant. On pria partout pour Henri de France, même hors de France. Et les paysans voisins du lieu de l'événement, voulurent y élever à leurs frais une croix pour remercier Dieu, et vinrent ensuite y prier « pour le bon Prince. »

Le Prince met d'accord ses deux chirurgiens.

Mais, en dépit de toutes les précautions prises lorsqu'on avait transporté le blessé de Kirchberg à Vienne, le voyage l'avait beaucoup fatigué. Aussi l'un des deux médecins crut-il nécessaire de soumettre la jambe à un nouvel appareil de traction plus doux et qu'on lui imposerait moins longtemps. Suivant l'autre médecin, le repos devait suffire à remettre le Prince de sa fatigue et la nouvelle traction était inutile. Ce fut le Prince lui-même qui les accorda. « Messieurs, » leur dit-il, « il faut mettre « un terme à cette discussion. Henri IV, avant de « renoncer au protestantisme, entendit discuter « devant lui un orateur de chaque religion ; l'un « disait que le salut n'était possible que dans la « vérité catholique, l'autre reconnaissait qu'on pou- « vait se sauver dans les deux religions. S'il en est « ainsi, dit alors Henri IV, puisque l'un de vous « reconnaît qu'il y a du danger à rester protestant et « que l'autre avoue qu'il n'y en a aucun à se faire « catholique, je me décide pour le parti qui me « parait le plus sûr. Messieurs, le sujet qui vous « divise est beaucoup moins grave sans doute, mais « il ne manque pas de m'intéresser, car il s'agit de « ma liberté. Eh bien ! je vous mettrai d'accord en « répondant comme Henri IV aux deux docteurs « dissidents : l'un de vous juge nécessaire de me « soumettre à une nouvelle gêne, l'autre pense qu'on « peut s'en dispenser, mais il reconnaît cependant « que cette gêne n'a aucun inconvénient : gênons- « nous donc encore une fois, mais guérissons. » Le Prince subit donc cette nouvelle gêne qui dura trois semaines, mais qui ne l'empêcha point de recevoir les visiteurs et de reprendre ses travaux.

La guérison eût été complète, si le Prince n'eût éprouvé dans le membre fracturé encore un peu de faiblesse et de raideur. Contre ces derniers ressenti- ments de sa blessure, les médecins lui conseillèrent

Saison aux eaux de Tœplitz.

les eaux minérales de Tœplitz. Parti le lendemain de la Saint-Henri, 16 juillet, il éprouva bientôt le salutaire effet de ces eaux. Les habitants de Tœplitz étaient heureux et fiers de le voir marcher d'un pas bien assuré ou passer devant eux au galop de son cheval : « Ce sont les eaux de Tœplitz qui l'ont si « bien guéri ! » disaient-ils. Les arquebusiers se crurent autorisés par cette guérison à venir inviter Henri de France à prendre part à leurs exercices ; il y consentit, et voulut bien inscrire son nom en tête de leur compagnie, comme avaient fait d'autres souverains. Cette réception du Prince dans la compagnie des tireurs fut l'occasion d'un exercice extraordinaire et d'une petite fête militaire.

<small>Mort du fils aîné de Louis-Philippe.</small> C'est en arrivant à Tœplitz, dans la soirée du 18 juillet, qu'Henri de France apprit la mort foudroyante du fils aîné de Louis-Philippe, tué cinq jours auparavant, presque à la porte du palais de son père, dans un accident de voiture. A cette nouvelle, Henri de France dit au comte de Locmaria : « Quelle que soit la portée politique de cet événe-
« ment, c'est un grand malheur privé, que je dé-
« plore de tout mon cœur, car le Duc de Chartres
« est mort sans avoir eu le temps de se recon-
« naître !... Voici ses noms : veuillez les remettre au
« curé de Tœplitz ; dites-lui que je demande, pour
« Ferdinand d'Orléans, les prières de l'Eglise, et
« que demain je me rendrai, avec tous les Français
« qui sont ici, à la messe qui sera dite à son inten-

« tion ¹. » La même nouvelle arrivait en même temps à Kirchberg ; la première pensée de Louis-Antoine était de prendre le deuil. Mais il se ravisait presque aussitôt : « Non, » disait-il, « si nous prenions le « deuil, nous appellerions le blâme sur cette famille, « qui n'a pas eu un semblable égard pour la mémoire « de mon père ² à qui elle aurait dû tant de recon- « naissance. Ils sont assez à plaindre ! Nous devons « ménager leur douleur. Nous prierons pour eux en « silence. » Le lendemain, à la même heure, une messe était dite dans la chapelle publique du château de Tœplitz à laquelle assistaient Henri de France et tous les Français présents dans cette ville, et une autre messe était dite dans la chapelle du château de Kirchberg à laquelle Louis-Antoine, Marie-Thérèse et Mademoiselle priaient et communiaient pour leur jeune parent que la mort venait d'enlever par un coup si soudain. Cette surprise de la mort n'avait permis aucune entente aux Bourbons exilés et à ce moment-là séparés, et cependant ils se trouvèrent réunis dans la même pensée de pardon et dans la prière. Tant la miséricorde est naturelle aux Bourbons !

Cette saison aux eaux de Tœplitz avait rendu à Henri de France toutes ses forces. Il en profita pour

---

[1] Quelques jours plus tard, Henri de France écrivait à ce sujet une lettre qu'on trouvera plus loin aux *Pièces justificatives*, n° VII.

[2] La cour des Tuileries avait été la seule en Europe qui ne prît pas le deuil de Charles X. Défense avait même été faite aux prêtres de dire des messes en noir pour l'ancien Roi de France.

faire, dans les derniers mois de 1842, un nouveau voyage en Allemagne. Il passa quelque temps à Dresde où il était appelé depuis plusieurs années déjà par les invitations si affectueuses et si pressantes du Roi de Saxe, et où il fut retenu par l'amitié que lui témoignaient à l'envi Frédéric-Auguste et toute la Famille royale. Le Roi, qui venait souvent lui faire visite le matin, lui donna la correspondance de Marie-Josèphe de Saxe, Dauphine de France et mère de Louis XVI, de Louis XVIII et de Charles X. Relique précieuse d'une sainte aïeule.

Séjour à Dresde.

Il voulut voir le champ de bataille de Leipsick, comme il avait vu ceux de Wagram et d'Austerlitz. Il y fut accompagné par le général Foissac-Latour. En revenant et sous l'impression de cette visite, il écrivait au général de Latour-Maubourg, qui avait commandé un corps d'armée à la bataille de Leipsick : « Je me suis senti heureux et fier de penser « que je compte parmi les amis qui me sont restés « fidèles, des hommes comme vous qui ont versé « leur sang pour la gloire de nos armes et porté « si haut le nom français. Si j'avais pu vous avoir « vous-même pour guide, accompagné par vous et « par le général Foissac, je me serais trouvé aussi « heureux qu'on peut l'être sur la terre étrangère. »

Champ de bataille de Leipsick.

Revenu à Dresde, Henri de France trouva dans son appartement de beaux vases de porcelaine que le Roi de Saxe y avait fait apporter. Quelques jours après, il allait partir, ayant pris congé du Roi et de toute cette Famille royale qui l'avait reçu avec tant de cordialité ; mais le Roi, voulant lui dire encore un dernier adieu vint le trouver et lui demander la promesse d'un nouveau voyage à Dresde.

Traversant l'Allemagne dans les premiers jours de janvier 1843 et se rendant à Venise où il voulait passer le reste de l'hiver, Henri de France se détourna de sa route pour aller, suivant sa coutume, rendre visite à la Duchesse de Berry et demeurer quelques jours auprès d'elle. Puis il fut s'embarquer à Trieste.

Arrivé à Venise, il y reprit ses études que tant de distractions avaient interrompues à Dresde. « Suivre « attentivement les discussions de la tribune et de « la presse dans notre patrie, dit l'un de ses compa- « gnons, y noter les bonnes pensées et les idées « pratiques; examiner avec un soin scrupuleux les « actes du gouvernement et de l'administration ; « tout lire, tout connaître pour apprécier les hommes « qui se montrent supérieurs à la situation qu'on « a faite à la France; étudier les embarras d'une « société qui s'encombre, où tout le monde veut « l'égalité et chacun des distinctions; étudier aussi « les ressources de cette société et les bons éléments « qu'elle peut mettre en œuvre; tel était, depuis « plusieurs années, l'objet des occupations du « Prince, et cependant elles n'excluaient pas les « études historiques qui mûrissent son jugement en « replaçant avec utilité sous ses yeux les fautes de

Études politiques.

Étude de la marine.

« nos devanciers. » Elles n'excluaient pas non plus, on l'a vu, d'autres études, celle de la marine, par exemple. Cette étude avait été son occupation principale pendant son séjour à Venise deux ans auparavant. Il lui donna, cette fois encore, une part importante de son temps. Le vice-amiral Paulucci, commandant général de la marine, était venu, à l'arrivée du Prince, lui présenter ses officiers et lui offrir son propre fils pour officier d'ordonnance. Le Prince agréa cette offre et profita de la bonne volonté de l'amiral pour assister aux manœuvres. Il visitait souvent l'arsenal, suivait les travaux des ouvriers et s'entretenait avec eux. Ceux-ci l'aimaient, reconnaissaient en lui une grande intelligence des choses de leur état et un véritable esprit de justice à leur égard. Il continuait ainsi d'étudier son métier de Roi, et il le pratiquait en même temps toutes les fois qu'il trouvait des infortunes à soulager et du bien à faire. Apprenant qu'un tremblement de terre venait de causer tant de ruines à la Guadeloupe, il envoyait, malgré sa pauvreté, cinq mille francs pour les victimes.

Souscription au monument élevé à la mémoire de Dumont d'Urville.

La générosité royale n'est pas seulement aumônière. Faire l'aumône est le moindre effort de la charité qui, sans le chercher, trouve son triomphe dans le pardon des injures. Et la clémence est surtout une vertu royale. Les Bourbons sont toujours demeurés Rois sur la terre d'exil et en dépit de tous les votes de déchéance. La petite ville de Condé-sur-

Noireau ayant ouvert une souscription pour élever un monument au contre-amiral Dumont d'Urville qui venait de périr dans la catastrophe du chemin de fer de la rive gauche [1], et le maire s'étant adressé à Henri de France pour lui demander de placer son nom en tête de la liste des souscripteurs, le Prince s'empressa de le faire et d'ajouter à son offrande, tant pour lui que pour le Roi son grand-père, une parole généreuse et l'éloge même « des « services rendus à la France par ce célèbre et « intrépide navigateur [2]. ». En pardonnant tout, il n'oubliait rien; il ne voulait pas que sa générosité pût être interprétée comme un blâme pour les royalistes qui s'étaient abstenus de souscrire, il ne voulait pas surtout qu'elle pût être interprétée comme une justification de la conduite tenue par le capitaine Dumont d'Urville en 1830. Un Roi peut amnistier le passé, il ne peut jamais autoriser pour l'avenir les défaillances et les trahisons.

On a vu que les menaces vaines de M. Thiers, contre les puissances signataires du traité du 15 juillet 1840, eurent pour effet d'arrêter Henri de France qui se dirigeait alors vers l'Angleterre et de ramener le Prince à Goritz. Henri de France n'avait point renoncé à un voyage où il devait voir un grand nombre de Français. Le 4 octobre 1843, il s'embar-

Voyage en Angleterre et en Écosse.

---

[1] 8 mai 1843.
[2] Voir aux *Pièces justificatives*, n° VIII.

quait à Hambourg, accompagné du duc de Lévis, du vicomte de Saint-Priest, du capitaine Villaret de Joyeuse et du général Vincent. Deux jours après il arrivait à Hull. Près de deux mois le séparaient encore du rendez-vous donné aux royalistes fidèles. Il voulut consacrer une partie de ce temps à revoir l'Ecosse où l'appelaient tant de souvenirs, souvenirs non d'années de prospérité, mais d'années paisibles, vouées à l'étude et à l'apprentissage de toutes les vertus, souvenirs heureux de jours malheureux comme nous pouvons presque tous en trouver dans notre passé. L'un des hommes qui ont le plus vécu dans l'intimité d'Henri de France, dit ainsi quelle mémoire le Prince a gardée de l'Ecosse où, exilé, il trouva son premier refuge : « Il ne parle jamais sans
« émotion du peuple écossais, et n'a oublié aucune
« circonstance de son séjour à Edimbourg, ou de ses
« excursions dans les montagnes. Le Prince aime à
« se rappeler tous les souvenirs de cette époque, si
« voisine cependant du jour de son exil ; c'est
« qu'alors l'exil ne lui semblait qu'un voyage, il
« n'avait que dix ans ! »

Edimbourg.   Il était à Edimbourg le 10 octobre. Sa première visite, le lendemain, fut pour le sanctuaire où il avait fait sa première communion, puis il parcourut la ville au bras du capitaine Villaret de Joyeuse en lui montrant tout ce qui se rattachait au séjour fait à Holy-Rood : « Voici, » lui dit-il, « un magasin où
« je suis venu souvent acheter des soldats de plomb

VISITE AU CHATEAU D'HOLY-ROOD.

« et des images. Chaque fois qu'on voulait me
« récompenser de mes devoirs bien faits ou de mes
« leçons bien apprises, on me menait ici, et j'en
« revenais avec un régiment de plus. »

Le château d'Holy-Rood ne pouvait pas être oublié dans ces visites : il était peut-être le principal attrait qui avait fait venir Henri de France à Edimbourg. Le jour où le Prince fut revoir, accompagné de M. Barrande en même temps que du capitaine Villaret de Joyeuse, cette première station de l'exil des Bourbons après 1830, la ville était pleine d'étrangers attirés par une grande fête musicale. Un certain nombre allant visiter l'ancienne résidence des Stuarts et des Bourbons, la loge du concierge se trouvait remplie quand le Prince se présenta. Il fut attendre dans la cour d'honneur avec ses compagnons. Il regarda les fenêtres de la chambre du Roi son grand-père, de la sienne, de la salle où il travaillait. Il remarquait pour la première fois le triste et sombre aspect d'Holy-Rood : Dieu a mis tant de douce gaieté au cœur des enfants qu'il reste impénétrable à la tristesse des lieux. « Quelle demeure
« lugubre ! » s'écria le Prince. Un homme chargé de diriger des travaux qui s'exécutaient alors dans la cour du palais vint lui dire : « Vous ne pouvez
« rester ici. » Le Prince, sans se nommer, obéit. Il se mêle bientôt à de nouveaux visiteurs que la fille du vieux concierge conduit dans les appartements. Il revoit ainsi la chambre de son grand-père, telle

Le château d'Holy-Rood.

encore que Charles X la quitta en 1833. Le même portrait d'Henri, sur lequel les yeux de Charles X se sont arrêtés tant de fois, y est encore. La jeune Ecossaise dit aux visiteurs : « C'est le portrait du Duc « de Bordeaux. — Est-il ressemblant ? » demande Henri de France. — « Il était fort ressemblant ; « mais le petit Prince a dû bien grandir depuis qu'il « nous a quittés. » Dans une autre pièce, l'Écossaise dit aux visiteurs : « Voici la table où le petit Prince « travaillait quand il était écolier. » Henri ne put visiter l'appartement de Mademoiselle, alors occupé.

Jardin des Enfants de France à Lullvorth.

Il put revoir du moins, quand il fut à Lullvorth, le parterre témoin de leurs jeux communs, treize ans auparavant, et auquel le pieux souvenir des propriétaires du château avait conservé le nom de *Jardin des Enfants de France* : « Quand vous serez à « Lullvorth, lui avait écrit Mademoiselle, allez à « notre jardin d'autrefois, et si toutes les fleurs n'y « sont pas mortes, si quelques-unes ont résisté au « temps, apportez m'en quelques feuilles. » Mais le ciel de novembre était contraire à ce vœu si touchant, et Henri de France ne put qu'arracher des touffes sèches à la place des beaux lis qui, durant l'été, décoraient toujours le Jardin des Enfants de France.

Le Comte de Chambord n'avait pas entrepris le voyage d'Angleterre et d'Écosse pour la seule douceur de retrouver ces souvenirs de son enfance. Il était venu apprendre dans le pays même ce que les livres enseignent toujours mal, je veux dire les moyens mis en pratique par la Grande-Bretagne pour le progrès de l'agriculture, pour celui de l'industrie et pour le développement de sa puissance maritime et commerciale.

Il allait voir M. Low, autrefois chargé de lui donner les premières notions d'agriculture, et le vieux professeur le mettait au courant des perfectionnements accomplis par l'agriculture en Écosse ; il lui faisait visiter diverses collections d'instruments aratoires, une collection de graines céréales, une galerie de tableaux représentant les animaux domestiques. Ces visites étaient complétées par celle d'une ferme modèle. A Inverkeithing, le Prince allait revoir le jardin botanique où il avait joué douze ans auparavant. Il y retrouvait un vieux jardinier qui ne le reconnut pas d'abord, mais qui, après quelques instants, se découvrait et lui donnant le nom de *Monseigneur*, et s'enhardissant peu à peu, lui rappelait le temps où il grondait le petit Prince courant sans pitié à travers les plates-bandes. Établissements agricoles.

Il consacrait des journées entières à la visite d'établissements industriels. Une fabrique de produits chimiques près de Glasgow n'était pas jugée indigne de l'attention et de l'examen du descendant de la race royale la plus illustre. A Manchester, Henri de France employait une matinée à parcourir ces ateliers immenses si justement nommés *atlas-works* Établissements industriels.

et où il vit en mouvement une incroyable variété de puissantes machines à travailler le fer. A Sheffield, il suivait dans une importante manufacture d'acier les opérations successives qui transforment le fer de Suède en acier de cémentation, puis en acier fondu. Il allait, accompagné des directeurs de cet établissement, voir à quelques milles la transformation des prismes massifs d'acier fondu soit en barres, soit en feuilles destinées à divers genres de fabrication. Il allait ensuite chez MM. Rogers, couteliers de la Reine, et il examinait les procédés de ventilation adaptés aux ateliers d'aiguisage, et il se réjouissait de voir ce progrès véritable qui procure un air à peu près sain et salubre aux ouvriers chargés de ce travail jadis si dangereux.

Canaux et mines du duc de Bridgewater. Les canaux et les mines du duc de Bridgewater avaient leur place marquée dans les visites de ce voyageur si curieux du progrès et des merveilles de l'industrie. Conduit par le directeur de cette grande administration et vêtu du costume obligé, le Prince a pénétré en bateau dans les canaux souterrains qui se développent sur trente-huit milles de longueur. Pendant plusieurs heures, il parcourt divers étages de canaux d'exploitation que mettent en communication un grand nombre de puits. Par ces puits il peut descendre à des profondeurs considérables et observer les diverses couches de houille et les moyens d'exploitation.

Il ne pouvait pas toujours se défendre de regarder

avec un œil d'envie ces grands établissements industriels qui faisaient l'orgueil de l'Angleterre et auxquels la France n'avait rien à comparer. Son patriotisme ne le rendait point injuste pour nos voisins et nos rivaux. Et quelques semaines plus tard, à Londres, recevant, parmi tant de Français accourus pour le voir, un grand nombre d'industriels, il leur exposait la méthode et les procédés de l'Angleterre quand ceux-ci lui paraissaient supérieurs aux nôtres. « J'aime mieux la France », lui répondit un industriel nantais, M. Legall. — « Et moi donc! » s'écria le Prince, « je défie n'importe quel Français de l'ai-
« mer plus que moi. »

Justice rendue à l'industrie étrangère.

Mais souvent, dans ces visites aux établissements industriels de la Grande-Bretagne, un hommage involontaire rendu par nos voisins et nos rivaux venait chatouiller la patriotique faiblesse de son cœur. Dans une fabrique de soie damassée, à Manchester, il remarquait le grand nombre de métiers à la Jacquard employés à la fabrication et il entendait les directeurs, MM. Schwabe, reconnaitre les immenses services rendus à l'industrie anglaise elle-même par cette invention française et avouer, en même temps, la supériorité conservée par les fabriques de Lyon. Dans une manufacture de poterie de Stoke-upon-Trent, au comté de Stafford, il voyait avec orgueil que les Anglais empruntaient pour ce travail leurs modèles à notre manufacture royale de Sèvres.

Hommages rendus au génie français.

Manufacture de poterie.

L'industrie qui fabrique les belles faïences et les belles porcelaines est presqu'un art. Mais il est d'autres industries bien plus humbles dont l'étude pourrait sembler indigne d'un *gentleman*. On a déjà vu qu'Henri de France ne croyait pas déroger en leur donnant son attention. Il visitait la fabrique de conserves alimentaires de MM. Gillon, il s'enquérait des procédés qui assurent une plus longue conservation ou qui permettent d'abaisser les prix. Tout ce qui touche au sort du marin, à sa nourriture, à son bien-être, l'intéressait vivement. Au milieu de ses études multiples, il poursuivait toujours l'étude de la marine, il la poursuivait en visitant le port de Glascow, il la poursuivait encore en visitant avec le capitaine Villaret de Joyeuse le bassin de Humber, les villes d'York et de Newcastle et les côtes de Durham et de Northumberland. Il allait, quelques semaines plus tard, avoir le courage de se dérober plusieurs fois au charme des soirées de l'hôtel de Belgrave-Square pour faire une excursion à Greenwich et y voir l'école des jeunes marins et l'hôtel des Invalides de la marine, pour pousser jusqu'à Woolwich et connaître les arsenaux de la marine et de l'artillerie qu'on y admire, pour faire le voyage de Bristol et visiter dans les chantiers de construction un steamer aux dimensions colossales. Il devait même étudier en détail la coque et les divisions intérieures de ce curieux bâtiment, examiner les quatre machines à vapeur formant ensemble un moteur de la force de douze cents chevaux et des

Études relatives à la marine.

cendre jusqu'à fond de cale pour se rendre compte de la transmission du mouvement, depuis les machines jusqu'à l'hélice, placée pour agir sous l'eau et donner l'impulsion à cette masse immense.

Henri de France voulut mettre à profit son séjour en Ecosse pour connaître et apprécier les règlements inspirés par le désir de soulager les classes indigentes. L'Ecosse, aujourd'hui protestante et qui voudrait ne pas se souvenir de son passé catholique, est demeurée plus catholique qu'elle ne le croit dans ses mœurs et dans ses institutions. Une joie bien douce est réservée aux catholiques, Princes ou particuliers, qui regardent d'un peu près ce qu'il y a de bon dans les pays protestants. Ces règlements si vantés ont leur principe dans la charité catholique, dans les enseignements de ce *Papisme* que la Réforme a pu proscrire mais non extirper entièrement.

Cependant le principal motif du voyage d'Henri de France n'était pas dans le désir de connaître les institutions de l'Angleterre et de l'Ecosse, les progrès de leur industrie et de leur agriculture; il était dans le désir bien plus vif encore de vivre quelque temps plus rapproché de la France et de voir tant de Français à qui la longue distance ne permettait pas en ce temps-là de faire le voyage de Goritz. Le 27 novembre, le Prince était à Londres. Beaucoup de Français l'avaient précédé, un bien plus grand nombre

Arrivée à Londres.

accourut dans les jours et dans les semaines qui suivirent. Une partie des journées du Prince était consacrée à recevoir les nouveaux arrivants ; et chaque soir les salons de l'hôtel de Belgrave-Square, où il demeurait, étaient ouverts à tous les Français qui lui avaient été présentés.

<small>Pèlerinage de Bellegrave-Square.</small>

Ce qu'Henri de France était venu chercher à Londres, c'était la France ; la loi d'exil le réduisait à la chercher sur la terre étrangère. Il n'avait point voulu provoquer une démonstration politique. Mais tout concourut à imprimer ce caractère au voyage de deux mille Français qui traversèrent alors la Manche. Les alarmes conçues par les ennemis de la Royauté légitime et leur fureur auraient suffi à donner une grande importance à ce *pèlerinage* (c'est le nom que le voyage des royalistes reçut alors de la conscience publique) ; le nombre et la diversité des *pèlerins* justifiaient ces alarmes, sans justifier cette fureur dont j'aurai à parler dans le chapitre suivant. Le *National*, journal du parti républicain, signalait avec un dépit mal dissimulé ce caractère imprévu du pèlerinage, que les partisans d'Henri V étaient de tous les rangs et de toutes les conditions : il aurait pu comprendre par là que ces partisans ne formaient pas un parti, mais représentaient la France fidèle à ses traditions, fidèle à elle-même. « On remarque depuis quelques jours au bureau des « passe-ports, » dit-il, « que les noms les plus communs succèdent aux titres de duc, de marquis,

« de comte et de vicomte dans les demandes de
« passe-port pour Londres. »

Une vieille paysanne du Morbihan, la mère Obet, *La paysanne du Morbihan.* ayant été frappée de la tristesse de son fils, jusquelà heureux et gai, en voulut savoir la cause. Il lui avoua qu'ayant appris le départ de beaucoup de gens du pays pour aller voir à Londres le Roi de France, il s'affligeait d'être si pauvre et de ne pouvoir y aller comme eux. La mère et le fils n'avaient qu'un petit revenu de quatre cents francs ; c'était assez pour faire du bien autour d'eux, ce n'était pas assez pour aller à Londres. La mère cependant, quoiqu'elle partageât l'impatience de son fils de voir Henri de France, ne partagea point son chagrin et crut mieux faire d'en écarter la cause. « Mon enfant, » lui dit-elle, « il faut partir, il faut aussi aller à Lon-
« dres, il faut que nous voyions tous les deux le
« descendant des Rois que mon mari, que ton père a
« défendus. Partons. Je trouverai bien à emprunter
« sur le champ paternel une petite somme suffisante
« pour le voyage. En quelques années, en nous pri-
« vant de quelques douceurs, nous aurons payé
« notre dette et nous aurons des souvenirs et du bon-
« heur pour le reste de nos jours. » Et l'on put voir la mère et le fils dans les salons de Belgrave-Square.

On en vit bien d'autres. On vit des députations d'ouvriers, plusieurs venus des bords de la Méditerranée, ayant traversé la France et le détroit pour aller saluer à Londres le Fils de saint Louis. La vue

et l'accueil du Prince les exaltaient. « Il nous a parlé
« comme un ami, » s'écriaient-ils, « mais en l'écou-
« tant nous sentions bien qu'il était quelque chose
« de plus. »

Le camarade de Bagatelle.

Parmi les ouvriers venus à Belgrave-Square, il y
en eut un que le Prince ne put regarder sans que
bientôt ses yeux se remplissent de larmes. « Ah!
« Monseigneur, ah! mon Prince vous me reconnais-
« sez donc ! » s'écria l'ouvrier. Henri de France le
reconnaissait en effet. C'était l'enfant de troupe qui
avait partagé ses jeux à Bagatelle et dont il avait
plus tard aidé le mariage et l'établissement. Ce
brave ouvrier était venu à Londres pour voir le
Prince un instant seulement et repartir aussitôt : sa
femme allait lui donner un nouvel enfant et il était
impatient de revenir auprès d'elle. « Monseigneur, »
disait-il en mouillant de larmes les mains du Prince,
« j'ai vu tout ce que je voulais voir, je pars, je vais
« dire à ma femme tout mon bonheur pour lui
« donner du courage. »

Affiche vivante.

Un horloger de Paris, tourmenté du besoin de voir
Henri V, n'osait cependant écouter la voix de son
cœur : « Laissera-t-on approcher de lui un pauvre
« petit bourgeois comme moi ? » Puis, songeant à
l'affabilité de Charles X et de tous les Princes de
la Maison de Bourbon, il rougissait de sa crainte
comme d'une mauvaise pensée. Il partait, emme-
nant avec lui son beau-frère. Tous sont égaux

devant le Roi, et Henri V leur fit fête comme aux premiers des Français. Revenu à Paris, l'horloger disait : « Depuis que je l'ai vu, que je l'ai entendu,
« je me suis fait affiche vivante ; je ne peux pas
« garder tant de joie dans mon cœur : il faut que
« je parle à mes amis, à mes connaissances, à mes
« pratiques, à mes ouvriers, à ceux des autres,
« et jusqu'aux conducteurs de cabriolets que je
« prends exprès de temps en temps, il faut que je
« parle du Prince, il faut que je leur dise la bonté
« du Prince, il faut que tout le monde sache son
« affection pour le peuple et son intelligence de
« nos besoins. »

Le Roi est le Roi de tous, paysans et citadins, pauvres et riches : ceux qui affectent le plus de parler autrement le savent bien eux-mêmes. Ils ne savent pas bien cependant et ils ne peuvent pas comprendre jusqu'où s'étend la Royauté du Roi : le Roi n'est pas seulement le Roi des royalistes, il est celui de tous les Français qui aiment leur pays. Hésitait-on à introduire auprès d'Henri de France un honnête homme, professant une opinion hostile à la Royauté : « Puisqu'il est Français, » disait le Prince, « amenez-le. Je veux entendre tous les
« Français, je veux connaître la pensée de tous : la
« vérité est à ce prix. » Et comme on lui rapportait que le sculpteur Flatters avait été vu dans la foule qui se pressait sur son passage et n'osait se présenter devant lui, étant un décoré de Juillet :

Le Roi de tous.

Faites-lui remarquer, » dit-il, « que le Duc de « Bordeaux était bien trop jeune en 1830, pour « se souvenir des cho..es de ce temps-là. »

<small>Un saint-simonien.</small>

Pour connaître la pensée de tous, il n'excluait personne, pas même les esprits les plus chimériques. « La vérité est à ce prix », disait-il. Encore que l'erreur ne puisse jamais être la vérité, l'erreur connue sans être partagée, l'erreur appréciée dans ses causes, dans son étendue et dans ses progrès, dans les ravages qu'elle exerce, dans les maladies qu'elle enfante et dans les abîmes qu'elle creuse, l'erreur ainsi comprise est la vérité la plus utile à connaître pour un Prince. — Parmi les Français qu'Henri V admit à Belgrave-Square, se trouvait un jeune saint-simonien ; il ne l'accueillit pas seulement avec bienveillance, il lui permit encore d'exposer toutes ses théories. Mais la bienveillance et la politesse du Prince n'allèrent point jusqu'à laisser au jeune novateur l'espérance de l'avoir convaincu : « Je n'ai jamais entendu, » lui dit-il en souriant, « un plus beau rêve raconté dans un plus beau « langage. »

<small>Henri de France au milieu des Français.</small>

C'est ainsi qu'il demeura six semaines à Londres, non au milieu de la représentation d'un parti, mais au milieu d'une représentation de la France. Il ne s'en détachait qu'à regret et pour les études que j'ai dites. Un Français lui demandant un jour s'il avait déjà visité les monuments de Londres : « Comment

« l'aurais-je pu faire ! » répondit-il. « Vous êtes
« venus former ici une petite France d'où je ne sors
« qu'à regret... Je suis très-curieux de voir et de
« connaître ; mais j'aime bien mieux passer une
« heure à causer avec un compatriote que d'aller
« voir n'importe quelle magnificence de Londres. »

Ai-je besoin de dire que les salons de Belgrave-Square, ouverts à tous les Français, étaient surtout remplis de royalistes fidèles? C'étaient MM. Berryer, F. des Cars, E. et M. de Damas, Blin de Bourdon, le duc de Fitz-James, le marquis de La Rochejaquelein, G. et H. d'Espinay, F. de Kercaradec, Henri de Cornulier, le duc de Valmy, A. de La Rochefoucauld, R. de Larcy, de Brissac, Georges de Cadoudal, de Puységur, Emile et Ludovic de Franqueville, de Quélen, Espivent de La Villeboisnet, de La Châtre, Ratel, de Lorgeril, G. de Salaberry, le vicomte Edouard Walsh, E. de Kermoysan, V. de Creuzol, le général de Champagny, A. Cousin, Delobel. Je voudrais pouvoir transcrire ici tout entière cette liste de l'honneur et de la fidélité.

Le malheur de notre Prince a été la préparation de sa grandeur future. Un Prince adulé dans sa puissance et dans sa prospérité incline, s'il n'est le plus frivole des hommes, à prendre en mépris l'humanité ; adulé dans son malheur, dans son dépouillement de tout, Henri de France garde dans son cœur ce qui est aujourd'hui si rare, l'estime et l'amour des hommes. Et sans l'estime et l'amour des hommes, comment pourrait-il accomplir sa

L'estime et l'amour des hommes.

mission, comment pourrait-il relever la grande nation que la Révolution a couchée par terre, et qui doit elle-même relever l'Europe ?

Sans l'estime et l'amour des hommes une seule politique est possible, la politique de Machiavel. Où la politique de Machiavel nous a-t-elle conduits ? où a-t-elle conduit le monde ?

<small>Conseils aux jeunes gens.</small> A Londres, il y a trente ans, Henri V ne se promettait pas seulement de relever un jour la France, il commençait de le faire. Il était bien jeune encore et déjà cependant, fort de son autorité royale, même sur la terre d'exil, il parlait en père presqu'autant qu'en Roi. Ecoutez ce témoignage d'un des pèlerins de Belgrave-Square : « Il conseillait aux jeunes gens
« de ne pas s'isoler des intérêts et des affaires du
« pays; de se garder des délices de la vie parisienne;
« de passer la plus grande partie de l'année dans
« leurs provinces, dans leurs villes, dans leurs
« campagnes, près du logis natal où leurs familles
« ont vécu et se sont fait aimer. Il leur recomman-
« dait encore d'être en rapports incessants avec le
« laboureur, avec l'ouvrier, avec l'artisan, avec
« l'industriel de leurs localités; de savoir leurs
« besoins, de secourir leurs misères, d'écouter
« leurs réclamations et de les aider de tous leurs
« moyens. Il leur répétait qu'en suivant cette règle
« de conduite, en se rendant utiles à leurs compa-
« triotes, en faisant du bien à tout ce qui les entoure,

« ils donneraient des joies et des consolations à
« son exil, et que ces consolations et ces joies, il les
« leur demande instamment. »

La Révolution dit : « Bourbons et France se con- *Henri V connaît*
« naissent ¹ ». Elle dit cela pour souffler à la France *la France.*
la haine de cette race royale qui avait élevé la
France au faîte de la grandeur. Il faut cependant
retenir cette parole, car elle est profondément vraie.
La France connaît les Bourbons dont tout lui rappelle le règne fécond et glorieux ; Bourbon connaît
la France, pour avoir consacré les longues années de
l'exil à étudier l'histoire de la patrie, ses traditions,
son génie, sa puissance et sa faiblesse, ses mœurs,
pour n'avoir voulu vivre que pour elle, même sur
la terre étrangère. Quand, à Belgrave-Square, se
révélait aux yeux des hommes qui venaient le voir
de près la profonde connaissance qu'Henri V a
de la France, de ses sentiments, de ses besoins,
ils se demandaient émerveillés comment, toujours
condamné à vivre loin de la France, il surpasse en
connaissance et en intelligence de la patrie, ceux
qui ont eu le bonheur de ne jamais la quitter.

Henri poursuivait l'étude de la France à Belgrave- *Maladie*
Square ; il la poursuivait dans les conditions les *de Louis-*
Antoine.
plus douces à son cœur, il étudiait la France dans *Départ d'Henri*
de France.
les Français. Il était là depuis six semaines, entouré

¹ Journal *la République française* du 7 octobre 1873.

d'eux, quand des nouvelles arrivées de Goritz l'obligèrent à précipiter son départ. La santé du Comte de Marnes était altérée depuis longtemps. De nouveaux progrès du mal inspiraient à Marie-Thérèse et à Mademoiselle des inquiétudes graves. Henri, averti le 12 janvier, partit le lendemain. Au moment de se séparer des *pèlerins* de Belgrave-Square, il leur dit : « J'ai été bien heureux de me retrouver
« au milieu de vous. Assurez bien tous nos amis
« de France de mon dévouement et de mon amour
« pour notre commune patrie.... Au revoir ! » Et tous répétèrent : « Au revoir ! »

CHAPITRE VII.

Alarmes causées au cabinet des Tuileries par le pèlerinage de Belgrave-Square. — Prudence d'Henri de France. — Actes de colère du gouvernement de Louis-Philippe. — Adresse de la Chambre des pairs. — Chambre des députés. — La *flétrissure.* —Démission des cinq flétris. — Lettre d'Henri V aux flétris réélus. — Déclaration d'Henri V. — Jugement du prince de Metternich. — Joie de Louis-Antoine en revoyant son neveu. — Grandeur de Louis-Antoine. — Sa bravoure. — Sa dernière maladie. — Il reçoit les derniers Sacrements. — Ses paroles à Henri et à Louise de France. — Sa mort. — Deuil universel à Goritz. — Notification d'Henri V aux puissances. — Henri V en face de la France et de l'Europe. — Henri V attentif aux affaires de France et à celles de l'Europe. — La Famille royale quitte Goritz et va s'établir à Frohsdorf. — Mariage de Mademoiselle. — Don aux pauvres de Paris. — Mariage d'Henri de France. — Marie-Thérèse-Béatrice-Gaétane d'Este, Princesse de Modène. — Rencontre des deux fiancés. — Cérémonie nuptiale. — Bienfaits à l'occasion du mariage d'Henri V. — Vœux adressés de France aux nouveaux époux. — La révolution du 24 février 1848. — Sentiments de la Famille royale à la nouvelle de cette catastrophe.

Le 19 février 1844, Henri V écrivait au comte de Villèle : « Mes adversaires se sont laissés égarer par « une préoccupation qui ne leur a pas permis de « voir qu'en s'inquiétant vivement d'un simple

Alarmes causées au cabinet des Tuileries par le pèlerinage de Belgrave-Square.

« voyage, ils proclamaient eux-mêmes, devant le
« monde entier, l'importance de mon avenir. » Ce
n'est pas tant le nombre des voyageurs que la grandeur du Prince qu'ils allaient saluer à Belgrave-Square qui justifiait la vive inquiétude des adversaires d'Henri V. Comme il l'a déclaré lui-même plus d'une fois, il n'est pas un prétendant, il est le représentant d'un principe. Ce principe qui est en France, depuis tant de siècles, le fondement de l'ordre politique et l'appui de l'ordre social, ce principe, qu'on proclamait aboli par la révolution de 1830, venait de reparaître. Il ne s'était point montré menaçant ; mais il s'était montré, et sa vue seule était une menace. Un samedi soir, en donnant aux *pèlerins* rendez-vous pour le lendemain à la chapelle de King-Street, Henri de France leur dit : « Nous prierons ensemble pour la France ;
« mais, je vous le demande, Messieurs, aucun cri,
« aucune démonstration. » Et à un ami dont il connaissait mieux le dévouement et l'ardeur que la sagesse, il ajoutait : « Je le désire, je le veux, je
« l'ordonne. » Il put empêcher une démonstration à la chapelle de King-Street, il n'empêcha point que le *pèlerinage* de Belgrave-Square fût tout entier une démonstration éclatante de la vitalité du principe dont il est le représentant.

Prudence d'Henri de France.

Ses adversaires l'avaient prévu. A la première nouvelle du voyage du Comte de Chambord dans la Grande-Bretagne, le gouvernement de Louis-Philippe demanda au cabinet de Saint-James d'interdire l'entrée de l'Angleterre à l'héritier des Rois de France. Demande impolitique, puisqu'il ne pouvait y être répondu que par un refus, les lois anglaises assurant le libre accès du sol britannique à tout étranger qui ne vient pas troubler la paix de l'Angleterre. Si le gouvernement de la Grande-Bretagne ne put éloigner le petit-fils de Charles X, du moins ses journaux lui jetèrent leurs injures, à lui et à tous les Français accourant pour le voir. L'expression de leur sympathie pour le gouvernement de juillet devint plus ardente, et le *Standard* alla jusqu'à offrir pour la défense du trône de Louis-Philippe, s'il était menacé, les bras de dix millions d'Anglais. Mais ce beau zèle était impuissant, et le cabinet de Paris apprenait bientôt qu'Henri V visitait l'Ecosse. Voulant divertir les esprits de ce voyage dont la pensée l'obsédait, il se hâta d'envoyer le Duc de Nemours à Londres. Mais, par ces moyens ou par d'autres, que pouvait-il contre la puissance du principe qui allait avoir son représentant à Belgrave-Square et qui depuis bientôt quinze ans ne l'avait plus aux Tuileries ?

N'ayant pu empêcher ni le voyage d'Henri V, ni le concours des Français, ni l'impression produite sur l'Europe et qui faisait dire au *Morning-Post* : « Ce qu'il y a d'honorable en France tient à prouver « à l'Europe qu'il n'a point oublié la branche aînée « des Bourbons », le gouvernement de Louis-Philippe voulut se venger de tous ces échecs. Il

Actes de colère du gouvernement de Louis-Philippe.

destitua douze magistrats municipaux qui avaient été à Belgrave-Square, il provoqua, sans les obtenir, des mesures disciplinaires contre un juge[1], il poursuivit devant la justice les journaux qui avaient parlé en royalistes de la démonstration royaliste. Il songea même un moment à poursuivre les hommes de toutes conditions qui étaient allés saluer Henri V. Il ne l'osa faire cependant, ne se croyant pas bien assuré de la complaisance de la justice : l'événement prouva bientôt que son appréhension était assez bien fondée, car tous les journaux poursuivis furent acquittés. Il avait plus de confiance dans les deux Chambres, où il disposait comme il voulait de la majorité. Il crut très-habile de se taire dans le discours d'ouverture de la session et de faire agir l'initiative parlementaire qui ne pouvait être douteuse.

Adresse de la Chambre des pairs. A la Chambre des pairs une très-grande majorité vota cette phrase introduite dans l'adresse et dirigée contre les pairs qui avaient été à Belgrave-Square : « Le Roi, en montant au trône, a promis de nous « consacrer son existence tout entière, de ne rien « faire que pour la gloire et le bonheur de la « France ; la France lui a promis fidélité. Le Roi a « tenu ses serments. Quel Français pourrait oublier « ou trahir les siens ? » La commission nommée

Chambre des députés. La flétrissure. par la Chambre des députés fut bien plus violente dans son langage et ne craignit pas de *flétrir* la fidélité sans s'apercevoir qu'elle pouvait troubler

---

[1] M. de Fontaine, juge près le tribunal civil de Lille.

profondément la conscience publique au moment même où elle l'invoquait : « La conscience publique « flétrit de coupables manifestations ! » Après les débats les plus orageux, cette odieuse injure fut votée par deux cent vingt voix contre cent quarante-cinq. (Plus de vingt-cinq royalistes s'étaient abstenus.)

L'injure ne pouvait être acceptée. Les cinq flétris donnèrent leur démission de députés. Henri de France écrivit : « La question de l'adresse des députés est « une faute du gouvernement actuel ; il prolonge « ainsi un souvenir qu'il eût dû s'efforcer d'étouffer. « Il va rencontrer une défaite dans les nouvelles « élections auxquelles il donne lieu. Dites à nos « amis que j'espère et que je désire la nomination « des députés expulsés à cause de moi[1]. » L'appel royal fut entendu, et les cinq flétris furent renvoyés par leurs électeurs à la Chambre des députés.

Démission des cinq flétris.

Cette réélection ne fut pas encore le plus beau triomphe du Roi et de sa cause. Ses adversaires avaient eu la témérité, en persécutant ses amis, de l'obliger à parler lui-même, non plus dans les salons de Belgrave-Square et devant les deux mille Français qui s'y succédaient, mais dans la presse et devant le monde. Et il n'a pas parlé une seule fois depuis trente ans sans que sa cause ait grandi en honneur et en puissance.

---

[1] Lettre au comte de Villèle. 19 février 1844.

Lettre d'Henri V aux flétris réélus

Le 19 mars il écrivait aux cinq flétris réélus et sa lettre était un programme :

« C'eût été un bien vif sujet de regrets pour moi, « si la visite que vous m'avez faite à Londres avait « dû priver la France d'aussi bons défenseurs de ses « intérêts. Je suis heureux et reconnaissant que les « électeurs des villes de Marseille, Toulouse, Mont- « pellier, Doullens et Ploërmel, aient fait si bonne « justice des calomnies que l'on voulait accréditer « sur mon voyage en Angleterre et sur votre pré- « sence à Londres. Tous ceux qui me connaissent « savent qu'il n'y a dans mon cœur et qu'il n'est « jamais sorti de ma bouche que des vœux pour le « bonheur de la France.

« Le sentiment de générosité qui a porté les « hommes honorables qui ne partagent pas encore « toutes nos convictions à se rapprocher de nous « dans cette circonstance, doit nous donner l'espoir « qu'un jour viendra, jour heureux de conciliation, « où tous les hommes sincères de tous les partis, « de toutes les opinions, abjurant leurs trop longues « divisions, se réuniront de bonne foi sur le terrain « des principes monarchiques et des libertés na- « tionales pour servir et défendre notre commune « patrie. »

Déclaration d'Henri V.

Pour justifier la flétrissure, on avait, dans la discussion de l'Adresse, affecté de méconnaître le cœur du Roi ; on avait affecté de ne voir en lui qu'un Prince prêt à porter le trouble et la discorde dans son pays pour obéir à des sentiments personnels et à une ambition vulgaire. Il ne pouvait supporter d'être ainsi calomnié devant cette France à laquelle il a, du fond de son exil, voué toute sa vie, et, dans une lettre écrite à l'un de ses amis il s'adressait à elle-même : « Je regarde les droits que je tiens de « ma naissance comme appartenant à la France, et « bien loin qu'ils puissent devenir, dans un intérêt « personnel, une occasion de troubles ou de mal- « heurs pour elle, je ne veux jamais remettre le « pied en France que lorsque ma présence sera utile « à son bonheur et à sa gloire[1]. »

Et le lendemain, écrivant au magistrat contre lequel on avait sollicité des mesures disciplinaires, il protestait encore : « Je ne vois dans les droits que, « d'après les antiques lois de la monarchie, je tiens « de ma naissance, que des devoirs à remplir. La « France me trouvera toujours prêt à me sacrifier « pour elle. »

De telles paroles justifiaient encore ce que l'homme politique alors le plus écouté de toute l'Europe venait de dire de la conduite d'Henri de France à Londres : « La conduite personnelle de M. le Comte « de Chambord est parfaite dans toutes les circons- « tances ; sa réserve, sa prudence, son aplomb, son « esprit dans une position si délicate, obtiennent « l'assentiment général ; il a toujours parlé à propos

Jugement du prince de Metternich.

---

[1] Lettre au baron Hyde de Neuville, 4 février 1844.

« et agi avec discernement, il n'a dit que ce qu'il
« voulait dire, et comme il fallait le dire. »

Les nouvelles venues de Goritz, en précipitant le départ du Prince, avaient interrompu les progrès de la cause royale à Belgrave-Square, mais le ressentiment aveugle des adversaires d'Henri V leur donnèrent en France même une suite imprévue.

<small>Joie de Louis-Antoine en revoyant son neveu.</small>

Le retour de son neveu à Goritz sembla rendre au Comte de Marnes les forces qu'il avait perdues. Il put reparaître aux repas et aux réunions de famille où Marie-Thérèse et Louise de France ne le voyaient plus depuis quelques semaines. Il avait au temps même des prospérités de sa Maison, renoncé à tout pour lui-même et placé sur la tête d'Henri toute son ambition terrestre et toutes ses espérances. Aussi, en le revoyant, semblait-il retrouver une partie de lui-même et, déjà sous la main de la mort, renaître à la vie.

<small>Grandeur de Louis-Antoine.</small>

L'histoire ne s'est point encore acquittée de sa dette de justice envers ce Prince si grand et si méconnu. Elle a oublié que sa tâche est d'écarter les apparences et de pénétrer au fond des choses et au fond des cœurs, elle s'est laissé grossièrement tromper par l'abnégation du héros. Elle a sacrifié une seconde fois celui qui s'était sacrifié lui-même. Les documents abondent, qui auraient pu l'éclairer : elle n'y a pas même jeté les yeux ; elle n'avait plus besoin de les connaître, ayant déjà jugé Louis-Antoine. J'imagine cependant qu'elle aurait glorifié ce Prince chrétien, indifférent à la gloire et la redoutant même, qui, né sur les marches du trône de France et appelé plus tard à être Roi, enferma toute son ambition politique dans le mérite obscur de contribuer pour sa part à préparer en son neveu un grand Roi. Au lendemain de la mort de Charles X, il fit entrer les compagnons de son exil dans le secret de sa pensée : « Si j'étais seul, » leur dit-il, « je considérerais mon rôle en ce monde « comme entièrement terminé... Mon devoir essen- « tiel est de protéger la jeunesse du Prince sur qui « reposent désormais tout l'avenir de ma Famille « et toutes nos espérances... Chef de ma Famille, « je pourrai lui servir d'égide contre toutes les « exigences, contre tous les mécontentements. Que « tout blâme retombe sur moi ; ma carrière est finie, « l'avenir est ouvert à sa jeunesse [1]. »

Il avait accepté dès longtemps que sa carrière fût finie, et il s'était préparé à ce rare courage par un autre courage auquel beaucoup s'arrêtent. Au passage de la Drôme, il répondait à des officiers qui lui reprochaient de s'avancer trop : « J'ai la vue basse, « et j'aime voir les choses de près. » Inspectant les travaux du génie devant l'île de Léon, il faillit être emporté par un boulet et dit avec une grâce toute bourbonnienne aux officiers qui l'accompagnaient : « Convenez, Messieurs, que si j'avais été tué, je

Sa bravoure.

---

[1] Voir aux *Pièces justificatives*, n° IX.

« serais mort en bonne compagnie et à la française ! »
Tombé aux mains de Napoléon en 1815, ayant tout
à craindre de l'homme qui avait fait assassiner le
Duc d'Enghien dans les fossés de Vincennes et qui
violait à ce moment-là même les engagements solennels qu'il avait pris quelques mois auparavant
envers la France et envers l'Europe, le Duc d'Angoulême écrivait à son père : « Me voilà ici, résigné
« à tout et bien occupé de ceux qui me sont chers ;
« mais je demande et j'exige même que le Roi ne
« cède sur rien pour me délivrer. Je ne crains ni la
« mort, ni la prison, et tout ce que Dieu m'enverra
« sera bien reçu [1]. » Ses soldats admiraient également sa bravoure et sa foi et disaient de lui : « Il
« va au feu comme à la messe. »

Sa dernière maladie.

Il allait ainsi à tous les sacrifices, il allait au renoncement, il allait à la douleur, à la double douleur
du corps et de l'âme. Il avait vu, à quinze ans, changer les destinées jusque-là prospères de sa famille,
il se voyait mourant sur la terre d'exil, et pendant
ce demi-siècle son âme n'avait guère connu que la
douleur. Les souffrances de son corps dans tout le
cours de cette dernière maladie [2] firent de lui, par
leur excès et par son courage à les accepter, un véritable martyr. L'heureux effet de la joie que lui

---

[1] Le Duc de Berry possédait, dans sa maison de Bagatelle, un buste de son frère au bas duquel il avait fait graver cette lettre.
[2] Il mourait d'un cancer au pylore.

causa le retour d'Henri de France ne fut que passager. Le mal, arrêté un instant, reprit sa marche lente et terrible. Le malade ne voulut pas attendre les derniers avertissements de la mort, et, le 21 février, mercredi des Cendres, il demanda les derniers sacrements. Quand l'Archevêque de Goritz, portant le saint Viatique, entra dans la chambre, le malade avait dompté l'horrible douleur pour rendre hommage au Dieu qui venait le visiter, et il était prosterné à la porte. C'est ainsi que ce Prince renonçant au privilége qui est à la fois celui du Roi et celui de l'artisan, car il est le privilége de la maladie, demeura prosterné pour recevoir le Viatique. On le porta sur son lit pour l'Extrême-Onction. Puis Marie-Thérèse, Henri et Louise de France se levèrent et suivirent l'Archevêque rapportant à la cathédrale le Corps de Jésus-Christ. Rentrés à la casa Strasoldo ils furent au lit du malade qui dit à son neveu et à sa nièce : « Mes enfants, mon heure est venue. Je « suis désormais inutile sur la terre. J'avais promis « à votre père expirant de le remplacer auprès de « vous ; j'ai fait tout ce qui était en mon pouvoir « pour accomplir ma promesse. Vous savez combien « je vous aime, combien j'ai désiré que vous fussiez « bons et purs. Dieu m'a exaucé dans le plus ardent « de mes vœux. Le bonheur dépend ici-bas de sa « Providence ; il le distribue à qui il lui plaît, il vous « protégera ; déjà il vous a accordé l'intelligence, « la raison et l'amour du bien. Désormais vous « n'avez plus besoin de guide, mes devoirs sont

« accomplis. Je désire que Dieu appelle mon âme
« à lui dans sa miséricorde. »

Louis-Antoine n'avait demandé les derniers sacrements que « par précaution », comme il l'écrivait lui-même le lendemain. Il put traîner pendant plus de trois mois encore sa languissante vie. Le printemps sembla même le ranimer, mais aussitôt il retomba pour ne plus se relever. Dans la nuit du 31 mai au 1er juin, il subit un nouvel assaut de ses douleurs atroces auxquelles il était en butte depuis si longtemps : c'était le dernier. Le docteur Bougon déclara que le malade, dont les forces étaient épuisées, ne pourrait résister à la violence du mal. Au milieu de ses souffrances et de sa faiblesse, Louis-Antoine conserva jusqu'au bout son intelligence, sa mémoire et la pleine possession de lui-même. Le dimanche 2 juin, il se fit lire le sermon de Bourdaloue sur la mort, et put entendre l'adieu solennel des chrétiens: *Partez, âme chrétienne !* Il demanda que la messe fût dite le lendemain pour le repos de l'âme de la Comtesse d'Artois, sa mère, morte à pareil jour. Le mal auquel il était en proie ne lui permit pas de communier à cette messe. A neuf heures, il dit à Marie-Thérèse, à Henri et à Louise de France : « Je crois que je suis bien mal actuelle-
« ment, j'ai de la peine à lire une lettre que je viens
« de recevoir. Dans quelques instants, je tâcherai de
« parcourir les journaux ; en attendant, lisez-les et
« donnez-moi des nouvelles de la France... » A dix

heures, il demande à Marie-Thérèse et à tous ceux qui sont présents de se retirer selon l'usage. Tous se retirent dans un salon voisin. Ils y sont à peine depuis un quart d'heure, qu'un valet de chambre ouvre la porte, et, avant qu'il ait dit une parole, son visage pâle a tout révélé. Marie-Thérèse, suivie de son neveu et de sa nièce et de leurs serviteurs fidèles, s'est précipitée au chevet du mourant. « Appelez les prêtres, » dit-elle, « il va passer; vite les prières. » Un des assistants les commence à voix haute. L'abbé Jocquart et l'abbé Trébuquet arrivent bientôt. Le premier, après quelques paroles d'exhortation au mourant, prononce la recommandation de l'âme. Marie-Thérèse, Henri et Louise de France disent les réponses. Bientôt les bras de Marie-Thérèse élevés au ciel annoncent que tout est fini. Elle prend la main immobile de Louis-Antoine et la baise avec respect. Henri de France baise à son tour la main du Prince qui, dans la nuit du 13 février, promit au Duc de Berry mourant de servir de père à l'enfant annoncé et qui n'a vécu depuis que pour l'accomplissement de sa promesse. Mademoiselle s'approche, mais Marie-Thérèse, qui craint pour sa nièce une émotion trop forte, l'écarte et lui dit en montrant celui qui vient d'expirer : « Ce matin, il a été privé de recevoir Dieu « dans son cœur; Dieu l'en dédommage en le recevant « actuellement dans son sein. »

A la nouvelle de cette mort, un cri retentit dans toute la petite ville de Goritz: « C'est plus qu'un

<small>Deuil universel à Goritz.</small>

« Roi, c'est un saint. » La population voulut lui faire les mêmes funérailles solennelles et populaires qu'elle avait faites à Charles X. « Il y a huit ans, » disaient les habitants de Goritz, « nous avons suivi « les funérailles du Roi Charles X afin de témoignre « notre respect pour la majesté royale et notre « sympathie pour une si illustre infortune. Pendant « quelques jours seulement, nous avions vu des « preuves de sa bonté et des qualités de son âme. « Quant au Prince que Dieu vient d'appeler à lui, « nous lui sommes personnellement attachés d'es- « time, de vénération, de reconnaissance. Chaque « jour, nous avons vu ses vertus ; nous l'avons vu « s'associer à tout ce qui s'est fait de bien dans notre « pays. Il a été pour nous un sujet constant d'édi- « fication, un véritable modèle de bienfaisance et de « piété. Nous le pleurons comme l'ami des habitants « de Goritz, comme le bienfaiteur, comme le père « de nos pauvres et de tous les malheureux. Nous « voulons tous l'accompagner jusqu'à sa tombe et « rivaliser avec les Français, de respect et d'amour « pour sa mémoire. » Le 8 juin, le corps de Louis-Antoine fut porté à la cathédrale, puis à la chapelle des Franciscains, où il attend auprès du Roi, son père, la fin de l'exil des Bourbons.

Au retour des funérailles, Henri de France pria Marie-Thérèse de vouloir bien être maintenant le chef de la famille. « Quant à moi, » lui dit-il, « mon bon- « heur sera de demeurer toujours pour vous le fils le « plus tendre et le plus respectueux. » Il avertit les compagnons de son exil que rien ne devait être changé dans les habitudes ni dans les dénominations.

En annonçant aux puissances de l'Europe la mort de Louis-Antoine, Henri V leur adressa la Notification suivante : <small>Notification d'Henri V aux puissances.</small>

« Devenu, par la mort de Monsieur le Comte de
« Marnes, Chef de la Maison de Bourbon, je regarde
« comme un devoir de protester contre le change-
« ment qui a été introduit en France dans l'ordre
« légitime de succession à la Couronne, et de décla-
« rer que je ne renoncerai jamais aux droits que,
« d'après les anciennes lois françaises, je tiens de
« ma naissance.

« Ces droits sont liés à de grands devoirs, qu'avec
« la grâce de Dieu je saurai remplir ; toutefois, je ne
« veux les exercer que lorsque, dans ma conviction,
« la Providence m'appellera à être véritablement
« utile à la France.

« Jusqu'à cette époque, mon intention est de ne
« prendre, dans l'exil où je suis forcé de vivre, que
« le nom de Comte de Chambord : c'est celui que
« j'ai adopté en sortant de France ; je désire le
« conserver dans mes relations avec les cours. »

Henri de France entrait ainsi dans la vie publique. Il aurait pu le faire bien plus tôt, puisque l'abdication conditionnelle de Charles X et de Louis-Antoine avait été renouvelée sans condition. Il était donc Roi depuis le mois d'août 1830 et Roi majeur depuis le 29 septembre 1833. Cependant sa tendre déférence et son respect pour Charles X et pour Louis-Antoine lui avaient inspiré de ne vouloir jamais être que leur petit-fils et leur neveu. A Holy-Rood, à Prague, à Goritz, Charles X avait conservé l'autorité aussi bien que le nom de Roi. Après lui, Louis-Antoine avait accepté le nom et l'autorité qui appartenaient à son neveu, mais il ne les avait acceptés, on l'a vu, que pour assumer sur lui-même le poids de toutes les responsabilités et pour l'épargner à la jeunesse d'Henri. La mort de cet oncle ou plutôt de ce père si dévoué qui s'était sacrifié lui-même, laissait maintenant le jeune Roi seul en face de la France, de l'Europe et du monde entier. L'exil n'était pas pour Henri l'ombre et l'obscurité : on pouvait bien déclarer dans les journaux, dans les livres, et même dans les chartes, son droit incompatible avec le droit moderne, on pouvait bien affecter de ne voir en lui que le représentant d'un principe tombé dans l'abîme du passé, mais les plus ardents révolutionnaires avaient eux-mêmes l'instinct de la puissance de ce principe et de l'avenir d'Henri V. Au fond de l'Allemagne, l'héritier de nos Rois, dépossédé de son trône, était l'objet de l'attention universelle comme il eût pu l'être aux Tuileries. Il n'avait pas le droit de commettre une faute.

Il avait compris dès l'enfance les difficultés de la situation singulière que les événements lui avaient faite. Toute sa conduite depuis le 29 septembre 1833,

justifie la sagesse de nos pères et les défend contre le reproche de superstition pour avoir fixé la majorité royale à un âge aussi tendre. La mort de Louis-Antoine, fût-elle survenue bien plus tôt, n'eût point trouvé Henri de France mal préparé à se diriger seul à travers tant d'embûches dressées contre lui par les événements encore plus que par ses adversaires. Il veut que l'on sache, comme il l'écrivait au général Donnadieu,[1] qu'il fait ses affaires lui-même et qu'il ne se fait rien en son nom que par ses ordres. Il est le Roi de la France fidèle, il n'est pas un prétendant toujours docile aux exigences de son parti et ne cherchant que le triomphe de son ambition. Charles X avait craint pour son petit-fils l'ardeur entraînante de ses amis : Henri V a eu, encore bien jeune, la force si rare de résister à cet entraînement. Force véritable, car il n'est pas tombé non plus dans une faute contraire, et il a plus d'une fois alarmé par sa hardiesse une sagesse pusillanime qui lui criait : Prenez garde à l'opinion ! Ceux qu'on appelle si mal à propos ses partisans et qu'il appelle si bien ses amis n'ont jamais pu, en le poussant ou en le retenant, le faire parler, ou agir, ou s'abstenir contre sa conscience. « J'ai
« reçu, » écrivait-il au vicomte de Saint-Priest,[2] « la
« note que vous avez rédigée de concert avec quel-
« ques-uns de mes amis. Je m'empresse de vous en
« remercier et de vous donner l'assurance que je l'ai

---

[1] Voir aux *Pièces justificatives*, n° **X.**
[2] 22 janvier 1848.

« lue avec beaucoup d'intérêt et d'attention. — Ce
« n'est pas la première fois qu'on m'exprime le désir
« qu'une manifestation publique de ma part témoi-
« gne de ma sympathie pour la ligne de conduite
« politique adoptée par le Saint-Père, et je com-
« prends très-bien l'avantage qui pourrait résulter,
« dans l'état actuel des esprits, d'une telle démarche ;
« mais, d'un autre côté, elle présenterait de si graves
« inconvénients, que je regarde comme un devoir
« de m'y refuser... Tant que je serai forcé de vivre
« sur la terre d'exil, il importe essentiellement au
« maintien de ma dignité et de mon indépendance
« personnelle, que je conserve la plus stricte neu-
« tralité, et que je reste constamment étranger à tout
« ce qui touche la politique des divers gouverne-
« ments. C'est la règle de conduite que j'ai adoptée ;
« je m'en suis bien trouvé jusqu'ici et je crois qu'il
« y aurait imprudence et danger à s'en écarter. »

<small>Henri V attentif aux affaires de la France et à celles de l'Europe.</small> Cette réserve n'était pas le désintéressement du bonheur de la France et des affaires de l'Europe. Henri V n'en était pas moins préoccupé dans l'exil qu'il l'eût été dans la patrie et sur le trône. Le malheur des temps ne lui laissait rien à décider ou à diriger ; mais il suivait d'un œil attentif la marche des événements et leur influence sur nos destinées, sur nos progrès ou sur notre décadence. Il ne se laissait point envahir et décourager par les pressentiments qu'eût pu lui inspirer le présent si triste pour la patrie et pour lui-même ; il les repoussait

en remontant par la pensée, non jusqu'à des siècles lointains, mais jusqu'à un passé récent, jusqu'aux derniers actes de la Maison de Bourbon pour la grandeur de la France. Il assistait du fond de son exil aux affligeants débats sur l'indemnité Pritchard et sur le droit de visite : comment n'aurait-il pas songé avec orgueil et avec amertume à Louis XVI, à Louis XVI que la Révolution accusa de trahison avant de le faire périr? Comment ne se serait-il pas rappelé alors ce qu'il avait rappelé quelques années auparavant à l'un de ses compagnons de voyage ? « Voyez, » avait-il dit au comte de Locmaria en lui montrant la déclaration des cours de Versailles et de Londres du 30 août 1787, « voyez une con-
« vention peu connue et qui constate un principe
« d'égalité maritime entre la France et l'Angleterre.
« Par cette convention, les deux puissances ne
« pouvaient mettre en mer en temps de paix que
« six vaisseaux de ligne chacune. Eh bien! cette
« égalité reconnue ici implicitement par la Grande-
« Bretagne, n'était alors qu'apparente, car le pacte
« de famille nous assurait, en réalité, sous
« Louis XVI, la supériorité dont nous avions joui
« sous Louis XIV. Ma Famille, à son retour, trouva
« notre marine affaiblie, celle d'Espagne détruite,
« et l'Angleterre en possession d'une immense su-
« périorité ; cependant, à cette époque, nous ne
« désespérâmes pas de l'avenir. Il fallait avant tout
« libérer la France et la réconcilier avec le conti-
« nent; cela fait, on s'occupa de la marine ; on

« marcha lentement, mais on marcha toujours. En
« 1830, à Alger, nous étions plus nombreux, plus
« forts qu'en 1823 devant Cadix. Calculez ce que
« serait aujourd'hui notre force navale, s'il nous avait
« été donné de continuer cette progression qu'au-
« torisait d'ailleurs la situation de nos finances et de
« nos relations continentales. Notre politique avec
« l'Angleterre n'avait rien d'hostile; elle se fondait
« uniquement sur un principe de justice et d'hono-
« rable réciprocité. Mais, pour obliger nos voisins à
« l'admettre, il fallait, comme on l'a fait à l'occasion
« d'Alger, être en position de prendre dans l'occasion
« le continent pour arbitre et d'accepter, au besoin,
« la lutte sur ce terrain. Là était et serait encore la
« force de la France. Elle réside tout entière dans
« une communauté d'origine, de confiance, d'estime
« et d'intérêts avec les puissances continentales;
« remplacez cette politique par l'isolement, par des
« préoccupations privées de nature à favoriser les
« prétentions de l'Angleterre, et il faudra se mettre
« à sa suite, il faudra se faire petit et renoncer aux
« conditions de puissance que nous tenons de la
« nature même. Triste destinée pour une nation
« comme la nôtre! Car si les Rois peuvent quelque-
« fois descendre avec honneur du trône, les peuples
« ne peuvent jamais abdiquer leur puissance sans se
« dégrader [1]. » *L'Etat, c'est moi,* disait Louis XIV.

---

[1] *Souvenirs des voyages de Monseigneur le Duc de Bordeaux.* Tome II, pp. 545, 546 et 547.

L'Etat, la France, c'est Henri V, encore qu'il soit depuis quarante-trois ans en exil. La France, c'est lui, et quand il parle de la dignité de la France il semble parler de sa propre dignité.

Quoi que pussent faire Henri et Louise de France pour adoucir la grande douleur que la mort de Louis-Antoine venait d'ajouter à tant d'autres douleurs dont Marie-Thérèse portait le fardeau depuis plus d'un demi-siècle, le séjour de Goritz, pénible depuis le commencement à la Famille royale, dut bientôt prendre fin. D'ailleurs la casa Strasoldo, à laquelle la Famille royale s'était réduite à la mort de Charles X, n'offrait que des ressources bien étroites à l'hospitalité des Bourbons exilés qui s'y trouvait souvent mal à l'aise. C'est ainsi que Marie-Thérèse fit acheter le château de Frohsdorf dans les Alpes styriennes sur la frontière de Hongrie et à douze lieues environ de Vienne. La Famille royale s'y installa le 25 mai 1845.

La Famille royale quitte Goritz et va s'établir à Frohsdorf.

Frohsdorf, *village du bonheur*, dit l'étymologie. L'étymologie n'avait pas tort, quoi qu'il pût sembler en voyant arriver dans le château de Frohsdorf ce Roi et ces Princesses en habits de deuil. Il n'y avait eu à Goritz que des jours de tristesse et d'affliction, et il y eut à Frohsdorf des jours de joie.

Le premier fut le 10 novembre 1845, où Louise-Marie-Thérèse de France, Mademoiselle, fut mariée

Mariage de Mademoiselle

au Prince héréditaire de Lucques, Ferdinand-Charles de Bourbon. Mais quelle joie d'ici-bas est pure de regrets? Mademoiselle depuis vingt-cinq ans n'avait guère quitté son frère, depuis quinze ans elle n'avait jamais quitté sa tante, à qui elle avait donné, comme Henri, l'illusion d'une maternité: le 10 novembre l'arrachait à l'un et à l'autre.

<small>Don aux pauvres de Paris.</small>

Ce mariage de Mademoiselle, célébré à Paris, sous le règne glorieux de son frère, eût été une fête pour le monde officiel. Le monde officiel affecta ce jour-là de ne pas même savoir que la fille de nos Rois se mariait au fond de l'Allemagne à un Prince de la descendance de Philippe V d'Espagne, fils de Louis XIV. Mais les pauvres de Paris le surent bien et purent se réjouir avec les Princes exilés, ayant reçu des mains des sœurs de charité les secours que Mademoiselle avait envoyés pour eux aux curés des douze arrondissements.

<small>Mariage d'Henri de France.</small>

Le 6 octobre 1846, les pauvres de Paris recevaient de Frohsdorf un nouveau don, car Frohsdorf se préparait à une nouvelle joie, au mariage d'Henri de France avec la Princesse Marie-Thérèse-Béatrice-Gaétane d'Este, Archiduchesse d'Autriche, sœur de François V, Duc de Modène.

<small>Marie-Thérèse-Béatrice-Gaétane d'Este, Princesse de Modène.</small>

François IV, père de la jeune Princesse, était le seul des souverains de l'Europe qui, après la Révolution de 1830, eût refusé d'entretenir avec l'usurpation les mêmes bons rapports qu'avec la souveraineté légitime. Il semblait que cette politique pure et sans tache de la Maison d'Este la désignât au choix de l'héritier de saint Louis. Il y avait d'ailleurs entre Henri de France et Marie-Thérèse d'Este une convenance de vertus qui donne le droit de dire de cette union, plus que de toute autre, qu'elle était écrite au ciel. La Princesse, nourrie dans la piété, dans la charité et aussi dans l'amour de tout ce qui fait la grandeur et la gloire d'un peuple, se trouvait ainsi naturellement préparée pour le trône de France. La Duchesse de Modène, qui avait veillé sur son enfance et sa jeunesse avec une sollicitude si éclairée, n'avait jamais prévu la demande d'Henri de France : mais, uniquement préoccupée de faire de sa fille une Princesse chrétienne, elle avait élevé le cœur et l'esprit de la jeune Princesse à la hauteur des plus grandes destinées.

Le 5 novembre le duc de Lévis se présentait, au nom d'Henri de France, devant François V et lui demandait officiellement en mariage la Princesse Marie-Thérèse. Il obtenait le consentement du Duc et celui de la Princesse et le mariage par procuration avait lieu le surlendemain. Le 9, la fiancée royale quittait Modène. Elle arrivait le 15 à Brück se dirigeant vers Frohsdorf. Mais Henri de France, impatient de voir sa fiancée, accourait au-devant d'elle accompagné de la Comtesse de Marnes et de la Duchesse de Berry. Le jeune Prince et la jeune

Rencontre des deux fiancés — Cérémonie nuptiale.

Princesse se rencontraient à Brück où le mariage avait lieu le lundi 16 novembre.

Henri de France vivait dans l'exil depuis seize ans quand Dieu, pour le consoler, lui donna une compagne digne d'entrer dans la Famille de saint Louis. Il devait vivre vingt-sept années encore dans l'exil. Qui l'eût dit en ce jour là? son cœur et tous les cœurs amis étaient ouverts à la joie. Mais, au milieu même de cette allégresse des deux époux, de leurs parents et de leurs serviteurs fidèles, le plus fidèle de tous, parlant au nom de Dieu, disait: « Quant à l'avenir qui vous est réservé, ne deman-
« dez pas à en sonder le mystère. Seulement ayez
« confiance, marchez toujours d'un pas ferme dans
« les voies de saint Louis [1]. »

Le mystère de l'avenir.

L'avenir n'a pas encore, il n'a jamais dépouillé tous ses voiles, car l'avenir est un horizon qui recule toujours devant nous. Mais l'avenir de ce temps-là est le présent d'aujourd'hui, et nous pouvons maintenant admirer à quel faîte imprévu de gloire a monté le fils de saint Louis en marchant d'un pas ferme dans les voies qui lui étaient montrées. Le mystère de l'avenir demeure sans doute un mystère

---

[1] *Discours prononcé pour le mariage de Monsieur le Comte de Chambord avec Son Altesse Royale Marie-Thérèse d'Este, etc.*
Voir ce discours aux *Pièces justificatives*, n° XI. La chapelle de Versailles, il y a deux cents ans, n'a rien entendu de plus élevé. Mais l'exil ajoute ici à l'élévation des idées et du langage un caractère plus touchant.

insondable : et pourtant n'est-il pas permis aux esprits les moins téméraires de demander pourquoi ce génie et pourquoi ces vertus royales, si le génie n'est pas fait pour gouverner les peuples et si les vertus royales ne doivent pas s'asseoir sur le trône ?

On a déjà vu que le mariage d'Henri de France et de Marie-Thérèse-Béatrice fut une occasion d'exercer la première vertu royale, à laquelle toutes les autres viennent aboutir, la bienfaisance. J'ai parlé du don envoyé par le Prince aux pauvres de Paris, sa ville natale. A la pensée de tant de souffrances, il ne croyait pas faire assez de donner, il sollicitait ses amis de venir avec lui au secours des pauvres [1]. Il consacrait les sommes dont il pouvait disposer à établir à Chambord et dans les forêts appartenant encore à la Famille royale des ateliers de charité, où les habitants pauvres seraient assurés de trouver du travail pendant l'hiver. S'adressant à ses amis, il provoquait une véritable souscription nationale pour l'ouverture de semblables ateliers dans toute la France [2]; et le grand succès de cette initiative royale apporta un soulagement sérieux à la misère que causait alors partout la cherté des subsistances. Le Roi, au jour de son mariage, en pensant à tout son peuple, montrait plus de sollicitude pour ceux de son peuple qui étaient pauvres et besogneux; et il distinguait

Bienfaits à l'occasion du mariage d'Henri V.

---

[1] Voir aux *Pièces justificatives*, n° XII.
[2] *Ibid.*, n° XIII.

encore entre ceux ci, pour leur adresser un don particulier, les fidèles serviteurs de sa cause [1].

Vœux adressés de France aux nouveaux époux.

Si, le 16 novembre, le peuple était présent à la pensée de son Roi, le Roi n'était pas moins présent à la pensée de son peuple. De toutes les parties de la France montèrent vers Dieu des prières ardentes pour les deux époux. Les dames de la Halle de Paris, si dignes de représenter la partie saine de ce peuple qui voit faire les révolutions bien plus qu'il ne les fait, les dames de la Halle, qui sont catholiques, comme elles l'ont prouvé sous la seconde Terreur [2], sont aussi royalistes. A la nouvelle du mariage d'Henri V, elles s'empressaient d'adresser au Roi et à la nouvelle Reine leurs hommages et leurs vœux. « Tout ce qui nous parle de la France a des droits sur nos cœurs [3], » leur répondirent Henri de France et la nouvelle Marie-Thérèse. De pareils vœux leur arrivèrent de toutes les provinces. La Bretagne adressait à Madame la Comtesse de Chambord un service de linge damassé d'un grand prix par le mérite du travail et d'un plus grand prix encore par le symbole de la fidélité bretonne dont ce beau linge était tout semé.

---

[1] Voir aux *Pièces justificatives*, n° XIV.

[2] Leur curé, le curé de Saint-Eustache, que la Commune avait déjà pris comme otage et qu'elle eût fusillé, fut, grâce à leurs réclamations énergiques et à leurs menaces, remis en liberté par des monstres qui ne lâchaient guère leurs proies.

[3] Voir aux *Pièces justificatives*, n° XV.

CHUTE DE LOUIS-PHILIPPE.

La politique n'eut point l'air de prendre garde au mariage d'Henri de France. C'était un événement qui n'intéressait que le Prince lui-même et les compagnons volontaires de son exil. La France ni l'Europe n'en avaient souci... La politique ne sentait pas ce que tout le monde sentait avec effroi, que le sol de la France ou plutôt celui de l'Europe, tremblait alors comme à l'heure qui précède les grandes catastrophes. En France, une coalition naturelle et monstrueuse tout ensemble s'était formée qui allait de M. Thiers à ces révolutionnaires logiques et cyniques, dont le programme épouvante les révolutionnaires qui se croient plus sages parce qu'ils voudraient s'arrêter aux parois de l'abîme et y établir leur demeure. La Révolution s'apprêtait à renverser ce qu'elle avait élevé en 1830. Son nouveau mot d'ordre était la *réforme électorale*. Elle avait organisé partout des comités recevant leurs instructions de Paris. Ainsi préparée, elle commença la campagne des banquets qui devait se terminer si vite par la chute de Louis-Philippe, catastrophe [1] suivie de tant d'autres catastrophes, comme, au milieu de l'orage, l'écho répétant le bruit du tonnerre est répété par l'écho et jette la terreur dans les âmes. Mais l'écho du tonnerre n'est qu'un bruit, et les échos qui répétaient l'écroulement de Louis-Philippe étaient eux-mêmes des écroulements et couvraient l'Europe de ruines.

La Révolution du 24 février 1848.

---

[1] C'est le mot que M. Rouher employa devant la Constituante de 1848 pour parler du 24 février.

Les politiques ont parlé de la « surprise » du 24 février. Le laboureur insensé qui aurait semé de l'ivraie dans son champ, se montrerait encore plus insensé s'il parlait de sa surprise en voyant sa peine payée d'une moisson d'ivraie. Ceux qui ont jeté dans le peuple des semences de révolte ont préparé eux-mêmes les tempêtes et les révolutions qui les emportent. Mais la passion tient toujours une trop grande place dans la politique, — je n'excepte que la politique chrétienne, — pour n'en pas exclure la raison et même le bon sens le plus vulgaire. On est mécontent de son rang, on veut monter plus haut, on compte être porté par la multitude soulevée, et on lui souffle pour cela l'esprit de rébellion : mais l'esprit de rébellion demeure en elle, il la soulève encore et elle emporte ce que la première fois elle avait soulevé avec elle.

Sentiments de la Famille royale à la nouvelle de cette catastrophe

Un voyageur qui se présentait à Frohsdorf au mois de décembre 1848, demandait à Marie-Thérèse de France, fille de Louis XVI et belle-fille de Charles X : « Madame, il est impossible que vous « n'ayez pas vu dans la chute de Louis-Philippe le « doigt de Dieu? — Il est dans tout, » répondit la sainte Princesse. Le voyageur insista : « Convenez, « Madame, que malgré votre magnanimité chré- « tienne, le jour où cette nouvelle vous est par- « venue n'a pas été le plus mauvais jour de votre « vie ? » La Princesse se tut et le voyageur continua de parler de Louis-Philippe, de sa déchéance et de sa fuite. Mais dans tout le cours de cet entretien, pas une parole amère ne sortit de la bouche de Marie-Thérèse. Seulement elle ne put se défendre de faire un rapprochement que tous faisaient alors : « Au moins, Charles X s'est retiré en Roi, laissant « à la France Alger. » Le voyageur qui osa sonder ainsi cette grande âme, ajoute : « Le triomphe de « la vengeance satisfaite ne ressortit d'aucune de « ses paroles [1]. »

Qu'on apprenne, par cette réponse et par cette attitude de Marie-Thérèse, quels sentiments éprouva la Famille royale à la nouvelle que la monarchie fondée en 1830 sur les barricades venait de périr par les barricades : reconnaissance de la conduite divine dans les événements où paraît triompher la passion humaine, commisération profonde pour un parent coupable et malheureux, serrement de cœur à la pensée des fléaux déchaînés par la Révolution sur la France, l'espoir d'être envoyé par Dieu pour sauver la patrie !

[1] Charles Didier. *Une visite à Monsieur le Duc de Bordeaux*, p. 74.

CHAPITRE VIII.

Henri V craint d'ajouter aux difficultés et aux embarras de la France. — La Révolution à Venise. — Départ d'Henri de France. — Lettres apocryphes d'Henri de France. — Protestation du Prince. — Les journées de juin. — L'élection de Louis-Bonaparte à la présidence de la République. — Visite d'un républicain français à Frohsdorf. — Expédition romaine. — Lettre d'Henri de France au général Oudinot. — Son voyage à Ems. — Le fuchsia du jardin des Tuileries. — Parole d'un étranger. — Si on demande Henri, ce n'est pas pour lui, c'est pour la France. — Pistolets offerts par des ouvriers. — Refus de présents. — Voyage d'Henri de France à Weisbaden. — Sa connaissance des hommes et des choses de notre pays. — Réception des ouvriers de Paris. — L'ouvrier en habits de voyage. — Entretien avec trois ouvriers. — Henri de France donne à dîner aux ouvriers. — Adieux. — Les paysans bretons. — Autres visiteurs. — Mort de Louis-Philippe. — Adieux du Prince aux Français. — Débats sur la révision de la constitution. — Marie-Thérèse ne doit plus revoir la France. — Ses derniers jours. — Sa mort. — Ses funérailles.

L'attitude expectante d'Henri de France lui a été plusieurs fois reprochée au temps de Louis-Philippe et au temps de Napoléon III ; et ce reproche lui était adressé moins par des adversaires que par des amis impatients. Après la chute de Louis-Philippe et avant le second Empire, Henri de France a donné de sa conduite cette explication que l'impatience

<small>Henri V craint d'ajouter aux difficultés et aux embarras de la France.</small>

peut bien ne pas accepter, — la passion n'accepte jamais ce qui contrarie ses désirs, — mais que l'histoire gardera précieusement : « Quoique j'aie la « douleur de voir quelquefois mes pensées et mes « intentions méconnues, l'intérêt de la France, qui « pour moi passe avant tout, me condamne souvent « à l'inaction et au silence, tant je crains de trou- « bler son repos et d'ajouter aux difficultés et aux « embarras de la situation actuelle. » [1] Il sait bien qu'il n'a pas reçu pour lui-même le droit de régner, mais qu'il l'a reçu pour le bien de la France et qu'il ne doit l'exercer que pour elle.

Après le 24 février 1848, il ne pouvait plus craindre de troubler le repos de la France. Aussi se hâta-t-il d'accourir, apportant le secours de son principe et de son dévouement à la patrie livrée sans défense à la Révolution comme un navire désemparé à une mer furieuse. Mais il fut arrêté par les conseils et les supplications de ceux de ses amis que leur longue expérience de la vie politique ou plutôt de la vie parlementaire avait faits les chefs des royalistes. Ils lui exposèrent que l'état des esprits rendait nécessaire un essai loyal de la République, — car on parlait déjà en ce temps-là comme aujourd'hui, — et la République, tant que l'ère révolutionnaire ne sera pas close, doit être toujours essayée, toujours rejetée comme un poison violent, et toujours reprise à titre d'essai ou à titre

---

[1] Lettre à M. Berryer, Venise, 23 janvier 1851

de gouvernement définitif. Henri V cédant à ses amis ou plutôt craignant d'ajouter encore aux difficultés et aux embarras d'une situation déjà si pleine de difficultés, d'embarras et de périls, reprit, avant même d'avoir mis le pied sur le sol de la patrie, le chemin de l'exil.

Il était à Venise quand y éclata la révolte contre le gouvernement autrichien. Comme Louis-Antoine, il voulut « voir de près » ; et, sortant du palais Cavalli avec le capitaine de Villaret-Joyeuse, le comte O'Hegerthy et M. Moricet, il se fit conduire en gondole à la place Saint-Marc. Il s'y trouvait au milieu de la foule, quand les Autrichiens, à qui l'on venait de lancer des pierres, chargèrent à la baïonnette, et le Prince vit un homme tué à quelques pas de lui. Les grenadiers italiens ayant fait cause commune avec les insurgés, l'insurrection se changea en révolution, et les Autrichiens durent se retirer.

La Révolution à Venise.

Il ne pouvait convenir au Prince ni à sa mère qui se trouvait alors à Venise, d'y demeurer. Le gouvernement insurrectionnel redouta l'impression qu'allait produire le départ du Comte de Chambord et tenta de le retenir. Mais le Prince, persistant dans son dessein, fit arrêter un petit brick de commerce anglais pour le conduire à Trieste avec sa mère et Madame la Comtesse de Chambord. Le moment du départ venu, il montait dans une gondole qui allait le transporter au navire mouillé à quelque distance.

Départ d'Henri de France.

Survient alors une patrouille de gardes civiques, montée elle-même dans des barques ; elle veut s'opposer au départ du Prince. Mais les gondoliers ne tiennent compte de cette opposition et commencent à jouer des rames. « Attendez ! ou nous faisons feu ! » crient les gardes civiques. L'arrivée d'un officier met fin à ce conflit, et Henri de France et les Princesses peuvent gagner le navire ; mais ils n'ont pas tout à fait échappé pour cela aux atteintes du mauvais vouloir des révolutionnaires qui, contrariés de les voir quitter Venise, les retiennent encore là pendant trois jours par des difficultés de passe-port.

Lettres apocryphes d'Henri de France.

Rentré à Froshdorf, le Fils de saint Louis assiste, impuissant et navré de douleur, aux luttes qui déchirent le peuple de saint Louis. En France, beaucoup prononcent son nom, beaucoup l'appellent, mais les sages leur imposent silence : son heure n'est pas venue, il faut pour un temps nous accommoder de la République. D'autres encore que ses amis prononcent son nom, mais pour dire que l'espérance ne peut plus s'attacher à son nom, car le Prince abdique ses droits et ne veut plus avoir de mission à remplir pour le salut de la patrie. Effrayé du fardeau de la charge suprême, il veut terminer dans le repos de l'exil une existence inutile et sans honneur. Qui pourrait douter de cette lâche désertion ? Plusieurs lettres du Prince circulent, où l'héritier du plus beau trône de la terre renonce à son trône et l'Enfant de l'Europe à sa mission providentielle. Et l'une de ces lettres est adressée au président de l'Assemblée nationale, c'est-à-dire à l'Assemblée nationale, c'est-à-dire à la France elle-même... Tel est l'égarement des esprits que ces pièces extravagantes ne le sont pas encore assez pour que beaucoup ne les acceptent comme vraies et n'approuvent la résolution prêtée au Prince. Henri de France est obligé de prendre la parole pour en dénoncer la fausseté. On a calomnié son cœur, et son cœur blessé proteste : « Ce qu'il y a de vrai, « c'est mon amour pour la France, c'est le sentiment « profond que j'ai de ses droits, de ses intérêts, de « ses besoins dans les temps actuels, c'est la dispo- « sition où je suis de me dévouer tout entier, de me « sacrifier à elle si la Providence me juge digne de « cette noble et sainte mission... mon bras, mon « cœur, ma vie, tout est à elle, et elle peut toujours « compter sur moi [1]. »

Protestation du Prince.

Mais tandis que le Roi par droit de naissance, respectueux de la liberté de son peuple, attend dans l'exil que la France tourne vers lui ses regards et l'appelle à venir renouer la chaîne des traditions nationales, les républicains de la rue prennent les armes contre les républicains de l'Assemblée, la moitié du parti de la souveraineté du peuple se lève pour égorger l'autre moitié. Paris est pendant trois jours le théâtre d'une épouvantable boucherie, et la France tout entière se demande si le triomphe

Les journées de juin.

---

[1] Voir aux *Pièces justificatives*, n° XVI.

de l'insurrection ne va pas la livrer aux bêtes fauves. Le Prince, que Dieu a fait le père de ce peuple si malheureux, voit cette guerre fratricide, et il ne peut rien, rien que gémir et prier. « Que de « malheurs, » s'écrie-t-il, « n'ai-je pas à déplorer ! « Ces luttes affreuses qui viennent d'ensanglanter la « capitale, la mort de tant d'hommes honorables et « distingués dans la garde nationale et dans l'ar- « mée, le martyre de l'Archevêque de Paris, la « misère du pauvre peuple, la ruine de nos indus- « tries, les alarmes de la France entière ! Je prie « Dieu d'en abréger le cours. — Puissent le spec- « tacle de ces calamités et la crainte des maux qui « menacent l'avenir, ne point emporter les esprits « loin des grands principes de justice et de liberté « publique, qu'en ce temps, plus que jamais, les « amis des peuples et des Rois doivent défendre et « maintenir [1] ! »

L'élection de Louis Bonaparte à la présidence de la République Mais les esprits étaient emportés. Moins de quatre mois après les journées de juin, l'Assemblée nationale votait à l'unanimité [2] une constitution qui imposait à la France la République, c'est-à-dire un état politique contraire à son génie et qui ne peut être chez elle que la permanence de la guerre civile. Moins de six mois après les journées de juin, une majorité formée d'hommes de tous les partis votait

---

[1] Lettre à M. Berryer, 15 juillet 1848.
[2] Il n'y eut qu'un seul opposant, M. de Puységur.

la présidence d'un Bonaparte et préparait ainsi l'Empire, c'est-à-dire un état politique où il n'y a plus de droits que pour un seul homme qui compte pour rien la pensée de ses sujets, leurs goûts, leurs mœurs, leur foi même, et qui met à la place sa volonté, ses goûts, sa pensée, sa foi ou son scepticisme, ses mœurs ou son immoralité.

Le Roi avait averti son peuple, mais les peuples soulevés par un vent de révolution veulent-ils être avertis? Le Roi avait signalé les abîmes, il devait les signaler encore plus d'une fois. Mais l'abîme attire les multitudes comme les hommes, elles sont prises comme eux de vertige, et elles se précipitent.

Cinq semaines après la proclamation solennelle de la constitution républicaine de 1848, un républicain français eut la curiosité de voir le Prince que sa naissance faisait Roi de France. Et le récit qu'il publia de sa visite à Frohsdorf et des impressions qu'il y avait reçues, émut vivement ceux mêmes des Français qui croyaient avoir chassé pour toujours les Bourbons de leur cœur comme de la patrie et avoir réussi à les oublier.

Visite d'un républicain français à Frohsdorf.

Le républicain qui revenait de Frohsdorf n'était pas des premiers venus : le gouvernement provisoire lui avait confié « une mission délicate à l'étranger ». S'il ne se présentait pas à Frohsdorf en ami, il ne s'y présentait pas en ennemi non plus mais en adversaire bien déclaré. « Monseigneur, » dit-il à Henri

de France en l'abordant, « j'ignore, et Dieu seul
« peut savoir, quelles destinées vous sont réservées
« dans l'avenir; mais si vous avez une chance de
« régner quelque jour en France, ce que, pour mon
« compte, je ne désire pas, cette chance la voici :
« Que, par impossible, la France, épuisée par ses
« expériences, à bout de ses ressources, ne trouve
« pas dans le pouvoir électif la stabilité qu'elle
« poursuit; que le découragement, les mécomptes,
« retournent jamais ses pensées vers le principe
« héréditaire, comme base plus fixe de l'autorité,
« vous représentez ce principe, et, dans ce cas,
« c'est la France elle-même qui viendrait vous
« chercher. Jusque là, je ne vois pour vous qu'une
« chose à faire : attendre les événements. » Il faut
bien avouer aujourd'hui que ce républicain était
un *voyant*. La réponse du Prince ne dérangea
point sa vision : « Il me répondit sans hésitation
« que je venais de traduire sa pensée; qu'il n'en-
« treprendrait jamais rien contre les pouvoirs éta-
« blis, ne voulait prendre aucune initiative et n'avait
« aucune ambition personnelle; qu'il se considérait
« en effet comme le principe de l'ordre et de la
« stabilité ; qu'il entendait maintenir ce principe
« intact, ne fût-ce que pour le repos futur de la
« France; que ce principe était toute sa force, qu'il
« n'en avait pas d'autre; qu'il en aurait toujours
« assez pour remplir son devoir quel qu'il fût, et
« que Dieu d'ailleurs lui viendrait en aide. »

Le Roi ne convertit point le républicain à la

Royauté. Celui-ci, sorti de Frohsdorf, n'osait plus, en républicain bien avisé, affirmer l'immortalité de la République, mais il ne se tournait pas contre elle : « Je me suis présenté à Frohsdorf comme républi-
« cain, » écrivait-il, « et c'est comme républicain que
« j'ai été reçu; républicain de la veille, de l'avant-
« veille, de tous les temps... Comme tous les pou-
« voirs constitués, la République porte en elle sa
« vitalité. Si elle est née viable, elle vivra, et tous
« les prétendants du monde, quelles que soient
« d'ailleurs leurs qualités, ne sauraient prévaloir
« contre elle. » En effet, il n'avait pas fermé les yeux aux rares qualités, non du prétendant mais du Roi qu'il était allé voir, Roi dans l'exil aussi bien qu'à Paris. « Monsieur le Duc de Bordeaux, » dit-il, « a l'esprit ouvert aux questions du jour,
« les étudie toutes et n'est point étranger aux
« théories industrielles. Pendant son séjour en
« Angleterre, il est peu de manufactures impor-
« tantes qu'il n'ait visitées, et visitées avec soin. Sa
« réserve, qui est excessive et constitue l'un des
« traits saillants de son caractère, lui fait évidem-
« ment tort, en ce sens qu'il a plus d'intelligence
« qu'il n'en laisse paraître. C'est le contraire chez
« la plupart des hommes. » Tout dans le Prince a charmé le républicain : « Son œil, » dit-il, « d'un
« bleu limpide, et à la fois vif et doux, écoute bien,
« interroge beaucoup ; il regarde si droit et si fixe
« que je considère comme une chose impossible de
« lui mentir en face. Quant à lui, il suffit de le voir

« pour demeurer convaincu de sa véracité. Tout en
« lui décèle une grande droiture de cœur et d'es-
« prit, un vif sentiment du devoir et de la justice,
« uni à l'amour du bien... Ce qu'on est en droit
« d'exiger d'un homme, c'est le désir sincère d'ap-
« prendre et la bonne volonté ; or on ne saurait
« sans injustice refuser au Prince ces deux vertus.
« Ajoutez à cela du bon sens, de la candeur, une
« grande bonté et une générosité naturelle incon-
« testable, je dis plus, incontestée. C'est un honnête
« homme dans toute la force du mot [1]. »

Expédition romaine. Un honnête homme ! Combien les révolutionnaires ont raison de reprocher à Henri de France de n'être point l'homme de notre époque, telle qu'ils la comprennent, de n'être point le chef qui convient à la France telle qu'ils la rêvent. « En révolution, » disait Danton, « l'autorité appartient au plus scé-
« lérat. » Mais la France a d'autres pensées ; et, après tant de gouvernements révolutionnaires qu'elle a subis, elle demande à Dieu de lui donner pour chef un honnête homme. Car la Révolution a bien pu tromper et séduire la conscience de la grande nation, elle a été impuissante à l'étouffer. Il y a vingt-cinq ans, la France, au milieu même de ses égarements et de ses calamités, se souvenait de sa grandeur ancienne et de sa mission que Dieu lui conserve

[1] Charles DIDIER. *Une visite à Monsieur le Duc de Bordeaux*, passim.

malgré les insurrections triomphantes et les républiques. Elle reprenait Rome à la Révolution cosmopolite pour la rendre au Pape. Mais Louis-Bonaparte, qui était entré dans la vie publique comme soldat de l'insurrection italienne contre Grégoire XVI et qui était demeuré affilié aux sociétés secrètes, essaya, par un trait de politique machiavélique, de rendre Rome à la Révolution en la rendant au Pape. Il écrivit au commandant Edgar Ney la lettre fameuse où il mettait au retour de Pie IX à Rome cette condition monstrueuse de la sécularisation du gouvernement pontifical. Quand cette lettre, tenue secrète pendant plusieurs mois, fut publiée par son auteur pour intimider Pie IX et lui faire violence, Henri de France, dont l'expédition romaine avait consolé l'âme attristée, remercia, « comme Français, comme Fils aîné de l'Eglise, » le brave général Oudinot qui avait commandé nos soldats dans cette entreprise glorieuse [1]. Fidèle cependant à la réserve qu'il s'est imposée, il évite de compromettre en voulant les défendre les intérêts sacrés que le président de la République prétend livrer à la Révolution.

Lettre d'Henri de France au général Oudinot.

Aussi bien que ses joies et ses malheurs, les actes que la France accomplit au dedans ou au dehors en conformité de son génie et de ses traditions, viennent montrer que l'exil n'a pu rompre les liens d'amour

Son voyage à Ems.

---

[1] Voir aux *Pièces justificatives*, n° XVII.

et de communauté de sentiments entre le Roi et son peuple. Un voyage qu'Henri de France fit à Ems dans le courant du mois d'août 1849 donna lieu à des manifestations touchantes de l'amour du peuple pour le Roi. Ce pèlerinage, comme on avait appelé le concours des Français à Belgrave-Square, eut peut-être un caractère encore plus populaire que l'empressement des Français à Londres dans l'hiver de 1843.

<small>Le fuchsia du jardin des Tuileries.</small>   Un papetier de Paris avait eu la pensée bien parisienne de tromper la vigilance des gardiens des Tuileries, pour dérober un fuchsia du jardin de ce palais où naquit Henri de France. Conserver avec eux dans leur wagon cette fleur ne fut pas une petite affaire pour les ouvriers qui étaient d'avance si heureux de pouvoir l'offrir au Prince toute brillante de fraîcheur. Les employés du chemin de fer voulant la mettre aux bagages, les ouvriers demandèrent d'être mis aux bagages avec elle : il fallut bien leur céder. Grâce aux soins délicats dont ils l'entourèrent pendant tout ce long trajet, la tenant sur leurs genoux et ne lui épargnant ni l'eau ni l'ombre ni l'air pur, elle ne se ressentit pas des fatigues du voyage. Ils furent bien récompensés de leurs peines en voyant des larmes d'attendrissement rouler dans les yeux d'Henri de France devant la fleur des Tuileries.

<small>Parole d'un étranger.</small>   Le Prince et Madame la Comtesse de Chambord descendus à l'hôtel des *Quatre-Tours,* y recevaient le matin et le soir les Français accourus dès qu'ils

avaient connu le projet du Comte de Chambord d'aller à Ems. Comme à Rome en 1840, comme à Belgrave-Square en 1843, les étrangers n'étaient pas exclus, et l'un d'eux, après avoir vu et entendu notre Roi, disait à nos compatriotes : « Si j'étais « Français, je serais heureux de voir ainsi repré- « senté le principe traditionnel de mon pays ; mais « j'en suis heureux encore, car je suis Européen et « c'est le principe européen. »

Les Français étaient heureux, et les plus humbles comprenaient bien leur bonheur. « Après ma mort, « on saura ce que je vaux », disait Henri IV. Les esprits qui ne sont point troublés par leurs préventions savent dès maintenant le prix du don que Dieu a fait à la France. Un ouvrier maçon, venu à Ems pour voir le Prince, se plaignait de la stagnation des affaires et du manque de travail. « Si j'ai bonne « mémoire, » ajoutait-il, « ça allait mieux sous « vos parents, et je suis sûr que ça irait au moins « aussi bien à votre retour ; croyez donc que si on « vous demande, ce n'est pas seulement pour vous, « mais pour nous. » Il y a vingt-quatre ans que ce brave homme parlait ainsi : parlerait-il autrement à l'heure présente ?*Si on demande Henri, ce n'est pas pour lui, c'est pour la France.*

J'ai dit que les ouvriers étaient nombreux à Ems. Quelques-uns cependant n'étaient là qu'en qualité de délégués d'un nombre bien plus considérable d'ouvriers de tous les états qui avaient fait une *Pistolets offerts par les ouvriers.*

souscription pour offrir un présent à Henri de France. Ils avaient apporté en effet une paire de beaux pistolets damasquinés et décorés de l'écu de France. Dans la boîte qui les renfermait, le Prince put lire ces mots :

« Les ouvriers, au Comte de Chambord. »

Ce beau présent était accompagné de la liste des souscripteurs et d'une adresse où ils protestaient contre le mensonge qui veut séparer la cause du peuple de celle du Roi : « Que Monsieur le Comte de
« Chambord daigne jeter les yeux sur ces listes de
« souscripteurs, il jugera si le grand principe de la
« légitimité est le privilége exclusif d'une caste,
« comme voudraient le faire croire des hommes in-
« téressés à égarer l'opinion ; il verra que dans bien
« des mansardes de nos cités, comme dans bien des
« chaumières de nos campagnes, son nom est la
« consolation du présent, l'espérance de l'avenir[1]. »

Refus de présents. D'autres souscriptions furent moins heureuses; non qu'elles fussent moins agréables au Prince, mais voyant le malheur des temps et l'importance des présents qu'on voulait lui offrir, il pria ses amis de donner un autre emploi aux sommes recueillies[2]. Un service de linge damassé ayant appartenu à

---

[1] Voir aux *Pièces justificatives*, n° XVIII.
[2] *Ibid.*, n° XIX.

Louis XVI, était repoussé malgré la protection de ce grand souvenir [1]. Henri de France demeurait inflexible : le soulagement de ceux qui avaient le plus à souffrir du marasme de l'industrie et du commerce, devait être l'objet de tous les efforts, de toutes les pensées de ses amis.

Comment aurait-il pu oublier tant de maux qui dévoraient alors la France, le Prince qui, loin de la France, ne vivait que pour elle ? Pendant un voyage qu'il fit à Wiesbaden au mois d'août 1850, voyage demeuré fameux, il surprit tout le monde par sa connaissance profonde des hommes et des choses de notre pays, et il expliqua qu'on ne devait pas s'étonner de trouver chez lui cette connaissance :

Voyage d'Henri de France à Wiesbaden. — Sa connaissance des hommes et des choses de notre pays.

Mes amis et mes adversaires semblent surpris de « me voir au courant de tout ce qui se passe en « France; à quoi pensent-ils donc que je doive ap- « pliquer mes soins, si ce n'est à connaître les « besoins de mon pays? »

C'est pour les mieux connaître qu'il donnait ainsi rendez-vous chaque année, quand les circonstances politiques le permettaient, à ses amis de toutes les classes.

Le concours des ouvriers fut encore plus grand à Wiesbaden qu'il ne l'avait été à Belgrave-Square et à Londres. Ceux de Paris, à peine arrivés, furent

Réception des ouvriers de Paris.

---

[1] Voir aux *Pièces justificatives*, n° XX.

reçus par Henri de France. « On nous fit monter
« dans un salon au premier, raconte l'un d'eux,
« nous nous rangeâmes autour de cette vaste pièce.
« A peine avions-nous pris place que le Prince en-
« tra. Ce fut un beau moment. Quelle figure! quels
« yeux! mais surtout quelle bonté ! Il vint rapide-
« ment se placer au milieu de la salle. « Soyez les bien-
« venus, mes amis, » nous dit-il; « approchez bien
« de moi. » Nous nous approchâmes, mais le res-
« pect nous tenait à quelque distance encore. « Plus
« près, » s'écria-t-il, « plus près encore, je veux me
« sentir serré par des Français. » Nous l'entourâ-
« mes cette fois de si près, que nous ne lui laissions
« que la place de son corps. Ses mains vigoureuses
« serraient nos mains, ses yeux pleins de tendresse
« étaient attachés sur nous; il nous remerciait
« d'être venus de si loin. Nous ne pouvions parler,
« les larmes nous suffoquaient. Le voilà donc ce
« Prince que les plus âgés de nous se souvenaient
« d'avoir vu, dans leur enfance, emporté par une
« rapide voiture des Tuileries à Bagatelle; le voilà
« l'enfant aux yeux bleus et à la tête blonde, déjà
« exilé avant que les plus jeunes de nous ne fussent
« nés. C'est un homme aujourd'hui, plein de
« vigueur, de jeunesse, de beauté, qui parle de la
« France comme s'il ne l'avait jamais quittée, qui
« reçoit tous les Français comme des amis. Dès
« qu'il vous parle, on se sent le cœur remué; quand
« il tient votre main, on n'est plus à soi, on est à
« lui. »

L'un de ces ouvriers, encore vêtu de ses habits de voyage, se cachait de son mieux derrière les autres.

L'ouvrier en habits de voyage.

> Il n'est pour voir que l'œil du maître

Et l'œil du Prince le découvrit bien vite. Henri de France va droit à lui et lui demande : « Mon ami, « pourquoi ne voulez-vous pas que je vous voie ? « — Monseigneur, veuillez m'excuser, j'ai perdu « ma malle au chemin de fer; je ne suis pas mis « décemment pour me présenter devant vous. « Pourtant je n'ai pas pu résister au désir de vous « voir, mais j'espérais n'être pas aperçu. — Que me « fait votre habit ? » dit le Prince en lui tendant « la main. « Venez donc, c'est le cœur que je « regarde. »

Ne pouvant entretenir les ouvriers tous séparément, Henri de France leur demanda de lui désigner trois d'entre eux avec lesquels il pût conférer de leurs besoins et de leurs vœux. Et les trois élus admirèrent combien le Prince avait étudié cette question qu'on appelle la question ouvrière et qui ne peut pas être éludée sans péril; ils admirèrent l'intelligence que le Prince avait des difficultés qu'ils ne supposaient pas même connues de lui.

Entretien avec trois ouvriers.

Avant de laisser partir les ouvriers de Paris, Henri de France voulut leur donner un dîner. Il chargea le prince de Montmorency-Robec, le marquis d'Espinay Saint-Luc, le comte Fernand de la Fer-

Henri de France donne à dîner aux ouvriers.

ronnays, le marquis du Plessis-Bellière, M. de Barthélemy-Sauvaire fils, M. de Rouget, etc., de faire les honneurs de la table. Il vint lui-même au dessert boire avec ses invités et porter ce toast : « A la France ! à notre chère patrie ! »

<small>Adieux.</small>

Après avoir fait la veille leurs adieux à Henri de France, les ouvriers allaient monter en wagon à cinq heures du matin. Ils voulurent voir encore une fois le toit qui abritait ce jeune Roi, déjà le Père du peuple, son Père exilé ; ils le virent lui-même au balcon de l'hôtel. Il avait voulu, lui aussi, leur dire adieu encore une fois.

<small>Les paysans bretons.</small>

Après les ouvriers de Paris, vint le tour des paysans bretons. Comme ils ne pouvaient, toutes les fois qu'ils rencontraient le Prince, arrêter l'explosion de leurs sentiments, on les prévint, de la part du Prince, que toute manifestation publique était absolument interdite. *Vive le Roi !* répondirent-ils tous d'un seul cri. La désobéissance suivait la défense de bien près, et on voulut leur en faire des reproches : « Pardonnez-nous, dirent-ils, nous com-
« primions depuis si longtemps ce cri dans nos
« cœurs, qu'il avait besoin d'en sortir : il nous

<small>Autres visiteurs.</small>

« étouffait ! » Bien d'autres paysans, bien d'autres ouvriers vinrent à Wiesbaden, notamment ceux du nord. Le Prince y reçut aussi des membres nombreux de l'Assemblée nationale et quelques hommes politiques qui avaient servi le gouvernement de

Louis-Philippe. On distinguait parmi ceux-ci le comte de Salvandy qui semblait destiné par la loyauté de son caractère chevaleresque à être l'ouvrier principal de cette œuvre de réconciliation dont nous venons de voir l'accomplissement. Le départ du Prince, fixé d'abord au 28 août, fut remis au 30,. l'arrivée de nouveaux Français ayant été annoncée ; il ne devait avoir lieu que le 31. En effet, le 29, Henri de France, apprenait la mort de Louis-Philippe qui venait de s'éteindre trois jours auparavant à Claremont en laissant aux siens le consolant souvenir de sa fin chrétienne. Le petit-fils de Charles X fit avertir aussitôt tous les Français qu'il y aurait le lendemain une messe pour le repos de l'âme de ce Bourbon que la Révolution avait jeté lui aussi en exil. Henri de France ne voulait plus se souvenir que de sa parenté avec Louis-Philippe et des malheurs de ce parent. Il prenait le deuil et le faisait prendre à toute sa maison comme s'il n'y avait jamais eu de révolution de 1830. Il effaçait déjà 1830 comme il effacera un jour 1848 en faisant rentrer en France les restes mortels de Louis-Philippe. C'est à Henri V qu'il appartient d'effacer les traces de toutes les révolutions et de toutes les discordes. Il est juste d'ajouter que Louis-Philippe, pendant les deux années qui séparèrent sa chute de sa mort, paraissait avoir renoncé pour les siens comme pour lui-même à toute pensée d'ambition coupable et qu'il ne croyait plus à d'autre hérédité monarchique qu'à l'hérédité légitime.

Mort de Louis-Philippe.

En sortant du service funèbre de Louis-Philippe, le Prince, qui n'oubliait que les offenses et qui gardait de la fidélité de ses amis un souvenir fidèle et reconnaissant, voulut voir lui-même le vicomte de Becdelièvre tourmenté depuis quelques jours par de violents accès de fièvre cérébrale et dont il avait plusieurs fois fait prendre des nouvelles. Quand il arriva, le malade venait d'expirer.

Adieux du Prince aux Français. Ainsi finit dans le deuil ce séjour de Wiesbaden où le Prince et ses amis avaient trouvé jusque là tant de joie. Cette journée du 30, qui avait été celle du service funèbre de Louis-Philippe et celle de la mort du vicomte de Becdelièvre, fut aussi celle des adieux. Ayant réuni autour de lui tous les Français qui étaient à Wiesbaden, Henri de France s'entretint une dernière fois avec eux [1] et les congédia en leur disant : « Comptez sur moi, comme j'aime à « compter sur vous ! » Cependant, le lendemain matin, à six heures, comme il allait monter en voiture pour se rendre au chemin de fer, il trouva encore les Français qui l'attendaient à sa porte. Il renvoya sa voiture pour leur consacrer ces dernières minutes en marchant au milieu d'eux. Au milieu d'eux, comme il l'a dit tant de fois, il se croyait en France. Il rentrait dans sa vie d'exil. Il avait pu espérer un moment, après la Révolution de février, que les portes de la patrie se rouvriraient bientôt

---

[1] Voir aux *Pièces justificatives*, n° XXI.

devant lui. Mais dans l'automne de 1850 les divisions des partis et la politique égoïste de Louis-Bonaparte créaient à la France une situation qui n'avait que deux issues, l'anarchie et le césarisme. Les débats sur la révision de la constitution qui eurent lieu au mois de juillet 1851 firent comprendre aux plus optimistes que l'heure de la réconciliation des partis et du salut de la France était encore bien éloignée.

<small>Débats sur la révision de la constitution</small>

Henri de France avait encore de longs jours d'exil à traverser : mais, en regardant au delà il pouvait se voir rentré dans le royaume de ses pères et y consacrant son âge mûr et sa vieillesse à réparer les maux de la patrie. Marie-Thérèse, la fille de Louis XVI et de Marie-Antoinette, née en 1778, n'avait plus de longs jours à vivre sur la terre et ne pouvait plus espérer revoir la France. Ce fut le dernier sacrifice que fit à Dieu cette âme qui avait fait tant et de si douloureux sacrifices [1]. « Chère

<small>Marie-Thérèse ne doit plus revoir la France.</small>

---

[1] « On pourrait croire qu'après avoir tant souffert en France, « et par des Français, elle a dû prendre en aversion le pays et « ses habitants; il n'en est rien. Phénomène étrange! plus elle a « souffert en France et par la France, plus elle s'est attachée à « elle. Elle ne permettrait pas qu'on l'attaquât en sa présence; « elle-même n'en parle jamais qu'avec amour et regret. Son dernier désir (elle le répète souvent) est d'être enterrée en France. « Jamais, certes, on ne vit un patriotisme plus vivace; une telle « passion du sol natal rappelle ce Foscari, qui adorait Venise « au milieu des tortures que Venise lui faisait endurer. »
Charles DIDIER. *Une visite à Monsieur le Duc de Bordeaux*, pp. 77, 78

« France ! » disait-elle, « je suis trop âgée pour la « revoir ! que Dieu la protége ! Et qu'un jour mon « neveu puisse lui faire reprendre le cours de ses « glorieuses destinées. L'espoir désintéressé d'un « bonheur que je ne partagerai pas suffit désormais « à ma consolation. » Sa santé affaiblie depuis quelques mois l'avertissait de sa fin prochaine. Cependant, au commencement du mois d'octobre, elle put encore montrer à quelques Français les promenades agréables qui environnent le château de Frohsdorf.

<small>Ses derniers jours.</small> Mais, le 13 octobre, craignant de s'évanouir, elle quitta la chapelle avant la fin de la messe. Elle voulut néanmoins, quelques instants plus tard, se montrer au salon pour rassurer son neveu et sa nièce : ils furent, au contraire, effrayés à la vue de son visage pâle et contracté. Ils l'obligèrent de rentrer chez elle où ils firent appeler le docteur Thévenot. La malade, atteinte d'une pleuro-pneumonie, était en proie à une fièvre violente. L'Archiduchesse Sophie étant arrivée le 14 pour la fête de Marie-Thérèse, celle-ci voulait se lever pour la recevoir ; mais le médecin lui dit qu'en l'état où elle était, elle n'avait pas le droit de sortir de son lit. Le 15, jour de sa fête, le Nonce apostolique et l'Archiduc Maximilien d'Este arrivèrent à Frohsdorf, mais le docteur Thévenot empêcha qu'elle reçût aucune autre visite que celle d'Henri de France et de Madame la Comtesse de Chambord. La malade, pour qui les anni-

versaires du 21 janvier et du 16 octobre avaient toujours été des jours consacrés qu'elle passait devant Dieu dans les larmes et dans la prière, dit : « Rien ne pourra m'empêcher d'aller demain à la « chapelle rendre à la mémoire de ma mère les « devoirs auxquels je n'ai jamais manqué. » Pendant la nuit qui fut très-mauvaise, elle dit à Mme de Sainte-Preuve : « Ma chère enfant, il faut nous quitter. « Entendez-vous ce qui se passe dans ma poitrine ? « ne vous y trompez pas, c'est le râle de la mort. »

Nuit mêlée de délire et de prières. Elle priait, ai-je besoin de le dire ? pour la France et pour son neveu: « Saints patriarches, saints anges, » disait-elle, « pro- « tégez Henri, sauvez la France ! » Le matin, elle voulut se lever, mais on lui apprit que déjà le Nonce avait dit la messe pour Marie-Antoinette, et on put ainsi la retenir au lit. L'abbé Trébuquet vint lui proposer de communier en viatique, ce qu'elle fit. Elle en reçut un grand soulagement. Elle put même le lendemain se faire transporter dans son cabinet de travail, sur un canapé, près de son bureau. Ne se laissant point tromper par cette réaction, elle mit ses papiers en ordre et fit appeler plusieurs personnes à qui elle voulait donner ses dernières instructions. Elle fit encore une fois avec le baron Charlet ce travail qu'elle avait fait tant de fois, la répartition des secours à envoyer aux malheureux.

Mais, dans la soirée du 18, ceux qui l'entouraient durent renoncer à l'espoir qu'ils avaient ressaisi trop

Sa mort.

vite en voyant cette réaction. Un nouvel accès de fièvre amena des accidents cérébraux qui défiaient tous les efforts de la science. Marie-Thérèse, sentant qu'elle allait paraître devant Dieu, disait : « Mon « Dieu, je vous demande pardon de mes fautes; « assistez votre humble servante dans ce moment « qui va décider de son éternité. » La fièvre s'éteignait, mais la vie s'éteignait avec elle; la mourante était sans force et sans mouvement et comme déjà prise tout entière par la mort. Mais son neveu lui parlait-il, à cette voix elle se réveillait et semblait revenir à la vie. Son dernier mot, son dernier adieu fut pour ce fils qu'elle n'avait pas porté, mais à qui elle avait donné tout son amour.

Ses funérailles. Marie-Thérèse était morte dans la matinée du dimanche 19 octobre 1851. Le samedi suivant, le service funèbre était célébré dans la chapelle du château. Aucune couronne de Reine ni de Dauphine de France n'était posée sur le catafalque, aucun emblème ne rappelait que la morte couchée sous ce drap était une Princesse de la plus illustre Maison souveraine, qu'elle avait été Madame Royale, Madame la Dauphine et même, sur la terre d'exil, la Reine [1]. Marie-Thérèse avait voulu qu'on ne posât sur son cercueil d'autre emblème que celui de tous les chrétiens, la croix. La chapelle ne pouvait contenir la foule de ceux qui étaient venus prier

---

[1] C'est le nom qu'on lui donnait à Goritz et à Frohsdorf.

pour elle, le corridor était rempli de gens en larmes, et il y en avait jusque dans la cour, priant pour celle qu'un voyageur, qui n'était ni royaliste ni catholique, avait appelée : « la Providence du pays [1]. »

Le dimanche 26, le corps de Marie-Thérése fut transporté à Goritz. Le 28 eut lieu la cérémonie funèbre dans la chapelle des Franciscains ; puis le cercueil fut descendu dans la nécropole souterraine où étaient déjà ceux de Charles X et de Louis-Antoine. « Je veux, » avait-elle dit, « que mes restes « soient déposés à Goritz, dans le caveau des Fran- « ciscains, entre mon mari et son père [2]. »

Elle était née à Versailles, dans ce palais éblouissant élevé par son aïeul Louis XIV; elle a passé sur la terre en faisant le bien et en s'obstinant à aimer la France au nom de laquelle avaient été commis les crimes qui l'ont faite orpheline de son père, de sa mère et de Madame Elisabeth sa seconde mère, la France au nom de laquelle elle a été trois fois exilée;

---

[1] « Elle est sur pied de grand matin, marche beaucoup, et tout le temps que lui laissent les exercices pieux, elle le consacre à des œuvres de bienfaisance : ce qu'elle donne est immense ; un grand quart de son revenu, qui cependant n'est pas considérable pour une Princesse, passe en aumônes. Aussi est-elle la Providence du pays, et j'ai vu les enfants du village se précipiter sur son passage pour lui baiser la main. »
Charles Didier. *Une visite à Monsieur le Duc de Bordeaux*. pp. 79, 80.

[2] Voir un extrait de son testament aux *Pièces justificatives*, nº XXII.

elle est morte en exil, et elle repose dans le caveau d'un couvent de Franciscains, au fond de l'Illyrie. L'histoire de la Révolution est dans ces rapprochements : la bonté, le patriotisme et la sainteté subissent les peines dues au crime et le crime triomphant est couronné.

CHAPITRE IX.

Coup d'Etat du 2 décembre 1851. — Rétablissement de l'Empire. — Protestation d'Henri V. — Politique des premières années du second Empire. — Changement de politique. — Projet de réconciliation des Princes de la Maison de Bourbon. — Démarche du comte de Salvandy auprès de Louis-Philippe. — Démarche du comte de Salvandy et de M. Pageot auprès d'Henri de France. — Lettre d'Henri de France au duc de Noailles. — Le programme de conciliation. — Bon vouloir des légitimistes et des orléanistes. — Visite du Duc de Nemours à Frohsdorf. — Henri de France chez Marie-Amélie. — Le comte F. de La Ferronnays et le docteur Guéneau de Mussy. — Lettre du Duc de Nemours et réponse d'Henri de France. — La question du drapeau. — On ne réussit point à jeter Henri de France hors de ses voies. — Napoléon III entreprend la guerre d'Italie. — Henri de France condamné à se taire. — Mort du duc de Lévis. — Mort de Madame la Duchesse de Parme. — Deuil universel en France. — Unité de l'Allemagne. — Lettre d'Henri de France au général de Saint-Priest. — Invasion garibaldienne des Etats-Romains. — Lettre d'Henri de France à Pie IX. — Intervention de l'armée française. — Les zouaves pontificaux. — Lettre d'Henri de France au baron de Charette. — Rigueur de l'exil. — Voyage d'Henri de France. — Mort de plusieurs de ses amis. — Mort de l'abbé Trébuquet. — Mort de Madame, Duchesse de Berry. — Intérieur du château de Frohsdorf. — Le plébiscite du 8 mai 1870. — Le château de Chambord offert pour les ambulances. — Chute de l'Empire. — Les chrétiens, les royalistes et le Roi.

Louis-Bonaparte, dans un Message adressé à l'Assemblée nationale, écrivait : « J'ai souvent

« déclaré, lorsque l'occasion s'est offerte d'exprimer
« publiquement ma pensée, que je considérerais
« comme de grands coupables ceux qui, par ambi-
« tion personnelle, compromettraient le peu de
« stabilité que nous garantit la Constitution. C'est
« ma conviction profonde, elle n'a jamais été ébran-
« lée. Les ennemis seuls de la tranquillité publique
« ont pu dénaturer les plus simples démarches qui
« naissent de ma position..... La règle invariable de
« ma vie politique sera, dans toutes les circonstan-
« ces, de faire mon devoir, rien que mon devoir. Il
« est aujourd'hui permis à tout le monde, excepté
« à moi, de vouloir hâter la révision de notre loi
« fondamentale. Si la Constitution renferme des
« vices et des dangers, vous êtes tous libres de les
« faire ressortir aux yeux du pays. Moi seul, lié par
« mon serment, je me renferme dans les strictes
« limites qu'elle a tracées. »

Rétablissement de l'Empire.

C'est le 12 novembre 1851 que l'homme des sociétés secrètes parlait ainsi. Et vingt jours plus tard, le 2 décembre, cet homme, le seul en France qui fût lié envers la Constitution par son serment, se servait pour la déchirer du pouvoir qui lui avait été confié pour la défendre. Il dispersait l'Assemblée nationale et jetait en prison ceux de ses membres qu'il craignait de voir trop fidèles à leur mandat. En même temps il interrogeait le peuple pour obtenir de lui l'absolution de son coup d'Etat, comme s'il était au pouvoir du peuple d'absoudre le parjure !

Il interrogeait le peuple ; et par la surprise, par la fraude, par la contrainte, il obligeait le peuple à répondre : Je sanctionne le crime. Ajoutant aux mensonges nécessaires à son triomphe les mensonges inutiles, il préludait au rétablissement de l'Empire en demandant la présidence de la République pour dix ans. Avant l'expiration de la première de ces dix années il faisait encore parler le peuple pour le rétablissement de l'Empire.

Que pouvait contre ce nouvel attentat révolutionnaire le Prince que la Révolution tenait depuis plus de vingt ans en exil ?... Sans illusion et sans faiblesse il ne fit aucune vaine tentative, mais il maintint son droit qui est, comme il le dit lui-même, le plus sûr garant des nôtres. Il y a des heures où le peuple trouve dans la violence je ne sais quelle séduction avilissante et irrésistible. On lui promettait alors la sécurité comme prix de l'absolution du parjure. Henri de France lui dit : « On se trompe et « on vous trompe..... On ne rétablit pas la sécurité « en ébranlant le principe sur lequel repose le « trône, et on ne consolide pas tous les droits en « méconnaissant celui qui est parmi nous la base « nécessaire de l'ordre monarchique. La Monarchie « en France, c'est la Maison royale de France indis- « solublement unie à la nation. Mes pères et les « vôtres ont traversé les siècles, travaillant de « concert, selon les mœurs et les besoins du temps, « au développement de notre belle patrie. Pendant

Protestation d'Henri V.

« quatorze cents ans, seuls entre tous les peuples
« de l'Europe, les Français ont toujours eu à leur
« tête des Princes de leur nation et de leur sang ¹. »
Mais la Révolution, ennemie de la France, s'est toujours plu à la livrer aux idées étrangères, aux intérêts étrangers et aux hommes étrangers.

<small>Politique
des premières
années du second
Empire.</small>

Ainsi que l'homme pervers qui prépare un crime compose l'air de son visage et affecte le langage et les allures d'un honnête homme, on feignit, pour faire accepter à la France le rétablissement de l'Empire, une politique contre-révolutionnaire. « La « souveraineté légitime, » dit fort bien Joseph de Maistre, « peut être imitée pendant quelque « temps ². » On imita donc la souveraineté légi-

---

¹ Voir aux *Pièces justificatives*, n° XXIII.

² « La souveraineté légitime peut être imitée pendant quelque
« temps : elle est susceptible aussi de plus ou de moins ; et ceux
« qui ont beaucoup réfléchi sur ce grand sujet, ne seront point
« embarrassés de reconnaître dans ce genre les caractères du
« *plus* ou du *moins*, ou du *néant*. Si l'on ne sait rien de l'origine
« d'une souveraineté ; si elle a commencé, pour ainsi dire, d'elle-
« même, sans violence d'un côté, comme sans acceptation ni dé-
« libération de l'autre ; si, de plus, le Roi est européen et catho-
« lique, il est, comme dit Homère, *très-Roi* (βασιλεύτατος). Plus il
« s'éloigne de ce modèle, et moins il est Roi. Il faut particulière-
« ment très-peu compter sur les races produites au milieu des
« tempêtes, élevées par la force ou par la politique, et qui se
« montrent surtout environnées, flanquées, défendues, consacrées
« par de belles lois fondamentales, écrites sur de beau papier
« vélin, et *qui ont prévu tous les cas*. — Ces races ne peuvent
« durer. »
Du Pape, liv. III, chap. v, note, p. 381.

time, et l'Empire eut la fortune de rallier à lui beaucoup de ceux qui auraient été, sans cette fourberie, ses adversaires les plus résolus. Mais le parjure et la violence qui étaient à son origine condamnaient l'Empire à mentir bientôt à ses commencements. Il avait promis la sécurité à la France, et la fatalité de son origine l'obligeait à déchaîner sur l'Europe entière le double fléau de la guerre sociale et de la guerre antireligieuse. « Un sceptre saisi d'une main « déréglée ne peut être gardé que dans les mêmes « orages où il a été acquis. Celui qui se soutient sur « une place glissante n'a pas scrupule de s'accrocher « au plus infâme appui [1]. » Mais le plus infâme appui est en même temps le plus fragile, et celui qui s'y soutient tombe de sa place glissante et roule dans le sang et dans la fange.

Changement de politique.

Il y eut des hommes cependant qui ne se laissèrent point gagner par la politique conservatrice et chrétienne [2] ni par la fausse prospérité des premières années de l'Empire. Ils prévirent, sans en pouvoir connaître l'heure, l'effondrement de ce régime fondé sur le parjure et la corruption. Ils songèrent à préparer un nouveau gouvernement pour remplacer ce gouvernement qui pouvait bien en montrant sa violence faire croire à sa force, mais qui n'était pas

Projet de réconciliation des Princes de la Maison de Bourbon.

---

[1] Shakespeare. *Le Roi Jean.* Sc. V.

[2] Cette politique, en rétablissant la croix au faîte de Sainte-Geneviève, y conservait le fronton impie de David. Voilà ce que la politique conservatrice de l'Empire savait le mieux conserver.

viable. Il leur parut que la combinaison la plus facile à réaliser comme la plus puissante, serait dans la réunion des Princes de la Maison de Bourbon et dans la réunion de tous les partisans de la Monarchie sous le Chef de cette Maison. Cette pensée, née au lendemain du 24 février, s'était produite sous le nom plus politique qu'exact de *fusion*. Un journal, *l'Assemblée nationale*, s'était consacré avant les hommes politiques à cette cause. Les hommes politiques s'y étaient voués à leur tour. M. de Salvandy était allé à Claremont demander à Louis-Philippe d'autoriser les tentatives de rapprochement; et celui-ci, en faisant bon accueil à la démarche de son ancien ministre, en approuvant même le projet qui lui était présenté, n'autorisa rien. « Mon cher comte, » dit-il, « il ne
« peut être question de moi dans cette affaire : mon
« rôle est fini en ce monde. La chose ne peut regar-
« der que mes fils. Dans mon opinion, ils doivent
« être toujours prêts à la faire, mais dans mon opinion
« aussi, elle ne se fera jamais, parce que de l'autre
« côté, on ne fera rien de ce qui serait nécessaire
« pour la rendre possible. » Cette dernière parole justifie l'appréciation d'un ancien ministre de Louis-Philippe : « En s'éclairant sur la Révolution, le Roi
« ne s'en est pas entièrement affranchi [1]. » A cet obstacle que Louis-Philippe rencontrait en lui-même, et qui n'était peut-être pas insurmontable, à cet obstacle né des préjugés funestes que lui avait laissés

---

[1] M. Guizot. *Mémoires pour servir à l'histoire de mon temps.*

PREMIÈRES TENTATIVES DE FUSION.

son éducation révolutionnaire et que n'avait pas entièrement effacés sa longue expérience, il faut ajouter un obstacle qu'il rencontrait à côté de lui dans l'opposition passionnée de la Princesse Hélène, mère du Comte de Paris, à toute réconciliation.

Sans se laisser décourager par cette réponse de Louis-Philippe, M. de Salvandy, poursuivant son généreux projet, avait été avec M. Pageot saluer Henri de France à Wiesbaden en 1850. Les bras du Fils de saint Louis furent et seront toujours ouverts à tous ceux qui viendront à lui, Princes de sa Maison ou simples particuliers. Ils étaient ouverts dès le 5 octobre 1848 quand il disait dans une lettre à M. le Duc de Noailles : *(Démarche du comte de Salvandy et de M. Pageot auprès d'Henri de France. Lettre d'Henri de France au duc de Noailles.)*

« D'après ce que vous m'écrivez, mon cher Duc,
« des personnes éminentes, convaincues de la né-
« cessité de réunir en un seul faisceau toutes les
« forces qui peuvent résister à la tempête dont le
« monde social est si violemment ébranlé, pensent
« qu'un rapprochement entre les deux branches de
« ma Famille est la condition première de cette dé-
« sirable union. Mes devoirs envers la France seront
« toujours la règle essentielle de ma conduite. Tout
« ce qui peut contribuer à la sécurité, au bonheur,
« à la gloire de notre pays, je suis prêt à l'accom-
« plir sans hésitation, sans arrière-pensée. Je crois
« avec vous que le concours de tous les hommes de
« cœur, de talent et d'expérience est nécessaire au

« rétablissement et au maintien de l'ordre dans
« notre patrie. Je vous l'ai déjà dit, étranger et
« inaccessible à toutes les passions qui perpétuent
« les funestes discordes, je regarderai comme le
« plus beau jour de ma vie celui où je verrai tous
« les Français rapprochés par les liens d'une frater-
« nité véritable, et la Famille royale réunie à son
« Chef dans les mêmes sentiments de respect pour
« tous les droits, de fidélité à tous les devoirs,
« d'amour et de dévouement pour la patrie.

« Tous les événements passés disparaissent pour
« moi en présence des hauts intérêts de la France
« qu'il s'agit de sauver au bord d'un effroyable
« abîme. J'appelle à concourir à ce grand œuvre
« tous les hommes distingués qui, jusqu'à ce jour,
« ont utilement et consciencieusement servi le pays
« et qui peuvent le servir encore. J'ai employé les
« longues années de mon exil à étudier les choses
« et les hommes. Je comprends les conditions que
« le temps et les événements ont faites à la société
« actuelle ; je reconnais les intérêts nouveaux qui,
« de toutes parts, se sont créés en France, et le rang
« social que se sont légitimement acquis l'intelli-
« gence et la capacité. Si la Providence m'appelle
« sur le trône, je prouverai, je l'espère, que je con-
« nais l'étendue et la hauteur de mes devoirs.
« Exempt de préjugés, loin de me renfermer dans
« un esprit étroit d'exclusion, je m'efforcerai de
« faire concourir tous les talents, tous les caractères
« élevés, toutes les forces intellectuelles de tous les

« Français, à la prospérité et à la gloire de la
« France [1]. »

Quel plus large programme de conciliation saurait-on imaginer? Pour réunir les membres disjoints de la Famille royale, il prononce le premier des paroles de paix, lui qu'on a exilé après l'avoir dépouillé! Pour réunir les membres disjoints de la famille française, il n'a pas et ne veut pas avoir de parti, et il peut ainsi faire appel aux hommes de bonne volonté de tous les partis et il ne veut pas réconcilier seulement tous les enfants de la France, il veut réconcilier en même temps tous les intérêts. Sur ces divers points, le Roi a précédé tout le monde et il est allé plus loin que tout le monde. Sa grande âme veut réconcilier tous les honnêtes gens et tous les intérêts légitimes ; son programme embrasse tout, tout, excepté les principes contraires. S'il les embrassait, il ne serait plus un programme de conciliation, mais de confusion.

Le programme de conciliation.

Ce programme généreux n'est pas comme tant d'autres programmes que les ambitieux nous ont prodigués depuis quatre-vingts ans sans y conformer jamais leur politique. Avant d'écrire le sien, Henri de France avait agi comme il devait parler plus tard ; il avait, en 1842, demandé des prières pour le

---

[1] Je pourrais citer vingt autres lettres du Prince où sont exprimés les mêmes sentiments et les mêmes pensées. Je me borne à renvoyer le lecteur à la lettre reproduite aux *Pièces justificatives*, n° XXIV.

fils aîné de Louis-Philippe. Et, sept jours après avoir écrit ce programme, il parlait dans les termes les plus bienveillants de l'un des hommes que leur passé semblait exclure de cette grande réconciliation. Il écrivait : « Je me réjouis surtout de ce que vous
« me dites des bonnes dispositions du maréchal
« Bugeaud. Je ne m'en étonne pas, car l'excellent
« colonel d'Esclaibes, que nous avons eu le malheur
« de perdre et qui était son ami, m'avait appris à le
« connaître depuis longtemps. Par ses talents mili-
« taires, sa haute capacité, son caractère ferme et
« énergique, et l'influence qu'il exerce sur l'armée,
« le maréchal peut être appelé à rendre à notre
« patrie, dans les circonstances actuelles, les ser-
« vices les plus signalés. »

La faveur royale ne demande aux hommes ni leur origine ni leur passé, elle leur demande seulement s'ils peuvent par leurs talents, par leur intelligence et par leur caractère, rendre des services à la France. Elle accueille, elle appelle même tous ceux qui peuvent servir leur pays et coopérer à cette œuvre immense de réparation pour laquelle Dieu a donné à la France Henri V. Ce que le comte de Salvandy et M. Pageot, dans leur visite à Wiesbaden, avaient proposé à Henri de France, était-il autre chose que la politique de ses lettres et de toute sa vie, la politique de son esprit et de son cœur ? Depuis leur visite, le Prince n'a pas eu d'amis plus fidèles que ces deux anciens serviteurs de Louis-Philippe. Mais que pouvaient l'ancien ministre de l'instruction publique et l'ancien ministre plénipotentiaire, tant qu'aucune démarche n'était faite par les fils de Louis-Philippe auprès du Chef de la Maison de Bourbon? Louise de France, Duchesse de Parme, n'avait pu elle-même, malgré la générosité de son cœur, se prêter au désir de la Duchesse de Kent qui avait voulu réunir chez elle la sœur d'Henri de France et la famille d'Orléans.

La catastrophe du 24 février 1848 avait rapproché pour la défense commune des grands intérêts sociaux les royalistes et les orléanistes. Le coup d'Etat du 2 décembre 1851, dirigé contre eux et non contre la Révolution, les rapprocha encore. Mais ce rapprochement, si favorable à la fusion, plaçait les anciens adversaires les uns à côté des autres sans les réunir. Il y avait cependant de part et d'autre un grand désir de travailler ensemble au succès d'une cause qui était commune. Le comte Molé, le comte Duchâtel et M. Guizot partageaient tout à fait les sentiments du comte de Salvandy. Le bon vouloir était pareil chez les royalistes, et le général de Saint-Priest et MM. Berryer et Benoist-d'Azy furent à Londres solliciter la veuve de Louis-Philippe de s'employer à la réconciliation de ses fils avec le Chef de la Maison de Bourbon. Marie-Amélie pouvait exercer une grande influence sur ses fils, elle n'en exerçait aucune sur la Princesse Hélène; et sans le concours de celle-ci, la réconci-

Bon vouloir des légitimistes et des orléanistes

liation était bien difficile tant que le Comte de Paris était mineur.

Visite du Duc de Nemours à Frohsdorf.

Le Duc de Nemours, soit qu'il y fût poussé par Marie-Amélie, soit plutôt qu'il suivît son inclination personnelle, se rendit dans l'automne de 1853 à Frohsdorf. Henri de France prévenu envoya M. le comte de Monti à quatre lieues au-devant de lui. Quand le Duc de Nemours entra, Henri de France lui tendit la main en disant : « Mon cousin, combien « je me félicite de votre bonne visite. — Mon « cousin, » répondit le Duc de Nemours, « je ne « saurais vous exprimer combien je suis heureux « de cette démarche que je voulais faire depuis « longtemps en mon nom et au nom de mes frères, « je vous déclare que nous ne reconnaissons plus « en France d'autre Royauté que la vôtre, et que « nous hâtons de tous nos vœux le moment où « l'aîné de notre Maison s'asseoira sur le trône. » Dans le cours de la conversation qui dura trois quarts d'heure, le Duc de Nemours rappela que ce jour était l'anniversaire de sa nomination de colonel de chasseurs par Charles X. Les deux Princes se séparèrent très-heureux de leur réconciliation. Et bientôt le Comte de Chambord fut à Vienne rendre à son cousin la visite qu'il en avait reçue.

Trois ans plus tard, à propos de la mort du comte de Salvandy et de sa fin si chrétienne, Henri de France louait « son zèle et ses constants efforts pour « préparer les voies à cette réconciliation désirée,

« qui depuis s'est enfin heureusement accomplie,
« et que la France est en droit d'envisager aujour-
« d'hui comme une des plus fermes garanties de
« son avenir [1]. »

Dans le cours de l'année 1854, Henri de France était allé voir Marie-Amélie à Claremont. L'entrevue, très-affectueuse des deux parts, n'avait eu aucun caractère politique. En février 1857, le Prince était à Parme chez sa sœur, Marie-Amélie était à Nervi. Celle-ci ayant invité son neveu à dîner, le repas qui s'était fort bien passé, fut suivi d'une sorte d'altercation entre un ami du Prince et le médecin de Marie-Amélie. Le comte Fernand de La Ferronnays ayant dit le plus simplement du monde : « La « Comtesse de Neuilly a vraiment bon visage », le docteur Guéneau de Mussy répartit vivement : « Oui « la santé de *la Reine* ne laisse rien à désirer ». Le comte de La Ferronnays ajouta : « Ce climat convient à la Comtesse de Neuilly ». Le docteur, de plus en plus irrité d'entendre donner à Marie-Amélie le nom qu'elle se donnait elle-même et qu'elle avait choisi avec Louis-Philippe au lendemain de la Révolution de février, répliqua : « *La Reine* s'en trouve en effet « très-bien. » Cette riposte ne suffisant point au besoin de vengeance du docteur, il raconta ce qui s'était passé au Duc de Nemours et le fit de manière à lui persuader qu'on avait voulu offenser sa mère.

---

[1] Lettre à M. Pageot, 25 décembre 1856.

Lettre du Duc de Nemours et réponse d'Henri de France. A la suite de cette fâcheuse ingérance du docteur dans la politique, le Duc de Nemours écrivit à Henri de France une lettre qui, malgré la droiture d'intention de son auteur, avait pour effet nécessaire d'altérer le caractère de la réconciliation faite à Frohsdorf; Henri de France, en répondant, exprima les regrets qu'il éprouvait, comme Roi et comme parent, de voir évanouir les espérances que cette réconciliation avait fait naître [1].

Il n'y avait aucune proportion entre l'incident et ses suites. Ce n'est pas lui qui les avait produites, elles ont une autre cause un peu plus éloignée. Des « catholiques libéraux », hommes très-habiles, mais dont l'habileté s'emploie à créer les difficultés et non à les résoudre, avaient imaginé de s'établir au milieu des royalistes pour faire la guerre au Roi. Après le rétablissement de l'Empire, Henri de France ayant recommandé l'abstention à ses amis, « les libéraux » dont je parle se dirent autorisés à transmettre une recommandation bien différente et, sans entrer eux-mêmes dans les fonctions publiques, y poussèrent de toutes leurs forces les royalistes. La noble démarche du Duc de Nemours à Frohsdorf en 1853 et la magnanimité d'Henri de France dérangeaient les combinaisons de « ces libéraux. » Mais leur génie est fertile en invention, et en expédients. Ils inventèrent *La question du drapeau.* la question du drapeau dont ne

---

[1] Voir aux *Pièces justificatives*, n° XXV.

s'étaient avisés ni le Chef de la Maison de Bourbon ni son parent. Ces étranges royalistes dirent avec un grand air de candeur, que l'abandon du drapeau de la Révolution, du drapeau tricolore, serait pour la mémoire de Louis-Philippe une injure que ses fils ne devaient pas supporter. Ils ne songeaient ou ne voulaient pas songer que le petit-neveu de Louis XVI et le petit-fils de Charles X pouvait élever contre le maintien du drapeau tricolore de bien plus sérieuses objections. Ils ne songeaient pas ou ne voulaient pas songer que Louis-Philippe, appelé par le poëte de la Révolution de juillet *soldat du drapeau tricolore*, avait été aussi le soldat du drapeau blanc. Mais qu'importe ? Il ne s'agissait point d'avoir raison, il s'agissait seulement de diviser ceux qui s'étaient réconciliés, et l'on y réussit. La politique qui a créé cette question du drapeau est une politique machiavélique : elle a su, il y a dix-sept ans, persuader aux fils de Louis-Philippe qu'ils ne pouvaient sans honte laisser le Roi rendre à la France ce drapeau blanc qui est son drapeau à elle-même ; et aujourd'hui que les Princes d'Orléans ne lui prêtent plus l'oreille et s'en remettent au Roi, cette politique impitoyable veut maintenir, comme un brandon de discorde, le drapeau tricolore entre le Roi et la France, et, ne pouvant plus invoquer la mémoire de Louis-Philippe, ose invoquer l'honneur de l'armée !

« Ces libéraux », après avoir d'abord espéré imposer à ce Prince si loyal et si chevaleresque leur

On ne réussit point à jeter Henri de France hors de ses voies

politique astucieuse et après avoir reconnu leur impuissance à entamer sa volonté, s'appliquèrent à lui susciter des obstacles qui le jetteraient malgré lui hors de ses voies, c'est-à-dire hors des voies de saint Louis, où il lui avait été recommandé de marcher toujours [1]. Toute leur habileté ne réussit point à le faire dévier. A l'heure même où Napoléon III entreprenait sa campagne d'Italie, c'est-à-dire se mettait à la tête de la barbarie civilisée pour faire avec elle la guerre à l'Eglise, Henri de France, répondant à l'appel de l'Evêque d'Alger pour la chapelle de Notre-Dame d'Afrique, écrivait : « Comme
« chrétien et comme Français, je m'associe du fond
« de mon âme à cette grande et sainte pensée qui
« doit consacrer le religieux souvenir de l'éclatant
« et dernier triomphe remporté sur la barbarie par
« la noble épée de la France monarchique. Le zélé
« prélat recevra bientôt mon offrande. Je regrette
« seulement qu'elle soit si modeste. Mais j'ai la
« ferme et douce confiance que le denier de l'exilé
« n'en sera pas accueilli moins favorablement par
« la Vierge bienheureuse qui, dans tous les temps,
« a couvert de sa puissante protection les enfants
« et le royaume de saint Louis [2]. »

Napoléon III entreprend la guerre d'Italie

Napoléon III paraissait alors avoir pris à tâche de détourner de la France cette protection glorieuse et

---

[1] Voir plus haut, page 268.
[2] Lettre à Mme la marquise de Villeneuve-Arifat, 25 avril 1859.

les bénédictions de Dieu. Il jetait la France dans une guerre impie et insensée. Il préparait à Solferino la bataille de Sadowa, notre ruine, et la bataille de Sedan, notre honte. Comme un père qui assisterait enchaîné à la ruine et au déshonneur de sa famille par un étranger, Henri de France voyait cette politique criminelle poursuivre son œuvre, il ne pouvait rien faire pour l'arrêter ni pour ralentir sa marche, il ne pouvait même pas toujours avertir la France, il était souvent condamné à se taire. S'il avait élevé la voix pour les intérêts étroitement unis de la France et de l'Eglise, il les aurait compromis davantage, il aurait du moins fourni à leur ennemi le prétexte que sa perfidie cherchait.

Henri de France condamné à se taire.

Puisque la Révolution, à qui l'action des Princes chrétiens est si redoutable, a tenu pendant quarante-trois ans le Roi éloigné de la patrie, l'histoire de la France en ces années malheureuses n'est pas une partie nécessaire du récit que j'ai entrepris. J'échappe donc à l'obligation de parler des promesses faites aux Evêques, et par eux à toute la France catholique, au moment même de l'entrée en campagne, promesses faites pour masquer le but poursuivi, la ruine du Saint-Siége; à l'obligation de parler du guet-apens de Castelfidardo, où Napoléon III fut le complice de Cialdini; à l'obligation de parler du traité du 15 septembre 1864, et de tant de protestations de respect et d'amour adressées au Vicaire de Jésus-Christ comme pour désigner la victime, ainsi que Judas avait désigné Jésus en lui donnant un baiser. Le nom de la France, hélas! se trouve mêlé à toutes ces hontes, puisque Napoléon III prenait le nom de la France pour tromper et pour trahir. C'est le pire outrage que l'usurpation et la tyrannie puissent faire à une nation, de la déshonorer en plaçant sous son nom une politique infâme; et elles n'y manquent jamais.

Mort du duc de Lévis.

Aux douleurs ineffables que lui causaient les calamités de la patrie, venaient s'ajouter pour Henri de France les douleurs privées. Il se voyait arracher tout à coup par la mort le plus fidèle de ses amis, exilé volontaire depuis vingt-cinq ans pour demeurer auprès de lui, pour recevoir ses confidences et lui offrir ses conseils, surtout pour lui faire connaître la vérité [1], pour le servir, en un mot, et avec tout le dévouement que nos pères comprenaient sous ce mot qui effarouche aujourd'hui notre orgueil.

Mort de Madame la Duchesse de Parme.

Un an après la mort de son serviteur le Duc de Lévis, une autre mort, également imprévue, celle

---

[1] « M. de Lévis est spécialement attaché à la personne de M. le Duc de Bordeaux, qui a placé en lui toute sa confiance, et sous les yeux duquel il met impitoyablement tout ce qu'on écrit de lui, le mal comme le bien. M. de Lévis a une fortune considérable, il pourrait mener à Paris une grande existence; mais ce nouveau Blondel d'un nouveau Richard préfère les privations de l'exil par fidélité. »
Charles Didier. *Une visite à M. le Duc de Bordeaux*, pp. 83 et 84.

de sa sœur, Madame la Duchesse de Parme, ouvre un vide immense dans la vie d'Henri de Bourbon. A Holy-Rood, à Prague, à Goritz pendant les premières semaines, cinq membres composaient la Famille royale : Charles X était parti le premier, puis Louis-Antoine, puis Marie-Thérèse. Henri et Louise dont les deux existences avaient été si longtemps mêlées et presque confondues, restaient seuls : la force de leur tempérament et leur âge à peu près pareil semblaient leur permettre d'espérer qu'ils poursuivraient jusqu'au bout leur carrière comme ils l'avaient commencée et que l'un d'eux ne manquerait jamais à l'autre. Nous ne concevons guère de telles espérances que pour les voir trompées. Mais, avant de pleurer sur la mort de sa sœur, Henri de France l'avait vue en 1854 devenir veuve par un coup soudain; puis il l'avait vue, régente de Parme pour son fils le Duc Robert, renversée par Victor-Emmanuel assisté de Napoléon III. Enfin, Dieu la lui enlève au milieu de la course de sa vie. Il y a dix-huit ans, elle disait : « Comment ne nous aimerions-nous pas? « Pendant vingt-six ans nous n'avons été qu'une « âme en deux corps. » C'étaient du moins deux âmes semblables comme deux fleurs nées sur la même tige et arrosées des mêmes eaux que les mêmes vents ont essuyées ; mais leur beauté empêchait que chacune d'elles pût reconnaître dans l'autre sa ressemblance et lui permettait d'admirer sa sœur, de chercher en elle sa gloire et de l'aimer d'une sublime tendresse.

Deuil universel en France.

Tout le monde, en France, même ceux qui croyaient être indifférents, se souvenait de Mademoiselle et de ses grâces aimables et touchantes; tout le monde se souvenait de Madame la Duchesse de Parme, devenue veuve comme elle était devenue orpheline, par le poignard d'un assassin; tout le monde se souvenait de son héroïque résolution au milieu même de sa douleur, de sa lettre si chrétienne pour appeler sur la tête de son Robert, devenu Duc de Parme, la bénédiction du Vicaire de Jésus-Christ; tout le monde se souvenait de son administration ferme et maternelle, de ses malheurs immérités, de l'exil de Parme encore infligé à l'exilée de France, de sa douceur que tant de catastrophes n'avaient pu altérer, de sa dignité dans la bonne et la mauvaise fortune, et de toutes les vertus royales et de toutes les vertus privées dont elle était le modèle accompli. Le deuil fut universel en France quand on apprit que cette grande Princesse venait d'être enlevée à ses enfants, à son frère, à Parme qui espérait se replacer un jour sous son gouvernement, à la France qui l'aurait revue peut-être sous le règne d'Henri.

« Qui donc s'étonnera de l'émotion de la France, à
« la nouvelle de sa mort inopinée? Et qui se plain-
« dra de nos larmes, lorsque nous demandons le
« triste droit de les verser avec la prière, et de rendre
« ainsi le seul hommage qui soit permis à une si
« pure mémoire?

« Honneur au clergé de France! Il a compris ce
« qu'était la prière dans une telle douleur; et

« aussi, que la prière ait été publique ou privée, sa
« pensée aura été unanime dans tous les diocèses,
« dans toutes les églises, on aura vu un témoi-
« gnage catholique de vénération pour une Prin-
« cesse qui, Reine, femme et mère, a porté si haut,
« dans nos temps, la dignité du nom de saint Louis
« et, à la fois, la dignité de la France. ¹ »

La dignité de la France, les Bourbons la gardent fidèlement, mais les maîtres dont la Révolution nous impose le joug n'en ont souci. Ce n'était pas assez d'avoir, par complaisance pour les sociétés secrètes, fait contre la liberté de l'Eglise et contre l'intérêt et la dignité de la France l'unité de l'Italie : Napoléon III prête encore les mains à l'unité de l'Allemagne, conçue pour menacer à la fois l'existence de l'Eglise et celle de la France. (Vaines menaces !) Il ne fait pas marcher un régiment, il ne dit pas une parole pour empêcher Sadowa. L'Europe vantait depuis quinze ans son génie politique ! Il avait été l'instrument aveugle et inconscient des desseins de Dieu, et tout lui avait réussi. Abandonné de Dieu, il est toujours aveugle et inconscient et il creuse lui-même l'abîme où il doit tomber.

<small>Unité de l'Allemagne.</small>

Henri de France, dans une lettre du 9 décembre 1866 ², avertit son pays des maux que lui prépare

<small>Lettre d'Henri de France au général de Saint-Priest.</small>

---

¹ M. LAURENTIE. *Union* du 17 février 1864.
² Voir aux *Pièces justificatives*, n° XXVI.

cette politique insensée. Hélas ! il n'a pas même le pouvoir d'avertir : sa lettre adressée au général de Saint-Priest, peut bien être communiquée à quelques autres amis fidèles, mais elle ne doit pas aller plus loin, car les journaux qui oseraient la reproduire seraient supprimés. Que le premier des Français ne parle donc des maux et des périls de la France qu'à voix basse !... « Sa douleur est de voir de loin « les maux de son pays sans qu'il lui soit donné de « les partager. » Mais il est le Roi, il a reçu de Dieu l'autorité, et, du fond même de l'exil, il doit à l'approche de l'orage tenter d'élever sa voix qu'on veut étouffer. Il voit l'équilibre européen rompu par les deux œuvres du génie de Napoléon III, l'unité italienne et l'unité allemande. Il voit qu'on arme partout, il voit que partout on prépare des engins formidables de destruction et de guerre. Il voit d'avance nos désastres de 1870 et de 1871, et il avertit ceux qui peuvent l'entendre. Il voit de plus grands périls encore dans l'abandon de la cause du Vicaire de Jésus-Christ qui est la cause de la société chrétienne, de la société moderne. Il voit l'idée même de Dieu proscrite de la politique et des lois, il voit d'avance la Commune, et il avertit les amis qui liront sa lettre... Mais en annonçant les grands maux que nous prépare la Révolution, il « considère avec calme et sang-froid l'état des choses » et il ne désespère pas. Comment pourrait-il désespérer ? Le principe qu'il représente n'a-t-il pas sauvé la France dans des crises aussi effroyables qu'elle a glorieusement traversées ? La politique corrompue et corruptrice qui perdrait la France ne la perdra pas, car elle ne peut avoir à elle que le jour d'aujourd'hui. Demain est à Dieu et aux hommes qui, suivant l'expression du poëte, « unissent aux desseins de Dieu leur libre volonté ». Demain est à l' « honnêteté » et à l' « union » dans ce royaume aimé de Dieu et que Dieu ne veut pas laisser périr. Demain est à la France et à son Roi !

Une année ne s'était pas encore accomplie, quand les brigands dont Napoléon III avait osé faire en 1859 les compagnons d'armes de nos soldats, envahissaient les Etats Romains que nos soldats avaient délivrés. Henri de France, affligé depuis si longtemps d'assister immobile à la Passion du Vicaire de Jésus-Christ, ne pouvait pas dire comme Clovis : « Que n'y étais-je ! » Il était là, il entendait toutes les insultes, il voyait toutes les spoliations, et il prévoyait même celles qui ne devaient avoir lieu qu'un peu plus tard. Mais Clovis disait : « Que n'y étais-je avec mes Francs ! » Et la Révolution tient séparé de ses Francs le successeur de Clovis. Henri de France ne pouvait offrir au Vicaire de Dieu menacé que sa fortune et son bras. Mais tel est le malheur des temps où nous vivons, qu'il ne pouvait les lui offrir qu'en craignant d'ajouter encore aux difficultés de la position du Saint-Père. Napoléon III, à l'heure même où il livrait le Juste aux hommes de ruse, de violence et d'iniquité, gardait

Invasion garibaldienne des États Romains. — Lettre d'Henri de France à Pie IX.

sa main étendue sur lui comme pour le protéger, mais au contraire pour en tirer le droit de s'opposer à toute autre protection. Il fallait ménager celui qui trahissait ! Henri de France offrit néanmoins à Pie IX tout ce que Prince exilé, surveillé, portant ombrage à l'usurpateur de son trône, il pouvait offrir. Et il lui écrivit :

« Très-Saint Père,

« Au moment où les ennemis de l'Eglise s'achar-
« nent plus que jamais contre le trône auguste de
« Votre Sainteté, celui qui, dans son exil et dans
« ses longues épreuves, s'est toujours honoré avant
« tout du glorieux titre de Fils aîné de l'Eglise,
« éprouve le besoin de dire à Votre Sainteté qu'il a
« été, qu'il est, qu'il sera jusqu'à la mort, de cœur
« et d'âme avec Elle. Si je n'ai pas couru depuis
« longtemps, pour offrir au digne successeur du
« Prince des Apôtres, au Représentant de Notre
« Seigneur Jésus-Christ sur la terre, les services de
« mon bras et de ma vie, c'est que je craignais
« d'ajouter encore par ma présence aux difficultés
« de sa position ; mais à un appel, à un signe
« venant de Lui, je serais trop heureux de voler à
« ses pieds, pour aider, dans la faible mesure de
« mes forces, à la défense de ce Père chéri et res-
« pecté.

« Mon neveu, le Duc de Parme, élevé par ma
« sœur d'abord et par moi ensuite dans les mêmes
« principes, partage tous mes sentiments. Que Votre

« Sainteté dispose de nous en tout temps et en toute
« circonstance. Elle nous trouvera toujours prêts à
« lui prouver que, dans ce siècle d'abaissement et
« de triste défaillance, il y a encore des Princes fer-
« mement attachés à cette pierre contre laquelle
« viendront à la fois se briser tous les efforts de
« la Révolution triomphante.

« Que Votre Sainteté reçoive ici l'expression bien
« sincère de mon admiration pour son courage et
« ses vertus apostoliques, en même temps que le
« nouvel hommage de tous les sentiments de res-
« pect et de dévouement filial avec lesquel je suis,

« Très-Saint Père,
« De votre Sainteté
« Le dévot Fils,

« Henri. »

L'offre d'Henri de France ne put être acceptée.

Napoléon III qui n'était sur son trône impérial que l'agent servile de la Révolution, la redoutait cependant. Un secret instinct l'avertissait que le châtiment de sa servilité lui viendrait d'elle-même. Aussi s'efforçait-il à la fois de l'apaiser par sa complaisance, et de s'assurer contre elle l'appui des conservateurs. Les habiles mettent leur gloire dans cette politique double, et pourtant c'est dans la pratique de cette politique que leur habileté se voit toujours confondue. Entre la Révolution qui lui défendait de s'opposer à l'invasion garibaldienne et la France

Intervention de l'armée française.

catholique qui exigeait l'envoi immédiat d'un corps d'armée pour protéger Pie IX et Rome contre ces bandits, la perplexité de Napoléon III fut grande. Il ne savait que résoudre et on pourrait vraiment dire qu'il ne résolut rien, que le sentiment public parla seul, qu'il ordonna et qu'il sauva Pie IX et Rome et surtout l'honneur de la vieille nation chrétienne.

Les zouaves pontificaux.

Un corps d'armée venait d'être embarqué à Toulon, il demeurait dans le voisinage du port, Napoléon III ne savait encore si nos soldats allaient être débarqués ou allaient partir... Déjà cependant la France était à Rome, dans cette légion de soldats chrétiens qui s'étaient recrutés eux-mêmes par toute la chrétienté, mais surtout en France. Les zouaves pontificaux, dix fois moins nombreux que les bandits derrière lesquels s'avançaient les troupes régulières de Cialdini, avaient retardé, sans pouvoir l'arrêter tout à fait, la marche de ces hordes sur Rome. Les soldats français arrivèrent pour assister à la bataille de Mentana entre la petite armée pontificale et la double armée de la Révolution. Le lieutenant-colonel de Charette jeta ce cri à sa troupe : « Allons, les zouaves ! débusquez-les à la « baïonnette ! L'armée française vous regarde. En « avant ! » Les zouaves répondant par le cri *Vive Pie IX !* se précipitent sur ces « démons [1] », les

---

[1] C'est le nom que les habitants des petites villes occupées par les garibaldiens leur donnaient.

débusquent d'un premier mamelon, puis d'un second ; les démons se jettent dans une forteresse naturelle, la Vigna-Santucci, d'où ils peuvent tirer sans risquer d'être atteints ; le lieutenant-colonel de Charette crie : « En avant, les zouaves, ou je me fais tuer sans vous », et les zouaves délogent les garibaldiens qui se réfugient dans le château de Mentana. Les soldats français crient : « Bravo, bravo, les zouaves ! » Le général de Polhès les fait avancer eux-mêmes, et les fusils Chassepot sont essayés sur les garibaldiens. La nuit vient protéger de ses ténèbres ces bandes maudites. Le lendemain, Garibaldi a disparu [1] sans avertir les siens ; mais ils l'ont compris, ils se débandent et fuient.

A la nouvelle de la victoire de Mentana, le petit-fils de saint Louis se sent pris à la fois d'admiration, de tendresse et d'envie ; et il écrit au lieutenant-colonel de Charrette :

Lettre d'Henri de France au baron de Charette.

« Au moment, mon cher Charette, où vous,
« vos frères et un si grand nombre de nos amis
« venez de combattre et de vaincre pour la plus
« sainte des causes, j'éprouve le besoin de vous
« dire que j'étais avec vous par le cœur et par la
« pensée, puisque, à mon grand regret, je ne pou-
« vais y être en personne. Grâce à ces merveilleux

---

[1] Et pourtant il avait dit : « Si le Capitole reste au pape, mon
« cadavre, le cadavre de Garibaldi, restera entre le pape et
« l'Italie. »

« dévouements et à ce brillant courage, la Révolu-
« tion, pour la première fois depuis de longues
« années, à été obligée de reculer, et jusqu'ici la
« souveraineté du Saint-Père est sauvée. Gloire à
« vous et à vos compagnons d'armes ! Ceux qui ont
« succombé dans cette lutte héroïque ne sont pas
« à plaindre ; ils reçoivent maintenant au ciel la
« récompense de leur généreux sacrifice ; mais
« nous, nous les pleurons en les admirant. Dites
« dans l'occasion à tous ces braves accourus à Rome
« de tous les coins du monde à l'heure du péril
« que j'honore leur belle conduite, et que je les
« envie. Quant à vous, vous avez prouvé une fois
« de plus que vous portiez dignement votre noble
« nom. »

Le bruit seul d'une intervention possible de l'armée française avait été un obstacle invincible au dévouement d'Henri de France et de son neveu. Celui que sa naissance et toutes nos traditions nationales font le chef de nos armées, n'a plus le droit de combattre lui-même pour le Vicaire de Jésus-Christ, si des soldats français peuvent être envoyés à la défense de la cause pour laquelle il offre son sang.

Rigueurs de l'exil. L'exil, ce n'est pas seulement l'interdiction de vivre sur le sol de la patrie et même de le visiter, c'est encore l'interdiction d'aller en quelque lieu du monde qui soit sous la protection de la patrie. L'occupation française a, de 1849 à 1870, tenu

Henri de France éloigné de Rome aussi bien que de la France. O ironie cruelle de la Révolution ! Quand cette puissance que nos Rois avaient créée s'est étendue sur Rome, Rome est devenue pour le fils de nos Rois un lieu interdit. Pendant toute la durée du second Empire, il a pu voyager partout, il a dû éviter Rome. Le monde entier lui était ouvert, la France et Rome lui étaient fermées.

Il visitait il y a douze ans les saints Lieux : quel voyage ! et quelles impressions dut y recueillir l'héritier de la couronne de saint Louis. Il était passé par Constantinople et avait vu la Turquie. Après la Palestine il visitait la Syrie et l'Egypte ; en 1868, il visitait la Grèce où il retrouvait vivant le souvenir de l'expédition de Morée faite par Charles X. *Voyages d'Henri de France.*

Le nombre des voyages loin de la France est petit dans cette vie où les voyages ont eu tant de place. C'est que le désir de s'instruire encore, qui, après l'achèvement de ses études classiques, avait poussé Henri de France en Italie, en Ecosse, en Angleterre, en Allemagne, ne pouvait pas le pousser vers des contrées lointaines ; car il ne cherchait pas une instruction de savant inutile aux autres, mais une instruction de Roi qui veut posséder toutes les connaissances avantageuses au bon gouvernement de son peuple. Et puis, comment pourrait-il s'éloigner ? n'a-t-il pas besoin de respirer l'air de la patrie à travers cette frontière qu'il ne peut franchir, n'a-t-il pas besoin de se voir entouré de Français

plus nombreux qu'ils ne peuvent être à Frohsdorf?
Aussi va-t-il successivement à Francfort, à Cologne,
à Zurich, à Lucerne, à Londres. Les Français y
affluent, et lui font une France aussi grande qu'il
peut l'avoir dans l'exil.

Mort de plusieurs de ses amis. Ni à Frohsdorf, ni dans ses voyages, l'exil ne fut jamais pour lui la solitude. Mais la compagnie la plus chère prépare à l'homme les regrets les plus douloureux ; car la mort vient séparer l'ami de l'ami, le maître du serviteur, le frère de la sœur et le fils de la mère. Les deuils se succèdent dans la vie des Rois comme dans celle des autres hommes. Henri de France avait vu disparaître le comte de Montbel, le duc de Lévis et Madame la Duchesse de Parme. Un peu plus tard la mort rentrait soudainement dans son palais de Venise et y enlevait le duc de Blacas. Un peu plus tard encore, elle frappait à ses côtés, dans sa voiture, le comte Fernand de La Ferronnays. Elle semble s'acharner à lui prendre un à un tous les compagnons de son exil : mais le dévouement obstiné de ses amis fidèles les remplace aussitôt.

Mort de l'abbé Trébuquet. Le samedi saint 1868, l'abbé Trébuquet rendait sa sainte âme à Dieu. Le Prince dont il avait été successivement le professeur et l'aumônier, faisait inscrire sur sa tombe : *Monsieur le Comte de Chambord a perdu en lui un ami de trente-cinq ans, son guide spirituel...* Pour sa mission auprès du Fils de saint Louis, l'abbé Trébuquet est loué dans le temps ; il en sera loué dans l'éternité.

Au mois d'avril 1870, un coup plus cruel encore atteint Henri de France. Madame la Duchesse de Berry termine dans son château de Brunsée sa carrière, où un moment si court de félicité ne semble lui avoir été accordé que pour rendre ses douleurs plus poignantes et plus profondes. Elle meurt sans avoir vu son fils assis sur ce trône qu'elle a tenté de lui reconquérir elle-même. Elle emporte du moins la consolation, la joie, d'avoir contemplé en lui toute la grandeur qu'elle a rêvée, si beaux que puissent être les rêves d'une mère. *Mort de Madame la Duchesse de Berry.*

Une maison est l'image d'un royaume, et en reposant ses yeux sur l'intérieur de ce château béni de Frohsdorf, la Duchesse de Berry avait pu par la pensée mesurer d'avance la félicité de la France sous le règne d'Henri V. On respire dans la maison de notre Prince une atmosphère bienfaisante de paix, d'ordre, d'affection mutuelle, de charité pour les pauvres, de piété envers Dieu. « Là comme dans la « famille sainte de Nazareth, la volonté du Père « céleste est la seule règle et du commandement et « de la soumission. [1] » Les plus indifférents sont *Intérieur du Château de Frohsdorf.*

---

[1] L'abbé Trébuquet. *Discours pour le mariage de Son Altesse royale Marguerite de Bourbon, Princesse de Parme, avec l'Infant d'Espagne Don Carlos de Bourbon.* 4 février 1867.

frappés de la beauté de cette vie si calme, si pure et si noble. La beauté, nous nous sommes égarés à la chercher de tant de côtés divers ! La chercher pouvait être légitime : mais nous avons prétendu la créer, créer l'idéal ! La beauté n'est, en toutes choses, que l'autre face de la vérité. La beauté, comme la vérité, c'est Dieu. Quand la loi divine, quand l'inspiration divine préside à la vie du Prince ou du pâtre, elle la revêt d'une ineffable beauté. C'est le principe divin qui produit dans la vie chrétienne, dans la politique chrétienne et dans toutes les manifestations chrétiennes de l'activité humaine une beauté toujours semblable à elle-même et toujours diverse, toujours nouvelle, toujours puissante à gagner les cœurs. C'est la beauté qui décore l'intérieur du château de Frohsdorf, c'est la beauté qui décorera le vieux royaume des lys quand les lys y refleuriront.

« Rien d'édifiant comme cette vie simple et réglée, » disait un journal qu'on ne voit guère chercher l'édification ; « rien d'édifiant comme cette vie
« simple et réglée, vie de sobriété, de travail et de
« prière qui concilie à Henri la respectueuse affec-
« tion de tous ceux qui peuvent l'approcher[1]. »
Tout est en harmonie dans cet intérieur et la vie de Madame la Contesse de Chambord, semblable à celle du Prince et se confondant avec elle, inspire à tous les mêmes sentiments enthousiastes

---

[1] Voir aux *Pièces justificatives,* n° XXVII, la lettre du correspondant de la *Liberté* et publiée par ce journal dans son numéro du 22 octobre 1873.

Si à ce témoignage d'un indifférent j'ajoute celui d'un des amis les plus dévoués du Prince, qu'on n'oppose point son dévouement à son témoignage pour en diminuer la valeur : c'est dans un de ces épanchements intimes où un homme ne garde rien pour lui-même de ses pensées les plus secrètes, qu'il écrivait[1] : « Madame fait un modeste tricot de laine
« blanche pour vêtir les petits pauvres, et elle est
« d'une admirable simplicité. Ce qu'elle fait de bien
« est immense ; hier, à table, Monseigneur dit :
« Avez-vous été de tel côté ? — Non ! — Tant pis,
« vous auriez vu une charmante église ; c'est ma
« femme qui l'a fait construire de sa bourse et
« toute seule. Et l'église de la paroisse de Frohs-
« dorf ? — Elle est modeste, mais propre et ornée.
« — C'est ma femme qui y a aidé. — Plus loin,
« maison de sœurs, asile, secours ; — encore Ma-
« dame. — Des frères d'école ; — encore Madame.
« C'est la providence du pays ; que n'est-elle celle de
« la France ! » Et il venait de dire quelques lignes plus haut : « La piété franche et simple règne ici.
« Dans la tribune, il y a deux peintures remar-
« quables de Madame la Duchesse de Parme : saint
« Louis et la Sainte Vierge, puis des reliques insi-
« gnes de tous les saints de la Race royale. Il y a des
« saints vivants près de ces ossements, qui doivent
« les faire tressaillir. — A table, j'étais près de
« Madame, dont il est impossible de dire la bonté et

---

[1] Lettre d'Henry de Riancey. 1er décembre 1869.

« la grâce : c'est la foi douce et sereine, le ferme
« courage et l'invincible espérance. »

Il y avait trois mois à peine que ces lignes étaient écrites quand fut emporté, jeune encore, le chrétien et le royaliste si fidèle à son Dieu et à son Roi, qui l'âme attristée par les polémiques engagées avant le concile et où se trouvaient mêlés plusieurs de ses amis, s'était détourné un instant de la route de Rome pour aller saluer ses Princes et réconforter auprès d'eux son cœur. Il n'assista ni au plébiscite du 8 mai 1870, qui semblait confondre l'invincible espérance de Madame la Comtesse de Chambord, ni à la journée du 4 septembre qui confondit les espérances établies sur le plébiscite. Le césarisme s'appuie sur la passion de la multitude et sur la force : la multitude est capricieuse et sa passion, en restant la même, change incessamment d'objet ; la force se déplace, et celui qui s'est servi d'elle voit ses ennemis s'en servir à leur tour contre lui. Le gouvernement qui avait besoin de ce plébiscite du 8 mai 1870, se sentait mourant et ne pouvait pas faire illusion aux autres plus qu'à lui-même ; le gouvernement qui avait fait les plébiscites de 1851 et de 1852 s'était cru impérissable, il n'avait pas compris que le principe même des plébiscites est un principe de mort.

Le plébiscite du 8 mai 1870.

Ce n'est pas la force et la contrainte qui établissent des liens entre les Princes et les peuples, c'est l'amour et la liberté. La France, dans son amour

Le château de Chambord offert pour les ambulances.

pour ses Rois, avait librement offert au Duc de Bordeaux qui venait de naître, le château de Chambord ; Henri de Bourbon exilé en avait pris un nom nouveau qui lui rappelait et qui rappelait à la nation ce qu'ils sont l'un et l'autre. Il ne garde que pour la France le château qu'il a reçu d'elle ; et quand, après nos premiers désastres, on établit des ambulances pour nos soldats blessés, il veut faire de ce palais magnifique un hôpital, et il écrit : « Condamné « par l'exil à la douleur de ne pouvoir combattre « pour ma patrie, j'admire plus que personne les « prodiges de valeur de notre héroïque armée, et je « veux du moins venir en aide, autant qu'il est en « moi, à nos soldats blessés en accomplissant le « plus saint des devoirs. Je leur offre pour asile le « château de Chambord que la France m'a donné en « des temps plus heureux, et dont j'aime à porter « le nom en souvenir de mon pays [1]. »

L'armée française venait d'être écrasée à Reichshoffen, elle allait subir l'humiliation sans mesure de Sedan, et la journée de Sedan allait être suivie de la chute de l'Empire, comme la prise d'Alger avait été suivie de la chute de la Royauté, tant il y a d'ironie dans la suite des événements !

Les hommes qui regrettent dans l'Empire leur propre fortune écroulée avec lui, s'indignent à la pensée d'une nation qui renverse son gouver-

Chute de l'Empire.

---

[1] Lettre à M. le vicomte de Flavigny. 22 août 1870.

nement en présence de l'étranger vainqueur. Ils ne craignent point de sacrifier l'honneur de leur patrie à la cause de leur César, à la cause de leurs intérêts égoïstes! En quoi donc se distinguent-ils des hommes du 4 septembre qui ont profité de nos désastres pour infliger à la France leur république, pour s'emparer du pouvoir et du reste! Ce n'est pas la France qui a fait le 4 septembre, c'est le parti républicain qui vit au milieu d'elle sans tenir à elle ni par le patriotisme, ni par la foi religieuse, ni par la conformité des sentiments et des mœurs. Etranger lui-même, il ne s'est pas senti gêné par la présence de l'étranger pour faire son œuvre. Mais la France, qui ne devait rien à l'homme de Sedan, n'a cependant rien fait contre lui. Si la honte de Sedan est une nouveauté dans notre histoire, les désastres n'en sont pas une. Nous avons été vaincus d'autres fois, nous avons vu d'autres fois l'ennemi envahissant notre territoire, s'emparer d'une partie de la France, la nation a vu son Roi prisonnier : tous ces malheurs accumulés n'ont jamais rompu ni même affaibli les liens indissolubles qui étaient entre le Roi et la nation. Napoléon Ier succombant sous le poids de ses fautes et de ses revers, s'écriait avec amertume : « Un Bourbon s'en relèverait! » Mais entre le gouvernement corrompu et corrupteur du 2 décembre et la plèbe de Paris qu'il avait corrompue et qui l'a renversé, y avait-il autre chose que cette corruption? Et la corruption ne peut jamais lier, elle dissout au contraire.

Que l'Empire, qui ne songeait qu'à lui-même, reproche aux républicains de n'avoir songé non plus qu'à leur propres intérêts. Les Français, les vrais Français, ceux qui aiment la patrie, les chrétiens et les royalistes, n'ont pu songer qu'à elle seule en ces jours-là. Ils se sont précipités sur les champs de bataille pour la défendre. Et le premier des Français, le Roi, empêché de se battre à leur tête, oubliait sa cause, oubliait son principe même, au triomphe duquel il a consacré sa vie, pour ne songer qu'à la France. « La vraie mère, » s'écriait-il, « pré-
« férerait abandonner son enfant plutôt que de le voir
« périr. J'éprouve ce sentiment, et je dis sans cesse :
« Mon Dieu, sauvez la France, dussé-je mourir
« sans la revoir [1] ! »

Les chrétiens, les royalistes et le Roi.

---

[1] Voir aux *Pièces justificatives*, n° XVIII.

CHAPITRE X.

Extrémité où la France est réduite. — Proclamation d'Henri V pendant la guerre de 1870. — Le « gouvernement de la défense nationale ». — Les zouaves pontificaux. — Les volontaires de l'Ouest. — Protestation d'Henri V contre le bombardement de Paris. — Fin de la guerre. — Election de l'Assemblée nationale. — M. Thiers détourne l'Assemblée de sa mission. — Les conditions indiscutées de la paix. — La Commune. — Pourparlers de M. Thiers avec la Commune. — La parole du Roi pendant la Commune. — Abrogation des lois d'exil. — Henri de France vient à Paris. — Il vient à Chambord. — Proclamation royale du 5 juillet 1871. — Nécessité de cette proclamation. — Note anonyme contre la proclamation. — Catholiques et royalistes faisant la guerre au Pape et au Roi. — Manifeste royal du 25 janvier 1872. — Souffrances de l'Église et souffrances de la patrie. — Le bon sens populaire. — Manifeste des quatre-vingts. — Drapeau blanc des habitants du Nord. — Séjour d'Anvers. — Mgr l'Evêque d'Orléans contre le drapeau blanc. — Grand concours de Français à Anvers. — Effroi inspiré par Henri de France à la Révolution. — Démonstrations maçonniques contre le Prince. — Le Roi ne peut pas avoir d'ennemis irréconciliables. — Henri de France à l'Exposition universelle de Vienne. — Incrédulité d'un fabricant. — La République conservatrice. — Lettre à M. de La Rochette. — Les deux politiques. — Les pèlerinages. — Embrassement des catholiques et des royalistes. — Le Fils aîné de l'Eglise. — Le Sacré Cœur et le Roi de France. — Le 24 mai 1873. — Le Comte de Paris à Frohsdorf. — Intrigues pour arrêter les effets de l'acte du 5 août. — Haine des politiques contre la Royauté. — Henri V obstacle à la restauration de la Monarchie. — Encore la question du drapeau. — Les politiques s'emparent des royalistes. — *Note* envoyée de Frohsdorf. — Restauration prochaine de la Monarchie. — Entrevue de Salzbourg. — Les deux procès-verbaux du centre droit. — L'intrigue va toucher au but. — Lettre à M. Chesnelong. — Le Roi abandonné de ceux qui allaient proclamer la Monarchie. — Un gouvernement qui ne sera ni la Monarchie ni la République. — Protestation de M. Chesnelong. — Réserves des royalistes. — Enthousiasme universel produit par la lettre royale. — Pétitionnement dans toute la France. — Le Roi et la France réunis.

Extrémité où la France est réduite.

La fortune de la France succombait partout : notre armée, une armée de plus de cent mille hommes, devenait à Sedan prisonnière de l'ennemi ; la République était proclamée à Paris, des hommes sans foi ni loi s'établissaient à Paris et à Tours en maîtres de la France et imposaient leurs proconsuls à tous ceux de nos départements que l'ennemi n'avait pas encore envahis. La politique odieuse de la Maison de Hohenzollern triomphait en même temps par les victoires des armées allemandes, par la République qui nous était imposée, par l'audace des républicains et par notre propre faiblesse qui les laissait « organiser la défaite » sur les champs de batailel et sur le terrain de la diplomatie. Tout était perdu en France, et la France elle-même était perdue, et chaque Français pouvait dire : « Hélas!
« pauvre patrie ! Elle a presque peur de se recon-
« naître. Elle ne peut plus être appelée notre
« mère, mais notre tombe [1]. »

[1] SHAKESPEARE, *Macbeth*, Sc. XVIII

Ce n'est pas seulement notre vainqueur qui tenait la France pour morte, mais avec lui, hors de France et en France même, tous ceux qui ne croient pas fermement à un Dieu et à une Providence, à un plan divin, à l'association de l'homme aux desseins de Dieu et à la mission particulière de la France. Notre nation a donné dans le cours de son histoire la preuve d'une énergie singulière pour se relever de ses chutes. Mais, cette fois, l'ennemi l'avait renversée sous lui avec tant de violence, qu'elle ne semblait pas tombée, elle semblait morte. Et quelle mort que la mort de la France !

« ... Je vois dans la destruction de la France le
« germe de deux siècles de massacres, la sanction
« des maximes du plus odieux machiavélisme,
« l'abrutissement irrévocable de l'espèce humaine,
« et même, ce qui vous étonnerait beaucoup, une
« plaie mortelle à la Religion [1]. » Qui dit cela ? Un Français ne voulant pas encore désespérer après la catastrophe de Sedan et pendant le siège de Paris ?... Non, mais un étranger témoin d'autres catastrophes et d'autres crimes, trois quarts de siècle avant que Guillaume de Hohenzollern, vainqueur de la France, fût proclamé Empereur d'Allemagne. Ce qu'il écrivait en 1794, bien des Français l'ont dit il y a trois ans, espérant toujours, quoiqu'ils

---

[1] Joseph DE MAISTRE. Lettre à M. le baron Vignet des Etoles. Lausanne, 28 octobre 1794.
Lettres et Opuscules, IIIe édit., t. Ier, pp. 32 et 33.

vissent la France sous le pied d'un vainqueur impitoyable.

<small>Proclamation d'Henri V pendant la guerre de 1870.</small> Henri V, comme il voile ce nom sous celui de Comte de Chambord, évite, tant qu'il est exilé, de parler directement à son peuple. Il s'adresse à quelque ami, et la France entière est attentive à la voix du Fils de saint Louis. Une seule fois, à la veille du rétablissement de l'Empire, il avait pris la forme de la proclamation royale pour parler aux Français. Il la prend encore aujourd'hui pour leur dire, et pour dire au monde : *Oui, la France se relèvera !*

Il est venu sur la frontière de France, et c'est de là que, le 9 octobre, il adresse à son pays cette proclamation :

« Français,

« Vous êtes de nouveau maîtres de vos destinées.
« Pour la quatrième fois depuis moins d'un demi-
« siècle vos institutions politiques se sont écroulées,
« et nous sommes livrés aux plus douloureuses
« épreuves.

« La France doit-elle voir le terme de ces agita-
« tions stériles, sources de tant de malheurs? C'est
« à vous de répondre. Durant les longues années
« d'un exil immérité, je n'ai pas permis un seul
« jour que mon nom fût une cause de division et
« de trouble ; mais aujourd'hui qu'il peut être un
« gage de conciliation et de sécurité, je n'hésite

« pas à dire à mon pays que je suis prêt à me
« dévouer tout entier à son bonheur. Oui, la France
« se relèvera, si, éclairée par les leçons de l'expé-
« rience, lasse de tant d'essais infructueux, elle con-
« sent à rentrer dans les voies que la Providence
« lui a tracées.

« Chef de cette Maison de Bourbon qui, avec
« l'aide de Dieu et de vos Pères, a constitué la
« France dans sa puissante unité, je devais ressentir
« plus profondément que tout autre l'étendue de nos
« désastres, et mieux qu'à tout autre il m'appar-
« tient de les réparer.

« Que le deuil de la patrie soit le signal du réveil
« et des nobles élans. L'étranger sera repoussé,
« l'intégrité de notre territoire assurée, si nous
« savons mettre en commun tous nos efforts, tous
« nos dévouements et tous nos sacrifices. Ne l'ou-
« bliez pas : c'est par le retour à ses traditions de
« foi et d'honneur, que la grande nation, un mo-
« ment affaiblie, recouvrera sa puissance et sa
« gloire.

« Je vous le disais naguère : gouverner ne con-
« siste pas à flatter les passions des peuples, mais
« à s'appuyer sur leurs vertus. Ne vous laissez plus
« enchaîner par de fatales illusions. Les institu-
« tions républicaines qui peuvent correspondre
« aux aspirations des sociétés nouvelles, ne pren-
« dront jamais racine sur notre vieux sol monar-
« chique.

« Pénétré des besoins de mon temps, toute mon

« ambition est de fonder un gouvernement vrai-
« ment national, ayant le droit pour base, l'honnê-
« teté pour moyen, la grandeur pour but.

« Effaçons jusqu'au souvenir de nos discussions
« passées, si funestes au développement du véritable
« progrès et de la vraie liberté.

« Français, qu'un seul cri s'échappe de votre
« cœur.

« Tout pour la France, par la France et avec la
« France. »

La France, évanouie sous la violence de sa chute, ne répondit pas à l'appel de son Roi. Qui pouvait répondre en son nom ? Les hommes qui s'appelaient alors le gouvernement, gouvernaient pour eux-mêmes et pour leur profit, et ne pouvaient parler au nom de la France ; si bien que le vainqueur, réclamant le prix de sa victoire, ne voulut pas traiter avec eux. Les conseils de la France, assemblées nationale ou départementale, étaient dispersés et dissous. L'armée elle-même était prisonnière en Allemagne ou assiégée dans Metz, ou assiégée dans Paris ; et les corps demeurés libres, qui pouvaient bien encore sauver l'honneur de la France, ne pouvaient plus sauver ni l'intégrité du territoire, ni l'indépendance nationale. Quand le Roi proposait à la France de réparer les désastres de la patrie, aucune voix ne répondait à sa voix.

Le gouvernement de la défense nationale.

Le « gouvernement de la défense nationale », comme il s'appelait, avait bien d'autres préoccupations que de réparer nos désastres ! Il ne songeait, dans Paris assiégé, comme dans toutes nos provinces, qu'à en perpétuer la cause. Nous nous étions éloignés de Dieu, et Dieu nous avait abandonnés : on fit consister « la défense nationale » à rendre la séparation plus profonde, on chassa Dieu des écoles du peuple et du chevet des blessés et des mourants dans les ambulances. La colère de Dieu retentissait sur nos têtes, et on tenta de couvrir les éclats de sa foudre par des cris de folle impiété. Les armées allemandes nous investissaient de toutes parts : mais, comme si on n'avait eu d'effroi que de la délivrance, on prépara la Commune pour succéder au siége et au bombardement.

De toutes nos provinces s'étaient levés, dix ans avant nos désastres, de jeunes catholiques qui avaient couru défendre le Vicaire de Jésus-Christ contre les deux armées régulière et irrégulière de la Révolution. La légion des zouaves pontificaux « assassinés » à Castelfidardo, s'était reformée dès le lendemain et s'était toujours entretenue depuis par de nouveaux dévouements. La trahison de Napoléon III livrant Pie IX à la Révolution, mit Rome au pouvoir des troupes italiennes et força les zouaves pontificaux à rentrer en France. C'est à eux surtout que nous devons de n'avoir pas vu, en ces jours malheureux, périr notre antique honneur. Leur chef, le brave colonel de Charette, prenant pour noyau le corps qu'il avait commandé dans l'armée

Les Zouaves pontificaux. — Les Volontaires de l'Ouest.

pontificale, forma la légion des Volontaires de l'Ouest. Dieu avait tenu ainsi en réserve à la France, pour le jour de ses désastres, le secours que dix ans avant ces désastres, elle avait envoyé à Pie IX. Dieu n'a pas permis aux Volontaires de l'Ouest de chasser l'ennemi et de délivrer la France qui avait besoin d'être purifiée au feu des grandes épreuves ; mais il leur a donné de porter haut, parmi tant d'abaissements, l'étendard blanc de son Sacré Cœur, si semblable au vieux drapeau de la France qu'on a pu les confondre. Et cet ennemi tout-puissant qui nous a fait tant et tant de milliers de prisonniers, qui a emporté chez lui tant d'or et tant de richesses de toutes sortes, et tant de fusils et tant de canons, et tous nos drapeaux tricolores, n'a pas pu prendre aux Volontaires de l'Ouest leur drapeau blanc ! Ces soldats du Pape devenus soldats de la France sans que rien fût changé en eux, ont pu succomber sous le nombre ; mais en succombant ils ont sauvé des mains de l'ennemi ce drapeau blanc du Sacré Cœur et de la France, ce drapeau qui peut subir des défaites, mais qui ne peut pas subir d'humiliation et de honte et qui n'a d'autre tache que les taches du sang versé pour Dieu et pour la patrie !

A Gratz, Henri de France, âgé de dix-sept ans, regardait avec envie d'autres jeunes hommes qui pouvaient porter l'uniforme [1]. Quelle douleur poignante devait-il éprouver à cette heure de ne pouvoir

---

[1] Voir plus haut, page 175.

se jeter entre la France et ses ennemis ! A une mère dont le fils, le petit-fils et le petit-gendre avaient été blessés à Patay, il écrivait : « Que ne m'a-t-il « été donné d'être avec eux dans cette glorieuse « mais fatale journée et de verser comme eux mon « sang pour la France [1]. » Mais à cette douleur de Français et de Roi, à la douleur de Roi et de père inspirée par la mort de tant de braves chevaliers, venait se mêler la juste fierté que l'héroïsme de ces braves devait inspirer au premier des Français.

Il avait admiré en pleurant et en se taisant la lutte héroïque de la population parisienne contre les armées allemandes, le courage de ces deux millions d'hommes, de femmes, de vieillards et d'enfants, enfermés dans un cercle de fer et y subissant d'un cœur ferme les horreurs de la faim. Mais quand Guillaume de Hohenzollern, irrité par l'invincible constance de ceux qu'il avait cru réduire en quelques jours ou en quelques heures, voulut se venger de leur résistance comme d'une insulte à ses lauriers, et, furieux, tenta de faire périr par le feu ces Parisiens trop lents à succomber à la faim, Henri de France ne put retenir plus longtemps le

Protestation d'Henri V contre le bombardement de Paris.

---

[1] Lettre à Mme la comtesse de Bouillé. 10 janvier 1871.
Le jour même où cette lettre était écrite par Henri de France à propos de la mort du comte de Bouillé, M. Ed. de Cazenove de Pradines écrivait à Henri de France pour lui annoncer la mort de son beau-frère, le vicomte de Bouillé, le troisième blessé de cette héroïque famille dans la journée de Patay.

cri de son indignation et de sa douleur. Il protesta devant l'Europe, il protesta devant les peuples et devant les Rois, il protesta devant la terre et devant le ciel pour « sa bonne ville de Paris », menacée de périr. Si ceux qui ont, par leur cruauté, provoqué une protestation dont le retentissement ne s'éteindra jamais, n'en sont pas morts de honte, c'est qu'il n'y a plus de honte pour eux et qu'à l'égard de l'honneur ils sont comme les cadavres à l'égard de la vie. L'Europe n'a pas répété cette protestation, comme elle l'eût fait en d'autres temps, et le digne descendant d'Albert de Hohenzollern a pu poursuivre son œuvre. Mais l'Europe a entendu et l'histoire a recueilli les accents du Fils de saint Louis :

« PROTESTATION CONTRE LE BOMBARDEMENT DE PARIS.

« 7 janvier 1871.

« Il m'est impossible de me contraindre plus
« longtemps au silence.

« J'espérais que la mort de tant de héros tombés
« sur le champ de bataille, que la résistance éner-
« gique d'une capitale résignée à tout pour mainte-
« nir l'ennemi en dehors de ses murs, épargnerait
« à mon pays de nouvelles épreuves ; mais le bom-
« bardement de Paris arrache à ma douleur un cri
« que je ne saurais contenir.

« Fils des Rois chrétiens qui ont fait la France,
« je gémis à la vue de ses désastres. Condamné à ne

« pouvoir les racheter au prix de ma vie, je prends
« à témoin les peuples et les Rois, et je proteste
« comme je le puis, à la face de l'Europe, contre la
« guerre la plus sanglante et la plus lamentable
« qui fut jamais.

« Qui parlera au monde, si ce n'est moi, pour la
« ville de Clovis, de Clotilde et de Geneviève, pour
« la ville de Charlemagne et de saint Louis, de
« Philippe-Auguste et de Henri IV, pour la ville des
« sciences, des arts et de la civilisation ?

« Non ! je ne verrai pas périr la grande cité que
« chacun de mes aïeux a pu appeler *ma bonne*
« *ville de Paris*.

« Et, puisque je ne puis rien de plus, ma voix
« s'élèvera de l'exil pour protester contre les ruines
« de ma patrie ; elle criera à la terre et au Ciel,
« assurée de rencontrer la sympathie des hommes
« et attendant tout de la justice de Dieu.

« Henri. »

La violence est sourde, elle reconnaîtra peut-être plus tard qu'elle est aveugle aussi. Elle est sourde et elle n'entend pas les protestations du droit et de l'amour. Elle continue d'être la violence et de lancer le fer et le feu sur des femmes et sur des enfants. Ce sont là ses jeux et ses triomphes. Elle triomphe encore, la population virile de Paris a pitié de la faiblesse du sexe et de la faiblesse de l'âge, Paris se rend, la guerre est finie et il ne s'agit plus que

Fin de la guerre.

de régler les conditions auxquelles le Roi de Prusse, devenu Empereur d'Allemagne, vendra la paix à la France.

<small>Election de l'Assemblée nationale.</small>

Une Assemblée nationale est élue le 8 février, Assemblée monarchique dans les deux tiers ou les trois quarts de ses membres, et, cependant, il n'y a eu de pression exercée sur l'opinion publique que par les républicains, par le dictateur Gambetta et ses agents. L'élection du 8 février est une manifestation éclatante des sentiments de la France et de l'espérance qu'elle a mise dans cette Royauté qui l'a sauvée deux fois au commencement de ce siècle. La mission de l'Assemblée nouvelle est bien marquée par sa composition même, par l'heure où elle se réunit et par les deux questions qu'il faut résoudre dans l'extrémité où la France est réduite : la question du gouvernement, car il n'y en a plus, et celle de la paix, car l'ennemi occupe une partie de notre territoire. L'Assemblée doit avant tout rendre à la France sa Royauté[1] qui seule, assurée de trouver des alliances en Europe, peut tenir au vainqueur un langage fier et ferme et résister à des exigences sans mesure.

<small>M. Thiers détourne l'Assemblée de sa mission.</small>

L'intrigue d'un homme, élu lui-même dans vingt-six départements pour avoir été l'un des adversaires

---

[1] Cela était si bien compris par le dictateur Gambetta lui-même, que, jugeant qu'il n'y avait plus de place pour lui en France, il s'enfuit en Espagne à San-Sebastiano.

les plus bruyants de la République de 1848, détourne dès le premier jour l'Assemblée de la mission qu'elle a reçue, fait ajourner à une époque lointaine et indéterminée la solution de la question de gouvernement, et, ne voulant servir que son ambition égoïste, sert en même temps l'ambition de notre ennemi. L'établissement et les vingt-sept mois d'existence de ce régime ne présentent à l'esprit indigné que perfidie et trahison. Dans les pourparlers qui précèdent les déclarations publiques, M. Thiers proteste de son dévouement à la Monarchie; dans les déclarations publiques, il proclame la trêve des partis, et cependant il se fait décerner le titre de « chef du pouvoir exécutif de la République française ». Il affirme que ce mot de République ne préjuge rien et que les royalistes en lui abandonnant tout, n'ont rien abandonné. « Réorganisons-nous d'abord, » leur dit-il, « et nous constituerons ensuite le gouvernement que nous voudrons. » Cette injure au bon sens fit fortune. Il n'est pas de formule qui ne trouve faveur chez nous pendant quelque temps; et on veut l'appliquer avant de savoir si elle a un sens raisonnable et même si elle a un sens. Celle-ci n'en avait aucun; mais elle servit à faire voter par une Assemblée monarchique la République provisoire, et la République servit elle-même à élever M. Thiers au rang de chef de l'Etat.

Chef de l'Etat, il fut souscrire, sans les discuter, à toutes les conditions dictées par le ministre de

Les conditions indiscutées de la paix.

Guillaume de Hohenzollern. La grandeur de ce « fils de la Révolution », comme il aime s'appeler, nous coûta l'Alsace et la Lorraine et toute la partie de l'indemnité de guerre dont la Royauté eût pu faire réduire les conditions du vainqueur. La majorité de l'Assemblée prononçait bien tout bas le nom de celui qui aurait pu faire un traité de paix moins onéreux pour nos finances, moins humiliant pour notre orgueil national et moins cruel à notre patriotisme ; mais l'ennemi, en nous pressant, servait les plans du fils de la Révolution, comme celui-ci, par son égoïsme, servait l'ennemi. Et le nom qu'on prononçait tout bas ne fut point prononcé tout haut, et la proposition de rappeler le Roi ne s'éleva pas du sein de cette majorité royaliste [1].

---

[1] On en eut bien la pensée, mais la proposition ne fut point faite. Et voici ce qu'écrit à ce sujet l'un des auteurs de la proposition projetée :

« *A M. le Rédacteur de la* GIRONDE.

« Bordeaux, 2 mars 1871.

« Monsieur le Rédacteur,

« Votre journal est une tribune où toutes les opinions consciencieuses ont, je suppose, le droit de se produire. Celle que nous soutenons, et qui appartenait à l'époque où l'on faisait la carte de France au lieu de la défaite, avait inspiré à plusieurs de mes collègues et à moi-même la déclaration suivante, qui comblait à notre sens le vide politique où nous nous débattons depuis si longtemps. Les guerres sans alliances sont des guerres

Ce n'est pas l'intelligence de son devoir qui a fait défaut à cette Assemblée, mais le courage de l'accomplir. Elle a pu croire que M. Thiers détruirait la

de désespoir que les nations, à moins d'être folles, ne doivent jamais entreprendre, sous peine de désastre : les brillantes conquêtes de la République et de l'Empire aboutissant aux deux invasions de 1814 et de 1815; de nos jours, 1830, 1848 et 1852, venant finir, après maintes promesses décevantes, à notre présente catastrophe, en sont une preuve accablante. Le recouvrement de nos alliances naturelles, qui eût été et qui sera le salut, est tout entier en germe dans cette déclaration.

« La lassitude de la Chambre, après de longs débats, m'a seule empêché de la produire en temps utile dans sa séance historique du 1er mars. Permettez-moi de vous l'adresser avec confiance.

« Agréez, etc.,

« Comte DE DOUHET.

« *Représentant du Puy-de-Dôme.*

(Pour lui-même et plusieurs de ses collègues.)

DÉCLARATION.

« En présence de la funeste situation qui leur est faite par des
« événements dont ils peuvent hardiment répudier la solidarité.
« Les représentants soussignés déclarent : que tout en ne vou-
« lant pas entraver l'œuvre douloureuse, mais nécessaire de la
« paix par le refus de leurs votes, ils regrettent néanmoins de
« toute l'énergie de leur conscience que, à l'exemple de ce qui
« se passa en 1814, l'intervention des héritiers encore vivants
« de l'illustre Maison royale qui nous avait donné l'Alsace et la
« Lorraine sous Louis XIV et Louis XV, et nous les avait con-
« servées sous Louis XVIII, n'ait pu être réclamée, afin de faire
« sortir l'Europe de sa malveillante indifférence, et nous aider
« à obtenir, par son entremise, des conditions de paix moins
« écrasantes. »

(Suivent les signatures.)

République, mais elle n'a jamais pu croire qu'il serait l'ouvrier de la restauration sociale. Elle savait bien qu'il avait embrassé successivement toutes les causes, excepté celle de la Monarchie nationale et traditionnelle, qu'il avait dans le cours de sa longue carrière tout trahi et tout renié, excepté la Révolution. Elle n'osa pas l'écarter ; au contraire, elle l'éleva au rang suprême. De cette première faute de l'Assemblée sont sorties toutes ses autres fautes, d'elles aussi sont sorties nos nouvelles épreuves.

La Commune. Le 18 mars, un pouvoir occulte, « *le Comité central* », se proclamait lui-même maître de Paris, et M. Thiers et ses ministres se retiraient honteusement devant lui. Ils auraient pu prévenir l'insurrection du 18 mars, prévue et même annoncée depuis plusieurs semaines ; ils auraient pu, quand elle éclata, marcher sur elle et l'étouffer. Mais il y avait entre elle et eux trop de liens pour que ce gouvernement, qui au sein de l'Assemblée se disait conservateur, pût conserver même l'ordre matériel dans la rue. Le Comité central fut vainqueur sans combat ; la Commune sortit des sociétés secrètes et s'établit à l'Hôtel de ville ; les otages furent pris ; les églises furent pillées, dévastées, puis livrées aux clubs ; la chaire de vérité fut transformée en tribune de mensonge ; et le reste. Il y eut un nouveau siége de Paris, bien différent de *Pourparlers de M. Thiers avec la Commune* celui qui venait à peine de finir. Mais tandis que nos soldats se battaient pour reprendre Paris à la Révolution, M. Thiers était en pourparlers avec elle, c'est lui-même qui l'a dit depuis. Le fils de la Révolution reconnaissait sa mère dans la Commune et lui promettait d'user envers elle de ménagements. En effet, quand la Commune fut renversée, M. Thiers la ménagea dans ses chefs.

Avec un à-propos où l'on ne peut voir que l'inspiration de la Providence, Henri de France répondait alors à un député qui s'était adressé à lui au nom d'hommes de tous les partis : « Dites-leur que je ne « les ai jamais trompés, que je ne les tromperai « jamais. » S'il eût soupçonné les intelligences secrètes entre M. Thiers et la Commune, eût-il parlé autrement? Mais il savait que tous les pouvoirs révolutionnaires ne peuvent se maintenir comme ils n'ont pu s'établir que par la fourberie et la trahison. Les Assemblées et les nations qui se confient à des révolutionnaires veulent être trompées et conduites aux abîmes ; tant l'attrait du mensonge est puissant! Et toute notre histoire depuis un siècle demeure inexplicable aux esprits qui ne prennent point garde à cette puissance. Cependant l'homme, même le plus égaré, l'homme fait pour la vérité sent toujours tressaillir son cœur quand la vérité parle. Aussi la parole du Roi [1], parole de vérité, releva-t-elle dans toutes les âmes la confiance et l'espérance étouffées sous les sombres réalités du présent et sous les menaces encore plus épouvan-

La parole du Roi pendant la Commune.

---

[1] Lettre à M. ***, 8 mai 1871.

tables de l'avenir. Malgré ce nom de République inscrit partout à Versailles aussi bien qu'à Paris, la parole du Roi fut entendue et recueillie par la France. La France y reconnaît la parole d'un père :

« Comme vous, mon cher ami, j'assiste, l'âme
« navrée, aux cruelles péripéties de cette abomi-
« nable guerre qui a suivi de près les désastres de
« l'invasion.

« Je n'ai pas besoin de vous dire combien je
« m'associe aux tristes réflexions qu'elle vous ins-
« pire, et combien je comprends vos angoisses.

« Lorsque la première bombe étrangère éclata
« sur Paris, je ne me suis souvenu que des gran-
« deurs de la ville où je suis né. J'ai jeté au monde
« un cri qui a été entendu.

« Je ne pouvais rien de plus, et aujourd'hui,
« comme alors, je suis réduit à gémir sur les hor-
« reurs de cette guerre fratricide.

« Mais, ayez confiance, les difficultés de cette
« douloureuse entreprise ne sont pas au-dessus de
« l'héroïsme de notre armée.

« Vous vivez, me dites-vous, au milieu d'hommes
« de tous les partis, préoccupés de savoir ce que je
« veux, ce que je désire, ce que j'espère.

« Faites-leur bien connaître mes pensées les plus
« intimes, et tous les sentiments dont je suis animé.

« Dites-leur que je ne les ai jamais trompés,
« que je ne les tromperai jamais, et que je leur
« demande, au nom de nos intérêts les plus chers
« et les plus sacrés, au nom de la civilisation, au

« nom du monde entier, témoin de nos malheurs,
« d'oublier nos dissensions, nos préjugés et nos
« rancunes.

« Prémunissons-les contre les calomnies répan-
« dues dans l'intention de faire croire que, décou-
« ragé par l'excès de nos infortunes et désespérant
« de l'avenir de mon pays, j'ai renoncé au bonheur
« de le sauver.

« Il sera sauvé le jour où il cessera de confondre
« la licence avec la liberté ; il le sera surtout quand
« il n'attendra plus son salut de ces gouvernements
« d'aventures qui, après quelques années de fausse
« sécurité, le jettent en d'effroyables abîmes.

« Au-dessus de l'agitation de la politique, il y a
« une France qui souffre, une France qui ne peut
« pas périr et qui ne périra pas, car lorsque Dieu
« soumet une nation à de pareilles épreuves, c'est
« qu'il a encore sur elle de grands desseins.

« Sachons reconnaître aussi que l'abandon des
« principes est la vraie cause de nos désastres.

« Une nation chrétienne ne peut pas impuné-
« ment déchirer les pages séculaires de son histoire,
« rompre la chaîne de ses traditions, inscrire en
« tête de sa constitution la négation des droits de
« Dieu, bannir toute pensée religieuse de ses codes
« et de son enseignement public.

« Dans ces conditions, elle ne fera jamais qu'une
« halte dans le désordre ; elle oscillera perpétuelle-
« ment entre le césarisme et l'anarchie, ces deux
« formes également honteuses des décadences

« païennes, et n'échappera pas au sort des peuples
« infidèles à leur mission.

« Le pays l'a bien compris quand il a choisi pour
« mandataires des hommes éclairés comme vous sur
« les besoins de leur temps, mais non moins péné-
« trés des principes nécessaires à toute société qui
« veut vivre dans l'honneur et dans la liberté.

« C'est pourquoi, mon cher ami, malgré ce qui
« reste de préjugés, tout le bon sens de la France
« aspire à la Monarchie. Les lueurs de l'incendie
« lui font apercevoir son chemin; elle sent qu'il
« lui faut l'ordre, la justice, l'honnêteté, et qu'en
« dehors de la Monarchie traditionnelle, elle ne
« peut rien espérer de tout cela.

« Combattez avec énergie les erreurs et les pré-
« ventions qui trouvent un accès trop facile jusque
« dans les âmes les plus généreuses.

« On dit que je prétends me faire décerner
« un pouvoir sans limite. Plût à Dieu qu'on n'eût
« pas accordé si légèrement ce pouvoir à ceux
« qui, dans les jours d'orage, se sont présentés
« sous le nom de sauveurs ! Nous n'aurions pas la
« douleur de gémir aujourd'hui sur les maux de la
« patrie.

« Ce que je demande, vous le savez, c'est de
« donner l'essor à toutes ses aspirations légitimes ;
« c'est, à la tête de toute la Maison de France, de
« présider à ses destinées en soumettant avec con-
« fiance les actes du gouvernement au sérieux con-
« trôle de représentants librement élus.

« On dit que la Monarchie traditionnelle est in-
« compatible avec l'égalité de tous devant la loi.

« Répétez bien que je n'ignore pas à ce point les
« leçons de l'histoire et les conditions de la vie des
« peuples.

« Comment tolérerais-je des priviléges pour d'au-
« tres, moi qui ne demande que celui de consacrer
« tous les instants de ma vie à la sécurité et au bon-
« heur de la France, et d'être toujours à la peine
« avant d'être avec elle à l'honneur ?

« On dit que l'indépendance de la Papauté m'est
« chère et que je suis résolu à lui obtenir d'efficaces
« garanties : on dit vrai.

« La liberté de l'Eglise est la première condition
« de la paix des esprits et de l'ordre dans le monde.
« Protéger le Saint-Siége fut toujours l'honneur de
« notre patrie et la cause la plus incontestable de
« sa grandeur parmi les nations. Ce n'est qu'aux
« époques de ses plus grands malheurs que la
« France a abandonné ce glorieux patronage.

« Croyez-le bien, je serai appelé non-seulement
« parce que je suis le droit, mais parce que je suis
« l'ordre, parce que je suis la réforme, parce que je
« suis le fondé de pouvoirs nécessaire pour remettre
« en sa place ce qui n'y est pas, et gouverner avec
« la justice et les lois dans le but de réparer les
« maux du passé et de préparer enfin un avenir.

« On se dira que j'ai la vieille épée de la France
« dans la main, et, dans la poitrine, ce cœur de Roi
« et de père qui n'a point de parti. Je ne suis point

« un parti et je ne veux pas revenir pour régner
« par un parti. Je n'ai ni injure à venger, ni enne-
« mis à écarter, ni fortune à refaire, sauf celle de
« la France, et je puis choisir partout les ouvriers
« qui voudront loyalement s'associer à ce grand
« ouvrage.

« Je ne ramène que la religion, la concorde et la
« paix, et je ne veux exercer de dictature que celle
« de la clémence, parce que dans mes mains, et
« dans mes mains seulement, la clémence est encore
« la justice.

« Voilà, mon cher ami, pourquoi je ne désespère
« pas de mon pays et pourquoi je ne recule pas devant
« l'immensité de la tâche.

« La parole est à la France et l'heure est à
« Dieu. »

Mais la Révolution ne veut pas laisser la parole à la France ; et tant que l'heure de Dieu n'a pas sonné, la France souffre en silence. Un grand catholique a salué de ses cris d'admiration le manifeste royal ; mais sa voix qui a trouvé un écho dans le cœur de tous les « hommes de bonne volonté, » n'en a guère trouvé au dehors. L'heure de Dieu n'était pas venue, c'était encore l'heure de la Révolution, le manifeste du Roi très-chrétien était inopportun et inopportunes l'admiration et la reconnaissance du peuple très-chrétien. « On est étonné, dit M. Louis Veuillot,
« de cette simplicité, de cette sérénité, de cette
« grandeur. Habitué aux bassesses et aux insolences
« des postulants de royauté, les uns qui promettent

« de ramener les affaires, les autres de ramener la
« mort, on éprouve une sorte de stupéfaction de-
« vant ce Prince qui promet de ramener la paix,
« qui ose annoncer qu'il ramènera Dieu, qui ne
« craint pas de proclamer qu'il est la réforme et la
« clémence, et qui ne dit rien de trop. La surprise
« de l'opinion rappelle ce que disaient entre eux les
« Juifs : *Nul homme n'a parlé ainsi*. On a eu le temps
« d'oublier ce cœur de Roi et de père que Dieu fait
« aux Princes résolus de suivre la loi. On ne sait
« plus que ces Rois-là s'attendent à rendre compte
« et n'ignorent pas qu'ils doivent respecter le genre
« humain [1]. »

L'Assemblée nationale qui n'osait ni rétablir la Royauté ni même parler tout haut de la question toujours pendante du gouvernement définitif, voulut cependant donner quelque satisfaction aux sentiments monarchiques de la France en abrogeant les lois d'exil votées après 1830 contre Charles X et ses enfants et, après 1848, contre les autres Princes de la Maison de Bourbon. Les légitimistes et les orléanistes s'étaient réunis pour abolir les lois de proscription. Ils n'avaient pas cependant un intérêt égal à cette mesure. En rouvrant les portes de la patrie aux membres de cette Maison qui s'appelle la Maison de France, on faisait cesser l'exil des Princes d'Orléans, mais non celui de l'héritier de saint Louis,

Abrogation des lois d'exil.

[1] *Univers* du 13 mai 1871.

car il ne peut être en France que le Roi. Avant même que l'Assemblée pût prononcer cette abrogation, à laquelle M. Thiers ne voulait pas consentir, les Princes d'Orléans avaient déjà revu la France et deux d'entre eux étaient députés.

Henri de France vient à Paris.
Le Roi, même quand il ne peut exercer son pouvoir, appartient à la Royauté. Il appartient à l'exil quand il ne peut pas rentrer dans la patrie pour monter sur son trône et gouverner son peuple. La loi du 8 juin 1871 laissait Henri V exilé. Son cœur cependant était tourmenté du besoin de revoir cette France d'où il avait été arraché tout enfant. Sans pouvoir songer un instant à y mener une existence par laquelle il paraîtrait renier le principe dont il est le représentant, il voulut profiter de l'abrogation de la loi d'exil pour passer quelques heures à Paris, où sa naissance avait enivré de joie tout un peuple, et quelques jours à Chambord qu'il devait à l'amour de la France.

Arrivé à Paris, le 2 juillet, de grand matin, il fut d'abord à Notre-Dame où il demeura un assez long temps en prière. En quittant la basilique où il avait reçu le baptême, il se rendit à cette Sainte-Chapelle élevée par le saint Roi qu'il préfère entre tous ses aïeux. A côté de la Sainte-Chapelle il put voir l'œuvre de la Commune, la destruction d'une partie du Palais de justice. Les deux édifices sont contigus; le feu de la Commune, le feu de l'enfer, a ravagé

l'un sans pouvoir laisser sa trace sur l'autre [1].
Le Prince venait de voir déjà Notre-Dame intacte,
Notre-Dame où la Commune avait accumulé les
matières incendiaires pour la détruire. Ce que Dieu
garde est bien gardé !

Henri de France allait voir d'autres ruines. En
attendant l'ouverture des portes de Notre-Dame, il
avait déjà vu celles de l'Hôtel de ville. Au sortir de
la Sainte-Chapelle, il traversa le Pont-Neuf où il reconnut avec émotion la statue d'Henri IV telle qu'il
l'avait vue dans son enfance. Mais bientôt quelles
pensées ont dû se presser dans son esprit et quels
sentiments dans son cœur à la vue de ces pierres
disjointes et noircies par le feu, de ces restes de murs
sans forme qui furent les Tuileries ! Il fit arrêter sa
voiture devant le pavillon de Marsan, et, contemplant des débris de fenêtres, dit à son compagnon de
voyage : « Là était la chambre où je suis né ! »

Il partit le jour même pour Chambord. Le grand
acte que le château de Frohsdorf a vu s'accomplir il
y a trois mois, devait avoir lieu à Chambord en ces
jours-là. Le petit-fils de Louis-Philippe avait fait
annoncer sa visite au Chef de la Maison de Bourbon.
Mais Henri de France, quelle que fût l'impatience

---

[1] Henri de France en a fait lui-même la remarque :

« Saint Louis a, par son intercession, sauvé la Sainte-Chapelle,
« qui reste seule debout aujourd'hui au milieu des ruines qui
« l'entourent. »

Lettre à M. Libman. Chambord, 3 juillet 1871.

de son cœur, voulut que son jeune parent, avant de s'engager par cette démarche, pût bien mesurer la portée qu'elle allait recevoir de la publication d'un nouveau manifeste. C'est ainsi que le Comte de Paris fut averti et que sa visite fut d'abord renvoyée après la connaissance qu'il allait avoir du manifeste; c'est ainsi qu'elle fut ensuite ajournée indéfiniment.

Cette loyauté chevaleresque contraint le respect et l'admiration des adversaires mêmes de la politique d'Henri de France et de ses droits. Par le respect et par l'admiration dont ils ne peuvent se défendre, elle les prépare à reconnaître bientôt ces droits du Prince qui sont nos droits et notre sauvegarde, elle les prépare à comprendre la profonde sagesse de cette politique. Elle hâte ainsi l'heure tant désirée où les honnêtes gens de tous les partis ne feront plus qu'un parti ou plutôt un peuple sous le Roi qui leur adressait de Chambord cette proclamation :

Proclamation royale du 5 juillet 1871.

« Français,

« Je suis au milieu de vous

« Vous m'avez ouvert les portes de la France
« et je n'ai pu me refuser le bonheur de revoir ma
« patrie.

« Mais je ne veux pas donner, par une présence
« prolongée, de nouveaux prétextes à l'agitation
« des esprits si troublés en ce moment.

« Je quitte donc Chambord que vous m'avez

« donné, et dont j'ai porté le nom avec fierté, depuis
« quarante ans, sur les chemins de l'exil.

« En m'éloignant, je tiens à vous le dire, je ne
« me sépare pas de vous, la France sait que je lui
« appartiens.

« Je ne puis oublier que le droit monarchique est
« le patrimoine de la nation, ni décliner les devoirs
« qu'il m'impose envers elle.

« Ces devoirs, je les remplirai, croyez-en ma parole
« d'honnête homme et de Roi.

« Dieu aidant, nous fonderons ensemble et quand
« vous le voudrez, sur les larges assises de la
« décentralisation administrative et des franchises
« locales, un gouvernement conforme aux besoins
« réels du pays.

« Nous donnerons pour garantie à ces libertés
« publiques auxquelles tout peuple chrétien a droit,
« le suffrage universel honnêtement pratiqué et le
« contrôle des deux Chambres, et nous reprendrons,
« en lui restituant son caractère véritable, le mou-
« vement national de la fin du dernier siècle.

« Une minorité révoltée contre les vœux du pays
« en a fait le point de départ d'une période de
« démoralisation par le mensonge et de désorgani-
« sation par la violence. Ses criminels attentats ont
« imposé la Révolution à une nation qui ne deman-
« dait que des réformes, et l'ont dès lors poussée
« vers l'abîme où hier elle eût péri, sans l'héroïque
« effort de notre armée.

« Ce sont les classes laborieuses, ces ouvriers

« des champs et des villes, dont le sort a fait l'objet
« de mes plus vives préoccupations et de mes plus
« chères études, qui ont le plus souffert de ce
« désordre social.

« Mais la France, cruellement désabusée par des
« désordres sans exemple, comprendra qu'on ne
« revient pas à la vérité en changeant d'erreur;
« qu'on n'échappe pas par des expédients à des
« nécessités éternelles.

« Elle m'appellera, et je viendrai à elle tout en-
« tier, avec mon dévouement, mon principe et mon
« drapeau.

« A l'occasion de ce drapeau, on a parlé de con-
« ditions que je ne dois pas subir.

« Français !

« Je suis prêt à tout pour aider mon pays à se
« relever de ses ruines et à reprendre son rang dans
« le monde; le seul sacrifice que je ne puisse lui
« faire, c'est celui de mon honneur.

« Je suis et veux être de mon temps; je rends
« un sincère hommage à toutes ses grandeurs, et,
« quelle que fût la couleur du drapeau sous lequel
« marchaient nos soldats, j'ai admiré leur héroïsme,
« et rendu grâce à Dieu de tout ce que leur bra-
« voure ajoutait au trésor des gloires de la France.

« Entre vous et moi, il ne doit subsister ni ma-
« lentendu, ni arrière-pensée.

« Non, je ne laisserai pas, parce que l'ignorance
« ou la crédulité auront parlé de priviléges, d'abso-

« lutisme ou d'intolérance, que sais-je encore? de
« dîme, de droits féodaux, fantômes que la plus
« audacieuse mauvaise foi essaye de ressusciter à
« vos yeux, je ne laisserai pas arracher de mes
« mains l'étendard d'Henri IV, de François Ier et de
« Jeanne d'Arc.

« C'est avec lui que s'est faite l'unité nationale, c'est
« avec lui que vos pères, conduits par les miens,
« ont conquis cette Alsace et cette Lorraine, dont la
« fidélité sera la consolation de nos malheurs.

« Il a vaincu la barbarie sur cette terre d'Afrique,
« témoin des premiers faits d'armes des Princes de
« ma Famille ; c'est lui qui vaincra la barbarie nou-
« velle dont le monde est menacé.

« Je le confierai sans crainte à la vaillance de
« notre armée ; il n'a jamais suivi, elle le sait, que
« le chemin de l'honneur.

« Je l'ai reçu comme un dépôt sacré du vieux
« Roi mon aïeul, mourant en exil ; il a toujours été
« pour moi inséparable du souvenir de la patrie
« absente ; il a flotté sur mon berceau, je veux
« qu'il ombrage ma tombe.

« Dans les plis glorieux de cet étendard sans
« tache, je vous apporterai l'ordre et la liberté

« Français,

« Henri V ne peut abandonner le drapeau blanc
« d'Henri IV.

« HENRI.
« Chambord, 5 juillet 1871. »

Nécessité de cette proclamation.

Les hommes sans autorité, mais non sans audace, dont j'ai parlé plus haut [1], avaient rendu nécessaire cette Proclamation royale. Ils avaient, par des propos habilement répandus, engagé le Prince dans une voie qui n'est pas sa voie. Ils avaient promis en son nom l'abandon de la politique vraiment libérale de ses manifestes et l'abandon de son drapeau. Quoique leur réputation de bonne foi fût depuis longtemps compromise, on se sentait ébranlé par leurs affirmations absolues. Rien que la parole publique du Roi ne pouvait dissiper les doutes qu'ils avaient semés avec une constante perfidie.

Mais, après la Proclamation qui avait sa cause dans leurs intrigues et dans leurs mensonges, ils déclarèrent que par elle le Roi venait d'abdiquer. C'était trop découvrir le fond de leur cœur. Ils savent bien que le Roi appartient à la France et qu'il n'abdiquera jamais. Ce qui est vrai, c'est que tout l'effort de ces royalistes prétendus va, depuis vingt ans, à persuader que l'éducation d'Henri de France et son attachement obstiné à des idées qui ne sont plus de notre temps, le rendent à jamais incapable de régner. Ils multiplient les formules de respect, mais pour déclarer respectueusement la déchéance du Roi.

Note anonyme contre la Proclamation.

Le 10 juillet, la *Gazette de France* reproduisait complaisamment cette note publiée par plusieurs feuilles provinciales de la même nuance :

---

[1] Voir page 314.

« Les inspirations personnelles de Monsieur le
« Comte de Chambord lui appartiennent. De quel-
« que manière qu'on les juge, on ne leur contes-
« tera pas un caractère de sincérité allant jusqu'au
« sacrifice et qui inspire le respect.

« Après comme avant ce grave document, les
« hommes attachés à la Monarchie héréditaire et
« représentative, parce qu'ils y voient une garantie
« de salut pour le pays, resteront dévoués aux in-
« térêts de la France et à ses libertés.

« Pleins de déférence pour ses volontés, ils ne
« se séparent pas du drapeau qu'elle s'est don-
« née, drapeau illustré par le courage de ses sol-
« dats et qui est devenu par opposition à l'éten-
« dard sanglant de l'anarchie, le drapeau de l'ordre
« social. »

Ces royalistes qui ne veulent voir dans les déclarations les plus solennelles que des *inspirations personnelles* du Roi et qui aiment mieux se séparer de lui que du drapeau de la Révolution, ne se nomment point. Le masque sied à leur politique. Leur Note n'a ni préambule ni signature. La *Gazette de France* dit bien : « Il est facile de comprendre que
« cette Note reproduite en même temps par plu-
« sieurs journaux de province, est l'expression de
« la pensée du plus grand nombre de nos amis qui
« siégent à l'Assemblée » ; mais elle n'ose citer aucun nom pour relever un peu la valeur de la Note anonyme. L'*Impartial du Loiret* est plus hardi et attribue la rédaction de la Note à M. A. de Cumont,

député de Maine-et-Loire [1]. Mais celui-ci garde le silence comme les autres. En revanche plusieurs députés, MM. de Gouvello, de Carayon-Latour et de Cazenove de Pradines, protestent très-vivement contre la Note elle-même et contre l'allégation de plusieurs journaux qu'elle exprime la pensée du plus grand nombre des députés légitimistes. Tous ceux qui prennent la parole ne le font que pour désavouer la Note qui n'est avouée de personne. Mais, pour se taire, l'auteur et ses adhérents ne renoncent point à leurs sentiments : les déclarations du Roi ne sont pour eux que des inspirations personnelles et ils opposeront toujours au drapeau blanc de la France et du Roi le drapeau de la Révolution. Ils ont su empêcher le Comte de Paris d'aller à Chambord après la proclamation du 5 juillet 1871 ; ils sauront empêcher que la visite du Comte de Paris au Chef de la Maison de Bourbon, le 5 août 1873, produise ses effets naturels.

Catholiques et royalistes faisant la guerre au Pape et au Roi — Ils n'interrompent guère leur travail souterrain. Catholiques et royalistes, ils consument leur vie à démontrer que le Pape n'entend rien aux choses de la Religion et que le Roi n'entend rien aux choses de la politique. On les a vus, après l'Encyclique

---

[1] L'*Univers* dit sur ce sujet :

« Nous ne doutons pas que M. de Cumont ne soit du côté de « la Note, car il est visible que ses patrons y ont mis la main ; « mais l'*Impartial du Loiret* doit se tromper en lui donnant le « premier rôle. Il est de ceux qui suivent. »

Quanta cura, un peu étourdis du coup qu'ils venaient de recevoir, reprendre bien vite leurs esprits : ils ont alors nié que la condamnation du Catholicisme libéral fût dans la sentence qui le condamne expressément et en l'appelant par son nom, et ils ont déclaré à la fois se soumettre à l'Encyclique et demeurer catholiques libéraux. L'infaillibilité pontificale les oblige à ces tours d'audace. Ils sont plus à leur aise avec le Roi ; ils ne se sentent pas obligés d'admettre ses déclarations en les contredisant ; ils lui imputent la contradiction à lui-même, ils le font repentant et confus d'avoir été si loin et enfin persuadé qu'il doit, pour le bien de la France, renoncer à son droit et abdiquer entre leurs mains. Ils s'arrangent si bien que plus rien ne reste des déclarations royales et que le Roi doit les renouveler.

C'est ainsi que, le 25 janvier 1872, Henri de France publiait ce Manifeste qui n'ajoute rien sans doute à la Proclamation datée de Chambord, mais qui maintient tout ce qu'on avait eu l'art de rendre douteux et incertain, et qui raffermit la foi monarchique dans les cœurs.

Manifeste royal du 25 janvier 1872.

« La persistance des efforts qui s'attachent à dé-
« naturer mes paroles, mes sentiments et mes actes
« m'oblige à une protestation que la loyauté com-
« mande et que l'honneur m'impose.

« On s'étonne de m'avoir vu m'éloigner de Cham-
« bord, alors qu'il m'eût été si doux d'y prolonger
« mon séjour, et l'on attribue ma résolution à une
« secrète pensée d'abdication.

« Je n'ai pas à justifier la voie que je me suis
« tracée. Je plains ceux qui ne m'ont pas compris :
« mais toutes les espérances basées sur l'oubli de
« mes devoirs sont vaines.

« Je n'abdiquerai jamais.

« Je ne laisserai pas porter atteinte, après l'avoir
« conservé intact pendant quarante années, au
« principe monarchique, patrimoine de la France,
« dernier espoir de sa grandeur et de ses libertés.

« Le césarisme et l'anarchie nous menacent en-
« core, parce que l'on cherche dans des questions
« de personnes le salut du pays, au lieu de le cher-
« cher dans les principes.

« L'erreur de notre époque est de compter sur
« les expédients de la politique, pour échapper aux
« périls d'une crise sociale.

« Et cependant, la France, au lendemain de nos
« désastres, en affirmant dans un admirable élan sa
« foi monarchique, a prouvé qu'elle ne voulait pas
« mourir.

« Je ne devais pas, dit-on, demander à nos valeu-
« reux soldats de marcher sous un nouvel étendard.

« Je n'arbore pas un nouveau drapeau, je main-
« tiens celui de la France, et j'ai la fierté de croire
« qu'il rendrait à nos armées leur antique pres-
« tige.

« Si le drapeau blanc a éprouvé des revers, il y
« a des humiliations qu'il n'a pas connues.

« J'ai dit que j'étais la réforme ; on a feint de
« comprendre que j'étais la réaction.

« Je n'ai pu assister aux épreuves de l'Eglise sans
« me souvenir des traditions de ma patrie. Ce lan-
« gage a soulevé les plus aveugles passions.

« Par mon inébranlable fidélité à ma foi et à mon
« drapeau, c'est l'honneur même de la France et
« de son glorieux passé que je défends, c'est son
« avenir que je prépare.

« Chaque heure perdue à la recherche de combi-
« naisons stériles profite à tous ceux qui triomphent
« de nos abaissements. En dehors du principe na-
« tional de l'hérédité monarchique sans lequel je
« ne suis rien, avec lequel je puis tout, où seront
« nos alliances ? Qui donnera une forte organisation
« à notre armée ? Qui rendra à notre diplomatie son
« autorité ? à la France son crédit et son rang ?

« Qui assurera aux classes laborieuses le bienfait
« de la paix, à l'ouvrier la dignité de sa vie, les
« fruits de son travail, la sécurité de sa vieillesse ?

« Je l'ai répété souvent, je suis prêt à tous les
« sacrifices compatibles avec l'honneur, à toutes
« les concessions qui ne seraient pas des actes de
« faiblesse.

« Dieu m'en est témoin, je n'ai qu'une passion au
« cœur, le bonheur de la France; je n'ai qu'une
« ambition, avoir ma part dans l'œuvre de recons-
« truction qui ne peut être l'œuvre exclusive d'un
« parti, mais qui réclame le loyal concours de tous
« les dévouements.

« Rien n'ébranlera mes résolutions, rien ne las-
« sera ma patience, et personne, sous aucun pré-

« texte, n'obtiendra de moi que je devienne le Roi
« légitime de la Révolution[1]. »

<small>Souffrances de l'Eglise et souffrances de la patrie.</small>

Deux mois avant de publier ce Manifeste où il rappelle encore, en face des épreuves de l'Eglise, les traditions de la France, Henri V se trouvant à Lucerne où il était allé pour recevoir des Français, — comme il était allé déjà en cette même année 1871 à Bruges et à Genève, — disait : « C'est un grand honneur pour nous, et aussi un « motif d'espérance, de souffrir en même temps « que l'Eglise. »

Les souffrances de l'Eglise et celles du Roi et des royalistes fidèles ne sont pas seulement simultanées, elles ont encore une communauté d'origine. La cause de Dieu et la cause du Roi ont les mêmes ennemis et ces ennemis sont de deux sortes : les uns, ennemis du dehors, en quelque sorte, qui nient tout, qui nient le droit divin et le droit social, ne reconnaissant que le droit humain et le droit individuel avec la force pour sanction ; les autres, ennemis du dedans, qui se parent comme nous des noms de catholiques et de royalistes, qui semblent soumis à Dieu et à l'Eglise, au Roi et à la tradition nationale, mais qui s'efforcent par une interprétation

---

[1] Je ne réussirais pas à donner une idée de l'admiration que ce Manifeste, comme les autres écrits d'Henri de France qui ont été publiés, a inspiré à ses plus ardents adversaires. Je ferai mieux de renvoyer le lecteur à un extrait du journal *la République française* que j'ai placé plus loin aux *Pièces justificatives*, n° XXIX.

perfide des lois et des documents, de substituer leur propre volonté à la volonté divine et aux décrets de l'Eglise, à la volonté royale et au vœu de la nation. Nous souffrons en même temps que l'Eglise, nos souffrances sont pareilles, elles se confondent bien souvent, et nous avons le droit d'espérer fermement que l'Eglise et la patrie seront délivrées à la même heure. « Notre cause est commune en bien des points », disait Henri de France à un prêtre. Cette parole du Roi très-chrétien est assez justifiée par les ennemis de l'Eglise et de la Royauté. Comme Satan essayait de tenter Jésus-Christ, l'Ennemi du dedans essaye de tenter l'Eglise et de sa voix la plus caressante lui fait les plus séduisantes promesses : Renoncez à ce dogme qui effarouche la raison et à cette règle de discipline qui effarouche la sensualité, renoncez-y pour rendre la religion catholique acceptable à l'esprit moderne, pour reconquérir tout ce que vous avez perdu et pour y ajouter ce qui n'a jamais été à vous, pour devenir, en un mot, la maitresse du monde. Il dit de même au Roi : Renoncez au droit divin qui est en contradiction avec les idées modernes ; renoncez au drapeau blanc, objet de la profonde aversion du peuple. Et tandis que l'ennemi parle ainsi au Roi, le peuple témoigne qu'il ne sait pas séparer dans sa pensée notre vieux drapeau de l'héritier de notre vieille Monarchie. A Marseille, six cents ouvriers conduisant à la gare leurs délégués qui partent pour Lucerne, répètent les cris de : Vive le Roi ! Vive le drapeau blanc !

Le bon sens populaire.

Comme il est arrivé si souvent le peuple voit plus juste que les politiques. Il ne cherche pas à concilier le faux avec le vrai, il n'imagine même pas que cette conciliation puisse être tentée; il voit la vérité, il la reconnaît et la proclame. En dépit des déclarations royales si claires et si franches, les politiques rêvent toujours de ramener le Roi à leurs systèmes qui sont la négation de la Royauté, la contradiction de notre droit national. Au mois de janvier 1872, une étrange pièce fut écrite et signée, dit-on, par quatre-vingts députés du côté droit de l'Assemblée. On lui donna le nom assez mal justifié de *Manifeste*, car elle fut tenue absolument secrète et ne vit le jour que vingt mois plus tard. Quand Henri de France vint à Anvers au mois de février, un certain nombre de députés accoururent pour la soumettre à son approbation. Il refusa de la connaître. Pouvait-il l'approuver si elle était contraire à la politique exposée par lui tant de fois ? Et si elle était conforme aux déclarations royales, n'était-elle pas assez justifiée par cette conformité ? Mais ici encore un piége était tendu au Prince, piége d'autant plus dangereux qu'il était tendu par des hommes de bonne foi. La prétention qu'ont les politiques de posséder une science très-compliquée, les rend incapables de comprendre les choses simples; et ils ne comprennent pas que le Roi ne pourra jamais vaincre la Révolution, s'il abandonne le drapeau blanc pour le drapeau tricolore, s'il consent à devenir « le Roi légitime de la Révolution ». On a

Manifeste des quatre-vingts.

vu tout à l'heure que les ouvriers de Marseille l'avaient bien compris. J'aurais pu citer d'autres exemples du peuple de Nîmes et de plusieurs villes du midi. Les sentiments du peuple ne sont point différents dans le nord de la France. A Lille, toutes les classes de la population souscrivirent pour offrir ensemble un drapeau blanc à Henri V. Et elles entendaient bien protester par là contre ces tentatives répétées pour imposer le drapeau tricolore au Roi. Quatre cents habitants du département du Nord allèrent l'offrir au Roi pendant son séjour à Anvers [1]. Quelle réponse au manifeste des quatre-vingts !

Drapeau blanc des habitants du Nord. — Séjour d'Anvers.

[1] On écrivait à l'*Univers*

« Aujourd'hui, a été reçue par Monsieur le Comte de Chambord une nombreuse députation lilloise, qui venait lui offrir un drapeau blanc brodé par les dames de la ville.

« Le drapeau est en soie fleurdelysée, portant au milieu les armes de France, soutenues par deux anges, et en bordure le collier du Saint-Esprit.

« La hampe est en vermeil, portant des médaillons émaillés qui représentent le Sacré Cœur, la sainte Vierge, saint Michel terrassant le dragon, saint Henri, saint Louis portant la couronne d'épines, saint Denis, saint Remi recevant le saint chrême, sainte Clotide, Charlemagne, le défenseur du Pape, Jeanne d'Arc, la libératrice de la France. La cravate du drapeau porte les emblèmes : *Fides, spes.*

« La hampe porte également les armes des principales villes du département.

« Plus de quatre cents personnes du département du Nord étaient à Anvers pour offrir le drapeau, que le Prince a reçu avec un vif sentiment de satisfaction.

« Tous les membres de la députation ont été reçus successivement par lui ; en réponse à une allocution émouvante que lui

Mgr l'Evêque d'Orléans contre le drapeau blanc.

Et c'est un an après ces démonstrations, qu'un Evêque, l'Evêque de la ville délivrée par Jeanne d'Arc ! se jetait « entre la France, les Princes d'Orléans et le Roi » pour arracher le drapeau blanc des mains du Fils de saint Louis ! Prescrivant plutôt que conseillant, il adressait au Roi cette sommation vraiment publique, car la lettre qui la contenait n'était guère secrète :

« Quand on a reçu de la Providence la mission
« et le devoir de sauver un peuple, et que sous nos
« yeux ce peuple périt, je crois, et beaucoup de vos
« amis croient avec moi, que dans une question de
« rapprochement il y a des devoirs réciproques. Car
« enfin cette question de rapprochement n'est pas
« seulement entre les Princes d'Orléans et votre

---

adressait un des délégués, Monsieur le Comte de Chambord a surtout exprimé sa satisfaction de voir que les paroles qui lui étaient adressées s'inspiraient de ses manifestes ; après quoi, il a adressé la parole à tous et a particulièrement remarqué une mère qui était là avec ses sept fils.

« Je tiens à dire que toutes les classes de la société figuraient sur la liste des souscripteurs, de même que parmi les membres de la députation, où se confondaient la noblesse, la bourgeoisie et les ouvriers. La présence de ces derniers a été particulièrement remarquée, et je ne pouvais m'empêcher de faire réflexion que si tous les départements en faisaient autant que le Nord, cette grande question du drapeau serait bientôt tranchée.

« Les souscripteurs n'ont pas caché leur dessein. Leur pensée, ils l'ont déclaré hautement et ils le déclarent de nouveau, a été non-seulement d'affirmer leurs principes monarchiques, mais encore les espérances que les catholiques fondent sur le Prince pour la défense du Pape et la régénération de la France.

« Personne ¹, elle est entre la France, eux et vous.
« Voilà la vérité. C'est-à-dire que dans cette ques-
« tion de rapprochement tous ont leur devoir et
« leur responsabilité.

« Et certes, si jamais un pays aux abois a demandé,
« dans celui que la Providence lui a réservé comme
« sa suprême ressource, des ménagements, de la
« clairvoyance, tous les sacrifices possibles, c'est
« bien la France malade et mourante. Se tromper
« sur cette question si grave, se faire même par un
« très-noble sentiment des impossibilités qui n'en
« seraient pas devant Dieu, serait le plus grand des
« malheurs. »

Il est beau cependant de « se faire des impossibilités » ; il eût été beau qu'un Évêque trouvât impossible de présenter au Roi très-chrétien, pour remplacer notre vieux drapeau toujours béni, ce drapeau tricolore qui ne fut jamais béni et ne voulut jamais l'être ², ce drapeau tricolore qui flotta sur nos églises souillées et livrées au culte de la Raison, ce drapeau, signe de la révolte contre Dieu encore plus que contre le Roi !

---

¹ La lettre qui reproche si mal à propos au Roi de manquer de clairvoyance, n'est pas elle-même une inspiration de la clairvoyance. Elle était écrite depuis quelques mois, quand le Comte de Paris et, après lui, les autres Princes d'Orléans se rendirent à Frohsdorf sans qu'Henri de France eût renoncé au drapeau blanc pour le drapeau tricolore.

² La sagesse populaire parle des convulsions du « diable dans un bénitier ». Le drapeau tricolore, le drapeau de la Révolution a naturellement la même aversion pour l'eau bénite.

A cette proposition injurieuse pour la France au nom de qui elle était faite, le Roi répondit noblement : « Malgré ses défaillances, la France n'a pas « à ce point perdu le sentiment de l'honneur. » On lui recommandait de montrer moins de fidélité à son principe et à son drapeau et de laisser faire les habiles ; et il répondait : « J'attends peu de l'habi-« leté des hommes, et beaucoup de la justice de « Dieu [1]. »

Grand concours de Français à Anvers.

En attendant le jour de la plus grande justice de Dieu, la justice de Dieu donne à Henri de France dès les jours de l'exil d'ineffables consolations. Quelle joie pour son cœur et quel prix de sa constance invincible de voir autour de lui, à Anvers, cet immense concours de Français qui n'attendent que de son dévouement le salut de la patrie ! Il y avait dans les salons de l'hôtel Saint-Antoine, où le Prince était descendu, la même confusion qui s'était vue dans tous les rendez-vous donnés par lui depuis plus de trente ans aux Français, cette confusion qui est la vraie image du peuple que composent ensemble les riches et les pauvres, les grands et les petits et les gens de condition moyenne. La douceur que goûte le père de se voir au milieu des siens n'est pas sans mélange de tristesse si plusieurs manquent à la réunion de la famille ; le bonheur du Roi est bien imparfait si ses yeux ne rencontrent que des

---

[1] Voir aux *Pièces justificatives*, n° XXX.

privilégiés de la fortune. On voit même que le père se défend mal aisément d'une préférence pour ses plus petits enfants qui ont plus besoin de sa sollicitude. Il n'en est pas autrement du Roi qui aime plus tendrement ceux qui ont plus besoin de sa protection. J'ai dit bien des fois dans le cours de ce récit l'empressement des ouvriers de Paris et de toutes les provinces auprès d'Henri de France, et j'ai dû m'en taire plus souvent encore que je n'en ai parlé. Ils étaient à Lucerne en 1871 et à Anvers en 1872 comme à Londres en 1843 et à Wiesbaden en 1850.

Mais ils n'étaient pas seuls. Et les salons de l'hôtel Saint-Antoine voyaient aussi MM. le comte de Carayon-Latour, le vicomte de Poix, les vicomtes E. et L. de Terves, le comte de Bertier, Houdet, Ch. de Longeville, le comte de Cornulier-Lucinière, Georges de Cadoudal, le baron de Fresnoye, et tant d'autres.

Il n'est pas un de ces visiteurs qui, en sortant de l'audience du Prince ou d'une réception générale, ne répétât en d'autres termes ce qu'écrivait quatre mois auparavant un voyageur qui venait de le voir à Lucerne : « Le caractère saillant du Prince m'a
« paru être la bonté. Il a en lui je ne sais quoi de
« doux, de bienveillant, à la fois de noble et de
« simple, de jeune et de paternel, qui inspire le
« respect autant que la sympathie, quelles que soient
« d'ailleurs les opinions politiques de celui qui le
« regarde. Je le répète, le Prince semble bon, très-
« bon. Et l'on serait tenté de se demander avec une

« sorte d'inquiétude s'il aura bien la force néces-
« saire pour diriger la France à notre époque d'agi-
« tation et de luttes, dans un temps où l'on voit
« des modérés même appeler au secours de la
« société en péril un pouvoir absolu, sans pitié,
« *une main de fer, un grand sabre*, comme ils
« disent.

« Heureusement on est vite rassuré sur ce point,
« lorsqu'on pense que le Prince s'est toujours mon-
« tré d'une fermeté inébranlable, qu'il n'a jamais
« transigé avec le devoir, et que sa force d'âme
« comme sa franchise et sa loyauté ne font doute
« pour personne [1]. »

Effroi inspiré par Henri de France à la Révolution. Elles ne font pas doute pour la Révolution. Et c'est pour cela que tous les révolutionnaires, ceux qui se croient modérés aussi bien que les ennemis les plus résolus de l'ordre social, redoutent Henri V. Ils savent bien que sa mission n'est pas seulement d'assurer l'ordre matériel et l'exécution des lois humaines, mais encore de hâter, par l'établissement de la vraie liberté, la fin du désordre effroyable des esprits et de clore la Révolution.

Démonstrations maçonniques contre le Prince Les révolutionnaires, divisés entre eux, sont unis contre le Prince qui doit délivrer la France et l'Europe du mal qui les dévore. Comme les hommes libres d'engagements envers la Révolution étaient accourus de toutes nos provinces à Anvers pour y

[1] *Univers* du 4 décembre 1871.

saluer Henri de France, les révolutionnaires étaient accourus de toutes les contrées de l'Europe pour protester contre le Fils de saint Louis, contre le principe qu'il représente et contre les espérances que les honnêtes gens fondent sur sa fidélité à son principe. Les loges maçonniques organisèrent des *démonstrations,* en faisant marcher et crier des Italiens et des Allemands que leur avait envoyés la Révolution cosmopolite et aussi, hélas ! des Français que leur avait adressés le fondé de pouvoir de notre Assemblée monarchique, M. Thiers. Ces bandes, les mêmes qu'on avait vues dix mois auparavant à Paris, allaient tous les soirs sous les fenêtres de l'hôtel Saint-Antoine crier la *Marseillaise* et hurler : *A bas Chambord! A la porte! Aux frontières!* La police les eût facilement dispersés : mais que peut la police contre des malfaiteurs secrètement soutenus par les Loges toutes-puissantes en Belgique ? Henri de France ne voulant pas être plus longtemps une occasion de troubles, abrégea le séjour qu'il s'était promis de faire à Anvers.

Pour un César il peut y avoir des « irréconciliables », il doit y avoir des hommes qui ne lui pardonneront jamais de maintenir l'ordre matériel dans la cité. Ils sentent bien que César, préoccupé de son seul intérêt, fait l'ordre ou le désordre suivant les convenances de sa politique égoïste. César n'est que l'un d'eux qui est arrivé par l'intrigue et par la violence au pouvoir suprême et qui s'est tourné contre

Le Roi ne peut pas avoir d'ennemis irréconciliables

eux : c'est maintenant leur ennemi, et ils lui sont pareillement ennemis, ennemis « irréconciables ». Mais le Roi est un père dont l'amour et le dévouement ont des droits jusque sur le cœur de ses enfants révoltés. Un fils dénaturé peut croire qu'il a rompu pour toujours avec la nature, cependant il n'a pas cette effroyable puissance, la nature a des accents dont il ne sait pas le pouvoir s'il ne les a pas encore entendus ou dont le pouvoir sera plus irrésistible encore s'ils réveillent des échos du passé. Il faudrait que Dieu changeât non pas un homme, mais la nature humaine, pour qu'un fils pût devenir l'« irréconciliable » ennemi de son père. Le Roi ne peut avoir dans aucun parti des ennemis irréconciliables.

Henri de France à l'Exposition universelle de Vienne. On l'a bien vu quand Henri V, au printemps de 1873, visita l'Exposition universelle de Vienne. Dans la partie française de l'Exposition, objet naturel de toutes ses préférences, il y avait bien des ouvriers républicains, socialistes, partisans de la Commune, — car la Révolution nous a fait descendre jusque-là, qu'il y a un parti, un puissant parti de la Commune. Loin de les éviter, Henri V allait à eux. Mais il ne connaissait pas toujours les sentiments politiques des ouvriers ou des exposants qu'il interrogeait sur leurs travaux ou leurs produits. Comme il venait d'acheter un objet d'art, on lui apprit que son vendeur était un *rouge :* « Que m'importe, » dit-il, « s'il est Français ? » Il avait raison, le *rouge* peut devenir *blanc*; et, sans le savoir, il l'est déjà plus qu'à moitié s'il est vraiment Français. Combien le Prince opéra de telles conversions parmi les ouvriers *rouges* qui étaient à l'Exposition de Vienne ! Il lui suffisait de se montrer à eux. Il justifiait ainsi le mot de tous les Français et de tous les étrangers qui l'avaient vu dans le cours de ses voyages : « Ah ! si « la France le connaissait !... » La France exposante et ouvrière qui était à Vienne l'a connu et aussitôt l'a aimé. Tous étaient touchés de le voir, à la différence des autres Princes qui visitaient l'Exposition, marcher avec quelques amis seulement et sans aucune escorte de police pour protéger sa personne ; tous l'admiraient se mêlant à la foule sans craindre d'y compromettre sa sécurité ni sa dignité, tous répétaient : « Voilà un Prince qui a confiance en nous ! » et la confiance d'Henri V leur inspirait à eux-mêmes confiance en lui.

Incrédulité d'un fabricant.

Ce qui les émerveilla, ce fut de rencontrer dans un Prince, que jusque là ils supposaient voué exclusivement à la politique, une connaissance profonde de leurs diverses industries et des intérêts particuliers de chaque profession. Il arriva même un jour qu'un fabricant des plus *rouges* crut reconnaître aux questions du Prince et à ses observations qu'on avait trompé les exposants sur la personne de ce visiteur. Comme Henri de France se retirait, le fabricant arrêta par le bras l'un des jeunes gens qui suivaient le Prince : « Qui donc est ce monsieur ? » lui demande-

« t-il. — « Monsieur le Comte de Chambord. — Je la
« connais, cette fable. Mais vous me supposez bien
« simple d'espérer me faire accepter cela. — C'est
« Monsieur le Comte de Chambord : je ne peux
« pas vous dire autre chose. — Et moi je vous dis
« qu'il n'est pas plus le Comte de Chambord que
« moi, que c'est un homme de notre partie, un
« grand fabricant qui entend très-bien son affaire.
« Il s'entend moins bien à jouer le personnage
« du Comte de Chambord : il a l'air d'un Prince et il
« en profite pour vouloir s'amuser de nous; mais il
« s'est trahi en nous parlant de la fabrication comme
« il l'a fait. Voilà ce que je ne vous demande pas,
« et ce que je vous dis : je ne vous demande que
« son nom. — Son nom, je vous l'ai dit et redit,
« et je ne peux pas vous dire autre chose, c'est
« Monsieur le Comte de Chambord. » Le fabricant
n'insista plus, mais demeura convaincu qu'il venait
d'être visité par un confrère. Il ne se laissa détromper que par d'autres exposants que le Prince avait
entretenus de leurs industries diverses avec autant
de savoir.

Ce que dit Bossuet du grand Condé convient encore mieux à notre Roi : « Sa conversation était un
« charme, parce qu'il savait parler à chacun selon
« ses talents, et non-seulement aux gens de guerre
« de leurs entreprises, aux politiques de leurs né-
« gociations, mais encore aux voyageurs, curieux
« de ce qu'ils avaient su découvrir ou dans le gou-
« vernement ou dans le commerce, à l'artisan de

« ses inventions, et enfin aux savants de toute
« sorte de ce qu'ils avaient trouvé de plus mer-
« veilleux. »

Il me faut remonter un peu en arrière. J'ai dit que la présence d'Henri V à Anvers, à soixante-quinze lieues de Paris, troublait les rêves ambitieux de M. Thiers. Son départ laissa le vieux révolutionnaire plus libre d'esprit pour suivre l'exécution d'un plan conçu bien avant la chute de l'Empire. Il s'agissait de jouer les hommes monarchiques dont « le fils de la Révolution » avait capté la confiance par ses discours conservateurs sur les finances, sur l'armée, sur la question romaine, et de se servir d'eux pour établir en France le gouvernement dont le nom les terrifie, la République. Allié aux ennemis déclarés de tout ordre et de tout droit, il se disait plus haut que jamais conservateur. La contradiction flagrante de ses actes et de ses paroles n'empêchait point le succès de celles-ci. Il affublait du nom de conservatrice sa République ou plutôt sa dictature, et ce nom suffisait à rendre la République et le dictateur acceptables. La France monarchique ne l'eût jamais acceptée ; mais les députés du côté droit de l'Assemblée, plus exposés que les particuliers aux séductions de M. Thiers, ne savaient, un grand nombre du moins, résister à ses exigences. C'est alors qu'Henri de France leur dit, dans une lettre adressée à un de ses plus fidèles amis : « Il est impossible
« de s'y méprendre. La proclamation de la Répu-

La Républiquee conservatrice. — Lettre à M de La Rochett.

Les deux politiques. « blique en France a toujours été et serait toujours « le point de départ de l'anarchie sociale, le champ « ouvert à toutes les convoitises, à toutes les uto- « pies, et vous ne pouvez, sous aucun prétexte, « vous associer à cette funeste entreprise [1]. » La lettre royale toute seule n'eût peut-être rien empêché. « A la politique des fictions et des mensonges, » disait-elle, « opposons partout et toujours notre « politique à ciel ouvert. » Mais les honnêtes gens se laissent si facilement prendre aux fictions et aux mensonges, que la politique ténébreuse de la Révolution semble assurée de vaincre toujours la politique à ciel ouvert.

Celle-ci cependant a pour elle une force que l'autre ne connaît point et dont elle se rit sans vouloir la connaître. Toue l'habileté, toutes les ruses, tous les stratagèmes, tout le machiavélisme de la politique révolutionnaire ne troublait point la foi du Roi dans la mission de la France, et il s'écriait : « L'Europe a besoin d'elle, la Papauté a besoin d'elle, et c'est pourquoi la vieille nation chrétienne ne peut pas périr. »

Les pèlerinages. Avant et depuis la lettre du Roi, comme au moment où il l'écrivait, la vieille nation chrétienne se précipitait en caravanes immenses et multipliées vers tous les sanctuaires particulièrement désignés à sa piété dans les temps anciens ou dans notre

---

[1] Voir aux *Pièces justificatives*, n° XXXI.

temps même par de plus grandes manifestations de la puissance divine, à Lourdes, à la Salette, à Notre-Dame de Chartres, au tombeau de Saint-Martin, à Notre-Dame de Pontmain, à Saint-Denis-en-France, à Notre-Dame de Fourvières, à Notre-Dame de la Garde, à Saint-Anne d'Auray, à Saint-Michel, à Paray-le-Monial où la France apprit de Jésus-Christ lui-même la dévotion à son Sacré-Cœur.

La force qui fera triompher notre cause est la force que Dieu prête à ceux qui ont mis leur espoir en lui et qui invoquent son secours. Il a déjà réuni les hommes droits en une armée compacte et serrée. Ils étaient divisés, les uns plus préoccupés des intérêts de la cause du Roi, les autres méconnaissant les rapports étroits qui sont entre la Religion et la politique et professant une égale indifférence pour les gouvernements de fait et pour le gouvernement de droit. Dieu nous a tous éclairés, et, nous reconnaissant à cette lumière divine, nous nous sommes embrassés comme des frères. Les royalistes furent toujours catholiques, mais depuis la définition dogmatique de l'Immaculée Conception, depuis l'Encyclique *Quanta cura*, depuis la proclamation de l'Infaillibilité pontificale, ils sont plus dévoués à la personne du Vicaire de Jésus-Christ et plus soumis à son autorité. Les catholiques qui ne voulaient être que catholiques sont devenus royalistes. Un illustre prélat s'accusant lui-même de « n'avoir pas « toujours connu ni défendu ces belles et fières

Embrassement des catholiques et des royalistes.

« doctrines politiques dont l'abandon a entraîné la
« France et l'Europe dans l'abîme des révolutions »,
et voulant y ramener les classes moyennes et les
classes populaires auxquelles il parle depuis plus
de quinze ans avec tant de puissance, leur adressait,
après nos désastres, quelques pages sous ce titre
qui marque si bien la conversion de l'auteur : *Vive
le Roi !* Et Pie IX, bénissant sa conversion, lui disait :
« Nous avons reçu avec joie votre nouvel opuscule,
« et Nous lui souhaitons de tout notre cœur de dis-
« siper chez les autres les erreurs que vous-même,
« éclairé par les malheurs de votre patrie, vous avez
« eu le bonheur de rejeter [1]. »

Le Fils aîné de l'Eglise.

A cette armée unie et compacte des catholiques
et des royalistes, Dieu a préparé dès longtemps un
chef dans le Prince qui fut appelé à sa naissance
l'Enfant du miracle. Roi fidèle à la Royauté, par
cette fidélité moins rare aujourd'hui chez les particuliers que chez les Princes, il se distingue entre
tous les Rois de l'Europe. Catholique sincère, il sait
bien que tout homme, prêtre ou laïque, Prince ou
sujet, appartient à Dieu.

Il y a deux ans, Mgr l'Evêque de Nevers, se faisant auprès du Souverain Pontife le garant de la
pureté de la foi du comte de Damas d'Anlezy : « Un
« ami de Monsieur le Comte de Chambord, » lui répondit Pie IX, « ne peut être catholique libéral. »

---

[1] Bref de N. S. P. le Pape Pie IX à Mgr de Ségur. 9 juillet 1871.

C'est que Pie IX, qui aime tant la France malgré les ingratitudes et les trahisons de nos gouvernements d'aventure, suit avec sollicitude Henri V dans son exil. En vain, la Révolution a-t-elle toujours empêché le Pontife et le Roi de se rencontrer, elle n'a pu empêcher entre le Vicaire de Jésus-Christ et le Fils aîné de l'Eglise, un consolant échange de témoignages de vénération et de dévouement d'une part et de confiance et de paternelle tendresse de l'autre. Le Père connaît bien son Fils, et à un voyageur [1] qui allait quitter Rome pour se rendre à Frohsdorf, Pie IX donnait (5 février 1873) cette belle mission : « Vous direz de ma part à Henri V...
« mais écoutez bien, vous direz à Henri que tout ce
« qu'il dit est bien dit, et tout ce qu'il fait est
« bien fait [2]. »

Ce Prince accompli, ce Prince prédestiné, n'avait pas encore deux ans quand Notre Seigneur Jésus-Christ apparaissait à la Mère Marie de Jésus, de la congrégation de Notre-Dame, et lui disait : « La
« France est toujours bien chère à mon divin Cœur
« et elle lui sera consacrée. Mais il faut que ce soit

Le Sacré-Cœur
et le Roi
de France.

---

[1] M. de Courseul.

[2] A peu près à la même époque, un Evêque français qui se trouvait à Rome et qui avait lu que la conduite d'Henri de France dans la question du drapeau avait été blâmée par Pie IX, demanda au Saint-Père ce qu'il y avait de fondé dans ce récit de certains journaux : « Oh ! non, non, » lui fut-il vivement répondu, « je n'ai jamais rien blâmé dans les manifestes du
« Comte de Chambord. »

« le Roi lui-même qui consacre sa personne, sa
« famille et tout son royaume à mon divin cœur,
« et qu'il lui fasse, suivant que je l'ai dit, élever un
« autel comme on en a élevé un déjà en l'honneur
« de la sainte Vierge.

« Je prépare à la France un déluge de grâces
« lorsqu'elle sera consacrée à mon divin Cœur...

« Je prépare toutes choses ; la France sera con-
« sacrée à mon divin Cœur, et toute la terre se res-
« sentira des bénédictions que je répandrai sur elle.

« La foi et la religion refleuriront en France par la
« dévotion à mon divin Cœur[1]. »

---

[1] 21 juin 1823.

A la fin du xviie siècle, Notre Seigneur Jésus-Christ disait déjà dans une de ses apparitions à la bienheureuse Marguerite-Marie, des Visitandines de Paray-le-Monial : « Fais savoir au Fils
« aîné de mon Sacré Cœur que, comme sa naissance temporelle
« a été obtenue par la dévotion aux mérites de ma Sainte Enfance,
« de même il obtiendra sa naissance de gloire éternelle par la
« consécration qu'il fera de lui-même à mon Cœur adorable qui
« veut triompher du sien, et par son entremise, de celui des
« grands de la terre. Il veut régner dans son palais, être peint
« dans ses étendards et gravé dans ses armes, pour les rendre
« victorieuses de tous ses ennemis, en abattant à ses pieds ces
« têtes orgueilleuses et superbes, pour le rendre triomphant de
« tous les ennemis de la sainte Eglise. »

On a reproché à Louis XIV de n'avoir pas répondu à cet appel de Dieu. Mais Louis XIV l'a-t-il connu ? S'il l'a connu, n'a-t-il pas pu trouver, dans les paroles que je viens de reproduire, quelque raison de douter que cet appel lui fût adressé à lui-même et non à l'un de ses descendants ? Enfin appartenait-il à Louis XIV de déclarer l'authenticité des révélations, au lieu d'attendre respectueusement la décision de l'Eglise et l'Eglise ne parla qu'en 1757.

En attendant que le Roi, établi sur le trône de
ses pères, puisse répondre par un acte public et solennel à l'appel de Dieu, tant de milliers de pèlerins
empressés il y a quelques mois à Paray-le-Monial
ont témoigné de leur patriotique impatience de voir
cette réconciliation et cette alliance nouvelle de la
France avec Dieu. Mais, au milieu de ce concours
de particuliers venus en foule de toutes nos provinces, voici des hommes revêtus d'un caractère
public et qui viennent faire, dans la mesure de leur
pouvoir, un acte public de consécration de la France
au Sacré-Cœur [1]. Ce sont des députés de la France,
élus par elle le 8 février 1871, pour la sauver; ils
sont plus de cinquante, et l'un d'eux, M. Belcastel,
prononce au nom de tous ceux qui sont présents et
de cent de leurs collègues retenus à Versailles, cette
consécration :

« Au nom du Père, et du Fils et du Saint-Esprit.
« Ainsi soit-il.

« Très-Sacré Cœur de Jésus, nous venons nous
« consacrer à vous, nous et nos collègues qui nous
« sont unis de sentiment.

« Nous vous demandons de nous pardonner tout
« le mal que nous avons commis, et de pardonner
« aussi à tous ceux qui vivent séparés de vous.

« Pour la part que nous pouvons y prendre, et
« dans la mesure qui nous appartient, nous vous
« consacrons aussi de toute la force de nos désirs la

---

[1] Le 29 juin 1873.

« France, notre patrie bien-aimée, avec toutes ses
« provinces, avec ses œuvres de foi et de charité.
« Nous vous demandons de régner sur elle par la
« toute-puissance de votre grâce et de votre saint
« amour. Et nous-mêmes, pèlerins de votre Sacré
« Cœur, adorateurs et convives de votre grand
« Sacrement, disciples très-fidèles du Siége infail-
« lible de saint Pierre dont nous sommes heureux
« aujourd'hui de célébrer la fête, nous nous con-
« sacrons à votre service, ô Seigneur et Sauveur
« Jésus-Christ, vous demandant humblement la
« grâce d'être tout à vous, en ce monde et dans
« l'éternité. Ainsi soit-il.

« Au nom du Père et du Fils et du Saint-Esprit.
« Ainsi soit-il. »

Ainsi parlent les députés de la France, ainsi parlait avant eux la France elle-même par la bouche de ses Evêques qui presque tous ont consacré leurs diocèses au Sacré Cœur. La France s'y consacre encore par ces milliers de souscriptions pour l'érection d'une église nationale au Sacré Cœur de Jésus. Mais la parole du Roi, qui seule peut lier la nation, ne manque pas tout à fait, quoique le Roi, vivant sur la terre d'exil, n'ait pas l'exercice de son pouvoir. L'Assemblée nationale, toujours timide dans l'affirmation de la vérité, a effacé le nom du Sacré Cœur du projet de loi relatif à l'Eglise nationale. M. Cazenove de Pradines lui a proposé, pour réparer cette faiblesse, de décider que l'Assemblée sera représentée à la cérémonie de la consécration de l'église votive ; mais l'Assemblée n'a pas encore osé prendre un tel engagement en face de l'impiété hautaine [1]. Alors le Roi, bravant cette impopularité devant laquelle recule l'Assemblée, a glorifié la proposition qui venait de succomber, et il a écrit à son auteur :

« Frohsdorf, 28 juillet 1873.

« J'achève, à l'instant même, mon cher Cazenove,
« dans le *Journal officiel*, la lecture de la séance du
« 24 juillet.

« Vous me connaissez trop pour attendre de moi
« une phrase banale sur votre énergique insistance
« dans la mémorable lutte dont vous êtes sorti,
« comme à Patay, le glorieux *vaincu*.

« Je vous félicite, je vous remercie et je vous em-
« brasse, heureux d'ajouter au témoignage de votre
« conscience celui de mon admiration et de ma
« vieille amitié. »

---

[1] « ...Regardez de près, hélas ! à ce qu'on appelle le mouve-
« ment chrétien de l'heure présente. Après avoir essayé de tout
« le reste sans succès, si les politiques, si les hommes d'État se
« déterminent à essayer de Jésus-Christ, c'est à la condition
« expresse de ne point articuler la foi de la nation, la croyance
« du pays à sa divinité et à sa puissance surnaturelle. On veut
« la guérison sociale sans la profession de foi sociale. Or, à ce
« prix, Jésus-Christ, tout puissant qu'il est, ne peut pas opérer
« notre délivrance ; tout miséricordieux qu'il est, il ne peut pas
« exercer sa miséricorde. »
Mgr L'ÉVÊQUE DE POITIERS. *Homélie pour le XXIVe anniversaire de son sacre épiscopal.* 25 novembre 1873.

Comment ne nous confierions-nous pas dans la puissance de la prière ? Nous l'avions éprouvée deux mois avant le jour où l'Assemblée, si vite oublieuse du secours reçu de Dieu, n'osa ni promettre de se faire représenter à la consécration de l'église nationale ni même prononcer le nom du Sacré Cœur. Effrayée de la conjuration de M. Thiers avec le parti de la Commune, elle ne se sentait pas cependant la force de lui résister et se laissait conduire par lui aux abîmes. Quelques jours avant le 24 mai, le confident [1] de M. Thiers disait : « Nous entrons « dans une semaine historique. » Le dictateur comptait que son pouvoir allait sortir plus grand de ces débats qu'il avait provoqués. Il croyait aller au triomphe : il allait à la défaite, à l'humiliation, à la ruine. Il croyait nous mieux asservir à sa politique fatale et nous en étions délivrés ! Il est vrai que d'autres révolutionnaires se sont emparés aussitôt du pouvoir remis par l'Assemblée au maréchal de Mac-Mahon et qu'ils ont fait succéder à la politique de M. Thiers leur politique non moins égoïste et non moins funeste. Mais Dieu qui nous a donné la journée du 24 mai, nous donnera d'autres journées !

Comment l'habileté le croirait-elle, ne croyant qu'à la puissance de ses expédients, de ses ruses et de ses mensonges ? Une parole honnête et loyale et l'aveu public d'une vraie foi religieuse ne peuvent,

---

[1] M. Barthélemy Saint-Hilaire.

suivant elle, que tout perdre. La lettre d'Henri de France à M. Cazenove de Pradines, dangereuse en tout temps, était inopportune et devait enlever au Chef de la Maison de Bourbon tout espoir d'une réconciliation avec les Princes d'Orléans et du rétablissement de la Monarchie. « En écrivant cette « lettre vous avez abdiqué », disaient à Henri de France les augures politiques qui ne veulent être tout à fait ni avec Dieu ni avec la Révolution et se tiennent sagement entre les deux. Quel démenti prompt et cruel l'événement leur a infligé ! Il y avait quelques jours à peine que la lettre était publiée, quand le Comte de Paris, mettant fin à de longues hésitations, se rendit à Frohsdorf avec son oncle le Prince de Joinville.

Le 4 août, les deux Princes étaient arrivés à Vienne et le Prince de Joinville allait se présenter seul à Frohsdorf où il était reçu par Henri V. Il remit au Roi la note suivante :

« Monsieur le Comte de Paris pense, comme « Monsieur le Comte de Chambord, qu'il faut que « la visite projetée ne donne lieu à aucune interpré-« tation erronée.

« Il est prêt, en abordant Monsieur le Comte de « Chambord, à lui déclarer que son intention n'est « pas seulement de saluer le Chef de la Maison de « Bourbon, mais bien de reconnaître le principe « dont Monsieur le Comte de Chambord est le re-« présentant. Il souhaite que la France cherche son « salut dans le retour à ce principe et vient auprès

« de Monsieur le Comte de Chambord pour lui don-
« ner l'assurance qu'il ne rencontrera aucun com-
« pétiteur parmi les membres de sa famille. »

Le même jour, M. le comte Henri de Vanssay venait, au nom du Roi, régler avec le Comte de Paris les conditions de l'entrevue qui devait avoir lieu le lendemain. Il demanda qu'aucune question politique ne fût touchée. Le Comte de Paris répondit que cette réserve était tout à fait conforme à ses propres sentiments et qu'il ne venait point traiter des questions dont la solution appartenait à la France. « J'ai
« certaines idées, » dit-il, « le Roi a les siennes. Les
« miennes me sont personnelles. Ce n'est que par
« son accord avec la nation qu'il peut faire préva-
« loir ou modifier les siennes, dont l'examen ne
« m'appartient pas. » C'est ainsi que le Comte de Paris fut, le lendemain, 5 août, à Frohsdorf. Henri de France, qui l'attendait dans un salon, le reçut debout, et, après lui avoir tendu la main, s'assit et le fit asseoir. Le Comte de Paris dit alors : « Sire, je
« viens faire à Votre Majesté une visite qui était
« dans mes vœux depuis longtemps. Je viens, en
« mon nom et au nom de tous les membres de ma
« famille, saluer en vous non seulement le Chef de
« notre Maison, mais encore le seul représentant
« du principe monarchique en France. » Et, après un instant, il ajouta : « J'ai l'espoir qu'un jour
« viendra où la nation française comprendra que
« son salut est dans ce principe et n'est que là. »
Le Roi, les yeux pleins de larmes, se leva et ouvrit

les bras à son cousin. La réconciliation de la Maison de Bourbon, annoncée par Charles X mourant [1] et qui avait toujours été dans les vœux des Princes exilés en 1830, était enfin accomplie. Henri de France emmena le Comte de Paris dans un autre salon, pour le présenter à Madame la Comtesse de Chambord. Le lendemain, il lui rendait sa visite à Vienne.

A la suite du Comte de Paris, tous les Princes d'Orléans ont été à Frohsdorf présenter leurs hommages au Roi [2].

Ce retour des Princes d'Orléans à la vérité de la Monarchie héréditaire, trompait les coupables espérances des partis et déjouait les intrigues des hommes politiques qui avaient su, au mois de juillet 1871, empêcher le Comte de Paris d'aller à Chambord. Ni les partis, ni ces hommes politiques ne se résignèrent à voir la France retrouver la paix, la sécurité, la grandeur sous sa Maison royale réconciliée.

Intrigues pour arrêter les effets de l'acte du 5 août.

Les partis, voyant avec désespoir le rétablissement de la Monarchie qui allait s'accomplir, tentèrent d'y mettre obstacle, en disant : C'est un fait accompli, et avec la Monarchie restaurée nous allons voir revenir les droits féodaux et la dîme, les gouvernements des prêtres et l'intolérance reli-

---

[1] Voir plus haut, p. 166.
[2] Seul le Duc d'Aumale n'a pu le faire, ses devoirs de président du conseil de guerre chargé de juger le maréchal Bazaine ne lui permettant pas de s'éloigner.

gieuse; nous allons sans argent et sans armée, nous jeter dans une grande guerre contre l'Allemagne et l'Italie pour rétablir le Pape dans son domaine temporel. Quatre-vingts ans de révolution ont fait la multitude crédule à ce point, que l'absurdité de ces calomnies n'en excluait pas le danger. Henri de France dut les repousser [1]. En protestant contre ces manœuvres, il rendit hautement justice « à la « réconciliation si loyalement accomplie dans la « Maison de France. »

Ces manœuvres des partis étaient leurs vieilles manœuvres employées tant de fois depuis 1830 et toujours employées avec quelque succès. Pas un des hommes qui ont vécu sous la Restauration n'a rien vu qui ressemblât ni à l'intolérance religieuse, ni à la dîme, ni aux droits féodaux; et tous, si on les avait interrogés, auraient imaginé qu'on voulait leur parler, non de la France, mais de quelque pays lointain. Les mêmes hommes qu'on n'interroge pas et à qui on affirme hardiment qu'ils ont vu ce qu'ils n'ont pas vu, se sentent portés à le croire. Tant la Révolution a profondément altéré notre nature d'êtres intelligents et nous a bien abêtis pour accepter ses mensonges et son joug.

Haine des politiques contre la Royauté légitime.

Les hommes politiques ne se résignaient pas plus que les partis à voir la France redevenir heureuse et grande sous le Fils de saint Louis. Leur politique est

---

[1] Voir aux *Pièces justificatives*, n° XXXII.

une politique qui ne connaît pas Dieu, même quand leur conscience le connaît et que leur bouche professe la foi chrétienne ; leur politique se dit tolérante, et, en effet, elle tolère tout, tout, excepté l'influence de Dieu et de son Eglise sur la société civile. Mais, révoltée contre son maître légitime, elle en subit un autre ; elle ne veut pas être chrétienne, elle veut être neutre, elle est satanique. Et, parce qu'elle est satanique, elle est menteuse, elle cache son égoïsme sous le nom de l'ordre moral. Parce qu'elle est satanique, elle est ténébreuse dans ses plans et dans son action, elle a horreur de la lumière et elle n'entend qu'avec effroi Henri V parler de sa « politique à ciel ouvert ». Henri V réclame lui-même le concours de tous, c'est-à-dire de tous les hommes de bonne volonté venant à lui des anciens partis. Mais les politiques savent bien qu'il ne réclame pas et qu'il n'acceptera jamais le concours de toutes les politiques. Le Roi qui a dit : « Je suis la Réforme », et qui a dit encore : « Je ne serai jamais le Roi légitime de la Révolution », a pris deux fois l'engagement de rompre avec la tradition révolutionnaire et de n'avoir pour ministres et pour serviteurs de tous rangs que des honnêtes gens. Les politiques savent encore cela, et ils comptent bien sur leur habileté pour tenir toujours le Roi éloigné de la France et la France orpheline du Roi.

Les hommes politiques ne se sont pas mis plus en peine que les partis d'inventer quelque nouvelle Henri V obstacle à la restauration de la Monarchie.

manœuvre pour empêcher la réconciliation de la Maison de Bourbon de rendre la paix à la France. Ils ont dissimulé leur opposition ; ils ont même affecté un grand zèle pour la réconciliation des orléanistes et des royalistes ; ils ont crié sur les toits qu'elle était accomplie, que les anciens adversaires étaient d'accord sur tous les points, sur le drapeau, sur les garanties constitutionnelles, sur les libertés politiques, enfin sur tout le programme d'une Restauration prochaine. Il ne restait plus à connaître que les intentions du Roi. Dans l'Assemblée, image du pays, tous les membres du centre droit, de la droite et de l'extrême droite, étaient tout à fait d'accord entre eux. Mais étaient-ils d'accord avec le Roi ? Henri V, exilé depuis quarante-trois ans, élevé en Ecosse et en Autriche, ayant passé toute sa vie loin de la France, étranger enfin à nos progrès, à nos idées, à nos sentiments, voudrait-il ce que nous voulons tous ? Quelque doute restait sur ce point. Ce doute, on eut l'art de le faire pénétrer dans beaucoup d'esprits. Pour le dissiper, les royalistes n'eurent qu'à invoquer toutes les déclarations faites par Henri de France depuis trente ans Mais les adversaires avoués ou honteux de la restauration de la

Encore la question du drapeau.

Royauté voudraient anéantir ces déclarations qui, à mesure qu'elles seront plus connues, feront le Roi plus populaire. Ils imaginèrent alors une diversion, qui n'était pas non plus bien nouvelle, la question du drapeau. La France a un drapeau, le drapeau tricolore qui est à la fois le symbole de la Révolution et celui de la nation ; le Roi a un drapeau à lui, à lui seul, le drapeau blanc, devant lequel il prétend faire disparaître celui de la nation. Ainsi le Roi devait choisir entre l'humiliation de se faire, par l'adoption du drapeau tricolore, « le Roi légitime de la Révolution » et la douleur de reconnaître qu'il y avait entre lui et la France une séparation irrévocable. C'est dans ce dilemme que les politiques prétendaient l'enfermer pour y faire périr son droit.

Ce n'était pas sans calcul qu'après la réconciliation de la Maison de Bourbon, ils s'étaient jetés dans les bras des royalistes. Cachant sous leurs effusions de joie un sang-froid que rien ne pouvait troubler, ils avaient pris dès les derniers jours d'août la direction du grand mouvement qui ramenait la France à la Monarchie. Ils le dirigeaient pour le détourner de la voie droite et le faire entrer dans une voie sans issue. Anciens doctrinaires, anciens chefs du parti orléaniste, ils étaient ainsi devenus dans l'Assemblée les chefs de ces royalistes, leurs adversaires naturels et constants depuis un demi-siècle. Sous leur conduite, les royalistes allaient s'opposer à la rentrée du Roi en France et à la restauration de la Royauté.

Les politiques s'emparent des royalistes.

D'abord, M. le comte de Sugny et M. Merveilleux-Duvignaux, députés de la Loire et de la Vienne, furent à Frohsdorf dans le courant de septembre. Ils en rapportèrent sans doute des paroles bien faites pour dissiper les stupides calomnies du parti radical. Mais le Roi n'avait rien dit qui infirmât ses précédentes déclarations à l'égard du drapeau tricolore. Les politiques et, à leur suite, une partie des royalistes de l'Assemblée prétendirent ne plus savoir, dans la situation nouvelle créée par l'acte du 5 août, si le Roi acceptait le drapeau national ou s'il voulait toujours conserver le drapeau blanc. D'autres royalistes, devinant qu'on voulait compromettre le Roi en affectant de mettre en doute ses sentiments si connus, s'adressèrent à Frohsdorf, d'où cette *Note* fut envoyée dans les premiers jours du mois d'octobre :

[Note envoyée de Frohsdorf.]

« Monsieur le comte de Chambord ne demande
« pas que rien soit changé au drapeau avant qu'il
« ait pris possession du pouvoir. Il se réserve de
« présenter au pays, et se fait fort d'obtenir de
« lui, par ses représentants, à l'heure qu'il jugera
« convenable, une *solution* compatible avec son
« honneur, et qu'il croit de nature à satisfaire l'As-
« semblée et la nation. »

La *Note* répétait presque les expressions dont le Roi s'était servi en 1857 pour repousser le drapeau tricolore : « Ce n'est pas loin de la France et sans la
« France qu'on peut disposer d'elle [1]. »

La *Note* nouvelle redisait tout à fait la même chose et cependant les hommes politiques, jouant sur ce mot de *solution*, s'écrièrent que le Roi venait d'adopter le drapeau tricolore. La droite, l'extrême

---

[1] Voir aux *Pièces justificatives*, n° XXV.

droite et le centre droit [1] nommèrent une commission de neuf membres (la Commission des Neuf) chargée de préparer le programme du rétablissement de la Monarchie. Se fondant sur l'interprétation que je viens de dire, le centre droit proposa aux deux droites de relever la Monarchie avec le drapeau de ceux qui l'avaient renversée. Seul, M. de Carayon-Latour ne voulut point se prêter à cette étrange combinaison.

Toute la France apprit bientôt que la restauration de la Monarchie nationale, facilitée par l'accord des anciens partis, allait s'accomplir pacifiquement dans quelques semaines. La joie fut immense. Cependant tous les esprits sensés s'alarmèrent quand on leur dit de quel prix le Roi avait payé cet accord : il avait cédé aux exigences du parti révolutionnaire et abandonné pour le drapeau tricolore notre vieux drapeau blanc. On se demanda si le Roi qui venait de s'humilier devant la Révolution, pourrait encore la combattre et la vaincre et sauver la France. Les royalistes étaient consternés. C'est alors, et tandis que M. Chesnelong était envoyé par la Commission des Neuf à Salzbourg, où était le Roi, que trois députés royalistes, MM. de Carayon-Latour, Lucien Brun, Cazenove de Pradines y furent également

Restauration prochaine de la Monarchie.

Entrevue de Salzbourg.

---

[1] L'Assemblée était alors en vacances, et ces mots de droite, d'extrême droite et de centre droit s'appliquent aux bureaux de ces réunions parlementaires et non aux réunions elles-mêmes.

chercher des lumières. Après cette interprétation perfide donnée au mot *solution*, ils avaient besoin d'entendre la parole du Roi, toujours si franche et si loyale : « Jamais, jamais, jamais, » leur répondit Henri V, « je n'accepterai le drapeau tricolore. »

Les deux procès-verbaux du centre droit. Aussitôt que M. Chesnelong fut revenu de Salzbourg, les Neuf entendirent le récit qu'il leur fit de sa mission et reçurent les déclarations royales qu'il leur rapporta. Pour tenir secrètes ces déclarations, on tint secret le procès-verbal de la séance où M. Chesnelong les avait fidèlement rapportées. Le centre droit, après avoir entendu à son tour le même député, ne se montra pas plus impatient de faire connaître au public les déclarations royales. Mais deux de ses membres, serviteurs trop zélés de l'intrigue, MM. d'Haussonville et Savary, rédigèrent pour le livrer à la presse, un compte rendu attestant que le Roi adoptait le drapeau tricolore. Tous les journaux, malgré la diversité des impressions reçues à cette nouvelle, publièrent la pièce fabriquée par MM. d'Haussonville et Savary : seul le journal *l'Union* refusa de lui ouvrir ses colonnes en dénonçant l'infidélité de ce document. Alors, M. le duc d'Audiffret-Pasquier, président du centre droit, et M. Chesnelong, dont on venait de falsifier avec tant d'audace le témoignage, portèrent à *l'Union* un procès-verbal rectifié qui, en mentionnant la réserve faite de la prérogative royale, ne reproduisait pas cependant la déclaration formelle du

Roi qu'il n'accepterait jamais le drapeau tricolore. L'*Union* publia ce procès-verbal rectifié, qui passa pendant quelques jours pour l'expression complète de la vérité.

L'intrigue allait toucher au but. La restauration de la Monarchie allait s'accomplir sous la protection d'une équivoque. Mais cette protection était une condition en même temps : le Roi ainsi rappelé devait être sommé de faire du drapeau tricolore son propre drapeau. On prévoyait qu'il opposerait à cette exigence une résistance invincible, et on comptait bien là-dessus. On lui montrerait qu'une telle situation ne pouvait plus avoir qu'une seule issue, l'abdication. Henri V avait dit : Je n'abdiquerai jamais. Mais les intrigants politiques se sentaient assez habiles pour le contraindre à le faire.

L'intrigue va toucher au but.

Ils croyaient bien avoir tout prévu et tout calculé; ils avaient compté cependant sans le caractère pourtant bien connu du Roi, sans sa loyauté chevaleresque. Henri V avait dit sincèrement sa pensée, il avait annoncé sa résolution inébranlable de n'accepter jamais le drapeau tricolore. Ceux qui se trompaient encore sur ses intentions n'avaient plus qu'à s'en prendre à eux-mêmes, et leur erreur n'était pas involontaire. Le Roi pouvait maintenant se taire, laisser dire et laisser faire ; il allait être rappelé par ses ennemis eux-mêmes ; il allait rentrer en France avec toute sa liberté royale dont il n'avait rien abandonné : son refus de tenir des engagements qu'il n'avait pas pris aurait couvert de honte ceux qui les avaient imaginés et n'aurait pas eu d'autre effet. La tentation eût été forte pour une âme moins haute. Mais l'équivoque est odieuse au Fils de saint Louis, et il dissipa celle-ci par la lettre suivante, adressée à M. Chesnelong :

Lettre à M. Chesnelong

« Salzbourg, 27 octobre 1873.

« J'ai conservé, Monsieur, de votre visite à Salz-
« bourg un si bon souvenir, j'ai conçu pour votre
« noble caractère une si profonde estime, que je
« n'hésite pas à m'adresser loyalement à vous,
« comme vous êtes venu vous-même loyalement
« vers moi.

« Vous m'avez entretenu, durant de longues
« heures, des destinées de notre chère et bien-aimée
« patrie, et je sais qu'au retour, vous avez prononcé,
« au milieu de vos collègues, des paroles qui vous
« vaudront mon éternelle reconnaissance. Je vous
« remercie d'avoir si bien compris les angoisses de
« mon âme, et de n'avoir rien caché de l'inébran-
« lable fermeté de mes résolutions.

« Aussi ne me suis-je point ému quand l'opinion
« publique, emportée par un courant que je déplore,
« a prétendu que je consentais enfin à devenir le
« Roi légitime de la Révolution. J'avais pour garant
« le témoignage d'un homme de cœur, et j'étais
« résolu à garder le silence, tant qu'on ne me force-
« rait pas à faire appel à votre loyauté.

« Mais puisque, malgré vos efforts, les malen-
« tendus s'accumulent, cherchant à rendre obscure
« ma politique à ciel ouvert, je dois toute la vérité à
« ce pays dont je puis être méconnu, mais qui rend
« hommage à ma sincérité, parce qu'il sait que je
« ne l'ai jamais trompé et que je ne le tromperai
« jamais.

« On me demande aujourd'hui le sacrifice de
« mon honneur. Que puis-je répondre? Sinon que
« je ne rétracte rien, que je ne retranche rien de
« mes précédentes déclarations. Les prétentions de
« la veille donnent la mesure des exigences du
« lendemain, et je ne puis consentir à inaugurer un
« règne réparateur et fort par un acte de faiblesse.

« Il est de mode, vous le savez, d'opposer à la fer-
« meté d'Henri V l'habileté d'Henri IV. *La violente*
« *amour que je porte à mes sujets*, disait-il souvent,
« *me rend tout possible et honorable*.

« Je prétends, sur ce point, ne lui céder en rien,
« mais je voudrais bien savoir quelle leçon se fût
« attirée l'imprudent assez osé pour lui persuader
« de renier l'étentard d'Arques et d'Ivry.

« Vous appartenez, Monsieur, à la province qui l'a
« vu naître, et vous serez, comme moi, d'avis qu'il
« eût promptement désarmé son interlocuteur,
« en lui disant avec sa verve béarnaise : Mon ami,
« prenez mon drapeau blanc, il vous conduira tou-
« jours au chemin de l'honneur et de la victoire.

« On m'accuse de ne pas tenir en assez haute
« estime la valeur de nos soldats, et cela au moment

« où je n'aspire qu'à leur confier tout ce que j'ai
« de plus cher. On oublie donc que l'honneur est le
« patrimoine commun de la Maison de Bourbon et
« de l'armée française, et que, sur ce terrain-là, on
« ne peut manquer de s'entendre !

« Non, je ne méconnais aucune des gloires de ma
« patrie, et Dieu seul, au fond de mon exil, a vu
« couler mes larmes de reconnaissance toutes les
« fois que, dans la bonne ou la mauvaise fortune,
« les enfants de la France se sont montrés dignes
« d'elle.

« Mais nous avons ensemble une grande œuvre
« à accomplir. Je suis prêt, tout prêt à l'entre-
« prendre quand on voudra, dès demain, dès ce
« soir, dès ce moment. C'est pourquoi je veux res-
« ter tout entier ce que je suis. Amoindri aujour-
« d'hui, je serais impuissant demain.

« Il ne s'agit de rien moins que de reconstituer
« sur ses bases naturelles une société profondé-
« ment troublée, d'assurer avec énergie le règne de
« la loi, de faire renaître la prospérité au dedans,
« de contracter au dehors des alliances durables, et
« surtout de ne pas craindre d'employer la force au
« service de l'ordre et de la justice.

« On parle de conditions ; m'en a-t-il posé ce jeune
« Prince dont j'ai ressenti avec tant de bonheur la
« loyale étreinte, et qui, n'écoutant que son patrio-
« tisme, venait spontanément à moi, m'apportant
« au nom de tous les siens des assurances de paix,
« de dévouement et de réconciliation ?

« On veut des garanties ; en a-t-on demandé à ce
« Bayard des temps modernes, dans cette nuit
« mémorable du 24 mai, où l'on imposait à sa mo-
« destie la glorieuse mission de calmer son pays
« par une de ces paroles d'honnête homme et de
« soldat, qui rassurent les bons et font trembler les
« méchants ?

« Je n'ai pas, c'est vrai, porté comme lui l'épée
« de la France sur vingt champs de bataille, mais
« j'ai conservé intact, pendant quarante-trois ans, le
« dépôt sacré de nos traditions et de nos libertés.
« J'ai donc le droit de compter sur la même con-
« fiance, et je dois inspirer la même sécurité.

« Ma personne n'est rien ; mon principe est tout.
« La France verra la fin de ses épreuves quand elle
« voudra le comprendre. Je suis le pilote nécessaire,
« le seul capable de conduire au port, parce que j'ai
« mission et autorité pour cela.

« Vous pouvez beaucoup, Monsieur, pour dissi-
« per les malentendus et arrêter les défaillances à
« l'heure de la lutte. Vos consolantes paroles, en
« quittant Salzbourg, sont sans cesse présentes à ma
« pensée : la France ne peut pas périr, car le Christ
« aime encore ses Francs, et lorsque Dieu a résolu
« de sauver un peuple, il veille à ce que le sceptre
« de la Justice ne soit remis qu'en des mains assez
« fermes pour le porter.

« HENRI. »

Le Roi abandonné de ceux qui allaient proclamer la Monarchie.

Le long récit que j'achève est en même temps que celui d'une vie toute glorieuse et toute pure celui de bien des catastrophes, de bien des douleurs, de bien des humiliations que j'ai ressenties de nouveau en les racontant : mais c'est ici, au moment même de finir, la partie la plus douloureuse et la plus humiliante de ma tâche. La France entière était dans la joie, la restauration de son antique Monarchie lui était promise, on lui en avait même dit l'heure prochaine, et tout à coup, après la publication de la lettre royale qu'on vient de lire, le Roi qui l'avait écrite fut déclaré impossible. Et ceux qui osent déclarer cela sont précisément ceux qui avaient amassé, pour protéger leur intrigue, les nuages que la parole royale vient de dissiper. La loyauté du Roi a déjoué leurs artifices, et ils reprochent au Roi de faillir aux engagements que leur perfidie lui avait prêtés [1]. Faut-il s'étonner de les voir se détourner d'une cause qu'ils n'avaient embrassée que pour la perdre? Mais l'histoire sera embarrassée d'expliquer comment tant d'honnêtes gens, royalistes anciens ou nou-

---

[1] J'ai dit qu'on avait eu soin de tenir secret le procès-verbal de la Commission des Neuf. Sa publication eût détruit l'effet qu'on attendait du procès-verbal du centre droit. Mais, après la lettre royale du 27 octobre, on croyait n'avoir plus de raison de cacher les déclarations rapportées de Salzbourg par M. Chesnelong et reçues par la Commission des Neuf. Le lecteur trouvera donc le procès-verbal de celle-ci aux *Pièces justificatives*, n° XXXIII, et, le comparant à la lettre d'Henri V, s'étonnera de l'audace des hommes qui ont cherché une contradiction entre les déclarations **verbales et la lettre.**

veaux, après avoir été trompés par ces fourbes, sont encore demeurés avec eux quand la fourberie a été découverte, et, pour demeurer avec eux, se sont séparés de la cause du Roi et de la France.

Je parle des députés : l'atmosphère malsaine qu'ils ont respirée depuis trente-trois mois dans ce parlement, où M. Thiers a soufflé toutes ses passions mauvaises, a corrompu leur jugement et altéré leur caractère. Là, les royalistes se prononcent pour la République, pour le stathoudérat, pour le définitif qui n'est que provisoire, pour la dictature, pour tout enfin, excepté pour la Royauté [1].

Ils ont besoin de se persuader à eux-mêmes qu'ils demeurent fidèles à la Royauté en l'abandonnant et ils osent parler un moment de « restaurer la Monarchie sans le Roi » ! Puis ils proposent à l'As-

Un gouvernement qui ne sera ni la Monarchie ni la République.

---

[1] Le lecteur verra plus loin que tous n'ont pas cédé aux suggestions et aux obsessions des politiques.

On raconte que, dans une réunion parlementaire du 3 novembre, un député aurait dit : « Messieurs, vous m'excuserez, j'ai peu « l'habitude de la parole, et d'ailleurs je suis ému, très-ému; « ce que j'ai à dire, c'est qu'après la lettre du Roi, ne pas faire « la Monarchie, c'est une honte, une honte historique! » Là-dessus il se rassit, et personne ne répondit rien.

Le 8 novembre, M. de Belcastel écrivait à l'*Univers :*

« Un mouvement irrésistible met la plume à la main du « Prince. Il déchire le voile, et, sans renier les libertés, il « montre auprès d'elles son étendard debout.

« Cet acte honnête jusqu'à l'héroïsme fait aussitôt le vide « autour de lui. Voilà le signe accusateur des temps, Monsieur « le rédacteur. Voilà le deuil moral !

semblée d'ajourner à dix ans la Royauté. La perfidie des politiques avait préparé une équivoque, le Roi l'a dissipée, les royalistes se joignent aux politiques pour en préparer aussitôt une nouvelle. Ils ont conçu leur commune proposition pour tirer la France de cet état provisoire et incertain où elle se meurt, et leur proposition prolonge le provisoire et perpétue l'incertitude. Ils établissent quelque chose qui ne sera pas la Monarchie, puisque la loyauté du Roi l'a rendue impossible, mais qui ne sera pas non plus la République... Comme si après soixante siècles qui n'ont vu dans le monde entier que la Monarchie et la République, on pouvait, pour passer quelques années, inventer un gouvernement nouveau ! D'accord sur l'expédient et sur ses termes, ils se contredisent sur sa portée. Pour les uns, l'expédient est la condamnation définitive de notre antique Monarchie ; pour les autres, il est l'abri qui protégera les espérances des royalistes contre le flot toujours montant de la Révolution. Leurs contradictions devraient les avertir qu'en allant à cet expédient ils vont à un péril immense et sans profit possible pour eux-mêmes ni pour le pays : mais ils vont comme des désespérés qui n'ont plus souci ni du péril ni du salut. Leurs contradictions sont éclatantes et le pays se demande avec stupeur quel est le sens véritable de cet expédient auquel ses auteurs attribuent des sens contraires : mais ils ne prennent point garde à leurs contradictions, et ce mot même ne leur rappelle plus que l'opposition imaginée par la perfidie des politiques entre les déclarations royales rapportées par M. Chesnelong et la lettre royale du 27 octobre. Au cours des débats, M. Chesnelong proteste contre cette tactique criminelle : « Quand on semble inférer de la « lettre de Monsieur le Comte de Chambord que les « déclarations que j'ai faites ne sont pas celles que « j'étais autorisé à rapporter, au nom de la haute « loyauté du Prince, au nom de cette loyauté qui « fait partie de la grandeur morale de son caractère « comme au nom de mon propre honneur, je pro- « teste, et Monsieur le Comte de Chambord ne dé- « mentira pas, j'en suis sûr, ma protestation [1]. » Cette protestation venge la loyauté du Roi ; les applaudissements venus des bancs de la droite et même de ceux du centre droit et qui couvrent à plusieurs reprises la voix de l'orateur la vengent encore mieux. Ce n'est plus l'orateur, c'est la conscience même de l'Assemblée qui proteste que le Roi a toujours été fidèle à lui-même, à sa parole, comme au principe dont il est le représentant et à la France à laquelle Dieu l'a donné. Toutes les ombres sont dissipées, et plus rien ne demeure des mensonges qui ont servi de prétexte pour ajourner successivement à dix ans, puis à sept ans la Monarchie. Il ne reste plus qu'un seul mot à dire, et ce mot semble prêt à s'échapper de toutes les lèvres à la fois : Nous sommes aujourd'hui ce que nous étions il y a vingt jours, quand

---

[1] 18 novembre. — Voir le texte complet de la protestation aux *Pièces justificatives*, n° XXXIV.

nous voulions restaurer notre Royauté nationale ; nous n'avons aucun motif ni même aucun prétexte d'ajourner le salut de la France, rappelons le Roi !... Mais ce mot, personne ne le dit, ni l'orateur qui est à la tribune et qui s'arrête devant la conclusion naturelle de son discours, ni aucun membre de ce centre droit qui devrait cette réparation à son propre honneur, ni même aucun royaliste [1]. Si la France est

---

[1] M. de Belcastel, dans une lettre du 28 novembre, adressée à ses électeurs, fait la même remarque ; mais son accusation n'atteint que M. Chesnelong :

« ... Je prends la situation où elle est, dans la discussion de la loi sur la prorogation, le jour où M. Chesnelong, appelé par M. Jules Simon à la tribune, lut son éloquente déclaration.

« Il fut évident ce jour-là, par l'accueil enthousiaste fait à ses paroles, que la majorité était acquise à la Monarchie. Je me rappelle, et me rappellerai toujours la profonde impression mêlée de joie et de tristesse que cette acclamation prolongée à la Royauté n'allant pas jusqu'au Roi, laissa dans mon esprit, et le voile qu'elle déchira.

« Je me trompe sans doute, mais un mot manqua, selon moi, au discours de M. Chesnelong, un mot que seul parmi nous il avait le droit de dire avec autorité. Après l'interruption de M. Brice : « Le « Comte de Chambord a donc changé d'avis, » il semblait appelé :

« Non ! le Roi n'a point changé. Sa lettre ne contredit point les déclarations qu'il m'a faites. »

Un cri pareil ouvrait la porte à la Monarchie méconnue, c'était le cri de la concorde et de la vérité.

M. Chesnelong a bien dit ce que M. de Belcastel lui reproche de n'avoir pas dit, mais il n'a pas conclu, et personne n'a conclu à sa place : Avant la lettre royale, nous voulions tous rétablir la Monarchie ; la prétendue contradiction qui nous a fait changer de sentiment étant reconnue imaginaire, nous nous mentirions à nous-mêmes et nous trahirions notre mandat si nous ne rappelions le Roi.

sauvée, les hommes n'auront eu de part à son salut que par la prière, et tout le reste sera l'ouvrage de la main de Dieu.

Il faut cependant conserver ici les noms des huit députés qui n'ont pas voulu s'associer par leur vote à ce funeste ajournement : MM. G. de Belcastel, le vicomte d'Aboville, le marquis de Franclieu, le comte de Cornulier-Lucinière, T. Dézanneau, le comte de Tréville, le général du Temple s'abstinrent de voter[1]. M. Dahirel qui avait signé la proposition,

---

[1] La lettre suivante fut adressée aux journaux royalistes.

« *Versailles, 19 novembre 1873.*

« Monsieur le Rédacteur,

« La clôture ayant été prononcée avant que l'un de nous ait pu monter à la tribune pour y faire la déclaration suivante, nous avons l'honneur de vous l'envoyer, et vous prions de vouloir bien la publier :

« Convaincus que la Monarchie nationale et chrétienne est le « seul salut du pays, et *que vous pourriez la faire si vous le* « *vouliez*, nous ne pouvons pas nous résoudre à dire à la France, « par le vote du projet de loi que nous lui offrons, qu'il est un « instrument nécessaire et efficace de salut social. Que ceux qui « le peuvent le disent et votent en conséquence, c'est leur droit, « leur devoir. Nous le respectons.

« Nous avons sondé le fond de notre conscience, pour nous cet « acte ne serait pas sincère.

« Or, au-dessous du Roi, mais comme lui, nous n'avons jamais « trompé le pays et ne le tromperons jamais.

« Nous nous abstenons. »

« *Signé* : D'ABOVILLE, DEZANNEAU, DE BELCASTEL, DE CORNULIER-LUCINIÈRE, DE FRANCLIEU, général DU TEMPLE, DE TRÉVILLE. »

vota contre. Tous les autres députés royalistes se laissèrent entraîner par les politiques. Avant le vote, au moment du vote et après le vote, ils exprimèrent publiquement leur répugnance pour un expédient qui ajournait la restauration de la Royauté, mais ils le votèrent. L'un d'eux, M. le vicomte de Lorgeril, voulait, au moment de voter avec les politiques, se séparer hautement d'eux par une déclaration faite à la tribune. Empêché d'y monter, il publia dans les journaux ce qu'il aurait voulu dire devant l'Assemblée elle-même. Et je dois reproduire ici une déclaration qui est l'expression exacte des sentiments qui ont fait tomber tous les royalistes de l'Assemblée dans le même piége.

Réserves des royalistes.

« Dans le seul but de préserver la France de l'anar-
« chie qui la menace, confiant dans la loyauté et
« dans le désintéressement du maréchal de Mac-
« Mahon, je ferai pour lui ce que je n'eusse fait
« pour personne et je voterai la prorogation de ses
« pouvoirs, tout en conservant à la Monarchie, que
« je crois seule capable de sauver la France, mes
« affections, mes espérances, mon dévouement et
« mes efforts. »

Le jour même du vote, M. Ernest de La Rochette adressait une protestation pareille à l'*Espérance du Peuple* de Nantes ; quelques jours auparavant, M. de Limairac motivait son vote de la même manière. Tous les royalistes de l'Assemblée, en subissant la combinaison inventée par les politiques, protestèrent contre la violence qui leur était faite.

Au dehors de l'Assemblée, les royalistes aiment le Roi, lui vouent leur obéissance et leur fidélité, ont foi en son principe et en son génie et attendent de lui seul, après Dieu, le salut de la France. Ceux qui n'étaient pas royalistes, habitués dès longtemps à respecter ce Roi qui n'a jamais voulu tromper son peuple, qui lui a toujours déclaré, sans souci de le flatter, ses sentiments et ses intentions et qui a toujours mis la vérité bien au-dessus de tout autre intérêt, ne peuvent plus enfin se défendre d'aimer ce Prince dont ils se croyaient les adversaires irréconciliables. « Contraste étrange ! le terrain perdu « dans les régions parlementaires, par sa lettre « mal comprise, le Roi le regagne dans le cœur du « peuple, et plus d'un est revenu à lui quand il a vu « qu'il prisait moins un trône que l'honneur. Quoi « d'étonnant[1] ? » Cette grandeur simple et vraie les a gagnés, car le cœur de l'homme est fait pour aimer la grandeur et s'y attacher, et ses égarements mêmes en sont la preuve puisqu'on l'y voit s'éprendre de la contrefaçon de la grandeur. Ceux qui demeurent encore éloignés du Roi, qui repoussent son principe et son programme et surtout ses vertus, le placent en un rang à part au milieu de tous les hommes de notre âge. Ils disent, eux aussi, que ce chevalier chrétien, incapable de trahir Dieu et de mentir aux hommes, ne convient pas à notre temps et qu'il est impossible. Ainsi ceux qui sembleraient

Enthousiasme universel produit par la lettre royale.

---

[1] M. G. DE BELCASTEL. *Lettre à ses électeurs*, 23 novembre.

ne devoir jamais parler comme le Vicaire de Jésus-Christ, parlent à peu près comme lui : « J'aime et je
« respecte trop le Comte de Chambord, » dit Pie IX,
« pour le féliciter d'avoir fait son devoir. Ce serait
« l'offenser et lui laisser supposer que je crains
« qu'il y manque jamais. Je ne lui ai donc pas écrit
« et je n'avais pas à lui écrire pour cela. »

Au dehors de la France tous les hommes qui ne sont pas tombés dans la servitude de la Révolution nous envient ce Roi qui semble appartenir à l'idéal plutôt qu'au réel, et les peuples se demandent étonnés comment la France à qui Dieu l'a donné paraît vouloir épuiser l'inépuisable série des combinaisons révolutionnaires, c'est-à-dire des tyrannies imbéciles ou sanglantes, plutôt que de revenir à ce père si doux et si intelligent qui, éloigné d'elle, ne vit encore que pour elle. La différence même de la foi religieuse et de la foi politique ne peut empêcher les hommes sincères de saluer cette rayonnante figure du Roi chrétien [1].

---

[1] Un Hollandais, un protestant, un républicain écrivait au journal *le Pas-de-Calais* :

« Il me semble que depuis le 27 octobre, vous autres Français,
« vous pouvez lever la tête et nous regarder d'en haut. Si vous
« n'avez pas encore la Monarchie, *vous avez un Roi*, et c'est
« beaucoup, *c'est tout*. Je n'étais pas jusqu'ici un chambordiste
« enragé — nous autres Hollandais nous sommes trop républi-
« cains au fond pour faire beaucoup de cas de la légitimité —
« mais depuis vendredi je crois à Henri V! *C'est un vrai Roi* ; il
« sait non-seulement porter une couronne, il sait la refuser. Il y a
« dans cela une grandeur qui m'a fait sentir ce qu'est le véritable
« esprit d'un Roi chrétien ! »

Mais l'heure présente est pleine d'espérance en- Pétitionnement
dans toute
la France.
core plus que de tristesse. La lettre royale qui éteint
le courage dans le cœur des royalistes de l'Assemblée, allume la foi royaliste au cœur du peuple.
Cette lettre royale qui a opéré en un instant un si
grand et si malheureux changement dans les dispositions de la majorité de l'Assemblée, tout le
monde veut la connaître, tout le monde la lit, tout
le monde l'admire et regarde avec épouvante cet
état d'abaissement où nous a précipités la Révolution et où la loyauté du Prince fait son indignité
et le rend incapable de régner. Encore quelques
jours, et ce Roi que les politiques déclarent impossible, va être le Roi nécessaire que les acclamations
de tout le peuple leur imposeront. De tous côtés
« cultivateurs, ouvriers, chefs d'ateliers, prêtres,
« négociants, propriétaires, s'empressent de prendre
« part à cette grande manifestation à laquelle reviendra au moins l'honneur d'avoir fait retentir
« de la Manche à la Méditerranée ce vieux cri de :
« *Vive le Roi!* qui a été si souvent le signal de notre
« salut au moment du péril et de la détresse [1]. » De
tous côtés, les bourgeois, les artisans et les ouvriers
se lèvent et supplient l'Assemblée de proclamer
Henri V et de ne plus faire au Roi et à la nation
cette injure de parler du drapeau tricolore. Mouvement spontané, car le signal n'en est venu de nulle

---

[1] M. G. DE CADOUDAL. Lettre au journal *l'Union*. Voir aux *Pièces justificatives*, n° XXXV.

part, et personne ne pourrait dire en quelle ville a été signée la première pétition ; mouvement national, car il ne s'est pas produit dans l'Ouest seulement et dans le Midi, dans les provinces demeurées toujours plus royalistes, il s'est produit dans la France entière et partout au même instant ; mouvement universel, car des villes il s'étend aux campagnes. Et bientôt il ne restera plus en dehors de ce mouvement que les hommes possédés de la Révolution dont un trop grand nombre, sans se l'avouer à eux-mêmes, maudissent la France, maudissent la patrie, maudissent leur mère parce qu'elle est chrétienne

Le Roi et la France réunis.. Tout le travail de la Révolution depuis un siècle a tendu à séparer l'un de l'autre le Roi et la France. Mais depuis un assez long temps déjà, les esprits attentifs peuvent voir que la Providence prépare leur rapprochement. Tout y concourt et surtout les mensonges et les crimes de la Révolution. Il serait téméraire de prophétiser que ces fameux politiques pour qui la lettre du Roi a été une pierre de scandale se feront à la dernière heure les ouvriers de la restauration contre laquelle s'élève aujourd'hui leur sagesse. Mais l'histoire des temps agités est toute pleine de ces conversions. Avec eux, ou sans eux, ou malgré eux, le Roi sera rendu à la France : la France le veut ; le Roi le veut, lui dont toutes les études et tous les efforts ont été dirigés vers cet avenir, lui qui se tenait prêt hier même et au milieu de nous à sauver la patrie si l'Assemblée divisée en tant de partis n'avait pu fournir une majorité de quelques voix pour ce gouvernement définitif de sept ans[1]; le Roi le veut, lui qui se tient toujours prêt, car les partis perpétuent la division et l'anarchie réelle sous l'ordre légal ; Dieu le veut, puisqu'il a marqué de tant de signes la naissance et la vie du Prince qu'il nous a donné, puisqu'il l'a orné de toutes les vertus royales, puisqu'il l'a revêtu de sa force et illuminé de sa sagesse. Et Henri V rendu à la France, dira bientôt, comme son père le Duc de Berry en 1814 : « Je n'en puis plus ; j'en mourrai peut-être, « mais j'en mourrai de joie. »

Mais les émotions qui font mourir sont les émotions comprimées au fond du cœur. La joie du Roi se répandra au dehors pour se mêler à la nôtre. Et

---

[1] On lit dans l'*Univers* du mercredi 3 décembre :

« A propos du dernier séjour en France de Monsieur le Comte
« de Chambord, la plupart des journaux ont affirmé qu'on n'avait
« pas vu le Prince à Paris. Nous savons pourtant qu'il y est venu.
« Le jour des funérailles de l'amiral Tréhouart, près de l'espla-
« nade des Invalides, stationnait une voiture de place dans laquelle
« on aurait pu remarquer un voyageur très-attentif à la manœuvre
« et au défilé des troupes.

« Le cocher, à qui le voyageur avait dit de le placer de façon
« à bien voir, s'évertuait à le vouloir convaincre qu'il verrait mieux
« s'il regardait comme tout le monde, au lieu de se tenir dans le
« fond de la voiture. Le voyageur n'écoutait rien, mais, tout en
« se dissimulant de son mieux, suivait avec une émotion visible
« un régiment de cuirassiers qui passait. Quand ce fut fini, le
« voyageur donna un ordre et la voiture partit.

« C'était le Comte de Chambord qui venait enfin de réaliser un
« de ses plus grands désirs : voir sous les armes un régiment
« français. »

notre joie ne sera pas la joie d'un parti, mais celle de tout le peuple. Et ceux qui sont aujourd'hui les ennemis de la société verront sans chagrin et sans envie la joie de tous, car ils ne seront plus ennemis et elle sera leur propre joie. « Je ne veux exercer de « dictature, » dit le Roi, « que celle de la clémence, « parce que dans mes mains, et dans mes mains « seulement, la clémence est encore la justice [1]. »

Le Prince qui apporta au monde en naissant la grâce de ses assassins [2] peut seul faire grâce aux révolutionnaires sans faire grâce à la Révolution, c'est-à-dire sans trahir la société; lui seul le peut, parce qu'il est l'élu de Dieu pour exterminer la Révolution.

Le Roi et la France se réjouiront ensemble et ils vivront, car Dieu leur réserve une grande part dans l'accomplissement de grands desseins, car la France est toujours le soldat de Dieu, car le Roi est le Prince salué à sa naissance des noms d'Enfant du miracle et d'Enfant de l'Europe.

---

[1] Voir plus haut, page 360.
[2] Voir plus haut, page 46.

PIÈCES JUSTIFICATIVES

PIÈCES JUSTIFICATIVES

I

Lettre adressée par le docteur Deneux à tous les journaux.

(Page 50.)

Paris, 29 octobre 1831.

Depuis quelques mois de vils pamphlétaires n'ont pas honte d'amasser mensonge sur mensonge, pour jeter du doute sur la légitimité de Son Altesse Royale Monseigneur le Duc de Bordeaux. Quelque intéressé que j'aie pu être dans la question, je n'ai pas cru devoir répondre à des misérables qui rougissant sans doute de leur infamie, se cachent sous le voile de l'anonyme. Aujourd'hui qu'un député a osé, dans le sein même de la Chambre, répéter ces calomnies, il ne m'est plus permis de me taire; quelques mots suffiront à ma réponse. Il n'est sans doute pas dans l'intérêt de la dynastie assise aujourd'hui sur le trône de France, d'envelopper de mystère la substitution d'un enfant qui lui portera tant d'ombrage, de cacher un crime qui n'aurait été commis que contre elle.

Si le silence qu'elle garde ne suffisait pas pour convaincre, il resterait un moyen que l'honnêteté ne repousserait pas; je veux parler d'une enquête. Plusieurs personnes qui ont assisté à l'accouchement de Madame la Duchesse de Berry existent encore, et, parmi elles, il en est qui, sous le rapport de l'honneur, ne craignent pas la comparaison avec M. de Briqueville.

Deneux.

II

Ode sur la naissance du Duc de Bordeaux

Par M. A. de Lamartine

(*Premières Méditations*, XV.)

(Page 52.)

Versez du sang ! frappez encore !
Plus vous retranchez ses rameaux,
Plus le tronc sacré voit éclore
Ses rejetons toujours nouveaux !
Est-ce un Dieu qui trompe le crime ?
Toujours d'une auguste victime
Le sang est fertile en vengeur !
Toujours échappé d'Athalie
Quelque enfant que le fer oublie
Grandit à l'ombre du Seigneur !

Il est né l'enfant du miracle !
Héritier du sang d'un martyr,
Il est né d'un tardif oracle,
Il est né d'un dernier soupir !

Aux accents du bronze qui tonne
La France s'éveille et s'étonne
Du fruit que la mort a porté !
Jeux du sort ! merveilles divines !
Ainsi fleurit sur des ruines
Un lis que l'orage a planté !

Il vient, quand les peuples victimes
Du sommeil de leurs conducteurs
Errent au penchant des abîmes
Comme des troupeaux sans pasteurs !
Entre un passé qui s'évapore,
Vers un avenir qu'il ignore,
L'homme nage dans un chaos !
Le doute égare sa boussole,
Le monde attend une parole,
La terre a besoin d'un héros !

Courage ! c'est ainsi qu'ils naissent !
C'est ainsi que dans sa bonté
Un Dieu les sème ! Ils apparaissent
Sur des jours de stérilité !
Ainsi dans une sainte attente,
Quand des pasteurs la troupe errante
Parlait d'un Moïse nouveau,
De la nuit déchirant le voile,
Une mystérieuse étoile
Les conduisit vers un berceau !

Sacré berceau ! frêle espérance
Qu'une mère tient dans ses bras !
Déjà tu rassures la France,
Les miracles ne trompent pas !
Confiante dans son délire,
A ce berceau déjà ma lyre

Ouvre un avenir triomphant ;
Et, comme ces Rois de l'Aurore,
Un instinct que mon âme ignore
Me fait adorer un enfant !

. . . .
. . . .

Jeté sur le déclin des âges,
Il verra l'empire sans fin,
Sorti de glorieux orages,
Frémir encor de son déclin.
Mais son glaive aux champs de victoire
Nous rappellera la mémoire
Des destins promis à Clovis,
Tant que le tronçon d'une épée,
D'un rayon de gloire frappée,
Brillerait aux mains de ses fils !

Sourd aux leçons efféminées
Dont le siècle aime à les nourrir,
Il saura que les destinées
Font Roi pour régner ou mourir ;
Que des vieux héros de sa race
Le premier titre fut l'audace
Et le premier trône un pavois ;
Et qu'en vain l'humanité crie !
Le sang versé pour la patrie
Est toujours la pourpre des Rois !

Tremblant à la voix de l'histoire,
Ce juge vivant des humains,
Français ! il saura que la gloire
Tient deux flambeaux entre ses mains !
L'un d'une sanglante lumière
Sillonne l'horrible carrière

Des peuples par le crime heureux ;
Semblable aux torches des Furies
Que jadis les fameux impies
Sur leurs pas traînaient après eux

L'autre du sombre oubli des âges,
Tombeau des peuples et des Rois,
Ne sauve que les siècles sages
Et les légitimes exploits :
Ses clartés immenses et pures,
Traversant les races futures,
Vont s'unir au jour éternel ;
Pareil à ces feux pacifiques,
O Vesta ! que des mains pudiques
Entretenaient sur ton autel.

Il saura qu'aux jours où nous sommes,
Pour vieillir au trône des Rois,
Il faut montrer aux yeux des hommes
Ses vertus auprès de ses droits ;
Qu'assis à ce degré suprême,
Il faut s'y défendre soi-même,
Comme les dieux sur leurs autels ;
Rappeler en tout leur image,
Et faire adorer le nuage
Qui les sépare des mortels !

III

Le baptême du Duc de Bordeaux

Par M. Victor Hugo

(*Odes et Ballades*, livre Ier, ode IX.)

(Page 52.)

« Oh ! disaient les peuples du monde,
« Les derniers temps sont-ils venus ?

« Nos pas, dans une nuit profonde,
« Suivent des chemins inconnus.
« Où va-t-on ? dans la nuit perfide,
« Quel est ce fanal qui nous guide,
« Tous courbés sous un bras de fer?
« Est-il propice? est-il funeste ?
« Est-ce la colonne céleste ?
« Est-ce une flamme de l'Enfer ?

« Les tribus des chefs se divisent :
« Les troupeaux chassent les pasteurs ;
« Et les sceptres des Rois se brisent
« Devant les faisceaux des préteurs.
« Les trônes tombent ; l'autel croule ;
« Les factions naissent en foule
« Sur les bords des deux Océans ;
« Et les ambitions serviles,
« Qui dormaient comme des reptiles,
« Se lèvent comme des géants !

« Ah ! malheur ! nous avons fait gloire,
« Hélas ! d'attentats inouïs,
« Tels qu'en cherche en vain la mémoire
« Dans les siècles évanouis.
« Malheur ! tous nos forfaits l'appellent,
« Tous les signes nous le révèlent,
« Le jour des arrêts solennels.
« L'homme est digne enfin des abîmes ;
« Et rien ne manque à ses longs crimes,
« Que les châtiments éternels. »

Le Très-Haut a pris leur défense,
Lorsqu'ils craignaient son abandon;
L'homme peut épuiser l'offense,
Dieu n'épuise pas le pardon !

Il mène au repentir l'impie ;
Lui-même pour nous il expie
L'oubli des lois qu'il nous donna ;
Pour lui seul il reste sévère ;
C'est la Victime du Calvaire
Qui fléchit le Dieu du Sina !

Par un autre berceau sa main nous sauve encore !
Le monde du bonheur n'ose entrevoir l'aurore,
Quoique Dieu des méchants ait puni les défis ;
Et troublant leurs conseils, dispersant leurs phalanges,
Nous ait donné l'un de ses Anges,
Comme aux antiques jours il nous donna son Fils ;
Tel, lorsqu'il sort vivant du gouffre de ténèbres,
Le Prophète voit fuir les visions funèbres !
La terre est sous ses pas, le jour luit à ses yeux ;
Mais lui, tout ébloui de la flamme éternelle,
Longtemps à sa vue infidèle
La lueur de l'Enfer voile l'éclat des cieux.

Peuples, ne doutez pas ! chantez votre victoire.
Un sauveur naît, vêtu de puissance et de gloire ;
Il réunit le glaive et le sceptre en faisceau ;
Des leçons du malheur naîtront nos jours prospères ;
Car de soixante Rois, ses pères,
Les ombres sans cercueils veillent sur son berceau !

Son nom seul a calmé nos tempêtes civiles,
Ainsi qu'un bouclier il a couvert les villes.
La révolte et la haine ont déserté nos murs.
Tel du jeune lion, qui lui-même s'ignore,
Le premier cri, paisible encore,
Fait de l'antre royal fuir cent monstres impurs.

Quel est cet Enfant débile
Qu'on porte aux sacrés parvis ?

Toute une foule immobile
Le suit de ses yeux ravis ;
Son front est nu, ses mains tremblent,
Ses pieds, que des nœuds rassemblent,
N'ont point commencé de pas ;
La faiblesse encor l'enchaîne ;
Son regard ne voit qu'à peine,
Et sa voix ne parle pas.

C'est un Roi parmi les hommes ;
En entrant dans le saint lieu,
Il devient ce que nous sommes : —
C'est un homme aux pieds de Dieu !
Cet enfant est notre joie ;
Dieu pour sauveur nous l'envoie,
Sa loi l'abaisse aujourd'hui.
Les Rois, qu'arme son tonnerre,
Sont tout par lui sur la terre,
Et ne sont rien devant lui !

Que tout tremble et s'humilie.
L'orgueil mortel parle en vain ;
Le Lion royal se plie
Au joug de l'Agneau divin.
Le Père, entouré d'étoiles,
Vers l'Enfant, faible et sans voiles,
Descend, sur les vents porté ;
L'Esprit-Saint de feux l'inonde ;
Il n'est encor né qu'au monde,
Qu'il naisse à l'éternité !

Marie, aux rayons modestes,
Heureuse et priant toujours,
Guide les Vierges célestes
Vers son vieux temple aux deux tours.

PIÈCES JUSTIFICATIVES.

Toutes les saintes Armées,
Parmi les soleils semées,
Suivent son char triomphant ;
La Charité les devance,
La Foi brille, et l'Espérance
S'assied près de l'humble Enfant !

. . . .
. . . .

A vous, comme à Clovis, Prince, Dieu se révèle,
Soyez du temple saint la colonne nouvelle,
Votre âme en vain du lis efface la blancheur ;
Quittez l'orgueil du rang, l'orgueil de l'innocence ;
Dieu vous offre, dans sa puissance,
La piscine du pauvre et la croix du pécheur.

L'Enfant, quand du Seigneur sur lui brille l'aurore,
Ignore le martyre et sourit à la croix ;
Mais un autre baptême, hélas ! attend encore
Le front infortuné des Rois. —
Des jours viendront, jeune homme, où ton âme troublée
Du fardeau d'un peuple accablée,
Frémira d'un effroi pieux,
Quand l'Evêque sur toi répandra l'huile austère
Formidable présent qu'aux maîtres de la terre
La colombe apporta des Cieux.

Alors ! ô Roi chrétien, au Seigneur sois semblable ;
Sache être grand par toi, comme il est grand par lui ;
Car le sceptre devient un fardeau redoutable
Dès qu'on veut s'en faire un appui.
Un vrai Roi sur sa tête unit toutes les gloires ;
Et si, dans ses justes victoires,
Par la mort il est arrêté,
Il voit, comme Bayard, une croix dans son glaive,
Et ne fait, quand le Ciel à la terre l'enlève,
Que changer d'immortalité !

IV

Abdication de Charles X et de Louis-Antoine.

(Page 74.)

Mon cousin,

Je suis trop profondément pénétré des maux qui affligent et pourraient menacer mes peuples pour n'avoir pas cherché un moyen de les prévenir. J'ai donc pris la résolution d'abdiquer la couronne en faveur de mon petit-fils, le Duc de Bordeaux.

Le Dauphin, qui partage mes sentiments, renonce aussi à ses droits en faveur de son neveu.

Vous aurez, en votre qualité de lieutenant général du royaume, à faire proclamer l'avénement de Henri V à la couronne. Vous prendrez toutes les mesures qui vous concernent pour régler les formes du nouveau gouvernement pendant la minorité du nouveau Roi. Ici, je me borne à faire connaître ces dispositions. C'est un moyen encore d'arrêter bien des maux.

Vous communiquerez mes intentions au corps diplomatique et vous me ferez connaître le plus tôt possible la proclamation par laquelle mon petit-fils sera reconnu sous le nom de Henri V.

Je charge le comte de Foissac-Latour de vous remettre cette lettre; il a ordre de s'entendre avec vous pour les arrangements à prendre en faveur des personnes qui m'ont accompagné ainsi que pour les arrangements convenables en ce qui me concerne et le reste de ma famille. Nous réglerons ensuite les autres mesures qui sont la conséquence d'un changement de règne.

Je vous renouvelle, mon cousin, l'assurance des sentiments avec lesquels je suis votre affectionné cousin.

CHARLES.
LOUIS-ANTOINE.

V

Lettre à Madame, Duchesse de Berry.

(Page 110.)

Ma chère maman,

Je suis bien chagrin de ne plus vous voir. Votre présence est si nécessaire à mon bonheur, qu'il me semble que tout me manque maintenant que vous êtes loin de moi. Grand-père me dédommage de votre absence autant qu'il est possible par sa tendresse ; mais enfin cela ne vous rend pas à la mienne, et tant que je ne vous verrai pas, j'aurai oujours quelque chose à désirer.

Je travaille de mon mieux, car je tiens à savoir comment un homme doit se conduire ; et bien que je ne sois qu'un enfant, je veux du moins mériter qu'on me plaigne de ne pas être à ma place, si je ne puis rien obtenir de plus.

Je prie Dieu pour vous chaque jour; je l'invoque comme vous m'avez appris à le faire pour la prospérité de la France. Chère France! quand me sera-t-il permis de la revoir? J'étais si heureux à Paris, au milieu des Parisiens! On dit qu'un enfant leur fait peur : ce n'est cependant pas le petit chaperon qui mange les loups ; il donne, au contraire, de la galette et même de bon cœur.

Edimbourg ne vaut point Paris, ni Holy-Rood les Tuileries ; mais ce qui nous dédommage un peu, c'est l'amitié qu'on nous témoigne, et dont Grand-père et moi devons être bien reconnaissants. Il fait froid et sombre ; je sors pourtant, je cours tant que je peux, cela réchauffe ; et puis quand on marche on songe moins à ce que l'on a perdu, à sa bonne mère d'abord, et ensuite aux chers amis qu'on a laissés loin, bien loin !

Je vous embrasse, chère maman, avec une tendresse égale à la vôtre ; heureux si un jour je puis vous en donner des preuves.

HENRI.

VI

Lettre du R. P. Général des Jésuites aux PP. Deplace et Druilhet.

(Page 35.)

Nous ne devons pas nous le dissimuler ; la gravité et les périls de l'emploi auquel on vous appelle surpassent infiniment son éclat. Si la Compagnie, déjà trop instruite par l'expérience, est forcée de penser que les charges de cette nature ne doivent jamais être ambitionnées par ses enfants, ni reçues par eux avec joie, elle ne peut, à plus forte raison dans les temps mauvais, ne pas se croire obligée de s'y soustraire de tout son pouvoir et de les fuir avec une sorte de terreur. Comment réussira cette importante affaire? Dieu, le bien public, la société, le sentiment des hommes sages et de nos ennemis, tout, en un mot, nous fait concevoir à bon droit des craintes ou du moins doit nous inspirer une grande et très-juste inquiétude.

Mais puisqu'il nous a été impossible de refuser ce qu'on sollicitait de nous avec tant d'instances et que vous avez été choisis pour exercer cet emploi, je vous recommanderai certains points que vous aurez à observer. Je remplis ainsi un devoir de ma charge, car j'ai dans le Seigneur une telle confiance en votre prudence religieuse que je ne doute pas que, sans aucune recommandation de ma part, vous eussiez fait de vous-mêmes, pour la plus grande gloire de Dieu, tout ce que je vais dire et peut-être plus encore.

1° Pour ce qui vous regarde vous-mêmes et votre manière de vivre. Prenez pour modèles les exemples de ceux de nos Pères qui, appelés autrefois dans les palais des Princes, y vécurent si bien selon l'esprit de leurs règles, que plusieurs d'entre eux méritèrent le nom de bons anges de la cour. Uniquement appliqués aux devoirs de leur vocation, ils ne respiraient rien de cet air corrompu dont les cours les meilleures et les plus pieuses sont, hélas! si rarement exemptes.

Au milieu de l'éclat qui les environnait, ils conservaient autant qu'il leur était permis une vie cachée en Dieu et très-éloignée des tumultes du monde. Ils vaquaient chaque jour, à des heures réglées et selon nos usages, aux exercices de la vie monastique. Si les occupations et les travaux de leur emploi leur laissaient quelques moments de loisir, ils en profitaient avec joie, en religieux toujours fidèles, pour distribuer les secours de leur ministère aux âmes chrétiennes, surtout aux pauvres et aux infirmes. Vivant ainsi pour Dieu, pour eux-mêmes et pour leurs devoirs, ils conservaient au milieu des cours l'esprit religieux, et jusqu'à la liberté qui, d'ailleurs, leur était si nécessaire. Ils acquéraient en Notre-Seigneur, à eux-mêmes et à la Compagnie une nouvelle estime de la part de ceux des courtisans qui auraient désiré d'abord voir les Pères en user plus familièrement avec eux et se mêler plus souvent à la conversation. Ce qui est le principal, leur vie modeste, recueillie, solitaire, entièrement unie à Dieu et uniquement attachée à leur emploi, faisait descendre les bénédictions du ciel sur leurs importantes fonctions.

Pour nous, c'est en Dieu et en Dieu seul que nous mettons notre espérance, lorsque nous vous confions une charge si difficile, et dont il nous faudra rendre aux hommes et à Dieu un compte rigoureux. C'est pourquoi nous aurons soin, comme nous avons déjà commencé à le faire, d'offrir chaque semaine de nombreux sacrifices à la divine Majesté, sacrifices que nous puiserons au trésor spirituel de la Compagnie.

Le chapitre xi des Ordonnances des Généraux contient plusieurs passages qui peuvent et doivent être appliqués à l'office que vous allez remplir; principalement ce qui est dit aux §§ 4, 5, 6, 7, 8, 12 et 13. Le premier de ces paragraphes traite un point qui atteint à la matière d'un précepte particulier en vertu de la sainte obéissance (*Censures et préceptes,* Chap. v, n° 4). C'est ce précepte que vous devez scrupuleusement garder : de sorte que si quelqu'un essayait jamais de vous faire sortir des limites qu'il prescrit, vous lui répondriez aussitôt, quelque fût le respect qui lui serait dû : Ces choses ne sont ni de notre emploi ni de notre vocation. Nous ne sommes pas ici pour nous occuper de tels soins ni de pareilles entreprises. Dieu n'a promis à ceux de notre état aucune grâce pour réussir dans ces affaires. Vous avez besoin sur ce sujet d'une extrême réserve, même dans vos entretiens particuliers, et encore cette réserve extrême ne vous suffira-t-elle pas toujours.

2° Pour ce qui regarde votre emploi auprès du Prince, Dieu, à votre prière, vous donnera son esprit. Vous vous approcherez de lui, et il vous accordera ses lumières. Il est hors de doute que si dans l'éducation d'un Prince on ne doit pas négliger la littérature, l'érudition et les différentes sciences, il faut bien plus encore avoir à cœur d'apprendre à son élève à porter un jugement sain et droit sur les choses et sur les personnes, de l'aider à se revêtir d'une force d'âme assez grande pour suivre lui-même la justice, et la rendre un jour aux hommes qui vivront sous ses lois.

La justice affermit les trônes, tandis que l'iniquité fait passer les royaumes en d'autres mains. Il faut lui faire connaître ses devoirs mieux encore que ses droits, enfin lui enseigner à défendre ces mêmes droits, sans toutefois s'arroger ceux qu'il n'a pas. Beaucoup de Princes, il est vrai, ont méprisé cette maxime d'équité naturelle; mais aussi plusieurs, en voulant dépouiller les autres, se sont vus dépouiller eux-mêmes. Que le Prince s'efforce donc de comprendre quelle est la fin de l'autorité et quels sont les moyens de la bien exercer; qu'il sache que, sans beaucoup de travaux, il n'est point d'administration bonne et heureuse; qu'il se garde bien de penser que cette fin est dans la jouissance des grandeurs, des honneurs, des richesses et des divertissements du monde; qu'il comprenne aussi que, dans les affaires qu'il est appelé à diriger un jour, il doit prendre pour règle l'éternelle et divine raison et non les idées humaines; que si tant de personnes ont échoué et échoueront encore tous les jours dans leurs entreprises, c'est que, toujours courbés vers la terre, les hommes ne mesurent tout que d'après les idées terrestres. Leurs espérances, leurs craintes, leurs avantages, leurs appuis, tout est de la terre; et, non contents de subordonner à tout les choses éternelles, ils en bannissent le souvenir de leur esprit, et jamais ils n'élèvent au ciel ni leurs yeux ni leurs cœurs. De là, l'inévitable chute des républiques, des royaumes et des empires. Le Psaume CVI dépeint des plus vives couleurs ce que nous avons la douleur de voir de nos jours. Inculquez à votre élève en temps opportun et avec suavité, mais le plus souvent et le plus efficacement possible, afin qu'il ne les oublie jamais, les enseignements que le Psaume II nous donne (ŷ. 10 et suiv.). S'il est quelque espoir de salut pour un Prince et pour un Etat, il est tout entier dans la pratique de ces divines règles, et sans elles les plus belles espérances ne sont rien. L'histoire, et surtout l'histoire sainte aux Livres des Rois, met sous les yeux ce que doivent espérer les Princes, ce qu'ils ont à craindre ; elle jette de vives lumières sur les tristes événements dont nous sommes les témoins.

Quant aux exercices de piété, il ne faut en imposer à un Prince qu'avec modération. La raison en est claire. On ne doit pas, pour faire avancer un jeune Prince dans la vertu, se servir d'une méthode, parce qu'on pourrait l'employer avec succès dans l'éducation des enfants ordinaires ; et encore, à l'égard même de ces derniers, si l'on en croit l'expérience, des exercices de piété trop longs et trop multipliés sont-ils plus nuisibles qu'avantageux. Ne cherchons pas à rendre trop religieux ceux qui vivent avec nous, écrivait saint François de Borgia aux Pères de la Province de Guienne en 1568. S'il en est ainsi pour nos jeunes pensionnaires, que sera-ce donc pour un Prince ?

Mais, je l'ai déjà dit, le Seigneur, à votre demande, vous accordera son esprit. Ne négligeons ni soins, ni prières pour que la fin soit toujours en vue, et que les moyens proportionnés à cette fin soient bien connus, sans cesse et fidèlement mis en œuvre. Espérez en Dieu, faites le bien, priez le Seigneur, et il agira lui-même pour vous.

VII

Lettre au marquis de Pastoret.

(Page 223.)

A la nouvelle du triste événement dont vous me parlez dans votre dernière lettre, ma première pensée a été de prier et de faire prier pour celui qui en a été la malheureuse victime. J'ai été plus favorablement traité l'année dernière, et j'en rends d'autant plus grâce à la Providence, que j'espère qu'elle ne m'a conservé la vie que pour la rendre un jour utile à mon pays. Quel que soit le cours des événements, ils me trouveront toujours prêt à me dévouer à la France et à me sacrifier pour elle.

VIII

Lettre à M. Alexandre de La Motte, maire de Condé-sur-Noireau.

(Page 227.)

9 août 1843.

J'ai reçu, Monsieur, la lettre que vous m'avez adressée; et je veux vous remercier moi-même de m'avoir rendu justice en pensant que je serais heureux de donner une nouvelle preuve de mes sympathies pour nos gloires nationales. Les lois injustes qui me forcent à vivre loin de la patrie ne peuvent du moins rien changer à mes sentiments, et je reste Français de cœur et d'espérance.

Il n'est que trop vrai que dans l'accomplissement de la mission que le capitaine Dumont d'Urville a eu le malheur d'accepter en 1830, il a manqué envers le Roi et ma famille aux devoirs et aux égards qui lui étaient commandés à tant de titres. Néanmoins, et en présence surtout de la terrible catastrophe qui a mis fin à sa carrière, je ne puis qu'oublier ses torts envers nous et je ne veux me souvenir que des services que ce célèbre et intrépide navigateur a rendus à la France. En agissant ainsi je suis les exemples qui m'ont été donnés dans tous les temps par ma famille, et je fais ce qu'aurait fait le Roi mon grand-père, s'il vivait encore. Je vous envoie donc, Monsieur, la faible offrande dont je puis disposer pour le monument que vous voulez élever dans la ville de Condé-sur-Noireau. Je n'y mets qu'une seule condition, c'est que si, comme vous semblez le désirer, mon nom est inscrit sur la liste de souscription, il n'y paraisse qu'avec les motifs qui m'ont décidé à y souscrire. Car il importe que ceux de mes amis, qui, par un sentiment bien honorable pour eux, n'ont pas voulu souscrire jusqu'ici, ne puissent pas se méprendre sur les raisons qui ont déterminé ma conduite dans cette circonstance.

Je saisis avec plaisir cette occasion, pour vous donner, Monsieur, ainsi qu'à vos collègues, l'assurance de ma bien sincère estime.

IX

Déclaration faite par Louis-Antoine de France aux compagnons de son exil et adressée par lui aux cours de l'Europe.

(Page 253.)

Si j'étais seul, je considérerais mon rôle en ce monde comme entièrement terminé; et séparé de toute sollicitude pour les intérêts passagers d'une existence éphémère, je me préparerais dans la solitude à l'éternité qui va bientôt commencer pour moi. Mais je dois mon affection et mes soins à celle que Dieu m'a unie dans sa miséricorde comme la compensation de tous mes malheurs, aux enfants que mon infortuné frère me recommanda sur son lit de mort. Mon devoir essentiel est de protéger la jeunesse du Prince sur qui reposent désormais tout l'avenir de ma Famille et toutes nos espérances. Étranger, par son âge, à toutes les luttes, à toutes les convulsions, à tous les antagonismes qui, depuis cinquante ans, n'ont cessé d'agiter la France, jusqu'ici sa jeunesse l'a mis à l'abri de toute prévention. Chef de ma Famille, je pourrai lui servir d'égide contre toutes les exigences, contre tous les mécontentements. Que tout blâme retombe sur moi ; ma carrière est finie, l'avenir est ouvert à sa jeunesse. Il doit rester pur de tout reproche. Si la Providence jette sur nous un œil de miséricorde, que ses bénédictions soient pour mon neveu. Alors j'aurai accompli mon devoir, et ma destinée... Je ne reverrai pas la France, je finirai mes jours près de la tombe de mon père. Ce n'est pas de ce jour, ce n'est pas des derniers événements de 1830 que date ma pensée de placer l'avenir de ma Famille sur la tête d'Henri. J'avais déjà réfléchi aux préventions qui s'élevaient contre moi. Je les trouvais injustes; mais je pensais qu'elles m'empêcheraient de remplir utilement mes devoirs. Dès lors il me sembla préférable, dans l'intérêt de la France, que la couronne passât sur la tête de celui que son âge mettait évidemment à l'abri de toute partialité. Ma conduite m'était tracée par cette conviction... Aussi ne dus-je pas hésiter à donner mon assentiment et ma signature à l'acte par lequel le Roi mon père avait déclaré que la couronne passait sur le jeune front d'Henri.

X

Lettre au général Donnadieu.

(Page 261.)

26 août 1844.

J'ai reçu, Général, les diverses lettres que vous m'avez écrites. Après les avoir lues ainsi que celles que vous aviez l'intention d'adresser au duc de

Lévis, et les lettres de M. Laurentie que vous m'avez envoyées, je juge nécessaire de vous exprimer moi-même la pénible impression qu'a faite sur moi cette lecture et le mécontentement que j'en éprouve. Des considérations graves et sur lesquelles je n'ai point à m'expliquer, ne m'ont pas permis de me rendre aux désirs que vous m'aviez exprimés. J'ai chargé le duc de Lévis de vous faire connaître mes intentions. D'après le compte qu'il m'a rendu de ses rapports et de sa correspondance avec vous, j'ai reconnu qu'il n'avait fait qu'exécuter ponctuellement mes ordres, et qu'il avait eu pour vous tous les égards qui vous sont dus et que je lui avais recommandés. Vous n'avez donc aucun reproche à lui adresser. Il faut que vous sachiez, une fois pour toutes, que je m'occupe par moi-même de mes affaires, et qu'il ne se fait rien autour de moi que par mes ordres.

Je comprends combien il m'est nécessaire de connaître la vérité, et je l'accueillerai toujours avec empressement, de quelque part qu'elle me vienne; mais en même temps, je regarde comme un devoir de repousser avec fermeté tout ce qui me paraît porter l'empreinte de la passion et avoir le caractère de l'injustice. Je lis dans une des lettres que vous m'envoyez, qu'il faut porter un titre pour être bien reçu auprès de moi. C'est là une odieuse calomnie que je repousse avec indignation. Si elle se trouvait sous la plume d'un ennemi, je m'en affligerais, mais je pourrais ne pas m'en étonner; mais qu'elle me vienne d'un homme qui se dit royaliste et dévoué, c'est inexplicable. A Londres, comme à Rome, comme partout où j'ai eu le bonheur de rencontrer des Français, je les ai tous accueillis avec empressement sans distinction de rangs, de classes, de conditions, ni même d'opinions. Ce sont là, grâce à Dieu, des faits notoires qu'il ne sera pas facile d'obscurcir. Je l'ai dit et je le répète, si jamais la Providence m'ouvre les portes de la France, je ne veux pas être le Roi d'une classe ni d'un parti, mais le Roi de tous. Le mérite et les services seront les seules distinctions à mes yeux.

Vous voyez, Général, que je n'ai pas craint d'entrer avec vous dans de longues explications. Vous devez y trouver la preuve que je rends justice à vos intentions, que je sais apprécier les services que vous avez rendus à la France, et les preuves de dévouement que vous avez données à ma Famille. J'aime à croire que cette lettre détruira entièrement les injustes préventions qui s'étaient si malheureusement élevées dans votre esprit. Mais, s'il en était autrement, vous devriez cesser de m'écrire, et si vous m'adressiez encore des lettres de la nature de celles que j'ai reçues récemment de vous, elles resteraient, par mon ordre, sans réponse.

XI

Discours prononcé pour le mariage de Monsieur le Comte de Chambord, et de Son Altesse Royale Marie-Thérèse d'Este, Archiduchesse d'Autriche, Princesse de Modène.

(Page 268.)

6 novembre 1846.

Monseigneur et Madame,

Un an s'est à peine écoulé depuis que nous avons vu la fille de nos Rois contracter, en présence de l'assemblée la plus auguste, une alliance digne de son rang, et s'éloigner de nous pour se transporter au sein de sa nouvelle famille où elle fait les délices des siens, l'admiration des étrangers et l'orgueil de la France ; heureuse sœur, heureuse fille, heureuse épouse et bientôt heureuse mère. Aujourd'hui un spectacle plus imposant encore dans sa majestueuse et grave simplicité s'offre à nos regards. Deux jeunes époux, tous deux en deuil, l'un de la patrie, l'autre..... à Dieu ne plaise que je rouvre ici une blessure douloureuse et récente ! s'unissent pour se soutenir et se consoler réciproquement dans les épreuves de la vie. Quoique leur consentement mutuel, échangé au loin par l'entremise d'un serviteur dévoué, les lie déjà devant Dieu et devant les hommes, il leur tardait de renouveler au pied des autels le don qu'ils se sont fait de leurs cœurs, et de se jurer une seconde fois solennellement une fidélité inviolable. Tant de vœux et de prières devaient donc à la fin être exaucés! Le fils aîné de saint Louis, le Chef d'une Maison royale dont la gloire a rempli toute la terre, l'unique rejeton d'une race féconde en grands rois, en martyrs, en héros, voit à ses côtés la compagne qu'appelaient ses désirs et que le ciel lui envoie. Bénie soit celle qui vient au nom du Seigneur!

Prince, avant d'accomplir cet acte important dont l'influence doit s'étendre à toute votre destinée, vous en avez mûrement pesé tous les motifs. Vous vous êtes demandé ce que le devoir vous prescrivait, ce que la France attendait de vous, ce que saint Louis, votre bienheureux aïeul, eût fait à votre place ; vous vous êtes consulté vous-même, surtout vous avez consulté Dieu, et vous êtes d'autant plus autorisé à croire que c'est lui qui a dicté votre décision et votre choix, que vous trouvez réunies à un degré plus éminent en celle qui joint son sort au vôtre toutes les qualités qui peuvent assurer votre bonheur. Issue des antiques Maisons d'Autriche, d'Este et de Savoie, arrière-petite-fille de Marie-Thérèse, fille d'un souverain dont l'attachement inébranlable au principe sacré sur lequel se fondent la stabilité des trônes et le repos des nations, revit dans ses fils, imitateurs fidèles des exemples d'un si noble père, nièce de deux Princes, la loyauté et la vertu même, et de deux angéliques Princesses, l'édification du monde, et dont l'une porte une des plus belles couronnes de l'univers, enfin élevée par une pieuse et tendre mère, objet maintenant, avec le meilleur des pères, de ses profonds et éternels regrets, elle fut de bonne heure le modèle d'une cour qui elle-même était un modèle. Une sagesse prématurée, une bonté ineffable, un caractère sûr, facile, toujours égal, une modestie sincère, jointe à l'habitude de s'oublier pour ne penser qu'aux autres, lui avaient si bien concilié l'affection et la confiance de tout ce qui l'environnait, qu'elle était devenue le conseil de ses frères, la seconde mère de sa sœur, et pour ainsi dire l'oracle de toute sa famille. La miséricorde est née et a grandi avec elle. Dès ses plus jeunes ans elle a eu des entrailles de compassion pour les pauvres. Elle ne connaissait pas de délassement plus doux que de les visiter sous leurs humbles toits et de les servir de ses propres mains sur leur lit de douleur. Sa présence dans ces asiles de la misère était comme l'apparition d'un ange apportant la paix et la consolation, ou plutôt celle de la Providence elle-même se rendant en quelque sorte visible dans la charité de cette Princesse. Quelle autre pouvait être plus digne de donner à saint Louis de nouveaux enfants et de rallumer parmi nous son royal flambeau menacé de s'éteindre! Tout ce qu'elle a de tendresse dans le cœur, d'agrément dans l'esprit, de douceur dans le caractère, de force et de persévérance dans la volonté, de délicatesse et d'élévation dans les sentiments, elle vient, Monseigneur, le mettre à votre disposition, se vouant elle-même tout entière à votre bonheur. Dès ce moment vos peines sont ses peines, vos intérêts ses intérêts, votre cause sa cause, votre glorieuse et sainte mission est la sienne, et nul soin, nul effort, nul sacrifice ne lui coûtera pour la remplir. Elle consent à n'avoir plus de patrie tant que la vôtre vous sera fermée. Près de vous une vie grave, sérieuse, retirée sera pour elle pleine de charmes. Et que lui importent des divertissements et des fêtes que vous ne partageriez pas avec elle? Cependant, toutes les fois que les convenances ou la nécessité l'appelleront dans les cours, elle y paraîtra, entourée d'unanimes hommages, heureuse et fière de vous aider à y porter noblement le grand nom de France, mais bien plus heureuse encore de rentrer promptement avec vous dans la mystérieuse obscurité où Dieu vous cache, jusqu'à ce que son heure soit venue. Si un jour il se laissait fléchir par les vœux de tant de justes qui lui demandent instamment le salut et la prospérité de la France, elle s'en réjouirait, non pas pour elle, mais pour la France et pour vous. Car nulle Princesse n'est plus Française qu'elle par son esprit et par son cœur, et dût-elle être éloignée à jamais du trône, au moins pouvons-nous dire que nulle ne mérite mieux d'y monter.

Telle est, Monseigneur, l'épouse que Dieu vous donne. Elle retrouvera en vous tout ce qu'elle a perdu ou dont elle se sépare pour vous suivre, et, dans quelque position que vous soyez placé, sa joie, sa couronne sera de faire le bonheur de votre vie.

Que ne devez-vous pas attendre vous-même, Madame, de celui qui devient votre époux. Annoncé pour la première fois à la France par une bouche mourante dont les derniers accents nous ont rappelé toute la charité du Dieu expirant sur la croix, il n'avait pas encore vu le jour, et déjà la main du Seigneur était sur lui pour le protéger et le défendre. Aussi dans l'enthousiasme universel qu'excita sa naissance, fut-il proclamé tout d'une voix le Dieudonné, l'Enfant de l'Europe, l'Enfant du miracle. Il croissait orné de toutes les grâces de son âge et des plus heureux dons du ciel, sous les yeux de la France dont il était l'idole, quand, au sein d'une profonde paix et d'une prospérité sans exemple, éclata sur sa famille le nouvel orage qui arracha tout à coup du sol natal ce lys si pur qui en était la parure et la seule espérance. C'est que les pensées du Très-Haut ne sont pas nos pensées. Ceux qu'il choisit pour en faire les instruments de ses desseins doivent être nécessairement marqués du sceau des tribulations, et ce signe des élus ne pouvait pas manquer au jeune Prince en qui doit refleurir et se renouveler pour le repos du monde la race bénie du saint Roi. Objet des tendres soins d'un auguste aïeul dont la vieillesse s'est réjouie de se voir revivre dans son petit-fils, d'une mère dont le courage et le dévouement maternel se sont élevés sans effort jusqu'à l'héroïsme, d'une tante qui est véritablement la femme forte des divins oracles, et qui, par la double majesté du malheur et de la vertu, est une des grandeurs de la France ; et enfin d'un oncle qui dans son détachement sublime des choses d'ici-bas, s'est montré comme insensible à toute autre douceur qu'à celle d'être l'époux de cette incomparable Princesse et de servir de père au royal orphelin, son éducation s'est faite à l'école de l'adversité. La leçon a été sévère et elle dure encore. Plusieurs fois même, pour nous le rendre plus cher, le Dieu qui nous l'a donné a semblé vouloir nous le ravir, mais un cri de détresse et d'amour, parti de la terre d'exil et répété d'un bout de la France à l'autre, est monté jusqu'à lui, et cette précieuse vie, pour laquelle tant de serviteurs fidèles sacrifieraient leur vie a été sauvée. Le descendant de tant de glorieux Monarques est sorti de ces épreuves comme l'or du creuset, et ses brillantes qualités n'en ont paru qu'avec plus d'éclat. Sur son noble front et dans la sérénité de son regard se peint son âme tout entière, et toute sa personne respire un mélange de dignité et de grâce qui gagne les cœurs et commande le respect. Dépouillé de son héritage et forcé de vivre loin du beau pays de France, tout plein de la mémoire de ses ancêtres et des monuments de leurs bienfaits, il y vit continuellement par la pensée. Il n'a d'autre but dans ses travaux, dans ses méditations, dans ses voyages même, que de se préparer à lui être utile. Tout, dans les contrées hospitalières qu'il parcourt, lui rappelle la patrie absente, tout contribue à la lui faire aimer davantage et à lui inspirer un plus vif désir de se consacrer à son bonheur et à sa gloire. En attendant que la Providence lui en offre l'occasion et les moyens, victime innocente des malheurs de sa famille et de sa patrie, il soutient honorablement à la face de l'Europe le poids d'une si grande infortune. Vienne, Rome, Berlin, Londres, Venise, l'ont vu successivement dans leurs murs, et partout il a su rendre sa jeunesse vénérable par une vie sans tache, partout il a laissé la réputation d'un Prince instruit, éclairé, d'une sagesse au-dessus de son âge, prudent et mesuré dans toute sa conduite, vraiment digne du titre de Fils aîné de l'Église et de Prince très-chrétien ; partout il a été l'ami et le protecteur des pauvres. Mais ceux de France n'ont jamais cessé d'être les premiers dans les souvenirs de sa généreuse compassion pour les membres souffrants de Jésus-Christ. S'il ne peut plus fouler le sol chéri qui l'a vu naître, il y est toujours présent par sa charité. Combien de fois le denier de l'exilé, allant chercher l'indigence dans la capitale et jusqu'au fond des provinces, n'a-t-il pas fait tressaillir de joie tout ce qui porte un cœur français, en montrant que le Fils des Rois, jaloux de suivre les exemples de ses pères, met au rang de ses plus importants devoirs d'être bienfaisant et aumônier comme eux ! N'en doutez pas, Madame, vous serez aussi heureuse par lui qu'il sera lui-même heureux par vous !

Jeunes époux, dans ce moment solennel où en présence de vos augustes familles et au milieu des ardentes prières qui s'élèvent vers Dieu de tous les cœurs émus, vous vous disposez à renouveler vos serments, il me semble voir l'image de Marie s'animer ici sur son autel, et cette Vierge sainte en descendre ou plutôt venir du Ciel avec une douce majesté pour présider, au nom du Seigneur, à cette religieuse cérémonie, sceller elle-même du sang de son fils vos mutuelles promesses : « Je n'oublie pas, vous dit-elle, que la France a été mise par ses pieux Monarques sous ma protection spéciale, et je ne puis rester indifférente ou étrangère à ce grand acte qui unit par un lien sacré ses deux plus nobles enfants. Prenez mon joug sur vous. C'est le mien, car je l'ai porté avant vous, et c'est de ma main que vous le recevez. Si vous êtes fidèles à Dieu, ce joug vous sera doux et le fardeau des devoirs qu'il vous impose vous paraîtra léger. Dès l'aurore de vos années, vous m'avez appelée votre Mère, et j'en ai eu constamment pour vous la tendresse, j'ai veillé sur tous vos pas, je vous ai défendus de tout péril. Dans vos peines, dans vos tribulations, j'étais près de vous ; ma prédilection maternelle vous donne aujourd'hui l'un à l'autre. Toutes les faveurs dont la bonté divine vous a comblés vous sont venues par moi, et c'est par moi que vous viendront encore toutes celles que vous attendez. Dieu voulait cette alliance, et nul n'a pu s'y opposer ; il veut maintenant que je la bénisse de sa part, et si vous répondez aux vues de sa miséricordieuse Providence, nul n'aura le pouvoir d'arrêter le cours des bénédictions qu'il m'ordonne de répandre sur votre union et sur vous.

Soyez donc bénis dans l'enceinte des villes, dans la solitude des champs, en quelque lieu que vous dressiez votre tente. Soyez bénis dans la terre de votre pèlerinage et dans celle où vous devez fixer enfin votre séjour permanent. Soyez bénis dans votre postérité, et qu'elle se multiplie, digne héritière du nom et des vertus de vos aïeux.. Soyez bénis dans la sagesse de vos desseins et dans le succès qui doit couronner vos entreprises. Quant à l'avenir qui vous est réservé, ne demandez pas à en sonder le mystère. Seulement ayez confiance, marchez toujours d'un pas ferme dans les voies de saint Louis. Mon divin Fils et moi nous vous protégerons, et si nous sommes pour vous, qui sera contre vous ? Enfants des Rois, écoutez la voix de votre céleste Mère ; gravez ses conseils dans votre souvenir, et surtout observez-les avec une filiale docilité. Vous en recueillerez les fruits les plus précieux. Votre vie s'écoulera pleine de grâces et de mérites et la lumière de vos œuvres, plus pure, plus éclatante que celle du jour, sera pour vous comme un manteau royal et brillera sur vos fronts comme un diadème de gloire.

XII

Lettre au marquis de Pastoret.
(Page 269.)

6 octobre 1846.

Je désire qu'à l'occasion de mon mariage, les pauvres aient part à la joie que m'inspire cette nouvelle preuve de la protection du Ciel sur ma famille et sur moi, et il me paraît que ceux de Paris ont un droit particulier à mon intérêt : car je n'oublie pas que c'est dans cette ville que je suis né et que j'ai passé les premières années de ma vie. Je m'empresse, en conséquence, de vous annoncer que je mets à votre disposition une somme de vingt mille francs que je vous charge de distribuer.

Dans la répartition de ce secours, vous n'aurez égard à aucune autre considération qu'à celle des besoins et de la position plus ou moins malheureuse de chacun, vous concertant, à cet effet, avec quelques-uns de mes fidèles amis, qui seront heureux de vous prêter le concours de leur zèle, pour vous aider à remplir mes intentions. Je n'ai qu'un seul regret, c'est de ne pouvoir donner davantage. Quand je pense surtout à la misère qui règne en ce moment et dont l'hiver qui s'approche ne peut qu'augmenter encore les rigueurs, je voudrais avoir des trésors à répandre pour soulager tant de souffrances !

Je suis sûr que mes amis sentiront comme moi la nécessité de s'imposer de nouveaux sacrifices et de rendre leurs aumônes plus abondantes que jamais. Ils ne peuvent rien faire qui me soit plus agréable ; c'est d'ailleurs le grand moyen d'éloigner de notre commune et chère patrie les maux qui la menacent, et d'attirer sur elle toutes les bénédictions qui peuvent assurer son bonheur.

XIII

Lettre au marquis de Pastoret.

(Page 269.)

30 octobre 1846.

Vous savez que c'est surtout par des secours distribués aux classes indigentes que je désire marquer l'heureuse époque de mon mariage, et remercier la divine Providence d'avoir écarté les obstacles qui s'y étaient opposés jusqu'ici. Quoique forcé de vivre sur la terre étrangère, je ne puis jamais être indifférent ou insensible aux maux de la patrie. En pensant à la cherté des subsistances et aux justes craintes qu'elle inspire pour la saison rigoureuse où nous allons entrer, j'ai cherché comment je pourrais contribuer au soulagement de de la misère publique. Il m'a paru que le meilleur emploi à faire des sommes dont je puis disposer, c'est de les consacrer à établir, à Chambord et dans les forêts qui nous appartiennent encore, des ateliers de charité qui, offrant aux habitants pauvres de ces contrées un travail assuré pendant l'hiver prochain, leur fournissent les moyens de pourvoir à leurs besoins et à ceux de leurs familles. Je vous charge donc de prendre les mesures nécessaires pour l'exécution d'un projet que j'aimerais à voir s'étendre à la France entière. Pour moi, je me féliciterai du moins d'avoir pu adoucir le sort de Français malheureux qui, par leur position particulière, ont encore plus de titres à mon intérêt.

XIV

Lettre au duc de Lorge.

(Page 270).

30 octobre 1846.

Voulant, à l'occasion de mon mariage, donner à mes fidèles amis des provinces de l'Ouest une nouvelle marque de ma sollicitude, et leur prouver encore que je n'oublie pas ce qu'ils ont fait et souffert pour moi, je vous charge d'être, dans cette circonstance, mon intermédiaire auprès d'eux. Je mets à votre disposition une somme de seize mille francs pour la distribuer à ceux qui, par leurs blessures, leurs services et leur position, ont des titres plus particuliers à mon intérêt. Tout mon regret, surtout quand il s'agit de si nobles infortunes, c'est de ne pouvoir pas faire davantage pour les soulager; mais le temps viendra, je l'espère, où il me sera possible de leur témoigner plus efficacement toute ma reconnaissance.

Concertez-vous, pour la répartition de cette somme, avec les amis que je vous ai précédemment désignés. Je connais leur dévouement, et je suis sûr qu'ils seront heureux de s'associer à vos efforts et de vous faciliter les moyens de remplir la mission que je confie à votre zèle et au leur.

XV

Lettre aux Dames de la Halle de Paris.

(Page 270.)

Frohsdorf, novembre 1846.

Nous remercions sincèrement les Dames de la Halle et des marchés de la bonne ville de Paris, des félicitations et des vœux qu'elles nous ont adressés à l'occasion de notre mariage. Tout ce qui nous vient, tout ce qui nous parle de la France a des droits sur nos cœurs. Nous recevons avec plaisir et reconnaissance les fleurs qui nous sont envoyées, et nous les garderons comme un témoignage précieux du souvenir et de l'affection que l'on nous conserve dans notre chère patrie.

Henri. — Marie-Thérèse.

XVI

Lettre à M*.**

(Page 279.)

1er juin 1848.

Je viens, Monsieur, de lire la prétendue lettre adressée par moi au président de l'Assemblée nationale, imprimée et publiée à Paris le 18 mai dernier.

Je sais aussi qu'il a été répandu plusieurs autres lettres qui tendraient à faire croire que j'ai renoncé au doux espoir de revoir ma chère patrie. Aucune de ces lettres n'est de moi. Ce qu'il y a de vrai, c'est mon amour pour la France, c'est le sentiment profond que j'ai de ses droits, de ses intérêts, de ses besoins dans les temps actuels, c'est la disposition où je suis de me dévouer tout entier, de me sacrifier à elle, si la Providence me juge digne de cette noble et sainte mission.

Français avant tout, je n'ai jamais souffert, je ne souffrirai jamais que mon nom soit prononcé lorsqu'il ne pourrait être qu'une cause de division et de trouble. Mais si les espérances du pays sont encore une fois trompées, si la France, lasse enfin de toutes ces expériences qui n'aboutissent qu'à la tenir perpétuellement suspendue sur un abîme, tourne vers moi ses regards et prononce elle-même mon nom comme un gage de sécurité et de salut, comme la garantie véritable des droits et de la liberté de tous, qu'elle se souvienne alors que mon bras, que mon cœur, que ma vie, que tout est à elle, et qu'elle peut toujours compter sur moi!

XVII

Lettre au général Oudinot, duc de Reggio.
Page 285.)

15 septembre 1849.

Mon cousin, comme Français, comme Fils aîné de l'Eglise, je ne pouvais rester étranger au grand fait d'armes que vous venez d'accomplir. Rome rendue à son souverain légitime, la ville des Apôtres ramenée sous l'obéissance de Celui qui a hérité de leur mission divine, ce sont là d'illustres souvenirs qui demeureront attachés aux armes françaises. J'ai éprouvé un vif sentiment de joie en voyant nos soldats ajouter cette gloire nouvelle à tant d'autres gloires qui sont notre patrimoine à tous. Je ne suis pas moins heureux de penser que c'est vous qui avez rempli cette haute et belle mission; que c'est à vous qu'en appartient l'honneur et en est due la reconnaissance. Votre épée a été digne de celle de votre noble père, du guerrier de Zurich, de Friedland et de Wagram. Quoique les portes de la patrie me soient fermées encore, et que ma position me prive du bonheur de distribuer des récompenses nationales justement acquises à la valeur et aux services rendus, je sens cependant le besoin de vous donner ici ce témoignage de ma satisfaction personnelle, auquel je sais que vous attachez du prix.

XVIII

Adresse des ouvriers à Monsieur le Comte de Chambord.

(Page 288.)

Des ouvriers de tous les états prient M. le Comte de Chambord de vouloir bien accepter un témoignage de leur respect, de leur dévouement, de leur reconnaissance pour tant de bienfaits répandus sur les misères françaises, du sein de son exil. Au Prince dont Paris fut le berceau, ils offrent un tribut de cette industrie parisienne, si noblement protégée par la Royauté légitime et si cruellement frappée par les révolutions. Que M. le Comte de Chambord daigne jeter les yeux sur ces listes de souscripteurs; il jugera si le grand principe de la légitimité est le privilége exclusif d'une caste comme voudraient le faire croire des hommes intéressés à égarer l'opinion, il verra que dans bien des mansardes de nos cités, comme dans bien des chaumières de nos campagnes, son nom est la consolation du présent, l'espérance de l'avenir. — Ces ouvriers que n'ont pu séduire des théories menteuses et que n'a pu tromper la calomnie, savent tout ce qu'il y a de haute intelligence, de véritable amour du peuple chez le digne petit-fils de saint Louis et de Henri IV. Ils savent qu'avec lui seul le travail doit renaître, la France doit retrouver la paix solide, la splendeur, la prospérité; ils désireraient du fond du cœur porter eux-mêmes leur offrande à M. le Comte de Chambord; mais ils n'ont pas les moyens d'aller à lui, puisse-t-il bientôt venir à eux !

Réponse d'Henri de France.

C'est avec l'émotion la plus vive que j'ai reçu le témoignage qui m'a été offert par des ouvriers de tous les états de la ville de Paris. J'ai été profondément touché de voir leurs délégués venir me trouver sur la terre étrangère, et je les charge d'être auprès de tous leurs camarades les interprètes de ma gratitude et de mon affection. Apprendre que mon nom est prononcé avec sympathie dans mon pays, dans ma ville natale, c'est la plus grande consolation que je puisse recevoir dans l'exil!

En parcourant les listes nombreuses qui m'ont été apportées, j'ai été heureux et fier de compter tant d'amis dans les classes laborieuses. Etudiant sans cesse les moyens de leur être utile, je connais leurs besoins, leurs souffrances, et mon regret le plus grand est que mon éloignement de la patrie me prive du bonheur de leur venir en aide et d'améliorer leur sort. Mais un jour viendra, c'est mon espoir le plus cher, un jour viendra où il me sera donné de servir la France et de mériter son amour et sa confiance.

XIX

Lettre à M***.

(Page 288.)

10 mars 1850,

J'apprends que des souscriptions ont été ouvertes dans plusieurs départements pour m'offrir en hommage des objets de grand prix. Je suis profondément touché et reconnaissant de ces marques de souvenir et de sympathie, mais je désire que mes amis sachent que, dans les circonstances actuelles, il ne m'est pas possible d'accepter leurs dons. En présence des maux de la patrie et de tant d'infortunes à soulager, lorsque l'amélioration du sort des classes laborieuses appelle surtout notre sollicitude, et que je m'afflige moi-même tous les jours d'être privé, par le malheur des temps et par mon absence, de la satisfaction de venir à leur aide suivant mon cœur, comment pourrais-je voir avec plaisir mes amis faire des dépenses pour moi ? Qu'ils réservent donc pour un emploi plus utile, je le leur demande, toutes les ressources dont ils peuvent disposer. Le bien qu'ils feront en France en mon nom sera la meilleure preuve qu'ils puissent me donner de leur affection, celle dont je leur saurai toujours le plus de gré.

XX

A MM. les Membres de la Commission de la souscription du département de l'Hérault.

(Page 289.)

28 avril 1850.

Ayant appris, Messieurs, qu'une souscription a été ouverte dans votre département pour m'offrir un service de linge damassé qui a appartenu au Roi Louis XVI, j'ai voulu exprimer moi-même à tous mes amis de l'Hérault ma profonde gratitude pour la touchante preuve de souvenir qu'ils ont eu l'intention de me donner. Mais comme j'ai refusé, pour des motifs qui vous sont connus, tous les hommages de ce genre qui m'ont été offerts par d'autres départements, je me vois avec un vif regret dans l'impossibilité d'accepter, du moins pour le moment, celui qui m'est annoncé de votre part, quelque précieux qu'il me soit à tant de titres. Je vous prie donc, Messieurs, de rester dépositaires du don qui m'était destiné. C'est de vos mains que je veux le recevoir dans des temps plus heureux, en France, à Montpellier, lorsque les portes de la patrie me seront enfin ouvertes ! Mais je demande que les listes de souscription me soient immédiatement envoyées, désirant connaître et conserver les noms de tous ceux qui se sont unis à vous dans cette pensée de dévouement et de fidélité. Soyez auprès d'eux les interprètes de mes sentiments, et croyez vous-mêmes, Messieurs, à toute mon estime et à ma bien sincère affection.

XXI

Aux Français venus à Wiesbaden.

(Page 294.)

30 août 1850.

Venez, Messieurs, que je vous serre encore une fois autour de moi pour vous dire, non pas : Adieu! mais : Au revoir ! pour vous remercier d'avoir quitté vos familles, vos affaires, pour accourir auprès de moi. Dites à vos amis, à nos amis qui n'ont pas pu vous accompagner, que je sais qu'ils partagent vos sentiments et que mon cœur en est profondément touché. J'ai voulu recevoir chacun de vous en particulier, et connaître vos pensées, vos craintes, vos espérances. J'ai vu avec bonheur dans la liberté de ces conversations qu'unis entre vous par les principes et par la pensée d'un même but, vous l'êtes aussi par une mutuelle confiance.

Mes intentions, mes désirs, la ligne de conduite à suivre, rien de tout cela ne vous a été caché. Je veux vous répéter à tous que si vous voulez le triomphe de notre noble et sainte cause, qui est celle de la France, il faut union et discipline. Montrez-vous donc inébranlables sur les principes, modérés et conciliants pour les personnes. Celui que vous regardez comme votre Chef, comme votre Roi, et qui, je puis le dire, est le meilleur de vos amis, ne vous donnera jamais d'autre exemple.

Les événements peuvent faire naître soudainement de graves questions, tandis que je serai encore loin de vous. Je vous ai dit quels amis ont toute ma confiance parce qu'ils ont la vôtre. Votre accord et le leur résoudront les difficultés. Vous avez pour guides assurés de vos résolutions, votre attachement au droit héréditaire de la couronne, votre foi dans les libertés nationales, et cet amour vrai du pays qui est la plus forte des garanties pour la société menacée.

Mais si la France, si notre cher pays était jamais en péril, oh! dites bien à ceux qui ne peuvent m'entendre combien je serais fier et heureux de voler à sa défense! Retournez-y donc, Messieurs, dans cette chère patrie, retournez-y en attendant que je vous y rejoigne! Quels que soient les événements, comptez sur moi, comme j'aime à compter sur vous!

XXII

Dispositions générales du testament de Marie-Thérèse.

(Page 299.)

Au nom de la sainte Trinité, Père, Fils et Saint-Esprit.

Je me soumets en tout aux volontés de la Providence, je ne crains pas la mort, et, malgré mon peu de mérites, je m'en rapporte entièrement à la miséricorde de Dieu, lui demandant toutefois le temps et la grâce de recevoir les derniers sacrements de l'Eglise avec la piété la plus fervente.

Je meurs dans la Religion Catholique, Apostolique et Romaine, dans laquelle j'ai vécu aussi fidèlement qu'il m'a été possible, et à qui je dois toutes les consolations de ma vie.

A l'exemple de mes parents, je pardonne de toute mon âme et sans exception, à tous ceux qui ont pu me nuire et m'offenser, demandant sincèrement à Dieu d'étendre sur eux sa miséricorde, aussi bien que sur moi-même, et le suppliant de m'accorder le pardon de mes fautes.

Je remercie tous les Français qui sont restés attachés à ma famille et à moi, des preuves de dévouement qu'ils nous ont données, des souffrances et des peines qu'ils ont subies à cause de nous. Je prie Dieu de répandre ses bénédictions sur la France, que j'ai toujours aimée, au milieu même de mes plus amères afflictions.

Je remercie l'Empereur d'Autriche de l'asile qu'il a accordé, dans ses Etats, à ma famille et à moi. Je suis reconnaissante des preuves d'intérêt et d'amitié que j'ai reçues de la famille impériale, surtout dans des circonstances bien douloureuses. Je suis sensible aussi aux sentiments que m'ont manifestés un grand nombre de ses sujets, particulièrement les habitants de Goritz.

Ayant toujours considéré mon neveu Henri et ma nièce Louise comme mes enfants, je leur donne ma bénédiction maternelle ; ils ont eu le bonheur d'être élevés dans notre sainte Religion, qu'ils lui restent constamment fidèles, qu'ils soient toujours les dignes descendants de saint Louis ! Puisse mon neveu consacrer ses heureuses facultés à l'accomplissement des grands devoirs que sa position lui impose ! Puisse-t-il ne s'écarter jamais des voies de la modération, de la justice et de la vérité !

J'institue mon neveu Henri, Comte de Chambord, mon légataire universel.

Je veux que mes restes soient déposés à Goritz

dans le caveau des Franciscains, entre mon mari et son père. On ne fera pas pour moi de service solennel, on dira seulement des messes pour le salut de mon âme.

XXIII

Manifeste.

(Page 304.)

Frohsdorf, 25 octobre 1852.

Français !

En présence des épreuves de ma patrie, je me suis volontairement condamné à l'inaction et au silence. Je ne me pardonnerais pas d'avoir pu un seul moment aggraver ses embarras et ses périls. Séparé de la France, elle m'est chère et sacrée autant et plus encore que si je ne l'avais jamais quittée. J'ignore s'il me sera donné de servir un jour mon pays; mais je suis bien sûr qu'il n'aura pas à me reprocher une parole, une démarche qui puisse porter la moindre atteinte à sa prospérité et à son repos. C'est son honneur comme le mien, c'est le soin de son avenir, c'est mon devoir envers lui, qui me décident à élever aujourd'hui la voix.

Français, vous voulez la Monarchie, vous avez reconnu qu'elle seule peut vous rendre avec un gouvernement régulier et stable cette sécurité de tous les droits, cette garantie de tous les intérêts, cet accord permanent d'une autorité forte et d'une sage liberté, qui fondent et assurent le bonheur des nations. Ne vous livrez pas à des illusions qui tôt ou tard vous seraient funestes. Le nouvel empire qu'on vous propose ne saurait être cette Monarchie tempérée et durable dont vous attendez tous ces biens. On se trompe et on vous trompe, quand on vous les promet en son nom. La Monarchie véritable, la Monarchie traditionnelle, appuyée sur le droit héréditaire et consacrée par le temps, peut seule vous remettre en possession de ces précieux avantages et vous en faire jouir à jamais.

Le génie et la gloire de Napoléon n'ont pu suffire à fonder rien de stable ; son nom et son souvenir y suffiraient bien moins encore. On ne rétablit pas la sécurité en ébranlant le principe sur lequel repose le trône, et on ne consolide pas tous les droits en méconnaissant celui qui est parmi nous la base nécessaire de l'ordre monarchique. La Monarchie en France, c'est la Maison royale de France indissolublement unie à la nation. Mes pères et les vôtres ont traversé les siècles, travaillant de concert, selon les mœurs et les besoins du temps, au développement de notre belle patrie. Pendant quatorze cents ans, seuls entre tous les peuples de l'Europe, les Français ont toujours eu à leur tête des Princes de leur nation et de leur sang. L'histoire de mes ancêtres est l'histoire de la grandeur progressive de la France, et c'est encore la Monarchie qui l'a dotée de cette conquête d'Alger, si riche d'avenir, si riche déjà par les hautes renommées militaires qu'elle a créées et dont la gloire s'ajoute à toutes vos gloires.

Quels que soient sur vous et sur moi les desseins de Dieu, resté Chef de l'antique race de vos Rois, héritier de cette longue suite de Monarques, qui durant tant de siècles ont incessamment accru et fait respecter la puissance et la fortune de la France, je me dois à moi-même, je dois à ma Famille et à ma patrie de protester hautement contre des combinaisons mensongères et pleines de dangers. Je maintiens donc mon droit qui est le plus sûr garant des vôtres, et prenant Dieu à témoin, je déclare à la France et au monde que fidèle aux lois du royaume et aux traditions de mes aïeux, je conserverai religieusement jusqu'à mon dernier soupir le dépôt de la Monarchie héréditaire dont la Providence m'a confié la garde, et qui est l'unique port du salut où, après tant d'orages, cette France, objet de tout mon amour, pourra retrouver enfin le repos et le bonheur.

XXIV

Lettre à M. Berryer.

(Page 309.)

15 janvier 1849.

..... L'état présent des affaires et des esprits en France et la marche des événements font pressentir de nouvelles crises. Elles me trouveront prêt à me dévouer tout entier, avec l'aide de Dieu, à l'accomplissement des devoirs que m'imposent les droits que je tiens de ma naissance. Mais ces droits, je ne les ferai jamais valoir que dans l'intérêt de ma patrie et pour la sauver des déchirements et des périls extrêmes dont elle est menacée. Car mon règne ne saurait être ni la ressource ou l'œuvre d'une intrigue, ni la domination exclusive d'un parti.

Vous connaissez, Monsieur, mes sentiments et mes intentions à l'égard des membres de ma Famille, comme à l'égard des hommes que leur haute probité et leur capacité éprouvée appellent à rendre au pays d'éminents services. Je vous autorise à donner en mon nom l'assurance que l'on me verra toujours disposé et résolu à prendre toutes les mesures qui, en conciliant avec les droits de la couronne, la dignité du gouvernement, la stabilité et la grandeur des institutions politiques, favoriseront le développement des libertés et des intérêts généraux, et feront surtout régner cet esprit de paix et d'union entre tous les Français, qui est ma plus chère pensée.

XXV

Lettre au Duc de Nemours.

(Page 314.)

Mon Cousin, j'ai lu votre lettre avec un profond sentiment de tristesse et de regret. J'aimais à penser que nous avions compris de la même manière la réconciliation accomplie entre nous, il y a bientôt quatre ans. Ce rétablissement de nos rapports politiques et de famille, en même temps qu'il plaisait à mon cœur, semblait à ma raison un gage de salut pour la France et une des plus fermes garanties de son avenir. Pour justifier mon espérance, pour rendre notre union efficace et digne tout ensemble, il ne fallait que deux choses qui étaient bien faciles : rester de part et d'autre également convaincus de la nécessité d'être unis ; nous vouer une confiance également inébranlable en nos mutuels sentiments.

Je n'ai pas douté de votre dévouement aux principes monarchiques ; personne ne peut mettre en question mon attachement à la France, mon respect de sa gloire, mon désir de sa grandeur et de sa liberté. Ma sympathique reconnaissance est acquise à ce qui s'est fait par elle, à toutes les époques, de bon, d'utile et de grand. Ainsi que je n'ai cessé de le dire, j'ai toujours cru et je crois toujours à l'inopportunité de régler dès aujourd'hui et avant le moment où la Providence m'en imposerait le devoir, des questions que résoudront les intérêts et les vœux de notre patrie. Ce n'est pas loin de la France et sans la France qu'on peut disposer d'elle.

Je n'en conserve pas moins ma conviction profonde que c'est dans l'union de notre Maison, et dans les efforts communs de tous les défenseurs des institutions monarchiques, que la France trouvera un jour son salut. Les plus douloureuses épreuves n'ébranleront pas ma foi.

XXVI

Lettre au général de Saint-Priest.

(Page 321.)

Frohsdorf, le 9 décembre 1866.

L'année qui va finir, mon cher ami, n'a pas été bonne pour l'Europe et en particulier pour la France. La gravité des circonstances frappe tous les esprits. La situation est pleine d'incertitudes et de périls ; l'opinion publique s'en émeut ; les intérêts menacés s'inquiètent du présent et s'effrayent de l'avenir ; à peine remis d'une secousse violente, ils en redoutent de nouvelles. Des questions qui semblaient assoupies se réveillent. Partout on arme ; partout on prépare des moyens formidables de destruction et de guerre. Les événements dont l'Allemagne et l'Italie ont été récemment le théâtre, ont confondu tous les calculs, trompé toutes les prévisions, rompu brusquement l'équilibre européen, et aucun pays n'en a ressenti plus vivement que le nôtre le douloureux contre-coup. Cependant, grâce à Dieu, en considérant avec calme et de sang-froid l'état des choses, je n'y vois rien pour nous d'irréparable. Notre influence prépondérante a été profondément atteinte ; mais une sage et ferme conduite, sans témérité comme sans faiblesse, peut la relever. Oui, la France, avec son énergie, sa loyauté, son désintéressement prompt à se passionner pour toutes les grandes idées, à se dévouer pour toutes les justes causes, avec son armée aussi admirable par la discipline que par la valeur, avec sa puissante unité, œuvre des siècles, marchera toujours à la tête des nations ; sa grandeur est nécessaire à l'ordre, à la stabilité, au repos de l'Europe. Mais c'est une raison de plus pour ne pas négliger les conseils d'une politique prévoyante, pour ne pas accepter en silence ce que nos pères se sont efforcés d'empêcher dans tous les temps, pour ne pas laisser se former à nos portes deux vastes Etats, dont l'un surtout dispose d'une puissance militaire incontestable. Justement jaloux de l'honneur et de la dignité de notre belle patrie, craignons pour elle jusqu'à l'ombre même d'un amoindrissement de l'influence qui lui appartient.

Ici naturellement ma pensée se porte avec tristesse sur Rome, où nous laissons abattre en ce moment une des grandes choses que Dieu a faites par la France, *Gesta Dei per Francos* : je veux dire la Souveraineté temporelle du Chef de l'Eglise, indispensable garantie de son indépendance et du libre exercice de son autorité spirituelle dans tout l'univers. Lorsqu'il y a dix-huit ans nous avons relevé cette institution dix fois séculaire, un instant renversée par la Révolution, nous avons revendiqué hautement comme un droit sacré le devoir de la défendre contre de nouvelles attaques ; et, tant que nos soldats ont gardé la Cité sainte, la Révolution a tremblé devant eux. Mais leur départ est annoncé ; après eux, qu'arrivera-t-il ?

Si d'autres pensées avaient présidé au gouvernement de notre pays, fidèle à ses traditions nationales et à son glorieux titre de Fille aînée de l'Eglise, la France aurait eu quelque chose de plus à offrir au Saint-Père qu'un appui provisoire et passager. Soutenu par elle, Pie IX n'aurait eu rien à craindre de ses ennemis; il eût accompli en paix sa double mission de Pontife et de Roi, et ses peuples lui devraient depuis longtemps les améliorations dont il avait pris lui-même la généreuse et paternelle initiative. Aujourd'hui nous touchons peut-être à une catastrophe dont les conséquences sont incalculables. Ce n'est pas l'avenir de la Souveraineté pontificale qui est seul en péril. Jusque-là il ne s'agissait, disait-on, en dépouillant le Chef de l'Eglise de son pouvoir temporel, que de le ramener à la sainte et vénérable pauvreté de l'âge apostolique, afin que, déchargé de tous les soins de la terre, il pût exercer plus librement son autorité spirituelle. Mais maintenant on ne s'en cache plus : dans son pouvoir temporel c'est bien son autorité spirituelle qu'on veut atteindre, c'est au principe même de toute religion et de toute autorité qu'on s'en prend. Bientôt on demandera logiquement que de nos lois et de nos codes disparaisse l'idée de Dieu. Alors il n'y aura plus entre les hommes d'autre lien que l'intérêt; la justice ne sera plus qu'une convention; il ne restera plus d'autre moyen pour l'obtenir que la force; et l'édifice social, miné jusque dans ses fondements, s'écroulera de toutes parts.

On repousse, non sans raison, l'immixtion de l'Eglise dans la politique ; on veut que le Clergé se renferme dans ses saintes fonctions sans se mêler aux choses du dehors. Mais comment pourra-t-il ne pas s'en occuper, quand on aura jeté le trouble dans le gouvernement de l'Eglise, quand son Chef vénéré ne sera plus libre, ou qu'on l'aura forcé à quitter Rome et à errer sans asile, n'ayant pas où reposer sa tête? Non, la cause de la Souveraineté temporelle du Pape n'est pas isolée ; elle est celle de toute religion, celle de la société, celle de la liberté. Il faut donc à tout prix en prévenir la chute.

Disons-le à la louange de notre pays, à aucune époque et dans aucune circonstance, il ne s'est trompé sur le caractère et la portée de ce qu'il voyait accomplir. Son sens droit n'a pas cessé d'indiquer ce qu'il y avait à faire et à éviter. Ainsi ses impressions premières sur l'Italie, sur l'expédition du Mexique, sur la lutte prête à s'engager en Allemagne, ont signalé d'avance, dans les étroites limites laissées à leurs manifestations, les dangereuses conséquences d'une politique poursuivie malgré ces avertissements réitérés, que les faits n'ont pas tardé à justifier.

Vous me tracez, mon cher ami, un affligeant tableau de notre situation intérieure. Je reconnais comme vous la profondeur du mal qui arrête au dedans l'essor de nos destinées. Vous savez depuis longtemps les vœux que ma raison et mon cœur me dictent pour ma patrie : est-il besoin de vous les redire ici? Un pouvoir fondé sur l'hérédité monarchique, respecté dans son principe et dans son action, sans faiblesse comme sans arbitraire ; le gouvernement représentatif dans sa puissante vitalité ; les dépenses publiques sérieusement contrôlées ; le règne des lois ; le libre accès de chacun aux emplois et aux honneurs ; la liberté religieuse et les libertés civiles consacrées et hors d'atteinte ; l'administration intérieure dégagée des entraves d'une centralisation excessive ; la propriété foncière rendue à la vie et à l'indépendance par la diminution des charges qui pèsent sur elle ; l'agriculture, le commerce et l'industrie constamment encouragés ; et au-dessus de tout cela une grande chose : l'honnêteté, qui n'est pas moins obligatoire dans la vie publique que dans la vie privée ! l'honnêteté, qui fait la valeur morale des États comme des particuliers !

Est-il nécessaire d'ajouter qu'après tant de déchirements, un des premiers besoins de la France, c'est l'union ? La seule politique qui lui convienne est une politique de conciliation, qui relie au lieu de séparer, qui mette en oubli toutes les anciennes dissidences, qui fasse appel à tous les dévouements, à tous les mérites, à tous les nobles cœurs qui, aimant leur patrie comme une mère, la veulent grande, libre, heureuse et honorée.

Quant à moi, ma douleur est de voir de loin les maux de mon pays sans qu'il me soit donné de les partager. Mais si, dans les épreuves qu'il peut avoir encore à traverser, la Providence m'appelle un jour à le servir, n'en doutez pas, vous me verrez paraître résolûment au milieu de vous, pour vous sauver ou périr ensemble.

Vous qui me connaissez, mon cher ami, vous savez bien que les idées que je viens d'exprimer ont toujours été les miennes : c'étaient les idées de ma jeunesse ; ce sont mes idées d'aujourd'hui, confirmées et mûries par le travail et l'expérience.

Je vous renouvelle, mon cher Général, l'assurance de ma bien sincère et constante affection.

XXVII

Lettre du correspondant du journal *la Liberté*.
(Page 332.)

.... Avant leur départ, j'ai vu le Comte et la Comtesse au château de Buckeim. Lors de mon arrivée, ils faisaient une distribution de secours aux pauvres du pays, modestement et simplement, en ayant l'air de craindre que la main droite sache ce qu'avait donné la main gauche.

La simplicité et la bonté sont d'ailleurs les traits dominants du caractère du Comte. Il évite les regards indiscrets, et cherche à passer inaperçu : ce qui sera difficile le jour où la petite presse parisienne sera à la piste des moindres actions du Roi.

Le château de Buckeim est un vieux château appartenant à la Comtesse de Chambord et lui venant de l'Archiduc Maximilien. La Comtesse en héritant de cette terre, en a pieusement conservé les traditions et les charges. Comme au temps de Maximilien, c'est une communauté religieuse qui jouit de la propriété et en touche les revenus. Le château abrite une délégation de vieux religieux — dix-huit sont Autrichiens, deux Italiens — dont la Maison mère est à Rome. Ce sont des frères rédemptoristes.

Ce château est curieux à visiter. Il se compose de deux corps de bâtiment, dont l'un, assez peu important, forme l'entrée de la propriété. C'est là qu'étaient installés MM. de Monti, le duc de Blacas et quelques autres personnages.

Le principal corps de bâtiment est occupé par la communauté. C'est dans une partie de ce corps de bâtiment qu'on avait préparé les appartements du Comte et de la Comtesse, où le mobilier, selon le désir formellement exprimé, est des plus simples. Dans la chambre royale, j'ai remarqué une fort belle toile représentant l'Archiduc Maximilien d'Autriche, les photographies de don Carlos et de son frère.

Un magnifique escalier de pierre conduit à cette chambre. Au bas, d'énormes lys en caisses, comme les orangers des Tuileries, caressent l'œil et embaument l'air. Ces lys, en pleine floraison, sont merveilleux : les révérends pères les entourent de leurs soins quotidiens, et ne les mettent en cette place que lorsque Leurs Altesses Royales viennent honorer le château de leur présence. En temps ordinaire, ces lys servent d'ornement aux autels.

Tout autour du château, des fossés larges et profonds, dans lesquels sont des jardins splendidement entretenus, qui m'ont rappelé les jardins du Vatican.

Trois jolis clochers, du haut desquels on domine toute la propriété et d'où la vue découvre un admirable paysage, s'élancent au-dessus des corps de bâtiment. Ils ont une forme orientale, comme tous les clochers qu'on voit en Bavière et en Autriche.

La porte principale du château a la forme d'une voûte. Elle est surmontée de deux écussons mariés ensemble; à gauche les armes du Comte, à droite les armes de la Comtesse. Pendant le séjour de Leurs Altesses, les frères rédemptoristes avaient enlacé ces écussons de fleurs et de feuillages.

Ces frères rédemptoristes sont fort aimés dans le pays où ils font beaucoup de bien, conformément aux volontés de Maximilien et au désir du Comte de Chambord. Plus de cent personnes, hommes, femmes, enfants, vieillards sont secourus avec les revenus de la propriété. C'est là le côté touchant, la mission élevée de ce monastère qui répond parfaitement au but qu'ont eu Leurs Altesses en le protégeant.

Le matin, à six heures, Leurs Altesses allaient entendre une messe; déjeuner et chasser dans les bois, qui sont splendides et bien peuplés de lièvres et de lapins; second déjeuner, travail, lectures, correspondances, promenade en voiture avec la Comtesse, dîner, causeries et lectures au salon; coucher vers dix heures et demie.

Rien d'édifiant comme cette vie simple et réglée, vie de sobriété, de travail et de prière qui concilie à Henri la respectueuse affection de tous ceux qui peuvent l'approcher.

XXVIII

Lettre à M***.

(Page 337.)

1ᵉʳ septembre 1870.

.... Au milieu de toutes ces poignantes émotions c'est une grande consolation de voir que l'esprit public, l'esprit de patriotisme, ne se laissent pas abattre et grandissent avec nos malheurs.

Je suis heureux que nos amis aient si bien compris leurs devoirs de citoyens et de Français. Oui, avant tout, il faut repousser l'invasion, sauver, à tout prix, l'honneur de la France, l'intégrité de son territoire.

Il faut oublier en ce moment tout dissentiment, mettre de côté toute arrière-pensée; nous devons au salut de notre pays toute notre énergie, notre fortune, notre sang.

La vraie mère préférerait abandonner son enfant plutôt que de le voir périr. J'éprouve ce sentiment, et je dis sans cesse : Mon Dieu sauvez la France, dussè-je mourir sans la revoir! Vous comprenez avec quelle impatience nous attendons les nouvelles.

XXIX

Extrait du journal *La République française*.

(Page 374.)

30 janvier 1872.

C'est un témoignage que nous devons rendre à M. le Comte de Chambord : ce représentant du droit monarchique, ce prétendant à la Royauté selon Dieu est tout d'une pièce. Il est immuable dans son attitude comme dans son langage. Il ne parle pas comme le chef d'un parti politique, mais comme le pontife d'une religion éternelle. On dirait qu'il participe au privilége d'infaillibilité que s'est récemment décerné le Pape des catholiques ; ce ne sont pas des manifestes, ce sont des dogmes qu'il promulgue. Qui donc se plaint, parmi les hommes du dix-neuvième siècle, que le principe d'autorité ait été submergé et englouti par le flot des révolutions. S'il en est qui se plaignent et qui se lamentent de cette prétendue disparition, ils ont bien tort. Jamais les représentants du principe d'autorité sous ses deux faces, l'autorité spirituelle et temporelle, le Pape et le Roi, n'ont élevé la voix dans le monde avec plus de hauteur et de sérénité. Ecoutez Pie IX et Henri V : ces deux voix se répondent à merveille; ce que l'un a dit l'autre le répète, et la doctrine sacrée, qui a son interprète infaillible au Vatican, a son commentateur auguste à Frohsdorf. Si tels sont les desseins de la divine Providence, que ses impénétrables décrets parviennent aux peuples chrétiens par des hérauts fidèles et soumis, jamais la divine Providence n'aura été servie plus à souhait que par ces deux hommes appelés d'en haut et qui semblent appartenir tous les deux au cycle saint et héroïque des plus beaux temps de l'Eglise, pour faire régner sur la terre la loi de Dieu et préparer dans ce monde les destinées célestes des nations élues.

XXX

Lettre à Mgr Dupanloup, Evêque d'Orléans.
(Page 380.)

Vienne, 8 février 1873.

Monsieur l'Evêque,

Comme vous, je ne puis avoir d'autre intérêt en ce monde que le salut de la France, ni d'autre désir que celui de voir se lever de meilleurs jours pour l'Eglise. Le comte de Blacas, chargé par moi de vous porter la réponse verbale aux lettres que vous m'avez adressées, n'aura certainement pas manqué de faire ressortir, à cet égard, la conformité de mes sentiments avec les vôtres.

Je ne veux ici que vous exprimer moi-même, en quelques mots, le regret de ne pouvoir suivre les conseils que votre patriotisme vous inspire.

Vous semblez attribuer à des scrupules chimériques dont Dieu me demandera compte, l'insuccès des efforts si souvent renouvelés, pour amener un rapprochement entre les deux branches de ma famille.

J'ai beau descendre au fond de ma conscience, je ne trouve pas un jour, une heure dans ma vie, où mes prétendues exigences aient apporté un obstacle sérieux à une réconciliation sincère.

Sans prévention ni rancune contre les personnes, mon devoir était de conserver dans son intégrité le principe héréditaire dont j'ai la garde; principe en dehors duquel, je ne cesserai de le répéter, je ne suis rien, et avec lequel je puis tout. C'est ce qu'on ne veut pas assez comprendre.

Il m'est permis de supposer par vos allusions, Monsieur l'Evêque, qu'au premier rang des sacrifices regardés par vous comme indispensables pour correspondre aux vœux du pays, vous placez celui du drapeau.

C'est là un prétexte inventé par ceux qui, tout en reconnaissant la nécessité du retour à la Monarchie traditionnelle, veulent au moins conserver le symbole de la Révolution.

Croyez-le bien, malgré ses défaillances, la France n'a pas à ce point perdu le sentiment de l'honneur; elle ne comprend pas plus le Chef de la Maison de Bourbon reniant l'étendard d'Alger, qu'elle n'eût compris l'Évêque d'Orléans se résignant à siéger à l'Académie française, en compagnie de sceptiques et d'athées.

Je n'ai pas appris avec moins de plaisir que les vrais amis du pays la présence des Princes, mes cousins, à la Chapelle expiatoire, le 21 janvier; car, en venant prier publiquement dans ce monument consacré à la mémoire du Roi martyr, ils ont dû subir, dans toute sa plénitude, l'influence d'un lieu si propice aux grands enseignements et aux généreuses inspirations.

Je n'ai donc ni sacrifices à faire ni conditions à recevoir. J'attends peu de l'habileté des hommes, et beaucoup de la justice de Dieu. Lorsque l'épreuve devient trop amère, un regard sur le Vatican ranime le courage et fortifie l'espérance. C'est à l'école de l'auguste Captif qu'on acquiert l'esprit de fermeté, de résignation et de paix; de cette paix assurée à quiconque prend sa conscience pour guide, et Pie IX pour modèle.

Croyez, etc.,

XXXI

Lettre à M. Ernest de La Rochette.
(Page 388.)

Ebenzweyer, 15 octobre 1872.

Je n'hésite pas, mon cher La Rochette, à répondre franchement aux questions que vous me posez.

La France serait sauvée, et nous la verrions sortir de ses ruines, plus forte et plus grande que jamais, si l'on voulait comprendre enfin quelles sont les vraies conditions de salut.

Le pays est las des agitations. Un secret instinct lui dit que la Monarchie traditionnelle lui rendrait le repos auquel il aspire ; et c'est ce que la Révolution veut empêcher à tout prix. Aussi redouble-t-elle d'efforts pour le séduire et l'égarer.

Votre patriotisme s'en indigne, et vous regrettez de voir tant d'esprits généreux se rendre les complices involontaires d'erreurs qu'ils détestent et de solutions qu'ils redoutent.

Je m'en attriste comme vous ; mais, comme vous, je proteste contre l'établissement d'un état de choses destiné à prolonger la série de nos malheurs.

Il est impossible de s'y méprendre. La proclamation de la République en France a toujours été et serait encore le point de départ de l'anarchie sociale, le champ ouvert à toutes les convoitises, à toutes les utopies, et vous ne pouvez, sous aucun prétexte, vous associer à cette funeste entreprise.

On répète sans cesse, et avec raison, que nous vivons dans l'imprévu, et l'on s'ingénie à trouver chaque jour l'expédient capable d'assurer la sécurité du lendemain. Si le pays a la faiblesse de se laisser entraîner par les courants qui l'agitent, rien n'est moins inconnu que l'avenir. Nous courons à un abîme certain.

En vain essayerait-on d'établir une distinction rassurante entre ce parti de la violence, qui promet la paix aux hommes en déclarant la guerre à Dieu, et ce parti plus prudent, mieux discipliné, arrivant à ses fins par des voies détournées, mais atteignant le même but.

Ils diffèrent par leur langage, mais ils poursuivent la même chimère ; ils ne recrutent pas les mêmes soldats, mais ils marchent sous le même drapeau. Ils ne peuvent nous attirer que les mêmes malheurs.

Conserver l'illusion d'une République honnête et modérée, après les sanglantes journées de Juin 1848 et les actes sauvages de la seconde Terreur, si meurtrières toutes deux pour notre brave armée, n'est-ce pas oublier trop vite les avertissements de la Providence et traiter les leçons de l'expérience avec trop de dédain ?

C'est au moment où la France se réveille, en s'affirmant par un grand acte de foi, qu'on prétendrait lui imposer le gouvernement le plus menaçant pour ses libertés religieuses !

C'est quand la nécessité des alliances se fait si impérieusement sentir, qu'on rendrait toute alliance impossible et qu'on se condamnerait soi-même à un isolement fatal !

Non, cela ne sera pas.

La République inquiète les intérêts autant que les consciences. Elle ne peut être qu'un provisoire plus ou moins prolongé. La Monarchie seule peut donner la vraie liberté, et n'a pas besoin de se dire conservatrice pour rassurer les honnêtes gens.

C'est à ces derniers surtout que je voudrais rendre la conscience de leur force.

Le peuple d'autrefois avait coutume de s'écrier : Ah ! si le Roi savait ! Comme il serait juste de dire aujourd'hui : Ah! si les hommes de bien voulaient !

Combattons sans relâche les défaillances des uns, la timide condescendance des autres. A la politique des fictions et des mensonges, opposons partout et toujours notre politique à ciel ouvert.

Au fond, la France est catholique et monarchique; c'est à nous qu'il appartient de la prémunir contre ses égarements, de lui signaler les écueils et de lui montrer le port.

J'espère n'avoir jamais failli à ce devoir sacré, et nul n'aura le pouvoir de me faire dévier de mon chemin.

Je n'ai pas une parole à rétracter, pas un acte à regretter, car ils m'ont tous été inspirés par l'amour de ma patrie; et je revendique hautement ma part de responsabilité dans les conseils que je donne à mes amis.

Le jour du triomphe est encore un des secrets de Dieu, mais ayez confiance dans la mission de la France.

L'Europe a besoin d'elle, la Papauté a besoin d'elle, et c'est pourquoi la vieille nation chrétienne ne peut pas périr.

Comptez sur ma constante affection.

XXXII

Lettre à M. le vicomte de Rodez-Bénavent.
(Page 400.)

Frohsdorf, le 19 septembre 1873.

Le sentiment qu'on éprouve, mon cher vicomte, en lisant les détails que vous me donnez sur la propagande révolutionnaire dans votre province, est un sentiment de tristesse ; on ne saurait descendre plus bas pour trouver des armes contre nous, et rien n'est moins digne de l'esprit français.

En être réduit, en 1873, à évoquer le fantôme de la dîme, des droits féodaux, de l'intolérance religieuse, de la persécution contre nos frères séparés ; que vous dirais-je encore, de la guerre follement entreprise dans des conditions impossibles, du gouvernement des prêtres, de la prédominance des classes privilégiées! Vous avouerez qu'on ne peut pas répondre sérieusement à des choses si peu sérieuses. A quels mensonges la mauvaise foi n'a-t-elle pas recours lorsqu'il s'agit d'exploiter la crédulité publique? Je sais bien qu'il n'est pas toujours facile, en face de ces manœuvres, de conserver son sang-froid, mais comptez sur le bons sens de vos intelligentes populations pour faire justice de pareilles sottises. Appliquez-vous surtout à faire appel au dévouement de tous les honnêtes gens sur le terrain de la réconciliation sociale. Vous savez que je ne suis point un parti, et que je ne veux pas revenir pour régner par un parti : j'ai besoin du concours de tous, et tous ont besoin de moi.

Quant à la réconciliation loyalement accomplie dans la Maison de France, dites à ceux qui cherchent à dénaturer ce grand acte, que tout ce qui s'est fait le 5 août a été bien fait, dans l'unique but de rendre à la France son rang, et dans les plus chers intérêts de sa prospérité, de sa gloire et de sa grandeur.

XXXIII

Commission des Neuf.

Procès-verbal de la séance du 16 octobre 1873.

(Page 412.)

Présents : MM. le général Changarnier, président ; le comte Daru, le comte d'Audiffret-Pasquier, le baron de Larcy, Calay, Baragnon, Combier, de Tarteron, Chesnelong.

M. Chesnelong, de retour de Salzbourg, où il a eu l'honneur de se rendre auprès de Monsieur le Comte de Chambord et de remplir la mission que ses collègues lui avaient confiée, rend compte des trois audiences que le Prince a bien voulu lui accorder.

Après avoir constaté que, selon les intentions de la Commission, il était allé, non pas poser des conditions, mais indiquer respectueusement les possibilités et les nécessités de la situation comme aussi les devoirs qui en résulteraient pour les fractions monarchistes de l'Assemblée, M. Chesnelong entre dans les détails des considérations qu'il a soumises au Prince, soit sur la question constitutionnelle, soit sur la question du drapeau; il rend hommage aux nobles sentiments de générosité, d'honneur, de courage, de patriotisme dont toutes les paroles du Prince ont été empreintes.

« Je n'ai jamais eu, je n'aurai jamais, lui a dit
« notamment le Prince, la vulgaire ambition du
« pouvoir pour le pouvoir lui-même; mais je serais
« heureux de consacrer à la France mes forces et
« ma vie, comme elle a eu toujours mon âme et
« mon cœur. J'ai souffert loin d'elle ; elle ne s'est
« pas bien trouvée d'être séparée de moi. Nous
« sommes nécessaires l'un à l'autre. »

M. Chesnelong précise ensuite les points suivants comme conclusions de ces entretiens.

En ce qui touche la question constitutionnelle,

M. Chesnelong déclare avoir exposé l'intention de la Commission de faire reposer la proposition du rétablissement de la Monarchie sur le principe de la reconnaissance du droit royal héréditaire et d'une charte qui ne serait ni imposée au Roi, ni octroyée par lui, mais qui serait délibérée de concert entre le Roi et l'Assemblée.

Monsieur le Comte de Chambord a exprimé son acquiescement à ces deux premiers points.

M. Chesnelong a fait connaître ensuite que, dans la pensée de la Commission, la proposition devrait indiquer les bases sommaires de la charte à intervenir, notamment les quatre suivantes :

L'exercice collectif du pouvoir législatif par le Roi et deux Chambres ; l'attribution au Roi du pouvoir exécutif; l'inviolabilité de sa personne, et, comme conséquence de l'inviolabilité royale et de la coopération des Chambres à l'œuvre législative, la responsabilité des ministres ; il a ajouté que la Commission avait été unanime pour reconnaître la nécessité de ces quatre points et de leur indication dans la déclaration du rétablissement de la Monarchie.

M. Chesnelong a fait connaître également que la proposition stipulerait le maintien des libertés civiles et religieuses, de l'égalité devant la loi, du libre accès pour tous les citoyens à tous les emplois civils et militaires, du vote annuel de l'impôt par tous les représentants de la nation, et en général des garanties qui constituent le droit public actuel des Français; expliquant bien que cette stipulation était opportune, non pas assurément à titre de défiance contre les intentions de Monsieur le Comte de Chambord, qui, dans toutes ses lettres, a déclaré que ces maximes lui étaient chères et sacrées comme à tous les Français, mais pour ôter toute base à des attaques injustes qui tendent à égarer l'esprit public.

Monsieur le Comte de Chambord n'a formulé aucune objection ni contre ce mode de procéder, ni contre l'insertion dans la proposition de ces divers points, ni contre aucun de ces points en particulier.

En ce qui touche la question du drapeau,

M. Chesnelong déclare avoir exposé à Monsieur le Comte de Chambord, sans rien omettre des considérations qu'il portait au nom de ses collègues, les graves raisons tenant à l'état des esprits dans le pays, dans l'armée et dans l'Assemblée, qui avaient porté la Commission à s'arrêter à la formule suivante : « Le drapeau tricolore est maintenu ; il ne « pourra être modifié que par l'accord du Roi et de « l'Assemblée. »

Monsieur le Comte de Chambord a permis à M. Chesnelong de s'exprimer avec une respectueuse liberté et a bien voulu l'écouter avec l'attention la plus bienveillante. Il a montré le souci de préserver intactes, dans l'intérêt du pays, les deux forces qui lui semblent nécessaires pour remplir efficacement son devoir royal : l'intégrité de son principe et l'intégrité de son caractère. Il respecte d'ailleurs le sentiment de l'armée pour un drapeau tein du sang de nos soldats ; il n'a jamais été étranger aux gloires et aux douleurs de la patrie ; il n'a jamais eu l'intention d'humilier ni son pays, ni le drapeau sous lequel ses soldats ont vaillamment combattu.

Ses résolutions se formulent dans les deux points suivants :

1° Monsieur le Comte de Chambord ne demande pas que rien soit changé au drapeau avant qu'il ait pris possession de son pouvoir ;

2° Il se réserve de présenter au pays et se fait fort d'obtenir de lui, par ses représentants, à l'heure qu'il jugera convenable, une solution compatible avec son honneur, et qu'il croit de nature à satisfaire l'Assemblée et la nation.

M. Chesnelong, parlant, non plus au nom de Monsieur le Comte de Chambord, mais au nom de MM. Lucien Brun, de Carayon-Latour et de Cazenove, qui se trouvaient avec lui à Salzbourg, déclare que ses honorables collègues ont accepté eux-mêmes et pour leurs amis, de voter la formule : « Le drapeau « tricolore est maintenu ; il ne pourra être modifié « que par l'accord du Roi et de l'Assemblée », étant entendu toutefois qu'ils auront l'entière liberté de leur vote, lorsque le Roi présentera la solution qui fait l'objet de la réserve ci-dessus mentionnée.

Après avoir donné ces explications, M. Chesnelong demande qu'un procès-verbal en soit dressé pour la décharge de sa responsabilité ; ce à quoi la Commission a consenti.

Pour copie conforme :

CHANGARNIER.

XXXIV

Protestation de M. Chesnelong faite devant l'Assemblée nationale dans sa séance du 18 novembre 1873.

(Page 415.)

M. CHESNELONG. — Messieurs, je n'ai trompé personne, et personne n'a trompé le pays. Je sollicite, pour une explication personnelle de quelques minutes, la bienveillante attention de l'Assemblée. (Parlez ! parlez !) Cette explication, je demande la permission de la lire, ne voulant pas que l'improvisation trahisse ou dépasse ma pensée. (Lisez ! lisez !)

Je n'avais ni recherché, ni désiré, — mes collègues le savent, — la mission que j'ai eu l'honneur de remplir auprès de Monsieur le Comte de Chambord. Mais, quand elle me fut offerte par la confiance de quelques-uns de mes amis, je ne crus pas avoir le droit de la décliner. Je savais, en m'y dévouant, qu'elle m'exposerait, hors de cette enceinte, à des attaques outrageantes et injustes. J'invoque contre elles la loyauté de tous les hommes de cœur, à quelque parti qu'ils appartiennent, en qui la passion politique n'altère pas le sens de la justice et de l'impartialité. (Très-bien ! très-bien !)

Deux devoirs m'étaient imposés : le premier d'apporter au Prince l'expression respectueuse mais loyale et sincère, des pensées de mes collègues ; le second, de rapporter à mes collègues l'expression exacte et vraie des résolutions du Prince.

J'ai rempli ces deux devoirs avec une scrupuleuse fidélité ; et quand on semble inférer de la lettre de Monsieur le Comte de Chambord que les déclarations que j'ai faites ne sont pas celles que j'étais autorisé à rapporter, au nom de la haute loyauté du Prince, au nom de cette loyauté qui fait partie de la grandeur morale de son caractère comme au nom de mon propre honneur, je proteste ; et Monsieur le Comte de Chambord ne démentira pas, j'en suis sûr, ma protestation. (Bravos et applaudissements sur les bancs de la droite.)

Des commentaires ont été faits en divers sens ; je n'en réponds pas. Mais les déclarations elles-mêmes, telles qu'elles sont consignées dans le document dont notre vénéré collègue, le général Changarnier, a constaté l'exactitude, j'en réponds. Sur mon honneur et ma conscience, devant Dieu et devant mon pays, j'affirme qu'elles sont pleinement et absolument conformes à la vérité. (Nouveaux applaudissements et bravos répétés sur les bancs.)

On s'est attaqué à la tentative monarchique elle-même. On a parlé, tout à l'heure on parlait encore, d'intrigues, d'agitations coupables. Je n'accepte pas ces mots pour des actes publics, loyaux, ostensibles, qui n'ont été que l'exercice de nos droits de députés et l'accomplissement de nos devoirs de citoyens. (Très-bien ! très-bien ! à droite.)

Oui, nous avons voulu rétablir la Monarchie.

Oui, nous avons cru que ce rétablissement importait au relèvement social et national de notre pays. (Vif assentiment à droite et au centre droit.)

Oui, en face du radicalisme, qui menace à la fois notre sécurité et notre liberté, nous avons voulu donner à l'ordre la garantie d'un principe d'autorité pris en dehors et placé au-dessus de toutes les compétitions et assurer, par cela même, le développement régulier et pacifique des libertés publiques. (Très-bien ! très-bien ! à droite.)

Oui, après les douleurs et les désastres de la patrie, nous avons voulu lui rendre le prestige de cette grande et glorieuse tradition qui se personnifie dans la Maison royale de France, tradition la plus auguste, la plus ancienne, la plus vénérable qui soit en Europe... (Applaudissements à droite et au centre droit), et ménager ainsi à notre pays des sympathies et des alliances qui lui permissent de reprendre son rang et son avenir. (C'est cela ! Très-bien ! très-bien ! à droite. — Bruit à gauche.)

Oui, nous avons vu cela ; et, pour ma part, si, avant d'aller à Salzbourg, j'étais convaincu que la Monarchie était nécessaire, après en être revenu, — laissez-moi le dire, ce n'est pas une flatterie à la puissance, — j'avais la confiance que cette Monarchie serait inaugurée par un règne bienfaisant, libéral et réparateur. (Nouveaux applaudissements à droite et au centre droit.)

Nous n'avons pas réussi ; mais nous ne désavouons pas notre tentative. Elle était patriotique dans son but, légale et loyale dans ses moyens. Nous ne voulions ni surprendre le succès par la ruse, ni l'imposer par la violence. (Très-bien ! très-bien ! sur les mêmes bancs.) Nous serions venus devant vous, faisant appel à votre patriotisme et nous inclinant d'avance devant votre souveraineté. Nous étions d'honnêtes gens, poursuivant honnêtement une honnête entreprise. (Bravo ! bravo ! sur les mêmes bancs.) Nous avons eu une douleur profonde de n'avoir pu la mener à bonne fin ; nous nous honorons devant le pays de l'avoir tentée. (Très-bien !)

Elle n'est pas en question aujourd'hui. Nous nous

réunissons autour du vaillant soldat et du grand citoyen qui est placé à la tête du gouvernement, et je voterai, pour mon compte, la prorogation de ses pouvoirs telle que mes honorables amis la demandent pour lui et telle qu'il l'accepte.

Mais je ne renonce pas à mes convictions. La Monarchie est le gouvernement naturel et nécessaire de notre pays ; or, ce qui est nécessaire ne meurt pas. (Bravos et applaudissements répétés à droite et au centre droit. — En descendant de la tribune, l'orateur reçoit les félicitations d'un grand nombre de ses collègues.)

XXXV

Lettre de M. George de Cadoudal au journal *l'Union*.

(Page 421.)

A Monsieur le Rédacteur de l'*Union*,

Le Morbihan ne pouvait rester étranger au vaste pétitionnement qui se produit en faveur de la proclamation immédiate de la Monarchie. Une lettre à l'adresse de nos représentants circule dans toutes les communes de notre département, et, comme celles que vous insérez journellement dans vos colonnes, elle demande à l'Assemblée de proclamer la Royauté de l'héritier légitime de la couronne de France.

Cette lettre se couvre de signatures. Cultivateurs, ouvriers, chefs d'ateliers, prêtres, négociants, propriétaires, s'empressent de prendre part à cette grande manifestation à laquelle reviendra au moins l'honneur d'avoir fait retentir, de la Manche à la Méditerranée, ce vieux cri de Vive le Roi ! qui a été si souvent le signal de notre salut au moment du péril et de la détresse.

Je ne vous parlerai pas de nos douleurs : elles sont immenses et inexprimables. Avoir vu s'entr'ouvrir le ciel et retomber dans les profondeurs de l'abîme, et cela parce que le plus généreux et le plus loyal des Princes a fait cesser toute équivoque et déclaré avec la merveilleuse clarté de son langage vouloir rester fidèle à lui-même, à sa race, à son principe et à son drapeau !

Ici, je n'ai pas besoin de vous le dire, cette question du drapeau n'en est pas une. Nos populations royalistes qui, il est vrai, comprennent peu les subtilités et les habiletés politiques, n'imaginent guère le Roi sans l'étendard qui, depuis Henri IV, a été le symbole immaculé de la gloire des Bourbons. Pour elles, « Henri V sans drapeau blanc n'est plus Henri V ». Je vous répète le mot que j'ai moi-même recueilli de la bouche d'un vieux paysan.

Est-ce à dire que ces populations soient entichées d'ancien régime ? Pas le moins du monde ! Je vous déclare qu'elles ne regrettent pas plus les priviléges féodaux que les populations du Berry et des Charentes. Le drapeau blanc leur apparaît ce qu'il a été réellement dans l'histoire, comme un signe de gloire nationale et de paix, de protection, d'émancipation populaire, de progrès accomplis, de vraie liberté et de restauration sociale.

À tous ces titres, il est bien l'expression du noble Prince qui le tient avec une fermeté qui commande l'admiration en attendant qu'elle impose la reconnaissance.

G. DE CADOUDAL.

Kerléano, 16 novembre 1873.

FIN.

TABLE DES MATIÈRES

	PAGES.
Bref de N. S. P. le Pape a l'auteur	I
Dédicace	V
Introduction	1

CHAPITRE PREMIER.

Pour détruire ici-bas la puissance de Dieu, la Révolution voudrait anéantir la France. — En 1814, Louis XVIII songe à marier le Duc de Berry avec une Princesse de Russie. — En 1815, il entame pour le mariage du Prince des négociations avec la cour de Naples. — Ivresse de la nation à la nouvelle du mariage du Duc de Berry. — Réponses du Prince aux félicitations des Chambres. — Il fait, malgré la résistance de la Chambre des Députés, réduire de moitié l'apanage qu'elle lui vote. — Lettres échangées entre le Duc de Berry et la Princesse sa fiancée. — Arrivée de la Princesse Caroline en France, accueil enthousiaste des populations. — Rencontre de la jeune Princesse avec la Famille royale dans la forêt de Fontainebleau. — Mariage à Notre-Dame. — Naissance des trois premiers enfants du Duc de Berry. — La Révolution jure la mort du Duc de Berry. — Lettres anonymes et avis secrets. — Le Prince frappé mortellement. — Dernières heures du Duc de Berry. — Au milieu de son agonie le Prince lègue à la France une parole d'espérance. — L'assassinat n'est pas le crime d'un homme isolé. — Attentats contre la Duchesse de Berry et contre l'enfant qu'elle porte. — Naissance d'Henri de France. — Témoins appelés pour constater l'authenticité de la naissance. — Com-

TABLE DES MATIÈRES.

PAGES

mémoration de la naissance d'Henri IV. — Joie de la Famille royale. — Joie de Paris et de toute la France. — L'Enfant royal est montré à la foule par la Duchesse d'Angoulême. — Il est présenté au peuple par le Roi et par la Duchesse de Berry elle-même. — Henri de France reçoit le nom d'*Enfant de l'Europe*. — En naissant il conserve la vie à ceux qui ont voulu lui donner la mort. — Sentiments amers causés au Duc d'Orléans et à sa sœur par la naissance d'Henri de France. — Protestation attribuée au Duc d'Orléans. — Il la désavoue, mais il la laissera reproduire. — Signes de la bonté divine dans la naissance d'Henri de France. — Il est appelé l'*Enfant du miracle*. — Les deux poëtes et l'Enfant chanté par eux. — Don du domaine de Chambord fait par la France à l'Enfant royal.................. 2!

CHAPITRE II.

Baptême d'Henri de France. — Quatre baptêmes d'héritiers du trône à Notre-Dame. — Signes particuliers du baptême d'Henri de France. — Éducation de l'Enfant royal. — Respect et sévérité dont il est l'objet. — Concours de Mademoiselle dans l'éducation de son frère. — Amour fraternel des deux enfants. — Défauts et qualités du petit Prince. — Le gros juron. — Ses rapports avec la garde à Bagatelle. — Sa curiosité des choses militaires. — La marmite dans le jardin de l'Elysée-Bourbon. — Le point d'honneur militaire. — Ses rêves de gloire militaire. — Le duc Mathieu de Montmorency nommé gouverneur d'Henri de France, sa mort. — Il est remplacé par le marquis de Rivière. — Portrait d'Henri de France par Mme de Gontaut. — Remise de l'Enfant royal à son gouverneur. — Mort du duc de Rivière; il est remplacé par le baron de Damas. — Charles X toujours préoccupé de l'éducation de son petit-fils. — Les bons points. — Leur prix employé en aumônes. — Six vieillards et six enfants vêtus le jour de la Saint-Henri. — Une maison de Sœurs de charité fondée en Auvergne. — Henri de France travaille pour que les pauvres aient du bois. — Sa piété. — Son amour de la vérité.

TABLE DES MATIÈRES.   507

PAGES.

—La révolution de 1830. — Sa cause. — Abdication de Charles X et de Louis-Antoine de France. — Henri apprend qu'il est Roi. — Pourquoi l'insurrection triomphante ne pouvait s'arrêter devant le droit d'Henri V. — La Duchesse de Berry veut se jeter dans Paris pour y faire reconnaître le jeune Roi. — Elle en est empêchée par Charles X et Marie-Thérèse. — Faut-il le regretter ? — Refus du Duc d'Orléans de faire proclamer Henri V. — Henri V ainsi gardé à sa mission. — Les Bourbons reprennent la route de l'exil..   57

CHAPITRE III.

Le chemin de l'exil. — Prévision de M. Odilon Barrot. — La France séparée de sa Royauté. — Impatience de la Révolution. — De Rambouillet à Cherbourg. — Louis-Philippe envoie un quatrième commissaire. — Choix du capitaine Dumont d'Urville. — Embarquement. — Précautions odieuses. — Le Duc de Bordeaux sauvé. — *Le Duc de Bordeaux, c'est votre Roi!* — La Famille royale réunie sur la terre d'exil. — La patrie dans l'exil, et l'exil dans la patrie. — Le château de Lullworth. — Les Weld. — Progrès de la Révolution en France. — La proposition Baude. — L'alliance du trône et de l'autel refaite par la Révolution. — Première communion d'Henri de France. — Amour de la France. — Vocation royale. — Modération du caractère de Charles X. — Modération de Marie-Thérèse. — Modération d'Henri et de Louise. — Le choléra en France. — Charité d'Henri et de Louise. — Le petit estropié. — Les Bourbons donnent plus qu'ils ne peuvent. — Envoi au curé de Saint-Cloud. — *Le chemin de la Reine.* — La vieille de la Canongate. — La devise d'Henri. — Tendresse d'Henri pour la France. — Ses souvenirs de France. — Souvenirs militaires. — Le chien de la garde. — Les deux canons français à Londres. — Où Henri apprend à aimer la France. — MM. de Cadoudal à Holy-Rood. — Mutuelle tendresse d'Henri et de Louise. — Enthousiasme de Mademoiselle pour son frère. — Education d'Henri. — Sa journée. —

Son aptitude pour les langues. — Étude de l'histoire. — Les exercices du corps. — La balafre de Lavillatte. — *Bourbon, l'on vous regarde*. — Henri, chef écossais. — Voyage d'Henri en Écosse. — L'assemblée des Highlanders. — Le bouquet symbolique. — Les trois tableaux. — La cabane du paralytique. — Portrait d'Henri. — Direction donnée à l'esprit d'Henri. — Sombre tristesse des deux années à Holy-Rood. — Tentatives mystérieuses contre Henri. — Procédés du gouvernement anglais envers les Bourbons. — La Famille royale quitte l'Ecosse. — Regrets du peuple d'Edimbourg........................... 79

CHAPITRE IV.

Arrivée à Vienne, puis à Prague. — Reprise des étu des d'Henri. — Son éducation confiée à deux Jésuites. — Leur installation. — Succès des nouveaux maîtres auprès de leur élève. — Jours d'orage. — Traits de repentir d'Henri. — Sa piété. — « Il faut se vaincre. » — *Serva lilia*. — Saint Louis et Louis XIV. — Affection d'Henri pour ses maîtres. — Les vrais et les faux amis. — Fin de la mission des deux Jésuites. — Combien Charles X les regrette. — Affliction d'Henri. — Le baron de Damas suit les deux Pères. — Témoignage donné par Henri aux Pères. — Le baron de Damas remet son élève à Dieu. — Le P. Général avait annoncé aux deux Pères les contradictions qu'ils eurent à subir. — Départ des Pères Jésuites et du baron de Damas. — Les nouveaux maîtres d'Henri de France. — L'Évêque d'Hermopolis. — L'abbé Trébuquet. — Les phases successives de l'organisation militaire de la France. — Les leçons de stratégie. — Les exercices du corps. — Le manège de Waldestein. — La Moldau traversée à la nage. — Majorité d'Henri de France. — Le nom de Chambord. — Le parti royaliste envoie des délégués à Prague. — Prudence de Charles X. — Le cabinet des Tuileries et les délégués. — Arrivée des délégués à Prague. — Intervention de Mademoiselle. — La réception du 29 septembre avancée. — Devise donnée par Mademoiselle. — Collier donné par la jeune Princesse. — Pâques faites au milieu de paysans. — Henri de France et les orphelins du choléra de Paris. — Le convoi du pauvre. — Ménagements pour le vieil écuyer. — La centenaire blessée. — Portrait d'Henri de France. — Antipathie pour les flatteurs. — Français de la tête aux pieds. — Amour d'Henri pour les Français. — « Je suis sûr qu'ils m'aimeraient. » — L'homme d'une seule pensée. — Les Rois reviennent. — Le doigt de Dieu sur le front d'Henri V. — La Famille royale quitte Prague. — Son départ est pour Prague un malheur public. — Maladie d'Henri de France à Budweiss. — La Famille royale à Kirchberg. — Son départ pour Goritz. — Sombres pressentiments de Charles X. — Son anniversaire de naissance. — Il considère le couvent des Franciscains. — Commencement de sa dernière maladie. — Conversation sur les régicides. — La Saint-Charles. — Rapides progrès du mal. — Entretien avec le Cardinal de Latil. — Souvenir du Sacre. — L'Extrême-Onction. — Charles X pardonne à ses ennemis. — Il bénit son peuple. — Il bénit ses petits-enfants. — Visite du Prince de Hesse-Hombourg. — Une lueur d'espoir. — Les prières pour la recommandation de l'âme. — Derniers instants de Charles X. — Sa mort. — Marie-Thérèse arrache Henri de France de la chambre mortuaire. — Affliction des habitants de Goritz. — Funérailles. — Le dépôt.. 123

CHAPITRE V.

Fin de l'éducation classique d'Henri de France. — Voyage d'Aquilée. — *Voyez et jugez*. — Voyage à Gratz. — Amour des arts. — Voyage à Venise. — Fin du préceptorat de l'Evêque d'Hermopolis. — Adieux d'Henri à son précepteur. — L'abbé Trébuquet. — Le Roi doit aimer la Royauté. — Le duc de Lévis. — Voyage en Hongrie, en Servie et en Transylvanie. — Les voyages des Souverains. — Henri de France au milieu des Français. — Le bac de Saint-Miklos. — Mines de Veraspatak. — Salines de Maros-uswar. — Soldats sous une pluie torrentielle. — Champ de bataille de Wagram. — Retour à Kirchberg. — *Considérations religieuses, politiques et littéraires sur le Souverain Pontificat.* — Voyage en Italie. — Manœuvres militaires à Vérone. — Passe-ports pour Rome refusés. — Arrivée à Rome. — Comment on protége Henri de France. — Comment il se protége lui-même. — On voudrait éloigner de Rome le Comte de Chambord. — Il loue le palais Conti. — Audience du Souverain Pontife. — La chapelle du Quirinal. — Inscription prophétique. — L'emploi du temps d'Henri de France à Rome. — Rome chrétienne. — Visites dans les ateliers. — Le portrait du Prince. — Témoignage d'un Anglais. — Le 1er janvier 1840. — Prudence du jeune Prince. — Voyage à Naples. — Retour à Rome. — Dernière audience de Grégoire XVI. — Adieux aux Français. — Séjour à Florence. — Buste d'Henri de France. — Un paysan vendéen. — Retour à Goritz. — Lettre à l'Évêque d'Hermopolis................................. 173

CHAPITRE VI.

Champ de bataille d'Austerlitz. — Visite à Prague. — Voyage interrompu. — Traité du 15 juillet 1840. — Éducation navale. — Voyage à Venise. — L'imprimerie Antonelli. — Le Prince des pauvres gens. — Accident du 28 juillet 1841. — Traitement de la blessure. — Lettre du Prince à l'Évêque d'Hermopolis. — Hiver passé à Vienne. — Émotion profonde causée en France par la nouvelle de l'accident. — Le Prince met d'accord ses deux chirurgiens. — Saison aux eaux de Tœplitz. — Mort du fils aîné de Louis-Philippe. — Séjour à Dresde. — Champ de bataille de Leipsick. — Études politiques. — Étude de la marine. — Souscription au monument élevé à la mémoire de Dumont d'Urville. — Voyage en Angleterre et en Écosse. — Edimbourg. — Le château d'Holy-Rood. — *Le jardin des Enfants de France* à Lullworth. — Établissements agricoles. — Établissements industriels. — Canaux et mines du duc de Bridgewater. — Justice rendue à l'industrie étrangère. — Hommages rendus au génie français. —

Manufacture de poterie. — Études relatives à la marine. — Arrivée à Londres. — Pèlerinage de Belgrave-Square. — La paysanne du Morbihan. — Le camarade de Bagatelle. — Affiche vivante. — Le Roi de tous. — Un saint-simonien. — Henri de France au milieu des Français. — L'estime et l'amour des hommes. — Conseils aux jeunes gens. — Henri V connaît la France. — Maladie de Louis-Antoine. — Départ d'Henri de France........................ 205

CHAPITRE VII.

Alarmes causées au cabinet des Tuileries par le pèlerinage de Belgrave-Square. — Prudence d'Henri de France. — Actes de colère du gouvernement de Louis-Philippe. — Adresse de la Chambre des pairs. — Chambre des députés. — La *flétrissure*. — Démission des cinq flétris. — Lettre d'Henri V aux flétris réélus. — Déclaration d'Henri V. — Jugement du prince de Metternich. — Joie de Louis-Antoine en revoyant son neveu. — Grandeur de Louis-Antoine. — Sa bravoure. — Sa dernière maladie. — Il reçoit les derniers Sacrements. — Ses paroles à Henri et à Louise de France. — Sa mort. — Deuil universel à Goritz. — Notification d'Henri V aux puissances. — Henri V en face de la France et de l'Europe. — Henri V attentif aux affaires de France et à celles de l'Europe. — La Famille royale quitte Goritz et va s'établir à Frohsdorf. — Mariage de Mademoiselle. — Don aux pauvres de Paris. — Mariage d'Henri de France. — Marie-Thérèse-Béatrice-Gaétane d'Este, Princesse de Modène. — Rencontre des deux fiancés. — Cérémonie nuptiale. — Bienfaits à l'occasion du mariage d'Henri V. — Vœux adressés de France aux nouveaux époux. — La révolution du 24 février 1848. — Sentiments de la Famille royale à la nouvelle de cette catastrophe.................................. 245

CHAPITRE VIII.

Henri V craint d'ajouter aux difficultés et aux embarras de la France. — La Révolution à Venise. — Départ d'Henri de France. — Lettres apocryphes d'Henri de France. — Protestation du Prince. — Les journées de juin. — L'élection de Louis-Bonaparte à la présidence de la République. — Visite d'un républicain français à Frohsdorf. — Expédition romaine. — Lettre d'Henri de France au général Oudinot. — Son voyage à Ems. — Le fuchsia du jardin des Tuileries. — Parole d'un étranger. — Si l'on demande Henri, ce n'est pas pour lui, c'est pour la France. — Pistolets offerts par des ouvriers. — Refus de présents. — Voyage d'Henri de France à Wiesbaden. — Sa connaissance des hommes et des choses de notre pays. — Réception des ouvriers de Paris. — L'ouvrier en habits de voyage. — Entretien avec trois ouvriers. — Henri de France donne à dîner aux ouvriers. — Adieux. — Les paysans bretons. — Autres visiteurs. — Mort de Louis-Philippe. — Adieux du Prince aux Français. — Débats sur la révision de la constitution. — Marie-Thérèse ne doit plus revoir la France. — Ses derniers jours. — Sa mort. — Ses funérailles.. 275

CHAPITRE IX.

Coup d'Etat du 2 décembre 1851. — Rétablissement de l'Empire. — Protestation d'Henri V. — Politique des premières années du second Empire. — Changement de politique. — Projet de réconciliation des Princes de la Maison de Bourbon. — Démarche du comte de Salvandy auprès de Louis-Philippe. — Démarche du comte de Salvandy et de M. Pageot auprès d'Henri de France. — Lettre d'Henri de France au duc de Noailles. — Le programme de conciliation. — Bon vouloir des légitimistes et des orléanistes. — Visite du Duc de Nemours à Frohsdorf. — Henri de France chez Marie-Amélie. — Le comte F. de La Ferronnays et le docteur Guéneau de Mussy. — Lettre du Duc de Nemours et réponse d'Henri de France. — La question du drapeau. — On ne réussit point à jeter Henri de France hors de ses voies. — Napoléon III entreprend la guerre d'Italie. — Henri de France condamné à se taire. — Mort du duc de Lévis. — Mort de Madame la Duchesse de Parme. — Deuil universel en France. — Unité de l'Allemagne. — Lettre d'Henri de France au général de Saint-Priest. — Invasion garibaldienne des Etats-Romains. — Lettre d'Henri de France à Pie IX. — Intervention de l'armée française. — Les zouaves pontificaux. — Lettre d'Henri de France au baron de Charette. — Rigueur de l'exil. — Voyages d'Henri de France. — Mort de plusieurs de ses amis. — Mort de l'abbé Trébuquet. — Mort de Madame, Duchesse de Berry. — Intérieur du château de Frohsdorf. — Le plébiscite du 8 mai 1870. — Le château de Chambord offert pour les ambulances. — Chute de l'Empire. — Les chrétiens, les royalistes et le Roi.................. 301

CHAPITRE X.

Extrémité où la France est réduite. — Proclamation d'Henri V pendant la guerre de 1870. — Le « gouvernement de la défense nationale ». — Les zouaves pontificaux. — Les volontaires de l'Ouest. — Protestation d'Henri V contre le bombardement de Paris. — Fin de la guerre. — Election de l'Assemblée nationale. — M. Thiers détourne l'Assemblée de sa mission. — Les conditions indiscutées de la paix. — La Commune. — Pourparlers de M. Thiers avec la Commune. — La parole du Roi pendant la Commune. — Abrogation des lois d'exil. — Henri de France vient à Paris. — Il vient à Chambord. — Proclamation royale du 5 juillet 1871. — Nécessité de cette proclamation. — Note anonyme contre la proclamation. — Catholiques et royalistes faisant la guerre au Pape et au Roi. — Manifeste royal du 25 janvier 1872. — Souffrances de l'Église et souffrances de la patrie. — Le bon sens populaire. — Manifeste des Quatre-Vingts. — Drapeau blanc des habitants du Nord. — Séjour d'Anvers. — Mgr l'Évêque d'Orléans contre le drapeau blanc. Grand concours de Français à Anvers. — Effroi inspiré par Henri de France à la Révolution. — Démonstrations maçonniques contre le Prince. — Le Roi ne peut pas avoir d'ennemis irréconciliables. — Henri de France à l'Exposition universelle de Vienne. — Incrédulité d'un fabricant.

PAGES.

— La République conservatrice. — Lettre à M. de La Rochette. — Les deux politiques. — Les pèlerinages. — Embrassement des catholiques et des royalistes. — Le fils aîné de l'Eglise. — Le Sacré-Cœur et le Roi de France. — Le 24 mai 1873. — Le Comte de Paris à Frohsdorf. — Intrigues pour arrêter les effets de l'acte du 5 août. — Haine des politiques contre la Royauté. — Henri V obstacle à la restauration de la Monarchie. — Encore la question du drapeau. — Les politiques s'emparent des royalistes. — *Note* envoyée de Frohsdorf. — Restauration prochaine de la Monarchie. — Entrevue de Salzbourg. — Les deux procès-verbaux du centre droit. — L'intrigue va toucher au but. — Lettre à M. Chesnelong. — Le Roi abandonné de ceux qui allaient proclamer la Monarchie. — Un gouvernement qui ne sera ni la Monarchie ni la République. — Protestation de M. Chesnelong. — Réserves des royalistes. — Enthousiasme universel produit par la lettre royale. — Pétitionnement dans toute la France. — Le Roi et la France réunis....... 339

PIÈCES JUSTIFICATIVES

I. — Lettre adressée par le docteur Deneux à tous les journaux. (Page 50)............ 427
II. — Ode sur la naissance du Duc de Bordeaux par M. A. de Lamartine (*Premières Méditations, XV*). (Page 52)............ 428
III. — Le baptême du Duc de Bordeaux par M. Victor Hugo (*Odes et Ballades*, livre I, ode IX). (Page 52)............ 431
IV. — Abdication de Charles X et de Louis-Antoine. (Page 74).................... 436
V. — Lettre à Madame, Duchesse de Berry, (Page 110)............................ 437
VI. — Lettre du R. P. Général des Jésuites aux PP. Deplace et Druilhet. (Page 135).... 438
VII. — Lettre au marquis de Pastoret. (Page 223). 444
VIII. — Lettre à M. Alexandre de La Motte, maire de Condé-sur-Noireau. (Page 227)...... 444
IX. — Déclaration faite par Louis-Antoine de France aux compagnons de son exil et

TABLE DES MATIÈRES. 515

PAGES.

	adressée par lui aux cours de l'Europe. (Page 253)............................	446
X.	— Lettre au général Donnadieu. (Page 261)..	447
XI.	— Discours prononcé pour le mariage de Monsieur le Comte de Chambord, et de Son Altesse Royale Marie-Thérèse d'Este, Archiduchesse d'Autriche, Princesse de Modène. (Page 268)....................	450
XII.	— Lettre au marquis de Pastoret. (Page 269).	458
XIII.	— Lettre au marquis de Pastoret. (Page 269).	460
XIV.	— Lettre au duc de Lorge. (Page 270).......	461
XV.	— Lettre aux Dames de la Halle de Paris. (Page 270)............................	462
XVI.	— Lettre à M***. (Page 279)...............	462
XVII.	— Lettre au général Oudinot, duc de Reggio. (Page 285)............................	463
XVIII.	— Adresse des ouvriers à Monsieur le Comte de Chambord. (Page 288)...............	464
	Réponse d'Henri de France.	465
XIX.	— Lettre à M***. (Page 288)...............	466
XX.	— A MM. les Membres de la Commission de la souscription du département de l'Hérault. (Page 289)......................	467
XXI.	— Aux Français venus à Wiesbaden. (Page 294)	468
XXII.	— Dispositions générales du testament de Marie-Thérèse. (Page 299).............	470
XXIII.	— Manifeste du 25 octobre 1852. (Page 304)..	472
XXIV.	— Lettre à M. Berryer. (Page 309)..........	474
XXV.	— Lettre au Duc de Nemours. (Page 314)....	475
XXVI.	— Lettre au général de Saint-Priest. (Page 321).	477
XXVII.	— Lettre du correspondant du journal *la Liberté*. (Page 332).....................	482
XXVIII.	— Lettre à M***, 1er septembre 1870. (Page 337).	485
XXIX.	— Extrait du journal *la République française*. (Page 374)............................	486
XXX.	— Lettre à Mgr Dupanloup, Évêque d'Orléans, (Page 380)............................	487
XXXI.	— Lettre à M. Ernest de La Rochette. (Page 388)............................	489
XXXII.	— Lettre à M. le vicomte de Rodez-Bénavent. (Page 400)......................	493
XXXIII.	— Commission des Neuf. Procès-verbal de la séance du 16 octobre 1873. (Page 412)...	494

		PAGES.
XXXIV.	— Protestation de M. Chesnelong faite devant l'Assemblée nationale dans sa séance du 18 novembre 1873. (Page 415)..........	498
XXXV.	— Lettre de M. Georges de Cadoudal au journal *l'Union*. (Page 421)............	502

FIN DE LA TABLE DES MATIÈRES.

EN VENTE

A la librairie V. PALMÉ, rue de Grenelle-St-Germain, 25

PARIS

Le Drapeau de la France. *Recherches historiques* par Marius SEPET. 1 vol. in-12, orné de 12 *gravures*. Prix.................................... 3 fr.

Henri V et la Monarchie traditionnelle. Nouvelle édition, revue et augmentée, avec portrait. Pr. 0,50
Le même *Ouvrage, édition populaire.* Prix.... 0,30

Le Comte de Chambord, *Portrait véritable*, brochure in-12. Prix.................................. 0,25

Histoire de la Restauration (1814-1830), par M. H. DE L'ÉPINOIS. 1 vol. in-12. Prix............ 2 fr.

Histoire du Monde, par MM. Henry et Charles DE RIANCEY. 10 beaux volumes in-8°. Prix...... 60 fr.

Lettres sur le Concile, par M. Henry DE RIANCEY, suivies d'une Étude sur *M. de Riancey*, par M. LAURENTIE. 1 beau volume in-8°, orné d'un portrait de M. de Riancey. Prix............ 4 fr.

www.ingramcontent.com/pod-product-compliance
Lightning Source LLC
Chambersburg PA
CBHW051359230426
43669CB00011B/1702